ソプラノ弁護士・大塚錥子の

日常生活
なんでも法律相談

大塚錥子 著

青林書院

はじめに

私は、本年、弁護士になって50年を迎えました。また、朝日大学での法学教育に携わって22年となり、この間、多くの方々からの法律相談を受ける機会にも恵まれ、それぞれに精一杯お応えしてまいりました。

1985年１月から1996年10月までの12年間、中日新聞・東京新聞のサンデー版に「もめごとＱ＆Ａ」を連載させていただき、1993年10月から2009年４月までの16年間は、中部日本放送（ＣＢＣ）の人気ラジオ番組「つボイノリオの聞けば聞くほど！」に、毎週木曜日にレギュラー出演し、リスナーからのリクエスト歌曲を歌うとともに、関連した法律相談に応答する約10分間の放送を担当させていただきました。そのほか、旧労働省、愛知県、名古屋市、刈谷市の主催した法律相談にもあずかり、とくに、私の出身地でもある刈谷市の場合は、現在まで、40年にも及んでいます。なお、朝日大学でも、市民相談として法律問題の質疑をお引き受けしております。これらの法律相談の件数は、すでに１万件に達しているのではないでしょうか。

そこで、弁護士活動50年を機として、これらの法律相談の中から、現在も多くの市民の方々の日常生活に参考としていただける問題を選び、本の出版を企画いたしました。そして、第１刷の時はいくつかの歌唱を収めたＣＤを、また今回は、本書の出版を記念して開いたコンサートの模様を収録したＤＶＤを付録としてプレゼントさせていただきました。

本書の質問の基礎となったご相談をくださった方々に、改めてお礼を申し上げるとともに、その機会を提供していただいた行政機関、新聞社、放送局、大学の関係者の方々、とくに朝日大学宮田侑理事長、大友克之学長に感謝いたします。また、リスナーからの歌曲と法律相談を受け付けて私の放送をリードしてくださったつボイノリオ氏、本書の表紙のデザインをしてくださった中日新聞の生川久次氏、付録ＤＶＤのデザインをしてくださった関根学氏にも感謝申し上げます。

そして、複雑な内容にわたる本書の出版を快くお引き受けくださり、ご指導をいただいた青林書院の逸見慎一社長、本書の編集を担当されて読みにくい原稿の整理から、体系づけ、校正に至るまで熱心なご協力を賜った同社編集部の大塚和光氏に心からのお礼を申し上げます。

2010（平成22）年７月

大　塚　錥　子

第３刷を発行するに当たって

本書は、2010（平成22）年に発行して以来、沢山の読者の方々から予想外のご歓迎を受け、この度第３刷を発行する機会を得られたことに心から感謝しております。この第３刷が，さらに新しい読者の方々のご支援をいただけることを強く期待し、お願いいたします。

なお、「はしがき」に記した本書の基盤となった諸事項についてご協力くださった方々に改めて感謝いたしつつ、この第３刷の刊行をお進めくださった青林書院の逸見慎一社長、同社編集部の大塚和光氏に深くお礼を申し上げます。

2013（平成25）年９月

大　塚　錥　子

目　次

Ⅱ　民法(2)✵損害賠償と民法

Ⅲ　民法(3)✹夫婦・親子と民法

Ⅳ　民法(4)☼相続と民法

V　刑　法 ✵ 刑法犯と処罰

Ⅵ　刑事特別法 ✲ その他の犯罪と処罰

Ⅶ　刑事訴訟法 ✲ 犯罪捜査等

Ⅷ　労働関係法 ✲ 労働についての諸問題

4　会社の懇親会でのセクハラ行為〔男女雇用機会均等法〕　***256***

5　社長の社員への嫌がらせ行為への対応策〔男女雇用機会均等法〕　***257***

6　会社の採用内定通知の取消しへの対応策　***258***

7　就職試験の履歴書に「中退」を記載することの要否　***259***

8　会社に中途採用されて試用期間中の女性が妊娠している事実を会社に知られ、本採用されないおそれがある場合の措置〔男女雇用機会均等法〕　***260***

9　会社の自由な退職と社員の引き抜きについての責任〔民法623条以下、労働契約法３条２項、民法709条〕　***261***

10　警察の取調べを受けた社員が会社の営業部長から叱責されて解雇されたと誤解して退職届を出した場合の措置〔民法627条、労働基準法20条〕　***262***

11　残業手当〔労働基準法37条など〕　***263***

12　原料高などによって工場が休業となった場合の従業員の給料などへの影響〔労働基準法26条、民法536条２項〕　***263***

13　会社からの退職金〔労働基準法89条３号の２〕　***264***

14　７年勤めた小会社をやめる時の退職金〔就業規則など〕　***266***

15　有給休暇の買上げを会社に求めることは許されるか〔労働基準法39条・115条〕　***267***

16　会社の有給休暇〔労働基準法39条〕　***268***

17　会社の秘密を同窓会で漏らしたことの責任〔労働基準法89条９号〕　***269***

18　会社の就業規則に違反して喫茶店でアルバイトをしたことの責任　***270***

19　会社への賃金請求　***271***

20　会社の都合による自宅待機中の賃金〔民法536条２項、労働基準法26条〕　***272***

21　世界的不況下で、経営の苦しい会社の社員に対するボーナス支給義務〔労働基準法15条１項・11条〕　***273***

22　バス通勤を自転車通勤に変えた場合、通勤手当を返却しなければならないか〔労働基準法37条、所得税法９条１項５号〕　***274***

Ⅸ　その他の諸法

26 アパートの大家が物価高や近くのアパートの家賃と比較して家賃を引き上げることは許されるか〔借地借家法32条１項〕 *308*

27 マンションの家賃〔借地借家法32条１項〕 *309*

28 定期借地権〔借地借家法23条〕 *310*

29 住居近くに建設中のマンションで日照権が侵害されるおそれのある場合の対処法〔建築基準法、都道府県条例〕 *311*

〔９．騒音防止関係法令〕 *312*

30 アパート居住者の発する騒音に対して経営者のとるべき処置〔受忍限度、軽犯罪法〕 *312*

31 騒音の防止法〔騒音規制法、都道府県条例〕 *313*

32 夜間、隣人のカラオケ練習による騒音への対応策〔騒音規制法、軽犯罪法〕 *314*

〔10．悪臭防止法〕 *315*

33 隣家のごみ焼き煙の悪臭への対処策〔廃棄物の処理及び清掃に関する法律、悪臭防止法〕 *315*

〔11．ストーカー規制法〕 *316*

34 ストーカー行為への対処〔ストーカー行為等の規制等に関する法律〕 *316*

〔12．青少年育成関係法令〕 *318*

35 高校生の深夜外出を取り締まる法律はないか〔都道府県の青少年育成条例〕 *318*

36 15歳の男子中学生が25歳の女性教師と結婚を目指して交際することは許されるか〔都道府県青少年育成条例、民法731条〕 *320*

〔13．児童保護関係法令〕 *321*

37 児童ポルノのＣＤ−Ｒをインターネット・オークションに出品、販売した犯罪 *321*

38 児童虐待の防止策〔児童虐待の防止等に関する法律〕 *322*

〔14．動物愛護法〕 *323*

39 隣の庭に放し飼いにされている鶏の鳴き声で睡眠を妨げられることへの対処法〔動物の愛護及び管理に関する法律、不法行為〕 *323*

40 飼っていた亀を公園の池に捨てた行為の責任〔動物の愛護及び管理に関する法律〕 *324*

41 種の保存法〔絶滅のおそれのある野生動植物の種の保存に関する法律、動物の愛護及び管理に関する法律〕 *325*

〔15. 商　　法〕 *327*

42 ホテルで客が高価品と告げずにフロントに預けた物が紛失した場合のホテルの責任〔商法595条の特則〕 *327*

〔16. 古物営業法〕 *328*

43 インターネットで古着などを売っても法律上問題にはならないか〔古物営業法〕 *328*

〔17. 特定商取引法〕 *328*

44 エステサロンで肥満解消の美肌行為を受け続けて３か月になるが、全く効果がない場合、契約を解除し得るか〔特定商取引に関する法律41条以下〕 *328*

45 訪問販売で買った指輪を返したいが、どうすればよいか（クーリング・オフ）〔特定商取引に関する法律〕 *330*

46 訪問販売における契約の申込みの撤回（クーリング・オフ）〔特定商取引に関する法律〕 *331*

〔18. 遺失物法〕 *332*

47 遺失物拾得者の対処義務〔遺失物法〕 *332*

〔19. 特 許 法〕 *333*

48 考案した独特のレシピについて特許の出願をすべきか〔特許法〕 *333*

〔20. 戸 籍 法〕 *334*

49 名前の変更方法〔戸籍法〕 *334*

〔21. 性同一性障害者性別特例法〕 *336*

50 性同一性障害者の戸籍上の性別変更の裁判は、どんな法律によるのか〔性同一性障害者の性別の取扱いの特例に関する法律〕 *336*

〔22．著作権法〕 *337*

51 テレビの放送を会社の会議で社員たちに見せる目的で録画する行為は著作権法違反か〔著作権法30条１項〕 *337*

52 新年会での国文学者の講演、歌手の歌唱の録画・配布・贈与と著作権〔著作権法30条１項・38条１項など〕 *338*

53 ペンションの案内パンフレットに作家の実名入りの宿泊の思い出記事をそのままコピーして利用し得るか〔著作権法10条・117条・119条・63条〕 *339*

〔23．国際関係法〕 *340*

54 外国人の日本への帰化〔国籍法４条以下〕 *340*

55 日本人女性がアメリカ人男性と結婚するにはどうしたらよいか〔法の適用に関する通則法、国籍法〕 *341*

56 亡命と難民はどう違うか〔逃亡犯罪人引渡法、出入国管理及び難民認定法〕 *342*

57 海外旅行目的地の空港で、航空機に預けた荷物を降ろし忘れた航空会社の賠償責任〔搭乗契約〕 *343*

●**事 項 索 引**…………………………………………………………… *345*

あとがき／プロフィール

〔写真〕

102頁、158頁、178頁、232頁、280頁……関根　学氏撮影

２頁、50頁 ………………………………鈴木茂夫氏撮影

244頁 ………………………ジョルディ・コルベヤ氏撮影

I 民法(1) ✹ 市民生活と民法〔民法の基本問題〕

お元気な日野原重明先生と「シャル・ウィ・ダンス」をご一緒に踊る

愛知万博で日野原重明先生と「音楽♪生き方上手」について語り合う
（中央は司会のつボイノリオさん）

Ⅰ―1

小学校2年生の娘に学用品を買うためにお金を渡したところ、ゲームソフトを買ってしまった場合の売買の取消し〔未成年者の法律行為〕

Q 小学校2年生の娘が学用品が欲しいというのでお金を渡したところ、学用品ではなく、ゲームソフトを買って帰りました。途中で出会った友達が「ゲームソフトを買ったよ」と見せびらかすので、急に欲しくなったというのです。私は、娘を強く叱りつけ、娘がゲームソフトを買った玩具店に行き、「娘が勝手に買ったのだからお返ししたい」と申し入れたのですが、店長さんは、「もう売ってしまったのですから、お引き取りはできません」と言って応じてくれません。どうしたらよいのでしょうか。

A 民法5条1項には、「未成年者が法律行為をするには、その法定代理人の同意を得なければならない。ただし、単に権利を得、又は義務を免れる法律行為については、この限りでない」と規定されています。未成年者は、まだ判断力が不十分なので、取引などをするにあたって不利益を受けるおそれがあり、その保護のために、法定代理人、すなわち、父母又は後見人の同意を受けて行うことが必要とされているのです。ただ、単に権利を得たり、義務を免れたりするだけの行為は、未成年者に不利益はありませんから、法定代理人の同意なしに行うことができるのです。

次に、民法5条2項には、「前項の規定に反する法律行為は、取り消すことができる」と定められています。未成年者が法定代理人の同意を得ずに行った法律行為は、未成年者に不利益な場合には取り消すことができるのです。小学校2年の娘さんが学用品を買うために親からもらったお金でゲームソフトを買ったことは、いくら娘さんが欲しくて買ったのであっても、娘さんのためになるとはいえませんし、両親の立場からも好ましいことではありませんから、取り消すことができます。それ故、ご質問者は、ゲームソフトを玩具店に返し、代金を返却してもらってください。店長が反対するときは、民法の規定を説明することです。それでも反対ならば、裁判所に訴えることができます。

なお、民法5条3項には、「第1項の規定にかかわらず、法定代理人が目的を定めて処分を許した財産は、その目的の範囲内において、未成年者が自由に処分することができる。目的を定めないで処分を許した財産を処分するときも、同様とする」と規定されています。娘さんが学用品としてノートが欲しいというのでお金を渡したところ、ノートではなく、ボールペンを買ってきた場合のように、学用品という範囲で、予定されたものと違った物を買ったとか、別に使用の目的を決めずにお小遣いとしてあげたお金で、娘さんが好きな物を買った場合などは、未成年者の法律行為であっても、有効であって、取り消すことはできないのです。

ところで、玩具店のように、未成年者との法律行為を頻繁に行う立場にある側では、その行為を取り消されるかもしれないという不安を抱えているわけですが、未成年者の保護という趣旨からやむを得ないことと理解しなければなりません。それ故、未成年者と法律行為をするときは、未成年者の態度などに十分注意を払うとともに、もし懸念があるときは、法定代理人に同意の有無を確かめることも必要でしょう。

I—2
16歳の少年が親の同意もなしに販売店で携帯電話機を購入する行為の問題点〔未成年者の法律行為〕

Q　16歳の少年が本人の名義で携帯電話機を購入したのですが、その時、販売店の店員が「同意書の名前は、字体が違う方がよい」と言ったので、一緒にいた少年の友人が少年の親の名前を書きました。しかし、その後、この少年は、使用料を支払わず携帯電話を４か月も使い、10万円の使用料の支払い請求書がその少年宛てに送られてきて、「約束の期日までに支払わないと、簡易裁判所に訴える」と書かれていたそうです。本当に16歳の少年を相手にする裁判が行われるのでしょうか。また、親の名前を少年の友人に書かせた販売店には責任はないのですか。

A　16歳の少年が、販売店で携帯電話機を購入した際に、店員が同意書に親の名前を書くようにとすすめたところ、字体が違う方がよいと言ったので、一緒にいた少年の友人がそのとおりに親の名前を書いたことは、親の同意を得ずに勝手にやった行為ですから、刑法159条の私文書偽造罪となり、それをすすめた店員は、私文書偽造教唆罪となります(刑法61条)。また、その偽造した私文書を店員に渡した行為は、偽造私文書行使罪（刑法161条）に当たります。

ところで、その少年は携帯電話機の使用料を払わず、４か月分約10万円の請求を受け、期日までに支払わないときは簡易裁判所に訴えるという書状が来ているとのことですが、民法５条には、「未成年者が法律行為をするには、その法定代理人の同意を得なければならない」（１項)、「前項の規定に反する法律行為は、取り消すことができる」（２項）という規定があります。まだ世間のことによく慣れていない未成年者を保護しようとする趣旨です。この16歳の少年は、法定代理人である親権者の同意を得ずに販売店で売買契約を結び、携帯電話機を購入したのですから、その行為は取り消すことができるのであり、取り消したときは、その購入契約は初めからなかったことになるのです（民法121条)。それ故、少年は携帯電話機を販売店に返却しなければなりませんが、代金その他の費用は支払う必要がないわけです。もっとも、４か月間携帯電話機を使用した料金10万円は、少年に支払う義務がありますが、親にそのお金を支払う義務は原則的に認められません。したがって、少年自身に財産がある場合は別として、お金を全く持っていない少年に対しては、支払請求してもどうにもならないのです。そして、親に代わって支払ってもらうこともできません。

携帯電話機の欲しさのあまり、お金も十分ないのに、購入を申し込んだりする少年の非常識さには困ったものです。少年にも自分の行為についての責任は十分自覚してもらう必要があります。また、販売店側も、親の同意があるかどうかを確かめもしないで、少年に携帯電話機を売ったことは問題であって、結果的に契約を取り消されても仕方のないことです。

なお、少年らの犯罪については、販売店からの告訴があれば、家庭裁判所で審判を受けることになりましょう。

Ⅰ—3

18歳の息子が不動産業者を通じて借りたアパートの返却〔未成年者の法律行為〕

Q この春、大学に入学した18歳の息子が、不動産業者を通じて大学の近くにアパートを借りました。ところが、私が行って調べてみますと、北向きの部屋で日当たりが悪い上に、騒音が激しく、おまけに家賃も高くて、到底、有意義な学生生活を送れそうにありません。取りやめたいのですが、不動産業者は、お宅の息子さんは確かに契約書に判を押したのだから、今更取り消すことはできないと言います。息子はまだアパートに入居してはいませんが、既に敷金・権利金・前家賃1か月分は支払ってしまっています。どうしたらよいでしょうか。

A 18歳の息子さんは法律上未成年者です（民法4条）。民法上未成年者が法律行為をするには、法定代理人の同意を得ることが必要であり、同意を得ずに行った行為は取り消すことができるとされています（民法5条1・2項）。満20歳に達しない未成年者は判断能力が不十分ですから、成人と取引をすれば、だまされたり損をさせられたりすることが少なくありません。そこで、民法は行為能力という制度を設けて、未成年者など制限行為能力者を保護しようとしているのです。

したがって、おたずねの場合、未成年者である息子さんが、法定代理人（親権者か後見人）であるご質問者の同意を得ずに結んだアパートの賃貸借契約は取り消すことができるわけです。

取消しとは、いったん有効に成立した法律行為を最初から効力のなかったものとすることですから（民法121条参照）、ご質問者は、不動産業者に対して、息子さんが既に支払った権利金・敷金・前家賃等の返還請求をすることもできます。

もっとも、親から営業を許された未成年者は、その営業に関しては能力者とされますが（民法6条1項）、息子さんにはその事情はないでしょう。なお、息子さんが、契約の際、相手方をだまして成年者であると信じさせるように装った場合には、その行為を取り消すことはできません（民法21条）。

Ⅰ—4

成年後見制度による認知症病者の救護

Q　55歳の会社員です。兄は65歳になり、4年前に妻を亡くし、郷里の家に1人で住んでいます。家族はいません。私は、離れて都会の会社に勤務しており、兄ともなかなか会えません。その兄が最近認知性の症状を呈し、家の管理や家計などに相当苦労をしていることを知りました。成年後見制度というのがあるそうですが、その制度で兄を保護し、助けてやることはできないでしょうか。

A　認知症などの精神障害によって判断能力が不足している人たちは、財産の管理その他の法律行為を的確に行うことが困難なので、その判断能力を援護することが必要です。以前には、民法の制定された明治時代から、禁治産宣告という制度が行われていましたが（民法旧7～9条）、種々の欠陥があったため、精神障害者の保護をより徹底させせようとする見地から、民法の一部改正が行われ、平成12年から成年後見制度が採用されています。

新しい民法の規定によれば、精神上の障害により事理を弁識する能力を欠く常況にある者について、家庭裁判所に、本人、配偶者、四親等内の親族などの請求により、後見開始の審判をすることができ（17条）、後見開始の審判を受けた者は、成年被後見人とされ、成年後見人が付せられます（8条）。そして、成年被後見人の法律行為は、取り消すことができますが、日用品の購入その他日常生活に関する行為については、この限りではありません（9条）。これは、成年被後見人がその判断能力の不足から重大な法律行為について不適切な措置をとることがあっても、それを取り消すことによって不利益を回避し、保護するのですが、日常生活に関する簡易な法律行為については、仮に不適切なものがあっても、損害はそれ程大きくないので、成年被後見人自身の判断に委ね、その自律性を保たせようとするものです。

次に、家庭裁判所は、後見開始の審判をするときは、職権で、成年後見人を選任します（843条1項）。成年後見人は、必要があると認めるときは、複数の者を選任することもできます（同条3項）。なお、成年後見人の選任には、成年被後見人との関係など一定の事情が考慮されなければなりません（同条4項）。後見人の行うべき事務については、具体的な規定があります（853条以下）。

なお、家庭裁判所は、必要があると認めるときは、成年後見監督人を選任することができます（849条の2）。その職務は、後見人の事務の監督などです（851条）。

そのほか、民法には、法定の後見制度として、その対象となる者の判断能力が著しく不十分である場合には保佐の制度を（11条）、能力が不十分である場合には、補助の制度（15条）を設け、それぞれについて、被保佐人、保佐人（12条・13条・876条以下）、被補助人、補助人（16条・17条・876条の6以下）を定めています。

それ故、ご質問者のお兄さんの精神障害による判断能力の不足がどの程度かわかりませんので、後見か、保佐か、補助か、どれにすべきかは判定し得ませんが、後見を選ぶ場合については、ご質問者はお兄さんの四親等内の親族として、お兄さんの住所地の家庭裁判所にお兄さんについて後見開始の審判を申し立て、その審判が得られ、お兄さんを成年被後見人とする成年後見人が、また、成年後見監督人が選任されたならば、お兄さんの財産管理などについての法律行為の処理を、それらの人達の支援、保護におまかせすればよいでしょう。

I－5
うつ病が治るようにと新興宗教の教団を訪ねると、高価な仏像を買わされ、後悔しているが、どうしたらよいか

Q うつ病で悩んでいます。病院に通っているのですが、なかなかよくなりません。私の様子を知った人から新興宗教に入ることをすすめられ、案内されて教団に行きますと、教祖から、「あなたの病気は悪霊のたたりです。この仏様を拝めば悪霊を取り払っていただけます」と小さな仏像を渡されました。そして、教団の幹部から「300万円いただきます」と言われました。仕方なく預金をおろして届けたのですが、後になって大変後悔しています。どうしたらよいでしょうか。

A うつ病の苦しみから逃れられないかと新興宗教の教団を訪れると、仏像を高い値段で買わされたということですね。

病気や災難などで苦しみ、悩み、何かにすがりつきたいと思う人の心理状態を利用して高額な商品を売りつけることを霊感商法と呼んでいます。ご質問者の場合も、うつ病の悩みを悪霊のたたりだと告げられ、冷静な状態であれば問題にもしないようなことをうっかり信じ込まされて、格別に財産価値があるとも思われない仏像を300万円という高い値段で売りつけられたのですから、明らかに霊感商法にかかったといえましょう。

民法90条では、「公の秩序又は善良の風俗に反する事項を目的とする法律行為は、無効とする」という規定があります。ご質問のような霊感商法は、確かに公序良俗に反するものというべきですから、法律的な効力のないものと解されます。

また、霊感商法は、人をだまして不当に高い値段で物を売りつけるのですから、詐欺行為にも当たります。民法96条１項には、「詐欺……による意思表示は、取り消すことができる」と規定されています。

そして、消費者契約法（平成12年法61号）４条１項にも、「消費者は、事業者が消費者契約の締結について勧誘をするに際し、当該消費者に対して」「重要事項について事実と異なることを告げること」「により」、「当該告げられた内容が事実であると認識」「をし」「それによって当該消費者契約の申込み又はその承諾の意思表示をしたときは、これを取り消すことができる」（本文と１号の規定を結ぶ）と定められているのです。

それ故、ご質問者は、これらの規定に従って、教団との契約は、本来、無効であり、また、取り消すことができるとされているわけですから、それを主張して、契約を取り消し、仏像を返して、300万円を返済させるのがよいでしょう。

なお、教団の行為は、刑法246条の詐欺罪にも当たりますから、ご質問者は、教団を警察や検察庁に告訴して、処罰を求めることもできます。

Ⅰ—6

物を贈ることのなかった彼が、酒に酔って指輪を贈ると言ったことの法的意味〔心裡留保〕

Q 先日、久しぶりに彼と飲み歩いたとき、すっかり酔っ払った彼が、「今度の君の誕生日にルビーの指輪を買ってあげる」と言いました。彼とは3年間も親しく付き合っているのに、何も買ってもらったことはありません。酔っ払っての出まかせだと思いながら、「ええ、買って」と言ったのですが、誕生日になっても、何も買ってくれませんでした。彼に請求することができるでしょうか。

A ご質問の場合、彼がご質問者に「誕生日に指輪を買ってあげる」と言い、ご質問者が「ええ、買って」と答えたのですから、二人の間に指輪を贈与する契約が成立したようにみえましょう。しかし、民法93条には、「意思表示は、表意者がその真意ではないことを知ってしたときであっても、そのためにその効力を妨げられない。ただし、相手方が表意者の真意を知り、又は知ることができたときは、その意思表示は、無効とする」という規定があります。

心裡《り》留保に関する規定と呼ばれています。「心裡」とは心の中という意味であり、それを「留保」するとは、「保留」と同じことで、その場で決めずに、そのまま止めておくということです。つまり、意思表示をするにあたって、心の中を正確に表明せず、内心とは違ったことを表示することをいいます。民法は、意思表示にあたって、表意者が表示したところは、原則として有効であり、法律的な効果が認められるという建て前を示しているのです。それは、その意思表示を受けた相手方の立場を保護しようとする趣旨からです。

しかし、心裡留保をして意思表示している者の相手方が、その心裡留保の意味を認めることができた場合については、意思表示の公正さの視点からそれを無効としているのです。

ところで、ご質問者は、彼と3年間も親しくお付き合いをしてこられて、彼の人柄や性格などはよく承知されており、その間何の贈り物ももらったことはなく、彼はそんな贈り物をする人ではない上に、お酒を多量に飲んで酔っ払い、気分も少しおかしくなっていたのでしょうから、ご質問者に「ルビーの指輪を買ってあげる」と言ったことは、本心ではなくて、出まかせだったということを、ご質問者は十分承知しておられたと思われます。したがって、ご質問者の場合は、民法93条の例外的な場合に当たるのであり、彼の意思表示は無効であって、彼との贈与契約は成立しなかったといえましょう。

それ故、ご質問者が、その時の彼の言葉をねたにして、ルビーの指輪をねだるのはご随意ですが、法律的な贈与義務として彼にそれを要求することはできないと思われます。

I－7
洋服店の「高級礼服」との広告を見て買った礼服が欠陥品だった場合の返品請求〔詐欺〕

Q 30歳のサラリーマンです。急逝した伯父の葬儀に礼服を着る必要があり、借り着をしようと思っていたところ、当日の朝刊の折り込みチラシに近所の洋服屋さんの「高級黒礼服４万円」という広告が写真入りで出たので、急いで買うことにしました。洋服屋さんも、「しっかりした生地だから長持ちしますよ」と言われました。ところが、葬儀の席で１時間程正座したのと、小雨の中に20分程立っていたためか、終わってみるとズボンは膝が丸く飛び出し、上衣は肩がぐったりしてしまいました。洋服屋さんに苦情を言って返品したいと申しましたが、私の着方が乱暴だったのだと言って応じてくれません。どうしたらよいでしょうか。

A 高級礼服という写真入り広告の商品が１回の着用でそんなになってしまったというのは不審ですね。ご質問者の着方がとくに乱暴でなかったとすれば、礼服自体に欠陥があったといわなければならないでしょう。そうとすれば、そんな欠陥品を「高級礼服」だと写真入りで広告したり、「長持ちしますよ」と言った洋服屋さんは、ご質問者をだましたことになります。

そして、ご質問者がその広告や洋服屋さんの言葉にだまされてその礼服を買ったのだとしますと、ご質問者の売買の意思表示は詐欺によったものとして取り消すことができます（民法96条）。取り消しますと、ご質問者はその礼服を洋服屋さんに返還し、洋服屋さんはご質問者に代金を返さなければなりません。ただ、ご質問者が礼服を返還するのは、洋服屋さんが代金を返してくれるのと引換えに行えばよいのです。

ご質問者が売買を取り消すと言われても、洋服屋さんがどうしても代金を返さないときは、ご質問者は、裁判所に訴えることも、調停を申し立てることもできます。

なお、洋服屋さんの誇大広告やご質問者に言った言葉は、軽犯罪法の詐欺広告罪（同法１条34号）や刑法の詐欺罪（同法246条）に当たることもあります。その場合、ご質問者は、洋服屋さんを警察や検察庁に告訴することが可能です。

I－8
バーのつけの支払いについての時効

Q バーの店長です。お客さんのＡさんは、ビール好きで何本も飲むのですが、いつも「ツケにしてくれ」と言います。半年間にツケ代が10万円余りになったので、「もうまとめて払ってください」と請求したところ、「今度お金を持ってくる」と言って借用書に署名してくれました。しかし、それから来店しなくなってしまいました。困って会社やお宅に電話をしたのですが、出てくれません。それから

半年余りたってやっと来店したAさんに前のツケを請求しますと、「あれはもう時効だから、今日の分だけ支払うよ」と言いました。そんな馬鹿なことがあるかと思いましたが、本当に前のツケは時効なのでしょうか。

A　時効という制度は、民事法にも、刑事法にもありますが、民法では、取得時効と消滅時効が規定されています。取得時効とは、時効によって法律上の権利を取得するものであり、消滅時効とは、権利を失う時効です。つまり、権利を有する者が、一定の期間、その権利を行使しないでいると、その権利がなくなってしまうのです。ご質問者の場合は、消滅時効に関する問題ですので、これについて説明します。

消滅時効の制度の基礎には、権利の上に眠れる者は保護されないという考えがあるといわれています。それ故、債権者は、その債権をきちんと行使しなければなりません。民法は、消滅時効について、権利の種類に応じて期間を定めています（167条以下）。債権は10年（167条1項）、家賃は5年（169条）、医療費は3年（170条）、ホテルの宿泊料や飲食店の飲食料は1年（174条）などです。時効の進行は、権利を行使し得る時からとされています（166条）。バーの飲食代についての消滅時効期間は1年であり、それは、バーでお客さんに飲食物を提供した時から進行し始めると解されます。

ところで、民法は、時効の進行を止めること、それを時効の中断といいますが、時効を中断する方法として、①請求、②差押え、仮差押え、又は仮処分、③承認を規定しています（147条）。差押え、仮差押え、仮処分などは、裁判所に訴えてそれを行ってもらうことが必要です。請求は、裁判所に訴えての請求ではなく、権利者が個人的に債務者に請求書を送るなどでも、一応、時効は中断されます。しかし、それから6か月以内に裁判所に訴えて請求をしないかぎり、中断の効力を失ってしまうのです（153条）。

ただ、裁判所に訴えることには、手間がかかりますし、費用も必要であって、面倒です。そこで、③の承認という方法が便利なのです。これは、債務者が、債務がありますと認めることです。誓約書を書かせたり、債務の残高確認書に署名させたりすることのほか、債務者が債務の一部や利息を支払った場合も承認したことになると解されています。

さて、ご質問の場合には、Aさんの10万円余りの飲食代については、Aさんが半年余り前に借用書に署名したのですから、それによって債務についての「承認」がなされたと認められ、その時点で、消滅時効の進行は中断されています。中断されると、その時点から、また、新しく消滅時効の期間が進行を開始するのですが、それからAさんが来店されたのは、半年余りしかたっておらず、新しい時効期間の1年に達していません。おそらくAさんが時効期間について誤解していたものと思います。まだ時効になっていないのですから、ご質問者は、Aさんに10万円についての支払いを請求することができます。

I—9
デパートで買った福袋の中身が、店員の説明と違っていた場合、交換を請求できるか

Q 35歳の女性です。デパートの初売りに3万円の福袋を買いました。買う時に店員に、「中は何でしょう？」と聞きますと、「多分婦人用の毛皮のジャンパーでしょう」と答えました。持ち帰って家で開けてみると、男もののジャンパーでした。私には着られませんので、デパートに電話しますと、婦人ものの毛糸のジャンパーとなら交換しますと答えられました。私はだまされたのではないか、毛皮のジャンパーと毛糸のジャンパーでは値段も大分違うわけですから、おかしいと思うのですが、法律的には、毛皮の婦人ジャンパーに交換してもらえないのでしょうか。

A ご質問についての法律的な問題には、いろいろなものが考えられましょうが、まず、ご質問者のお尋ねに対して、デパートの店員が福袋の中身が男もののジャンパーだったのに、「婦人用の毛皮のジャンパーでしょう」と答えたことが、詐欺に当たるのではないか、ということがあります。民法96条1項には、「詐欺又は強迫による意思表示は、取り消すことができる」と規定されています。デパートの店員が、ご質問者に、福袋の中身が男もののジャンパーなのに、婦人用の毛皮のジャンパーですよと嘘をつき、それによってだまされたご質問者が、それでは買いましょうという意思表示をしたのであれば、その意思表示は取り消し得るものであり、ご質問者はその福袋を返して、お金を戻してもらうことができるわけです。しかし、福袋の中身ははっきりとはわからないのが一般であり、店員も、不確かなままに、「多分、婦人用の毛皮のジャンパーではないでしょうか」という程度の発言をしたのであって、とくにご質問者をだますつもりはなかったと思われます。そうしますと、店員の行為は詐欺行為とは言い難いのであり、ご質問者も、福袋の購入を取り消すことはできないといわなければなりません。

次に、ご質問者が、その福袋を買ったことには、錯誤があったのではないかという問題があります。民法95条には、「意思表示は、法律行為の要素に錯誤があったときは、無効とする。ただし、表意者に重大な過失があったときは、表意者は、自らその無効を主張することができない」と規定されています。錯誤とは思い違いのことです。その思い違いが法律行為の重要な部分に関するものであり、そのような思い違いがなかったならば、誰でもそのような意思表示をするはずがないとみられる場合には、その意思表示は無効とするという意味です。錯誤には、「表示上の錯誤」、すなわち、言い違えのような場合と、「内容の錯誤」、すなわち、表示したことの内容を勘違いしている場合、例えば、ドルとポンドとが同価値だと思い違いをして、10ドルと書くべきところを10ポンドと書いてしまった場合、それから、「動機の錯誤」、すなわち、意思表示の基礎となった動機の部分が事実とく

い違っている場合、の３種類があるとされています。

そして、ご質問の場合には、福袋の内容が、婦人用の毛皮のジャンパーだと思ったから買ったのであって、男もののジャンパーだと知っていたら買うことはなかったというのですから、動機の錯誤が問題となると思われます。つまり、ご質問者が福袋の中身が男もののジャンパーだと知らず、店員が婦人用の毛皮のジャンパーでしょうと言ったのをそのとおりであろうと誤解して、それでは買いましょうと意思表示をしたのですから、動機の錯誤があったといえましょう。

しかし、ご質問の場合の問題は、福袋ということにあると思われます。福袋の中身は、大体想像されるにしても、正確にはわからないのが一般であり、デパートの側でも、お客さんにその中身を正確に開示して説明する義務はないからです。したがって、ご質問者にこのような動機の錯誤があったからといって、当然に、意思表示が無効になることはないといわなければなりません。そして、ご質問者は、買った福袋の中身が男もののジャンパーであったとしても、そのジャンパーが３万円の福袋の中身として社会観念上不相当なものでない以上、それであきらめるよりほかないのが福袋ではないでしょうか。

ただ、ご質問者が女性であって、男もののジャンパーを買っても何にもならないのであれば、改めてデパート側と交渉し、そのジャンパーと同様の価値を有する女性物のジャンパーと交換してもらうのがよいでしょう。デパート側ではその交渉に応じなければならない法的義務はありませんが、社会の常識として、お客様であるご質問者の申入れを承諾し、しかるべき婦人用ジャンパーを提供してくれると思われます。

I—10

盗まれた腕時計を時計店で買い受けた友人から返してもらうには、代金の支払いは必要か

Q　スイスで50万円で買った腕時計を自慢にしていたのですが、１週間前に空き巣に盗まれてガッカリでした。ところが、何とその時計を昨日会った時、友人が腕にはめていたのです。「おい、それは、盗まれた俺の時計だよ。返してくれ」と言いますと、「昨日、この先の古時計の専門店で、10万円で買ったのだ。10万円出せば渡すよ」とのこと。私は、友人に10万円支払わなければなりませんか。

A　民法192条には、「取引行為によって、平穏に、かつ、公然と動産の占有を始めた者は、善意であり、かつ、過失がないときは、即時にその動産について行使する権利を取得する」と規定されています。これは、所有者でない人から、所有者だと信じて動産を買った人は、平穏、公然、善意、無過失の条件が備わっているときは、直ちにその動産の所有権を取得するのであり、それによって真実の所有者の所有権は消滅するとしているのであって、即時取得といわれるものです。

しかし、193条には、「前条の場合において、占有物が盗品又は遺失物であるときは、

被害者又は遺失者は、盗難又は遺失の時から２年間、占有者に対してその物の回復を請求することができる」と定められています。これは、窃盗の被害者などを救うために、２年間に限って、その動産の占有を取得した人から、動産を返してもらうことができるというのであり、しかも、お金は全く払わずに返してもらうことができるということなのです。この規定からしますと、ご質問者は友人から腕時計を10万円を支払わずに返してもらえることになりそうですね。

ところが、もう一つ規定があるのです。194条に、「占有者が、盗品又は遺失物を、競売若しくは公の市場において、又はその物と同様の物を販売する商人から、善意で買い受けたときは、被害者又は遺失者は、占有者が支払った代価を弁償しなければ、その物を回復することができない」と規定されているのです。つまり、占有者が、その腕時計を公の市場や時計の販売店などで買った場合には、占有者の利益を考慮して、腕時計を受け取るには、占有者が支払った代金を弁償することが必要だとされるのです。ご質問者の場合にも、友人が古時計の専門店でその腕時計を手に入れたのであれば、この条文に当たりますので、友人に10万円支払って腕時計を返してもらうことが必要となると思われます。

なお、古物営業法（昭和24年法律108号）の20条には、古物商が買い受けた古物が盗品であった場合には、古物商がその物を公の市場又は同種の物を取り扱う営業者から善意で譲り受けたのであっても、被害者は、盗まれた時から１年以内であれば、古物商から無償でその物を回復することができるという規定があります。それ故、もしご質問者が、友人がその腕時計を買い受ける前に、時計店で見つけて返してもらったときは、お金を払わなくてもよかったわけなのです。窃盗の被害者の盗品の取り戻しに関する保護は、このように行われているのです。

I — 11

訪問者から買った毛皮コートが盗品だった場合の法律問題

Q 主婦ですが、１か月程前にたまたま自宅を訪れた青年が毛皮のコートを持参していて、「時価150万円ぐらいの品ですが、50万円でお売りします。いかがですか」と言ったので、ちょうど冬に向かっていてコートが欲しかったので、思い切って買ってしまいました。ところが、３日前に、Aさんという女性がやってきて、「あなたがお買いになった毛皮のコートは、実は私のもので盗まれたものなのです。ご迷惑でしょうが、お返しください」と言いました。私は、びっくりして、「主人に相談してからお返事しますから、少し待ってください」と言って、帰っていただきました。しかし、主人と話しても結論は出ません。どうしたらよいのでしょうか。

A　民法192条には、「取引行為によって、平穏に、かつ、公然と動産の占有を始めた者は、善意であり、かつ、過失がないときは、即時にその動産について行使する権利を取得する」と規定されています。「即時取得」と呼ばれています。動産の取引きにあたり、前の占有者が本来の権利者であると信じて動産を取得した場合には、その者に完全な所有権を取得させることとして、取引きの円滑な進行をはかろうとした制度です。

ただ、この制度には、例外があります。すなわち、193条には、「前条の場合において、占有物が盗品又は遺失物であるときは、被害者又は遺失者は、盗難又は遺失の時から２年間、占有者に対してその物の回復を請求することができる」と定められているのです。つまり、その動産が盗品であった場合には、盗まれた被害者は、盗まれた時から２年間は、動産の占有者に対して、その返還を求めることができるのであり、また、その返還を受けるには、お金などを支払う必要はないのです。

ご質問者の場合、購入した毛皮のコートが盗まれた物であって、被害者であるＡさんから返還を請求されたとのことなので、この規定からすれば、その毛皮のコートはＡさんに返還しなければなりませんし、また、その際、Ａさんから50万円の支払いを受けることもできないわけです。

ところで、民法194条には、「占有者が、盗品又は遺失物を、競売若しくは公の市場において、又はその物と同種の物を販売する商人から、善意で買い受けたときは、被害者又は遺失者は、占有者が支払った対価を弁償しなければ、その物を回復する事ができない」との規定があります。善意でその盗品を買った人を保護する規定です。

しかし、ご質問者のお宅を訪問した青年は、そのコートだけを持参して売りつけたのですから、ご質問からは、同種の物を販売する行商人とは見られませんので、残念ながら、ご質問者は、この規定の適用を受けることはできないでしょう。

それ故、ご質問者が、50万円の返還を請求し得る相手は、結局、毛皮のコートを売りに来た青年となります。ご質問者は、その青年を探し出して、50万円の返還を請求するしかないといえましょう。

なお、ご質問者は、この毛皮のコートが盗品であったとは全く知らずに購入されたので、この問題とはなりませんが、もし盗品であると知りながら購入した場合や、盗品かもしれないがそれでも構わないと思いながら購入した場合には、その購入行為は、刑法256条２項の盗品有償譲り受け罪に当たります。刑は、10年以下の懲役及び50万円以下の罰金です。それ故、知らない人から出所の不確かな物を買う場合には、十分な注意を払うことが必要なのです。

I — 12
隣家の敷地に盛り土がされたために、自宅の庭に雨水が流れ込んで困る場合の対応法

Q　隣家では最近家を新築した際、敷地に約70センチメートル程の盛り土をしました。そのため、雨が降るたびに雨水が私の家の庭に流れ込み、ひどいときは池のような水たまりができてしまいます。何度も隣人に改築を求めたのですが、

話し合いに応じようとしません。このまま放置しておけば、庭の草木はもちろん、家の土台も傷んでしまう心配があります。何とか隣人に排水設備を設けてほしいのですが、請求できるでしょうか。

A 土地の境界は、人為的なもので、地形とは関係なく区切られていますから、雨水は土地の高い方から低い方へ流れ込みます。このような雨水が隣地から自然に流れてくることについては、文句はいえません。民法も、土地の所有者は隣地から水が自然に流れて来るのを妨げることはできないと規定しています（214条）。これを、低地所有者の承水義務といいます。

しかし、人為的原因による隣地の盛り土からの流水には我慢する必要はありません。ご質問の場合は、隣地の盛り土により今まで流れ込まなかった水が、地形が変わったために流れ込むようになったのか、ご質問者の土地から隣地に自然に流れ込むはずの雨水が、ご質問者の庭にたまるようになったのかのどちらかでしょう。

いずれにしても、隣人の盛り土という行為でご質問者の庭に水たまりができ、庭の利用が妨げられ、庭の草木や家の土台を傷めるおそれが生じたのですから、隣人には、ご質問者の土地の所有権を侵害し損害を与える可能性があることになります。この場合、ご質問者は隣人に対して所有権に基づく妨害排除の請求をすることができます。そして、雨水の排水が問題なのですから、盛り土をとって元に戻せという請求に限らず、排水のための水路を設けるなどして盛り土をする前と同様に水はけをよくするよう求めることも可能です。要は、排水がよくなり庭が元どおりになればよいのです。

なお、土地の排水が悪くなったため、庭木が枯れたり、家の土台が傷んだりしたときは、隣人に対し、庭木の代金や土台の修理費などの損害賠償の請求ができます。また、ご質問者が水はけをよくするために排水溝を作られた場合には、その工事代の請求も可能です。

そして、隣人が話合いに応じなければ、民事調停申立てを隣人の住所地の簡易裁判所に提起することもできますし、また、地方裁判所に裁判を起こすことも可能です。

Ⅰ—13

隣地を買って建物やブロック塀を建築中の新しい隣人の工事が、境界線を50センチメートルぐらい私の敷地内に入っているらしい場合の対応策

Q 農村に住む70歳と68歳の夫婦です。親戚同様に親しく付き合ってきた隣家のAさん夫婦が、昨年、老齢のため、土地家屋を売り払って東京の息子さん方に同居しました。そのあとを買った鉄工場主のBさんは、Aさんの建物を取り壊して３階建の鉄筋コンクリートの作業員寮を建て、また、私どもとの境界に高さ２メートルのブロック塀を作り始めました。しかし、その位置が、どうも私どもの敷地内に50センチメートルぐらい入っているのではないかと思われます。Aさん方でも私どもでも、境界のあたりは畑にしており、別に垣根などは設けていなかったのでした。Bさんに交渉したところ、登記所の図面をもとに測量したから間違いない

と言い張ります。どうしたらよいでしょうか。

A　土地の境界については、通常、そこに石を埋めたり、柵や塀を作るなどしてはっきりさせているものですが、これらの境界標も、長い間にはなくなってしまうこともないではありません。

また、特別の境界標もなく、隣人同士の了解の下にお互いの土地を使用していて支障のない例もあります。ご質問者の場合も、Ａさんと親しいお付き合いの下で、お互いに境界のあたりを畑にしていたため問題がなかったのでしょう。

境界の確定の基準を定めた法律はありませんが、一般には、登記所に備えつけられた地図（不動産登記法14条、不動産登記規則10条以下参照。「公図」といわれます）に従って測量をして決められます。しかし、公図だけでなく、Ａさんとの間で、永年にわたって境界がどう扱われてきたかも重要なことです。

それ故、ご質問者自身が、登記所で「公図」を確かめられるとともに、Ａさんの立会いを得て、永年にわたって扱われてきた境界の実情について説明を受け、それによってご質問者が正しいと思われる境界線をＢさんに納得してもらうことが必要です。

もしＢさんとの話合いがつかないときは、公図の写しやＡさんの確認書などの資料を揃え、裁判所に調停の申立てか、訴訟を起こして決めてもらうほかありません。

Ⅰ—14

隣地の樹木の枝が自分の土地上に伸びてきた場合、隣地の樹木の根が地下に伸びて自分の土地に若木を生じさせた場合の処置法〔相隣関係〕

Q　２年近くの海外出張から帰国し、久々に不在のままにしていた自宅に戻りますと、庭の各所に大量の落ち葉が溜まっており、小さな池も沈んだ落ち葉で埋まっていました。そして、隣家の敷地内の木々の枝が伸びて私の敷地内に広く張り出しており、また、隣家との境界に近い地面は数メートルにわたって隣家の木々の根から生えた若木が一面に覆っているのです。全く驚いて、帰国の挨拶に隣家を訪問して、このことを話し、落ち葉の掃除とともに、敷地の境界線を越えて伸びた木の枝、地面の若木を切り取ってくださいと頼んだのですが、隣人は、「木が伸びるのは自然現象だから仕方がないでしょう」と言って応じてくれません。どうしたらよいでしょうか。

A　土地の所有権のもつ効力は、土地の上下に及ぶと考えられます。もちろん上下にも相当性をもった範囲での限度はありますが。そこで、隣地の樹木の枝が隣地との境界線を越えて自分の土地の上へ伸びてきたときは、その枝によって自分の土地の上空の空間が不法に占拠されるわけであり、眺望や日光の照射が妨げられるなどの不利益がきたされます。また、その枝からの落ち葉が地上に積もってごみとなるなどの不都合も生じます。

それ故、隣人は自分の土地にある樹木の

枝が伸びて隣との境界線を越えたときは、直ちに越えた部分を切り取る義務がありますし、切り取らずに放置していたために、隣の土地の人に迷惑をかけたときは、それに対する損害賠償をしなければなりません。ご質問者の隣人のように「木が伸びるのは自然現象だから仕方がない」などと言うのは、余りにも非常識です。

ご質問者は、改めて隣人にこのような法律の趣旨を説明し、境界線を越えて伸びてきている樹木の枝を切り取ってもらうとともに、庭の落ち葉を清掃してもらうのがよいでしょう。ところで、落ち葉の清掃は、ご質問者が自分でするか、掃除人を傭って清掃してもらい、代金を隣人に請求することもできますが、伸びている枝の切り取りは、隣人にやってもらうことが必要です。民法233条１項に、「隣地の竹木の枝が境界線を越えるときは、その竹木の所有者に、その枝を切除させることができる」と規定されているからです。それ故、頼んでも、隣人が枝の切り取りに応じないときは、裁判所に訴えて強制的に切り取らせることです。

次に、隣地の樹木の根がご質問者の土地に伸びてきて、その根から生えた若木が境界に近い地面を一面に覆っているとのことですが、これについては、民法233条２項に、「隣地の竹木の根が境界線を越えるときは、その根を切り取ることができる」と定められています。つまり、上空と地下とでは取り扱いが異なっており、地下の根が地上に伸びてきても、若木を生やしても、それらに対しては、隣人に頼んで切り取ってもらうのでなく、ご質問者自身が自由に切り取ることができるのです。

なお、切り取った木の枝や根や若木などを再利用することができるかという問題もありますが、それについては、木の枝の所有権は隣人にあり、根や若木の所有権はご質問者にあると解されています。

Ⅰ — 15

隣家からののぞき見防止策〔相隣関係、境界線付近の建築の制限〕

Q １年余りの海外勤務から転勤して、久しぶりに自宅に戻りますと、隣の家の住人が変わっており、建物もリニューアルされていました。私の居室の向かいは一面の壁だったのに、すぐ前に大きな窓が作られ、その先は中学生ぐらいの男の子の勉強部屋らしく、いつも男の子が私の部屋をのぞいています。狭い土地なので、隣家は境界線から50センチメートルぐらい、私の家は境界線から70センチメートルぐらいの間隔しかありませんので、隣の子供とはほんの近い距離で向かい合ったりして、余り気持がよくありません。是非とも窓に目隠しをつけてもらいたいのですが、法律上、隣人に要求することができるでしょうか。

A 民法235条には、「境界線から１メートル未満の距離において他人の宅地を見通すことのできる窓又は縁側（ベランダを含む。次項において同じ。）を設ける者は、目隠しを付けなければならない（１項）。前項の距離は、窓又は縁側の最も

隣地に近い点から垂直線によって境界線に至るまでを測定して算出する（２項)」と規定され、236条には、この「規定と異なる慣習があるときは、その慣習に従う」と定められています。

ご質問の場合、隣家は、ご質問者の家との境界線から50センチメートルぐらいの所に建てられているとのことですので、その建物の窓は、「境界線から１メートル未満の距離において他人の宅地を見通すことのできる窓」に当たるのであり、また、格別「異なる慣習がある」とは思われませんから、この規定によって、隣人はその窓に目隠しを付ける義務があるのであり、ご質問者は、隣人に目隠しをつけることを要求し、隣人が応じないときは、裁判所に訴えて目隠しをつけることを命ずる裁判を求めることができるのです。

なお、民法234条には、「建物を築造するには、境界線から50センチメートル以上の距離を保たなければならない（１項)。前項の規定に違反して建築をしようとする者があるときは、隣地の所有者は、その建築を中止させ、又は変更させることができる。ただし、建築に着手した時から１年を経過し、又はその建物が完成した後は、損害賠償の請求のみをすることができる（２項)」と定められています。そして、この規定についても、「異なる慣習があるときは、その慣習に従う」ものとされています（236条)。

ご質問は、隣人のお宅の建物が境界線から50センチぐらいの距離で建てられているとのことですが、正確に測って、49センチ以下であれば、この規定に触れるのであり、建物は完成していても、ご質問者は隣人への損害賠償の請求が可能だと思います。もっとも、その相手が、今の隣人ではなく、その建物を建てた前の隣人であった場合には、請求は時効にかかるまで（167条２項、20年）は可能です。ただし、建築基準法には、「防火地域又は準防火地域内にある建築物で、外壁が耐火構造のものについては、その外壁を隣地境界線に接して設けることができる」と規定されています（65条)。

いずれにしても、隣人が隣家に入り、建物をリニューアルして、必要な個所に新しく窓をつけることは差し支えありませんが、隣家との距離が境界線から１メートル未満という場合には、隣家をのぞくことができないように目隠しをつけることは、社会観念からみても当然のことであり、お互いのプライバシーを守る上にも不可欠なことといわなければなりません。

なお、ご質問者の側から窓に目隠しをつける必要があるかどうかですが、法律的にはその義務はないと思います。しかし、隣人との円満なお付合いという点からは、適当な目隠しをつけた方がよいでしょう。

I — 16

寿司屋の予約をキャンセルした場合のキャンセル料支払い義務

Q 結婚記念日に、妻と二人で近所の寿司屋さんで大好きな寿司膳を食べようと１週間前に予約をしていたのですが、当日の朝、友人の家からの電話で、友人が交通事故で入院したとのこと、やむなく寿司屋さんの予約をキャンセルして見

舞に行きました。翌日、寿司屋さんからキャンセル料を支払ってくださいと電話がありましたが、キャンセル料を支払わなければならないのでしょうか。

A 民法415条前段には、「債務者がその債務の本旨に従った履行をしないときは、債権者は、これによって生じた損害の賠償を請求することができる」と定められています。ご質問者は、結婚記念日に奥さんと二人で近所の寿司屋さんで寿司膳を食べようと申し込み、寿司屋さんがそれを承知したのですから、両者の間に寿司膳の売買契約が成立し、寿司屋さんは、当日、ご質問者に寿司膳を提供し、ご質問者はその代金を支払うという、それぞれの権利・義務が生じたわけです。つまり、代金の支払いについては、寿司屋さんは債権者であり、ご質問者は債務者であるという関係に立つこととなります。それ故、友人の交通事故による入院という予期できない事情が原因であるとはいえ、ご質問者が当日寿司屋に行くことをキャンセルしたためにその代金を支払わなかったのですから、ご質問者は、その債務の本旨に従った履行をしなかったのであり、寿司屋さんは、それによって生じた損害の賠償をご質問者に対して請求することができるのです。

ところで、損害賠償の額は、どうなるのでしょうか。民法416条1項では、「債務の不履行に対する損害賠償の請求は、これによって通常生ずべき損害の賠償をさせることをその目的とする」と定められ、また、417条には、「損害賠償は、別段の意思表示がないときは、金銭をもってその額を定める」と規定されています。

そこで、ご質問の場合の「通常生ずべき損害」とは、寿司屋さんが、ご質問者に提供する予定であらかじめ準備していた寿司膳の材料などの代金や、ご質問者夫妻の食事の場所として予定していた部屋や座席の使用料などを合わせた金額を損害額とするべきでしょうが、具体的には、種々の事情が同時に問題とされると思います。

例えば、ご質問者がキャンセルした後、全くお客さんが来なかったようなときは、その金額でよいでしょうが、ご質問者がキャンセルした後に、偶然、二人連れのお客さんが来てご質問者の注文と同じ寿司膳を注文して、代金もきちんと払って帰ったときは、寿司屋さんに実質的な損害は認めにくいこととなりましょうし、他のお客さんが別の種類の寿司を注文されたのであっても、ご質問者に提供しようと準備した材料を、そちらに回すことができた場合にも、寿司屋さんの受けた損害の額は減少することになります。

それ故、ご質問者は、寿司屋さんに、これらの具体的事情をよく聞き、十分話し合って、お互いに納得した賠償額を決めて支払うべきでしょう。なお、消費者契約法（平成12年法律61号）９条１号には、賠償額が当該事業者に生ずべき平均的な損害額を超えた部分は無効とする、と規定されていることも承知して、お話し合いをするのがよいでしょう。

Ⅰ — 17

サッカーの試合中に部員が急死したため、気が動転して当日予約していたレストランでの懇親会の開催を忘れた場合の飲食代等の支払い義務

Q 会社のサッカー部のマネージャーです。先日、練習試合中に部員のA君が突然倒れ、救急車で病院に運ばれたのですが、急性の心筋こうそくで死亡しました。その日は、試合終了後、メンバー達と懇親会をすることでレストランと予約していたのですが、A君のことで気も動転してすっかり忘れていました。3日後にレストランから懇親会の飲食代などの請求がありました。私どもは、代金を支払わなければなりませんか。

A Aさんのことは、本当にお気の毒でした。しかし、気が動転しておられたからといって、懇親会の予約をしていたレストランに、何の連絡もされずに放置していたことは妥当でなかったといわなければなりません。

民法415条には、「債務者がその債務の本旨に従った履行をしないときは、債権者は、これによって生じた損害の賠償を請求することができる」と定められ、また、412条１項には、「債務の履行について確定期限があるときは、債務者は、その期限の到来した時から遅滞の責任を負う」と規定されています。

ご質問者は、サッカー部のマネージャーとして部員達と懇親会をすることをそのレストランと予約していたのですから、予約時間に、部員達と懇親会に出席してレストランから飲食物の提供を受けるとともに、その代金を支払うことが義務づけられていたのでした。したがって、予約の時間に懇親会に出席せず、レストランにその連絡もしなかったのは、予約した債務を履行しなかったことであり、それによって、レストランに生じた損害を賠償する責任を負わなければなりません。

ところで、ご質問には、レストランの請求として、「懇親会の飲食代など」とありますが、許される請求は、もちろん、合理的なものでなければなりません。ご質問の場合には、懇親会への出席を予約した人数分の飲食物の通常の価格が基準となりましょうが、特別の料理や飲み物などを予約していたときは、その価格も含まれます。ただ、実際には飲食しなかったのですから、他に転用できる飲食品代は差し引かれるべきでしょう。それから、ご質問者らが出席しなかったために、その時間に、他のお客さんに使ってもらうことができなかった部屋や座席の代金も、レストランの損害として支払わなければならないと思われます。

このように、その懇親会で一般に支払われるべき社会観念上合理的な金額の賠償金をレストランに支払うことが、ご質問者らに義務づけられているといえましょう。

なお、もしご質問者が、懇親会の予約時間の前に、Aさんの急逝によって当日の懇親会は中止する旨をレストランに連絡し、そのために、レストランでは予約されていた部屋や料理を別の客に提供することができた場合には、それによる収益については、ご質問者らに請求し得なくなると思われま

す。

I — 18

通信販売店からカタログの記載と違った商品を送られた場合の対処法〔債務不履行、契約解除、損害賠償請求、特定商取引に関する法律〕

Q 通信販売店のカタログに赤い格好のよいハイヒールが載っていたので注文したのですが、送られて来たハイヒールは赤黒い不格好なものでした。通信販売店に、「カタログどおりのものと取り替えてもらいたい」と電話をしたのですが、販売店は、「送ったのはカタログどおりのものです」と言って応じてくれません。どうしたらよいでしょうか。

A 通信販売で買ったハイヒールがカタログに載っていた「赤い格好のよいもの」ではなく、「赤黒く不格好なもの」だったとのこと、カタログに載せられている商品と実際の商品とが色や形などで多少違うことはあり勝ちです。その場合に、社会観念上、その程度の違いなら商品としての価値には大差がないとみられるときは、その商品を売ることは許されますが、かなりな違いがあって、商品の価値も同じではないとみられるときは、その商品の販売は許されないと思われます。

カタログに載っていたハイヒールと送られてきたハイヒールとが色も形も違っており、注文者の望んでいたところと相当異なっているとすれば、通信販売店の行為は、民法上、不完全履行であり、債務不履行になります。ご質問者は、民法415条によって、通信販売店に対して、それによって生じた損害の賠償を請求することができます。また、ご質問者は、通信販売店に対して、改めてカタログどおりの商品を送るように期限を定めて催促し、通信販売店がこれに応じないときは、契約を解除することが可能です（民法541条）。

なお、通信販売店に瑕疵担保責任が問題となる場合（民法570条）、すなわち、販売店の責任でカタログと同一の商品を注文者に渡すことができないときは、注文者は、契約を解除するか、損害賠償の請求をすることができるのです（民法570条・566条）。

このように、送られてきたハイヒールがカタログと違ったもので注文者の希望されたハイヒールでなかった場合には、注文者の立場から通信販売店に対して民法上、種々の権利が認められていますので、ご質問者は、改めて通信販売店と交渉し直されるのがよいでしょう。

なお、通信販売等に関しては、「特定商取引に関する法律」（昭和51年法律57号）がありますが、商品の性能などについて、事実と違った誇大広告をすることを禁止する規定があり（12条、罰則72条３号）、また、物品購入者の苦情の相談に応じ、必要な助言をしてくれる通信販売協会という機関が設けられていますので（32条）、ご質問者が通信販売業者との交渉についてトラブルとなったときに相談してみるのもよいかと思われます。

I — 19
森林体験教室で参加小学生が転倒負傷した場合のボランティアガイドの賠償責任〔債務不履行による損害賠償〕

Q 森林体験教室のガイドをボランティアでやっています。小学生の希望者を案内することが多いのですが、先日、クラスの担任教師の都合で児童30人を私１人だけで案内したときに、１人の児童が山道に突き出ていた木の株につまずいて転倒し、骨折してしまいました。その児童の親から治療費などの請求をされています。私は、ボランティアで児童達のために森林体験を指導してやっていたのですし、転倒したのはその児童が足許に注意せずにいたためですから、治療費などを支払う必要はないと思うのですが、どうでしょうか。

A ご質問者がボランティアで森林体験教室のガイドをしていたとき、参加児童の一人が山道で転んで骨折したとのことですが、森林体験には危険の伴うことが多いでしょう。細い山道で急な登り降りのある所などでは、すべって転落する危険が大きいと思います。そして、参加者には山道などに慣れていない人も少なくありませんので、ガイドをする人は、森林について解説することとともに、参加者が転んだりすることのないように気を配ることも大切な仕事というべきでしょう。とくに参加者が子供であるときは、その安全に一段と配慮しなければなりません。もっとも、小学生の担任教師のように参加者にリーダーが加わっているときは、安全をはかるについて、そのリーダーに協力を求めることもできましょう。しかし、ご質問の場合のように参加者が小学生だけ30名で、担任教師は都合で来られなかったというときは、体験教室のガイドが参加者の安全を守る管理責任を一人ですべて負わなければならないでしょう。

それ故、ご質問者の管理上の注意が及ばずに参加児童の一人が山道で転倒し、骨折したのであれば、それについて、ご質問者には、参加児童への安全管理義務の違反があったものとして、民法415条の債務不履行による損害賠償責任が認められ、治療費などを賠償する義務を免れないと思います。そして、ガイドとしての安全管理義務は、ご質問者がボランティアであっても認められます。ただ、ボランティアでなく、森林体験教室の企業職員がガイドをしていた場合と比べると、ご質問者の場合の責任はやや軽く、賠償金の額もある程度少なくて済むといえましょう。

なお、骨折した児童の側にも過失が認められるとき、例えば、ご質問者が、そこに木の株が突き出ているからつまずかないようにと指示したのに、児童はその注意を全く気にかけず、つまずいて転倒したような場合には、過失相殺によってご質問者の賠償額は減額されると思われます。

Ⅰ―20

友人の借家が漏電で全焼した場合の火災についての責任〔失火ノ責任ニ関スル法律など〕

Q 数日前、友人が借りていた家が漏電で全焼し、隣のAさんのお宅も半焼させてしまいました。友人は、ちょうどその時外出していたのですが、この家へ引っ越してからまだ半年にもならなかったのです。火事の責任は、管理責任のある大家さんにはないのでしょうか。また、友人は、隣のAさんへの損害賠償をしなければなりませんか。困り切っている友人のために、教えてください。

A ご質問者の友人の方のお宅の火災事故、大変お気の毒でした。法律的には、いろいろな問題がありますが、具体的な事実が明らかにならない限り、すぐに結論は出せません。そこで、以下には、一般的な問題点をご説明することとします。

まず、火災の原因が漏電であるとのことですが、その責任者は誰かが問題です。電気工事の欠陥で、工事関係者の責任という場合もありますし、その後、友人の方にその家屋を貸すまでの間の大家さんの建物管理が不足していたことで、大家さんの責任という場合もあります。それから、建物を借りてから管理が不十分だったことについての友人の方の責任という場合もあります。それ故、漏電の責任は誰にあるのかをはっきりさせることが必要です。

次に、隣のAさんのお宅も類焼して半焼させてしまったことに対する責任です。これは、漏電によってご質問者の友人の方の借家の火災を引き起こした不法行為責任が問われる場合に問題とされますが、「失火ノ責任ニ関スル法律」という明治32年に制定された古い法律があるのです（同年法律40号)。「民法第七百九条ノ規定ハ失火ノ場合ニハ之ヲ適用セス但シ失火者ニ重大ナル過失アリタルトキハ此ノ限ニ在ラス」と規定されています。つまり、失火の場合の不法行為責任を認めるには、行為者に重過失のあったことが必要であり、軽過失の場合には、賠償責任は免除されるわけです。重過失とは、ほんの少しの注意をすれば事故を防ぐことができたのに、その注意を怠った場合をいいます。例えば、主婦が台所で天ぷらをあげていた時、急な来客があったのに、火を止めずに玄関へ出て話しているうちに火事になった場合などには、重過失とみられることが多いでしょう。これに対して、普通の程度の過失は軽過失です。

なお、建物自体の欠陥から火事になった場合に、借家人が事故防止の注意を払っていたときは、大家さんには、過失がなくても責任を問われることがあります。土地の工作物の所有者責任といわれます（民法717条1項)。

それから、ご質問にはありませんが、友人の方の大家さんへの責任も問題となり得ます。友人の方は、大家さんからその家を借りていたのですから、善良な管理者としての注意を払ってその家を使用し、借用期限後は、きちんと返却しなければならないはずです。それが火事で全焼して返却することができなくなってしまったのですから、債務不履行による損害賠償をしなければならないのが一般です（民法415条。大判明45・3・23民録18輯315頁）。

いずれにしても、火災の生じた具体的な状況がはっきりしないことでは正確な法律の判断はできません。ご質問者は、友人の方から詳しい事情を聞いた上、このような法律の諸問題について説明してあげてください。

I — 21
旅行会社の案内ちらしを見てイタリア旅行を申し込んだが、実際の旅行はちらしよりも大分低レベルだった場合の旅行会社の賠償責任

Q 友人がイタリア１週間の旅に参加して、とても快適な体験をしたと自慢したので、私も行ってみようと旅行会社の案内ちらしを見ますと、１週間で、ローマ、フィレンツェ、ベニス、ミラノを回り、ホテルは三つ星級と書いてあったので申し込みました。ところが、実際に行ってみると、大分レベルの低いホテルに泊められたり、都合で行けなくなったミラノには立ち寄らずに帰国しました。旅行会社の手抜きかミスだと思うのですが、賠償の請求はできませんか。

A 旅行会社の案内チラシに書かれていたところを信じて、旅行に参加したところ、実際の旅行は、案内チラシに書かれていたところとは大違いであったという場合には、旅行会社と旅行参加者との契約によって、旅行会社が参加者に対して引き受けた債務の不完全履行に当たり、旅行会社は参加者に損害賠償をしなければなりません。

旅行会社の案内チラシには、三つ星級のホテルに参加者を泊まらせると書いておきながら、実際には、大分レベルの低いホテルに泊めたということは、ホテル代に違いがあるはずですし、ミラノにも行くと案内チラシに書いておきながら、交通事情などによって急に行けなくなったにしても、ミラノ行きを大変楽しみにしていた旅行参加者にとっては大打撃であり、精神的な被害は少なくないと思います。そして、ミラノに行けなかったことの代わりに旅行会社が提供した別のサービスが、ミラノ行きを上回るような場合は別として、一般には、旅行会社は、旅行参加者に損害賠償をしなければならないでしょう。

それについての法律的根拠としては、民法415条の「債務者がその債務の本旨に従った履行をしないときは、債権者は、これによって生じた損害の賠償を請求することができる」という規定があげられます。

そして、旅行会社と交渉して賠償問題の解決に手間取るような場合には、旅行業者協会や消費者センターなどに相談して、交渉に協力してもらうことができると思われます。

なお、万一、旅行会社の案内チラシなどの内容がはじめから実際の旅行と違っており、参加者をだまして旅行に参加させようとしていた場合には、刑法246条の詐欺罪となることもありますので、事情によっては、旅行会社の関係者を告訴することも可能でしょう。

それぞれが期待にあふれて参加するのですから、予告どおりの楽しい想い出の旅にしていただきたいですね。

I ― 22
外国旅行の際に撮影したフィルムの現像を写真屋に依頼したところ、写真屋がそのフィルムをなくした場合の損害賠償

Q 生まれて初めての外国旅行の際に撮った記念写真のフィルムの現像を近所の写真屋さんに依頼し、2日後にでき上がりを取りに行ったところ、「うっかりしてあのフィルムをなくしてしまいました。新しいフィルムを弁償しますから許してください」と言われました。私にとっては、全くかけがえのない貴重な写真です。フィルム代ぐらいの弁償ではとても満足できません。どうしたらよいのでしょうか。

A お客さんがフィルムの現像を依頼して、写真屋さんがそれを引き受けたときは、請負契約によって、写真屋さんにはお客さんの注文どおりに現像して返す義務が、また、お客さんにはその報酬を支払う義務を生じます（民法632条)。そして、写真屋さんの義務には、当然のこととして、お客さんから預かったフィルムを大切に保管しなければならない善良な管理者の注意義務も含まれますから、フィルムを紛失した場合にはその義務に違反したこととなり、写真屋さんはお客さんに損害賠償を支払わなければなりません。

問題は、損害賠償の額ですが、原則的には、写真屋さんの義務違反から通常生ずべき損害の範囲（民法416条)、すなわち一般には新しいフィルムと現像料程度の額となるでしょう。ご質問者は、二度と体験しにくいほど貴重な海外旅行のフィルムに対してそんなわずかな賠償額ではご不満でしょうが、通常、現像を頼まれただけでは、写真屋さんの側では、それほど貴重なフィルムであるとは予測しにくいからです。

ただ、ご質問者が、現像を依頼する際、これは貴重なフィルムだから気を付けてくださいと特に頼んでおいた場合には、写真屋さんも、慎重な保管をなし得たはずですから、その過失の程度に応じてより高額の賠償を求めることができると思います。また、万一の事故を予測してあらかじめ損害賠償の額を話し合いで決めておいた場合には、その額の請求が可能です（民法420条)。

I ― 23
頼まれた馬券と違った馬券を買ってしまったために損害を与えた場合の賠償責任〔委任を受けた者の義務・債務不履行についての賠償〕

Q 友人のA君と一緒に東京の競馬場で競馬を見ようということになり、どんな馬券を買おうかといろいろ議論をした挙げ句、A君から、「僕はこの馬券を買いたいから頼む」と言ってお金を渡されたのですが、まだ迷っていた私は、馬券売場で、うっかりして自分が考えていた馬券を買ってしまいました。ところが、レースでは、その馬券は外れ、A君が頼んだ馬券は大当たりしました。カンカンに怒ったA君から、「僕が頼んだ馬券を買っていたら、手に入るはずだった配当金の

分を弁償しろ」と強く迫られて困っています。私は、このお金を払わなければならないのでしょうか。

A　Ａさんがご質問者に対して馬券の購入を頼み、ご質問者がこれを引き受けたことは、民法上の委任に当たります。民法643条には、「委任は、当事者の一方が法律行為をすることを相手方に委託し、相手方がこれを承諾することによって、その効力を生ずる」と規定されています。馬券の購入は、売買という法律行為ですから、それをＡさんがご質問者に頼み、ご質問者がこれに応じたことは、委任による契約が成立したことになるのです。ところで、民法644条には、「受任者は、委任の本旨に従い、善良な管理者の注意をもって、委任事務を処理する義務を負う」と規定されています。「受任者」とは、委任を引き受けた人のことであり、ご質問の場合には、ご質問者がこれに当たります。「善良な管理者の注意」とは、略して「善管注意」ともいわれますが、債務を引き受けた人の職業や社会的地位などからみて、一般に払わなければならない注意を意味します。例えば、商人であれば商人として、銀行員であれば銀行員として、一般に払うべき注意をいいます。もっとも、ご質問者の場合は、Ａさんの友人として馬券の購入を頼まれたのですから、社会人として通常払うべき注意を払えばよいのです。ところが、ご質問者は、迷っていたため、うっかりしてＡさんから頼まれた馬券を買わず、自分が考えた馬券を買ってしまったのですから、善管注意を怠ったことになり、そこには過失が認められましょう。

ところで、民法415条には、「債務者がその債務の本旨に従った履行をしないときは、債権者は、これによって生じた損害の賠償を請求することができる」と規定されています。ご質問者の過失により、依頼した馬券が購入されなかったために、Ａさんは競馬の配当金が得られなかったのですから、Ａさんは、ご質問者に対してその損害賠償の請求ができるのであり、ご質問者は賠償金を支払わなければなりません。

ただ、損害賠償の範囲について、民法416条には、「債務の不履行に対する損害賠償の請求は、これによって通常生ずべき損害の賠償をさせることをその目的とする（１項)。特別の事情によって生じた損害であっても、当事者がその事情を予見し、又は予見することができたときは、債権者は、その賠償を請求することができる（２項)」と規定されています。それ故、Ａさんからの賠償請求額が、通常、競馬によって生じる利益額の範囲内のものであれば、支払わなければなりませんが、全く異常な大当たりであって、予想できなかった場合には、ご質問者は、Ａさんの請求額を一般的な利益額の程度に押えるよう、Ａさんと交渉するのがよいと思います。

Ⅰ―24
父が伯父の借金の保証人となっている場合、父が死亡したときは保証債務は相続の対象となるか

Q　先日、同居中である夫の父が、父の兄である伯父の借金の保証人となってい

ることを知りびっくりしました。伯父の商売がうまくいかず、所有地と家屋を手放したのですが、足りないので、2,000万円の借金をし、弟である夫の父が保証人となったそうです。不安なのは、もし伯父が死亡した場合、伯父の子供が借金を引き継いでくれればよいのですが、マイナスの遺産は放棄できると聞いていますので、もし子供がそのような手続をとったときは、保証人は夫の父だけですし、父の後を継ぐ夫にも支払い義務が生じるのではないかと懸念されます。また、夫の父が伯父よりも先に他界した場合、遺産相続人である夫が伯父の保証人も承継しなければならないのでしょうか。心配なので教えてください。

A 民法446条1項には、「保証人は、主たる債務者がその債務を履行しないときに、その履行をする責任を負う」と規定されています。主たる債務者とは、例えば、借金をした人をいいます。すなわち、借金をした人がその借金を返すことができない場合に、代わって借金を返す責任を負うのが保証人なのです。保証人には、普通の保証人と連帯保証人があります。連帯保証人（民法454条・458条）は、借主と同じ立場で責任を負うのに対し、普通の保証人は、借主が借金を支払えないときに、初めて支払いの責務を負うのです。

ご質問の場合、ご質問者のご主人のお父様は、普通の保証人であるとみられますので、以下では、その立場について説明しましょう。

普通の保証人は、あくまで主たる債務者、すなわち、借主の負っている債務を保証するのですから、借主が債務を履行しない場合に、それを補充する者としての責任を負担するにとどまります。それ故、債権者がいきなり保証人に債務の履行を求めてきた場合には、保証人は、まず、主たる債務者に請求してくださいと要求することができます。これを「催告の抗弁権」といいます（民法452条）、また、保証人は、債権者に対して、まず、主たる債務者の財産について執行しなさいと主張することができます。これを「検索の抗弁権」と呼びます（民法453条）。

ところで、ご主人のお父様は、ご主人の伯父様の2,000万円の債務の保証人となっておられるわけですが、もし主たる債務者である伯父様が亡くなられた場合に、保証人としてのお父様の責任はどうなるのかとのご質問ですが、伯父様が亡くなってもお父様の保証人としての立場は変わりません。

伯父様が亡くなられたときは、そのお子さんが遺産相続をされるわけですが、債務をも相続された場合に、お父様はその債務の保証人であり続けるわけであり、もし、お子さんがその債務を履行しないときは、お父様には、催告の抗弁権、検索の抗弁権はありますが、それらを行使しても、お子さんが債務を履行しない限り、お父様が債務を履行される必要があるのです。

なお、伯父様のお子さんが相続を放棄された場合にも、お父様の保証人の立場には影響がありません。債権者の立場からすれば、伯父様から取れない場合に備えてお父様を保証人にしていたのですから、お父様は変わらず保証人として債務を履行しなければならないのです。

次に、お父様のほかに息子であるご質問者のご主人にも、保証人の責任があるのかというご質問ですが、お父様がご存命の間はご主人に保証人の責任は及んできません。しかし、保証人であるお父様が亡くなられた場合には、保証債務はどうなるのかという問題があります。判例は、具体的な債務の額が確定している通常の保証債務は相続されるものと解しています（大判昭10・11・29民集14巻1934頁）。したがって、お父様の相続人が何人いらっしゃるかなども問題となりますが、少なくともご主人も相続人の一人として保証人の義務も相続しなければなりません。そして、伯父様又はその相続人の債務不履行の場合には、その履行にあたることが必要とされるのです。

ご質問者が心配されているように、保証人は、債務者の債務不履行の場合に、代わって履行する責任者なのですが、自分の手許には全くお金が入ってくることはないのに、時には、大金の支払いに苦労して悲劇に見舞われることもあり得ないではありません。義理とか緊密な人間関係などに基づくやむを得ない立場であるにしても、決して軽々しくみることのできない、大変な役割りなのです。

Ⅰ—25
サラ金から借金をして取り立てに悩まされていた夫が突然蒸発した場合、妻には借金を返済する義務はあるか

Q　30歳の主婦です。会社員の夫が、突然蒸発してしまいました。夫は、競輪や競艇が大好きで、休日によく出かけていましたが、私の知らない間に、サラ金会社十数社から合計300万円もの借金をしており、厳しい取り立てにあって、居たたまれなかったのです。すると、サラ金業者達は、今度は、私を相手にしつこく返金を請求し、連日、自宅へ来てどなり散らしたり、夜半まで電話をかけてきたりして、おちおち休むこともできません。大口の借金の中には、私の名前が保証人として使われているものがあるといって、返済を迫るのです。私は、夫の借金を支払わねばならないのでしょうか。

A　借金は、サラ金に限らず、貸し主と借り主との間の問題です。たとえ夫婦や親兄弟でも、自分が借りたお金でない限り、支払う義務はありません。

もっとも、他人の借金の保証人となっているときは、借り主が返せない場合には、代わって返済しなければなりません。しかし、保証人になるには、自分の意思で貸し主と保証契約を結ぶことが必要です。それ故、ご質問者が、全く知らなかったのであれば、契約書に保証人と書かれていても、また、その際、ご質問者の実印が勝手に使われていても、ご質問者には、ご主人の借金を支払わなければならない義務はありません。

ただ、例外として、ご主人の借金に対して、ご質問者に弁済の責任を生じることがあります。それは、例えば、お米代や水道代などのような、ご質問者との日常の共同生活の費用に充てるために、ご主人が借金をした場合です。このような日常の家事についての債務には、夫婦の連帯責任が認められていますから（民法761条）、ご主人がご質問者に無断で借金をしたものであって

も、ご質問者もその借金を弁済する義務を負わなければならないのです。ただ、日常の家事債務であることは、サラ金業者の方で証明する必要があります。

しかし、お尋ねの内容から考えて、ご主人の借金は、これには当たらないと思われます。したがって、ご質問者には、ご主人の借金の返済義務はないといえましょう。

I—26
元夫の借金の保証人とされていた元妻には、元夫がその借金を返済しない場合に代わって返済する義務があるか

Q 不倫関係などから不仲が続いていた元夫と昨年離婚したのですが、離婚前の日付で元夫が300万円の借金をし、妻であった私を保証人とする契約書を作っていました。しかし、返済期限が来ても元の夫が返金しないので、貸し主が私の所に返済の請求に来て、契約書を見せられ、私は初めて保証人とされていることを知りました。元夫の所在も不明ですが、私はこの借金を支払わなければならないのでしょうか。

A 保証人とは、借金をした人が、そのお金を貸し主に返済することができない場合に、借り主に代わって借金を返済することを貸し主と契約した人をいいます（民法446条1項）。その契約は、保証人自身が保証人となることを承諾し、自分の意思に基づいて書面で行うことが必要です。保証契約書には、このような意味での保証人の署名・押印がなければなりません(446条2項。電磁的記録によるものにつき、3項)。これは、夫婦の間でも変わらないことです。夫が妻の意思を確かめもせずに勝手に自分の債務についての保証人とすることは許されません。夫が妻に無断で借金をする際に、勝手に妻を保証人としてそのような契約書を作ったときは、その行為は私文書偽造罪（刑法159条1項）となります。そして、そのような契約書があるからといって、妻には何ら保証人としての義務は生じませんし、また、妻は、夫を私文書偽造罪によって告訴することもできるのです。

一方、貸し主の立場からしますと、保証人は、借り主が借金を支払えない場合に、代わって支払ってくれる者として、非常に重要な存在ですが、それには、はっきりした保証契約がなされていることが必要なのであり、妻の意思を十分確かめもしないで、夫の言葉を信用して妻が保証人となってくれるものと信じていた貸し主は、妻から借金を支払ってもらえなくてもいたし方のないことです。

しかし、妻が夫の借金について保証人となることをはっきりと承諾して保証契約を結んだ場合には、その後、夫婦が離婚しても、元の妻には、元の夫の借金を保証する義務があるのです。

I—27
携帯電話料金を滞納していると、電話会社からその料金債権を取立業者に譲渡したとの知らせがあったが、その債権譲渡は有効か

Q　お金の都合がつかず、携帯電話の料金を４か月も支払わずにいたのですが、電話会社から、「あなたへの債権を取立業者に譲渡しました。悪質な取立人に押し掛けられる前に、支払った方がいいですよ」との連絡を受けました。私が４か月間も料金を滞納していたことが悪かったのですが、このような債権の譲渡は簡単にできるのですか。

A　民法466条１項には、「債権は、譲り渡すことができる。ただし、その性質がこれを許さないときは、この限りでない」と規定されています。つまり、債権は、法律で譲渡することを禁止されたものや、債権の性質上、譲渡できないようなものを除いては、原則的に、他人に譲渡することができるのです。そして、①法律で譲渡することが禁止されているものには、扶養請求権（民法881条)、災害補償請求権(労働基準法83条２項）などがあり、また、②性質上自由に譲渡することができないものとしては、土地、建物等の賃借権（民法612条)、雇用契約における使用者の権利(民法625条１項）などが考えられます。③なお、民法466条２項には、当事者が譲渡しないという特約をした債権は譲渡することができないと規定されているのです。

さて、ご質問の携帯電話の料金請求権は、これらの譲渡の許されない債権のどれにも当たりませんから、電話会社がそれを債権取立業者に譲渡しても差し支えないといえましょう。ところで、民法467条１項には、「指名債権の譲渡は、譲渡人が債務者に通知をし、又は債務者が承諾をしなければ、債務者その他の第三者に対抗することができない」と規定されていますが、債務者であるご質問者に対しては、債権者である電話会社から、「取立業者に債務を移転します」という通知があったのですから、この譲渡はご質問者に対しては有効となります。

なお、民法467条２項には、「前項の通知又は承諾は、確定日付のある証書によってしなければ、債務者以外の第三者に対抗することができない」と規定されています。確定日付のある証書とは、公正証書とか、内容証明郵便などです。したがって、電話会社からご質問者に対してなされた債権譲渡の通知がこの要件を充たしていないときは、例えば、債務者以外の第三者であるご質問者の親族が、債権が譲渡されたことを知らずに、ご質問者の債務を、ご質問者に代わってその電話会社に支払った場合には、その支払いは有効な支払いとなるわけです。

いずれにしても、電話料金をいつまでも支払わずにいることは不都合です。ご質問者は、取立業者の社員から不愉快な取立てなどを受けないうちに支払われるのがよいと思います。

I―28

来訪した友人に出すために寿司の出前を注文したが、友人が帰った後に届けられた出前は断れないか〔契約の解除〕

Q　昨日の昼頃、友人が訪ねて来たので、近くの寿司屋さんに出前を注文したのですが、１時間半たっても届けてくれません。そのうち、友人が「用事があ

るから」と言って帰ってしまったので、すぐに寿司屋さんに、「もう要りません」と断りの電話をしたのですが、「今届けに出るところですから待っていてください」と言われ、結局、買わされてしまいました。この場合、寿司屋さんに手落ちがあったと思うのですが、法律的には、断ることはできないのでしょうか。

A 約束を一方的に破棄することを民法では契約の解除といいます。民法には、契約した債務を当事者の一方が履行しないときは、相手方は、相当な期間を定めて履行を催告し、その期間内に履行されないときは契約を解除することができると規定され（541条）、また、契約の性質上、一定の期間内に履行されなければ目的を達することのできない契約については、当事者の一方が履行せずにその時期を経過したときは、相手方は、履行の催告をせずに、直ちにその契約を解除することができる、と規定されています（542条）。

寿司屋さんへの出前の注文は、寿司をお客さんに出すためであれば、当然、お客さんの居る間に届けてもらわなければ困るわけで、一定の期間内に履行されなければ目的を達することのできない契約に当たります。

通常は、注文をする時に、お客さんの都合をみて、何時までに届けてくださいと約束すると思いますが、その場合、約束の時間までに届けられないときは、注文をした人は直ちに契約を解除することができるわけです。

ご質問の場合には、とくに時間の約束をしていなかったようですので、社会通念上許される時間内に届けられたかどうかが問題を決する鍵となりましょう。そして、注文して、１時間半という時間は、普通ならば許される限度内にあるとみられますので、ご質問者は、寿司屋さんの出前を断ることはできないと思われます。

このような注文には、はっきりと届けてもらう時間を決めて約束することが必要です。

I — 29
欠陥商品を売った電気店にその修理を依頼する電話を何度もかけた場合に、その電話代を電気店に請求し得るか〔製造物責任〕

Q 先日、近くの電気店に頼んで自宅に暖房機を取りつけてもらったのですが、それが欠陥商品で、3日前に止まってしまいました。母親が自宅から、仕事先にいた私の携帯電話に連絡してきて、寒いので早く直してほしいと頼みました。そこで、私は、電気店に電話をしたのですが、担当の係員が出かけているとのことで、なかなか連絡がつかず、何度も何度も電話をしてやっと話ができ、翌日修理をしてもらいました。電話代も大分かかったのですが、こういう電話代は、電気店に対して請求できないでしょうか。

A 民法570条には、「売買の目的物に隠れた瑕疵があったときは、第566条の規定を準用する」と定められています。「瑕疵」とは、不完全な点のことをいいます。566条には、売買の目的物が地上権等の目的である場合に、買主がこれを知らず、かつ、そのために契約の目的を達し得ないときは、買主は契約を解除することができ、解除し得ないときは損害賠償の請求をすることができる。契約の解除、損害賠償は1年以内にしなければならない、とした趣旨の規定が設けられています。

それ故、ご質問者は、電気店に頼んで自宅に取りつけてもらった暖房機に隠れた欠陥があってよく動かないときは、買主として、売買契約を解除して電気店に暖房機を引き取らせることができますし、契約を解除し得ないときは、暖房機の故障で受けた損害の賠償のみを請求し得るのであり、それらの行為は、その暖房機が欠陥商品であることを知った時から1年以内に行わなければならないのです。

そして、何度も電話をして大分電話代がかかった場合、暖房機の故障がなければ、そんな電話をかける必要はなかったのですから、その電話代も損害の中に含まれ、電気店に損害賠償としてその支払いを請求し得ると思われます。

なお、「製造物責任法」という法律があります（平成6年法律85号）。製造物の欠陥によって人の生命、身体、財産に損害が生じた場合に、製造業者等にその賠償の責任を認めるものです（3条）。暖房機の欠陥によって何度も何度も電話をかけることになってしまったのであって、その間には因果関係が認められますから、暖房機を製作した会社に対しても、製造物責任としての損害賠償を請求することができましょう。

I — 30

建売り業者から買った木造住宅の柱にキクイ虫による白い粉が吹き出していた場合の賠償請求

Q　昨年、建売り業者から木造瓦葺二階建住宅を買いました。今年の5月頃、客間の柱に数ミリの白い粉が吹き出している箇所が見付かり、気を付けて見ますと、ほかにも何本かの柱や廊下の板などにも、あちらこちらに同様に白い粉が見付かりました。虫害ではないかと思って、専門家に調べてもらったところ、キクイ虫によるもので市販の薬剤を虫の穴に注入すれば容易に駆除できると言われました。しかし、やっとの思いで買った住宅がこの有様ではがっかりです。建売り業者に損害賠償を求めることはできませんか。

A　建売り業者は、ご質問者との間に締結した売買契約の売主として、契約に定めたとおりの欠陥のない住宅を買主であるご質問者に引き渡す義務があります。これを売主の担保責任といいます。

担保責任の内容としては、次のようなことが考えられます。①建物についての瑕疵の程度が著しく、かつ修理等によってその欠陥を除去する手段がなく、契約の目的を果たし得ない場合には、買主は契約の解除をすることができます。②修理によって建物の欠陥を除去し得る場合には、買主は売主に対して修理を請求することができます。③また、契約の解除、建物の修補が認められない場合でも、買主は建物の欠陥についての損害賠償の請求ができます。

ご質問の場合には、建物の柱などに虫害による穿孔があっても、それがキクイ虫によるものだとしますと、白アリによる場合などとは違って、建物にとって修理し難い重大な瑕疵とはいえないので、①の契約解除は無理であると考えられます。しかし、ご質問者は売主である建売り業者に対して、②の害虫の駆除と建物の穿孔の修補を請求することはもちろんできます。また、ご自身で害虫の駆除などの補修を行ったときは、それに必要であった経費を売主に請求することも可能です。

I — 31

ペットショップで買った犬が病犬だった場合のショップの責任〔売り主の瑕疵担保責任〕

Q 犬がほしかったので、先日、近くのペットショップでビーグル犬の小犬を買いました。元気のない犬だったので、店に「伝染病ではないのか」と尋ねたのですが、「大丈夫です」と言うので買ったのですが、１週間後に、その犬がジステンパーを発病しました。幸い治療によって生命は取りとめましたが、店に「どうしてくれる」と抗議しても、「知りません」と言うだけです。私は、この店に損害賠償を請求することができますか。

A 民法570条には、「売買の目的物に隠れた瑕疵があったときは、第566条の規定を適用する」と規定されています。そして、566条１項には、「売買の目的物が地上権……である場合において、買主がこれを知らず、かつ、そのために契約をした目的を達することができないときは、買主は、契約の解除をすることができる。この場合において、契約の解除をすることができないときは、損害賠償の請求のみをすることができる」と定められているのです。

瑕疵担保責任と呼ばれます。健康な犬だと思って買ったのに、病犬であった場合には、売主には瑕疵がありますが、その瑕疵のために契約を解除し得るのは、その瑕疵によって犬を買った目的が達せられない場合でなければなりません。例えば、猟犬にする目的で買った犬が、病犬であって元気に走り回ることもできないときは、買い主は売買契約を解除して、その犬を店に返し、代金の返済を受けることができるのです。

この場合に注意すべき点は、売り主が買い主に対して負担すべき責任は、売り主に落度があったことによる過失責任ではなく、売買の目的物に隠れた瑕疵があったことに基づく無過失責任であるということです。

ところで、ご質問者は、その犬が元気のない犬だと知りながら買われたのであり、また、ジステンパーにかかったが、生命は取り止めたというのですが、その犬をペットとして可愛がって育てたい、一緒に暮らしたいというだけであれば、そんな犬であっても買った目的は一応達せられているわけですので、売買契約の解除はできないでしょう。

しかし、病気の治療をしたのですし、これから育てていく上にも何かと困難もありましょう。ご質問者が「伝染病ではないか」と確かめたのに、ペットショップでは、「大丈夫です」と答えたというのですから、その犬に隠れた瑕疵があったことには変わりがありません。それ故、ご質問者は、そのペットショップに犬の治療代を損害賠償として請求することができます。店が拒否するならば裁判所に訴えることも可能です。

なお、民法95条には、「意思表示は、法律行為の要素に錯誤があったときは、無効とする」という規定があります。「錯誤」とは、思い違いのことです。ご質問の場合に、この規定が適用されるのではないかという問題もあります。ただ、この問題に関しては、判例も、学説も分かれており、瑕疵担保責任が認められるときは、この錯誤の規定は適用されないという見解が有力です。それ故、ここではこれ以上触れないこととします。

I―32

買ったばかりの時計の遅れで、空港で飛行機に乗り損い、航空券を無駄にしたことについての賠償責任〔瑕疵担保責任、製造物責任〕

Q 会社から、地方支社への出張命令を受けて空港へ行ったのですが、前日に買ったばかりの新品の時計が30分も遅れており、あわてて搭乗口まで走ったのに、「その便は、今出発しました」と言われました。地方支社へ行く飛行機は、1日に1便しかないので、仕方なく会社に戻りますと、上司からこっぴどく叱られました。航空券も無駄になってしまったのですが、時計の遅れが原因だったのですから、時計店に損害賠償をしてもらえないでしょうか。

A 買ったばかりの新品の時計が、欠陥商品で、時間が遅れたため、空港で飛行機に搭乗し損い、航空券が無駄になった損害については、賠償を請求することができます。

まず、その時計を売った時計店には、民法570条の売り主の瑕疵担保責任が認められると思います。570条には、566条の規定を準用すると定められており、566条には、売買の目的物に他の権利があることを買い主が知らなかったために契約の目的を達し得ないときは、買い主は契約を解除することができ、契約の解除をし得ないときは、損害賠償の請求のみをすることができるが（1項）、それらの行為は、買い主が事実を知ったときから1年以内にしなければならない（3項）、と規定されています。それ故、ご質問者は時計店に対して、1年以内に売買契約を解除するか、又は損害賠償の請求をすることが可能なのです。

次に、その時計のメーカーに対しても、「製造物責任法」（平成6年法律85号）によって損害賠償を求めることができましょう。この法律の3条には、「製造業者等は、その製造……した製造物であって、その引き渡したものの欠陥により他人の生命、身体又は財産を侵害したときは、これによって生じた損害を賠償する責めに任ずる。ただし、その損害が当該製造物についてのみ生じたときは、この限りでない」という規定があります。ご質問者の買われた新品の時計が、そのメーカーの製造物であったときは、その時計の欠陥から、ご質問の損害を受けられたのですから、メーカーは製造業者として、損害賠償の義務を負わなければなりません。ただ、その損害がそのメーカーの製造物についての一般的な製造上の欠陥でなく、ご質問者の買われた時計だけに起こったミスであったときは、賠償責任がないという但し書の規定に関しては、メーカー側で立証することが必要ですが、それは、かなり難しいことが多いと思われます。したがって、ご質問者は、一般には、メーカーからの賠償を受けられるといえましょう。

Ⅰ — 33

貸したお金を返させるにはどうすればよいか

Q 32歳のＯＬです。半年程前にお付き合いを始めた男性から、「今、欲しい車があるんだけど、ちょっとお金が足りないんだ」と言われ、冬のボーナスが出たら返すという約束で、50万円を貸しました。私としては、「新しい車に君を乗せてあげたいんだ」という彼の言葉がうれしかったのと、その時、彼との結婚も考えていたので、「どうせ二人で使う車だから」という気持もあって気軽に貸してあげたのです。しかし、彼は、その後、車を買い換えた様子もなく、冬になってもお金を返すそぶりも全くありません。彼を信じていたので、借用証なども作っていませんし、やかましく催促するのも気が引けてしまいます。50万円は、私にとっては大金なので、早く返してもらいたいのですが、どうすればよいのでしょうか。

A ご質問者がお金を貸した男性は、余り信頼できない人柄のようですね。車を買い替えるのに必要で、冬のボーナスで返すと言って50万円ものお金を借りておきながら、車を買い替えた様子もなく、ボーナスの時期を過ぎても一向にお金を返す気配もないということは大変不都合です。

お金の貸し借りは、法律的には、金銭消費貸借契約を結ぶことであり、それによって、借り主は、借りたお金を貸し主に返す義務を生じ、貸し主は、借り主に対して、そのお金の返還請求権を持つこととなります。

借り主が誠実な人であれば、期限が来たら約束どおりお金を貸し主に返すことで何の問題も生じないのですが、借り主には、往々にして、誠意の欠けた、ずるい人もおり、期限が来て貸し主から返還を請求されても、一向に返さないとか、そんなお金は借りていないとか、あれはもらったものだなどと平気で嘘をつき、トラブルになることもあります。とくに男女間の貸し借りでは、借りたのではなく、もらったのだと主張するような例がよくみかけられるそうです。

借用証は、そんな場合のトラブルを避け、又は、トラブルを解決する上に重要な役割を果たすものですが、ご質問者は相手の男性を信じていたため、借用証を作っていなかったとのことですね。

しかし、借用証がなくても、お金を貸した以上、返還請求権はありますから、ご質問者は、まず、相手の男性に対して、そのお金を返すように請求してください。それに対する応待の仕方で、相手の人柄がはっきりわかります。お詫びしてすぐにお金を返してくれたら、一応、それなりの人といえますが、返済を延ばしてくれと言ったり、お金は借りたのではなくもらったのだなどと言ったら、どうにもならない人柄ですね。あるいは、会社が不況でボーナスが出なかったので、返せないなどと言い訳をすることがあるかもしれません。

このようにお金を貸借するのに、何時返すのかはっきり期限を定めていなかった場合には、民法591条１項の定めているように、貸し主は、相当の期間を定めて返還の催告をすることができます。ご質問者は、適当と思われる期限を決めてそれまでに返すように相手の男性に請求してください。そして、相手の男性がどうしても返してくれないときは、裁判所に訴えるより仕方がありません。裁判所には、まず、調停の申立てをすることができます（民事調停法（昭和26年法律222号）２条)。そして、調停委員会で調停が成立したときは、裁判上の和解と同一の効力が認められ、相手の男性との間の金銭貸借の関係が確認されます（同法16条)。しかし、調停不成立のときは、改めて訴訟を起こし、相手の男性からの貸金の返済を求め判決を得ることです。このように、裁判所に調停を求めたり、訴えたりするにあたっては、ご質問者の場合、借用証がないのですから、それに代わる証拠として、例えば、ご質問者が50万円を自分の預金から引き出して、相手の貯金口座に振り込んだことを示す証明書などを揃えることが必要です。

なお、相手の男性が、初めからお金を返す意思がないのに、ご質問者をだまして50万円を手に入れようとする意思で、「新しい車に君を乗せてあげたいんだ」などと嘘をついてそのお金を手に入れたのであれば、その行為は、刑法246条１項の詐欺取財罪に当たりますから、ご質問者は、貸金の返還請求とは別に、犯罪の被害者として、相手の男性を警察などの捜査機関に告訴して、処罰を求めることもできます。

Ⅰ—34

友人に貸したお金の返済請求方法

Q 50歳の主婦です。30年間付き合ってきた女友達のA子さんから、相談を持ちかけられました。「夫に内緒で貯金をはたいて株を買ったが、株価が下って100万円の穴があいてしまったの。穴埋めに何とかお金を貸してくれない？」と言うのでした。私も余分のお金があるわけではないのですが、しょげ返っているA子さんを見て気の毒になり、「苦しい時はお互い様よ。返せる時に返して」と言って虎の子の100万円を貸したのです。私は、A子さんがそのうちに返してくれると思っていたのですが、２年もたつのに、一向にその様子がありません。思い切って催促しますと、「いつでもいいって言ったじゃない」と開き直る始末。私は、今お金が必要になっているのです。といってA子さんとの友情までも壊したくはないのですが、どうしたらよいのでしょうか。

A ご質問者は、A子さんとの友情も壊したくないし、お金も早く返してほしいとのことですが、その両立はなかなか難しいかもしれません。

どうしても友情を守りたいのならば、あくまで我慢して控え目な催促を続け、A子さんがご質問者の意図や事情を承知してお金を返してくれるのを待つほかないでしょう。

しかし、何としてもお金を返してもらうことが必要だというならば、ご質問者が、そのお金を早く返してもらわないと困る事情をはっきりと打ち明けて催促し、それでもA子さんが誠意を示さない場合には、思い切って法律的な手を打つほかありません。

ところで、法律的な手段としては、まず、返済の請求です。普通お金を貸すときは、「何時迄に返してください」と返済期限を定めるものですが、ご質問者の場合には、期限が切られていないわけです。その場合について、民法は、「当事者が返還の時期を定めなかったときは、貸主は、相当の期間を定めて返還の催告をすることができる」と規定しています（591条1項）。

この「相当の期間」は、貸したお金の額や貸し主、借り主双方の事情を考慮して決められるのですが、ご質問者の場合には、おそらく10日か2週間ぐらいが「相当の期間」といえるでしょう。そして、口頭でA子さんにこの期限を告げて返済の催促をするだけでなく、後での争いを避けるために、配達証明付内容証明郵便での催告状を送るのがよいと思います。さて、この返済期限が経過すると、借し主であるA子さんは現実にご質問者に対して100万円の借金を返済する義務を生じ、また、返済しないでいると、その期限に至った日の翌日から、年5分の遅延利息を払わなければならなくなるのです。

ご質問者がA子さんにお金を貸したときは、返済期限も決めなかったのですから、利息の定めもしなかったと思われますが、利息の支払いを約束していたのであっても、ここにいう遅延利息は、それとは別に支払わなければならないものです。

なお、貸したお金は、一般に、10年間請求しないでいると時効によって権利が消滅し、返してもらうことができなくなります。10年間の起算日は、先に述べた返還の催告についての「相当の期間」の経過日であると解されています。ご質問者は、このことにも注意されることが必要です。

Ⅰ—35

出世払いの約束で借りたお金の返済時期

Q 私は、父親が早く亡くなってお金に困っていたので、大学の入試に合格した時、伯父から学費として300万円借りました。その時、伯父は、「返済は出世払いでいいよ」と言ってくれました。私は、大学を卒業して会社に就職してから15年たちますがまだ平社員です。ところが、最近、伯父から「老後の生活費が足りないから、あの金を返してくれ」と催促されました。「出世払いでいい」と言われたのに、私はまだ役職にも就いていないのですが、すぐにこのお金を返済しなければ

ならないのでしょうか。

A 親族や親しい人達の間で借金をする場合に、貸主がよく出世払いで返してくれればいいと言うことがありますが、この出世払いについては、法律上、二つの意味があると解されています。

第一は、出世払いが借金返済の条件とみられる場合です。つまり、お金の借主が、その後の人生において出世したとか、事業に成功したときは、借金を返済しなければなりませんが、出世できない場合、事業に成功しない場合には返済しなくてもよいと考えられるのです。したがって、貸主は、借主が出世し、成功した場合に限って借主に借金の返済を請求し得るのであり、そうでないときは、請求権がなくなるわけです。

第二は、出世払いが借金返済の期限とされている場合です。すなわち、借金の返済を借主が出世した時、事業に成功した時まで待ってやるのですが、その時期はお金を貸した時点ではわかりませんから、債務の返済期限を不確定なものとしておくことになります。そして、この不確定期限付債権について、債権者は、債務者が出世し、又は事業に成功した時に、その期限が来たものとして返還請求をなし得るとともに、債務者が出世し、又は事業に成功したことがなくても、お金を貸した時から相当の期間が過ぎた時は、返還の請求をすることができると解されるのです。民法591条1項に、返還時期を定めていない債務に関して、「当事者が返還の時期を定めなかったときは、貸主は、相当の期間を定めて返還の催告をすることができる」と定められていますが、この規定が、その場合に適用されると思います。

ご質問者が学資金をお借りした時に、伯父様が「返済は出世払いでいいよ」と言われたのは、おそらく出世払いを期限とする意味であったと解されます。そうしますと、ご質問者が会社の平社員を続けられ、まだとくに出世したとはいえないとしても、お金を借りた時から、学生時代、就職してからと併せて既に20年程になっているのですから、伯父様が返済請求をするのに適した期限に及んでいるといえましょう。それ故、ご質問者は、伯父様の催促に応じて直ちに返済する必要があります。ただ、300万円を一度にまとめて返済するか、何度かに分割して返済するかについては、伯父様とのご相談が可能ではないでしょうか。

I — 36

借りていたアパートを退去した後、トイレの便器の修理費を請求されたが、支払わなければならないか

Q 2か月前に借りていたアパートを出たのですが、その後、家主さんから、トイレの便器の交換に8万5千円かかったので、その費用を負担してほしいとの請求を受けました。私は、洋式便器の内側を欠いてしまったのですが、使用には差し支えがない状態なので、全部交換する必要はなかったと思うのですが、私が全額を負担しなければならないのでしょうか。

A 民法の使用貸借についての規定によりますと、物の借主は、契約で定められた方法又は目的物の性質によって定まった用法に従って、その物を使用しなければならないとされ（594条1項）、また、賃貸借が終わって物を返す債務について、借主は、引渡しをするまでその物を「善良な管理者の注意」をもって保存することを要するとされています（400条）。

「善良な管理者の注意」とは、アパートの借主についていえば、借主として普通必要とされている程度の注意のことであり、そのような注意を払ってアパートに住んでいたのに、例えば、年月とともに壁が次第に黒ずんできたり、玄関のコンクリートが擦り減ってきたりしても、賃貸借を終わってそのアパートを家主に返す時、借主は、それについての賠償義務はないものと考えられます。

これに対し、例えば、借主が酒に酔って襖《ふすま》を破ったり、壁に傷をつけてしまったりしたような場合には、善良な管理者の注意を怠ったものであり、その修理義務、損害賠償義務を負わなければならないのです。

ご質問者の場合には、アパートの洋式便器の内側を破損したとのことですが、それはおそらく善良な管理者の注意を怠ったことによるものでしょう。そして、便器の内側を破損した場合、使用には差し支えない状態であるとしても、破損した人には余り気にならないのでしょうが、他の人からは気持のよいものではありません。家主にとっても、そのままで、そのアパートを他の人に貸すことは困難であり、交換することもやむを得ないと考えられたのでしょう。

もし、アパートの賃貸借契約書に、修理の必要を生じた場合、修理費については家主も一定額を負担するという定めのある場合は別として、通常は、そのような規定はないでしょうから、修理費はかなり高額ですが、ご質問者が負担しなければならないと思われます。

なお、これは、法律論ではありませんが、余りに金額が多いとお考えならば、家主さんに少し差し引いていただけないか交渉してみることですね。

I ― 37

使用貸借をしてハナミズキを植えていた土地の返還を求められたときの対処策

Q 10年程前に、町はずれの空き地に土地を買って家を建てました。隣のAさんの家との間には、Aさんの所有するかなり広い空き地があり、何にも使われていませんでした。Aさんに話してみますと、「どうせ空き地なのだから、使いたければ何に使ってくれてもいいよ」と言われたので、私の好きなハナミズキを10本植えました。最近は、その木が立派に育って毎年美しい花を咲かせ、通行人なども立ち停って眺めてくれています。ところが、町の様子も大分変わり、住宅などが建て込んできました。そして、とうとうAさんも、「この土地に貸し家を作りたいんだが、ハナミズキを取り除いてくれないか。それが嫌なら、土地の借用料を支払ってくれ」と言って来られました。私はせっかく育ったハナミズキを取り除きたくは

ないのですが、どうしたらよいでしょうか。

A　ご質問者が、Ａさん所有の空き地にハナミズキを植えて育てていたことは、民法593条以下に規定されている使用貸借契約によっていたものといえましょう。この契約は、他人の物をただで借りて使用したり、収益をあげた後、返すという約束で借り主が貸し主からその物を受け取ることによって、成立するとされています。ご質問者の場合、「物」とはＡさんの空き地であり、それをＡさんから「何に使ってもいいよ」と託された時に、契約が成立したことになります。

ところで、この契約で借りた物を返す時期については、597条には、①それをあらかじめ決めていたときは、その時期に、②決めていなかったときは、契約に従って使用し、収益を終わった時に、借り主は貸し主に返さなければならない。ただし、使用・収益を終わる前であっても、使用・収益をするのに足りる期間を経過したときは、貸し主は、直ちに返還を請求し得るとされており、また、③返す時期も、使用・収益の目的も決めていなかったときは、貸し主は、借り主に対して、いつでも返すことを請求することができる、と定められています。

ご質問者の場合は、その土地をいつＡさんに返すのか決めていなかったとしても、借りてからハナミズキを植え、育てて10年にもなるのですし、ハナミズキは立派に育ったのですから、Ａさんから返してくれと言われたら、返さなければならないと思います。そして返すには、土地を「原状に復して」、つまり、ハナミズキを取り除き、元の空き地に戻して返さなければなりません（民法598条）。

しかし、ご質問者は、せっかく立派に育って美しい花を咲かせているハナミズキを取り除きたくないということで、そのお気持はよくわかります。そこで、Ａさんが「その土地を何としても返してくれ」と言われているわけではなく、「返すのが嫌なら、土地の借用料を支払ってくれ」と言われているのは、非常に好都合なことです。ご質問者は、Ａさんと話し合って、その土地について、①地上権を設定して地代を支払うことにするか（民法265条以下）、②賃貸借契約を結んで賃料を支払うことにする（民法601条以下）のがよいでしょう。ただ、それらの場合、契約の期間や支払うお金の額などについて慎重に相談することが大切です。

なお、Ａさんがその土地を譲ってもよいという気持を持たれているのであれば、③売買契約をして買い受けるのが、ハナミズキを保存するのに一番安全な途です（民法555条以下）。

Ⅰ―38

借家人が借家のトイレを最新式のものに替えた費用を直ちに家主に請求し得るか〔賃借人による家屋修理費の償還請求〕

Q　古い一戸建ての住宅を借りたのですが、住み心地はなかなか良いものの、トイレが汲み取り式であってなじめません。家主さんに水洗式に替えてくださ

いとお願いしたのですが、応じてくださらないので、自分で修理店に頼んで最新式のトイレに替えました。工事費がかなりかかったので、家主さんに払っていただきたいのですが、請求できるでしょうか。

A 民法は、家屋の修理に要した費用について、必要費と有益費とを分けています。必要費とは、家屋の保存の上に必要な費用であり、例えば、雨もりを防ぐために、屋根の瓦をふき替えるとか、白蟻に食われて傾いた柱を補強するなどが、これに当たります。そして、このような家屋の修理は、本来、家主さんが義務として行うべきところですが（民法606条１項）、借り主が、家主さんに代わって、その必要費を負担したときは、借り主は、直ちに家主さんに対してその償還を請求することができるとされています（608条１項）。

これに対して、有益費とは、家屋の保存については必要ではありませんが、それを加えることによって、家屋の便利さが加わる場合の費用をいいます。例えば、ご質問の、汲み取り式のトイレを水洗式のトイレに替えるための費用は、この有益費の代表的な例に当たるといえましょう。

ところで、有益費については、民法は、必要費とは違って、借り主が有益費を支払っても、直ちに家主さんにその償還を求めることはできず、貸し家の賃貸借を終わった時点において、借り主が有益費を支払ったことによって建物の価値が増加したことが現存している場合に限って、家主さんは、借り主に対して、その現存する価値の部分を償還するか、借り主が修理工事について支払った有益費の代金を返還するか、選択する権利が与えられると規定しています。その上、家主さんが請求したときは、裁判所は、その費用の返還について相当の期限を与えることができるとされているのです（民法608条２項・196条２項）。

いずれにしても、有益費については、家主さんに非常に有利な取り扱いがなされているわけです。そして、水洗式トイレも、使用する期間が長くなる程、その現存価値は減少していくでしょうから、家屋を借りている期間によって、家主さんが修理工事代を支払うことはなく、現存する価値代を支払うのが一般となりましょう。

なお、借り主が家主さんにこのようなお金を請求し得るのは、建物を返還した時から１年以内でなければならないとされていますので（民法621条・600条）、忘れないように注意してください。

Ⅰ — 39

老朽化した貸家の修理を大家から拒否された場合、借家人は自費で修理し得るか

Q うちは借家で、父親の代から70年近くこの家を借りています。元来、二軒長屋だったのですが、隣りが空き家になって取り壊したため、うちの借家の建物が壊した家の方向にどんどん傾いていって、最近は、戸の開閉などにも支障がみられるようになりました。大家さんに修理を頼みますと、「300万円かかるので、うちでは直せない」と言われました。そこで、「自分でお金を出すから、直していい

ですか」と聞いたら、「どうぞ」と言われたので、それでは修理にかかろうと思っていますが、工事を始めてから大家さんに「止めてくれ」などと言われることはないでしょうね。少し気にかかるのです。

A ご質問者が借家の修理をしたいと言っているのに、大家さんにそれを拒否する権限はあるかというご質問ですね。

民法606条1項には、「賃貸人は、賃貸物の使用及び収益に必要な修繕をする義務を負う」と定められています。つまり、大家さんは、貸し家が壊れて使用、収益に支障を生じた場合には、その修繕をする義務があるわけです。

ただ、この規定は、任意規定といって、それとは違った内容の特約を賃貸人と賃借人とで結ぶこともできるのですが、ご質問者と大家さんとの間には、借家の修繕について特別の約束はないようですね。ところで、借家の破損した場合における大家さんの修繕義務についても、実際上は、いろいろな場合が考えられます。

まず、借家の破損の原因が借家人の故意、過失にある場合には、大家さんには、格別の修繕義務は認められないと思われます。

次に、地震や台風などの天災その他の不可抗力による破壊の場合には、大家さんは、原則として、修繕義務を負いますが、実際上、どこまでの修理をしなければならないかについては、一律には決めにくいことがありましょう。

また、建物の寿命が終わりに近づいて、その修繕に、新築、改築と同様な費用を要する場合にも、実際上、大家さんの修繕義務を認めにくいことが多いといえましょう。

ご質問者の場合、お父さんの代から70年近く借り続けられている借家とのことで、既に老朽化が甚だしく、大家さんに大規模な修繕を要求するのが困難な状態にあるのかもしれません。

ただ、元々二軒長屋の一軒の空き家を壊したために、ご質問者の借家がその壊した家の方向へどんどん傾いているそうで、戸の開閉などにも支障を生じているとのことですが、その場合、空き家を壊した際に、残った借家の傾きを押える処置が取られていなかったわけで、その空き家の取り壊しが大家さんの責任で行われたとしますと、その際、大家さんには、ご質問者の借家についての十分な処置を怠った責任があるわけで、そのことに起因するご質問者の借家の傾きを押えるように修繕すべき義務が大家さんに認められるということができましょう。

しかし、大家さんは、300万円もの修繕費は出せないと言われるとのことですが、それは、老朽家屋の大規模な修繕工事を考えられているからではないでしょうか。借家の傾きの修繕だけならば、もっと安い費用でもなし得るのではないかと思います。ご質問者は、改めて大家さんに、このような事情を話しつつ、修繕をお願いしてみることも考えるべきだと思います。

ところで、ご質問者が自分で修繕をしようとされることについては、民法608条1項に、「賃借人は、賃借物について賃貸人の負担に属する必要費を支出したときは、賃貸人に対し、直ちにその償還を請求することができる」と規定されています。ご質問者が大家さんに「自分がお金を出すから直していいですか」と尋ねると、大家さんは、「どうぞ」と答えられたとのことですが、もし自分で修繕をされるならば、改めて具体的な計画を立て、「その修繕は、本来は大家さんの義務ですが、取り敢えず、自分がお金を出してこのような工事を行いますがよいでしょうか」と大家さんに相談を持ちかけ、承諾を得てから行われるのがよいでしょう。そして、大家さんの了承が得られれば、その修繕工事にご質問者が負担した費用は、大家さんからすぐに返還していただけるはずですが、もし大家さんの都合で、すぐに返還することが困難であるといわれるときは、今後の家賃と相殺する方法などで処理することも考えられましょう。

I ―40

１年間のアメリカ出張中、借りていたマンションの部屋に弟を留守番として住まわせることは、転貸借に当たるか

Q 22歳の大学生です。３か月前から兄夫婦が借りていたマンションの部屋に、留守番を頼まれて住んでいます。兄は会社員ですが、１年間の予定で夫婦でアメリカに出張しており、留守の間、僕がそのマンションに住むように頼まれました。マンションの借用金は、毎月、兄の銀行口座から支払われています。ところが、先日、不意に尋ねて来た家主さんに、兄夫婦が不在で、僕が代わって住んでいることを怪しまれ、賃貸借契約を解除するから、すぐに出て行ってほしいと言われ、困っています。どうしたらよいのでしょうか。

A 民法612条には、「賃借人は、賃貸人の承諾を得なければ、その賃借権を譲り渡し、又は賃借物を転貸することができない」（１項）。「賃借人が前項の規定に違反して第三者に賃借物の使用又は収益をさせたときは、賃貸人は、契約の解除をすることができる」（２項）と規定されています。賃貸借とくに建物の賃貸借については、貸り主と借し主との継続した信頼関係が大切ですから、借し主が貸り主に断りもなく、借りていた建物を第三者に貸してしまうことなどは許されません。それを知った貸し主が、借り主に対して、賃貸借契約を解除するから、建物を返しなさいと言うのは当然のことでしょう。この規定は、そういう意味をもっています。

ところで、借り主が出張不在中、留守番を置くことは転貸に当たるのでしょうか。留守番といっても、その実質的な内容には種々の場合があり、一律には扱えませんが、判例には、借り主の留守宅の管理を委せるとともに、留守番の人自身がその建物に居住して使用収益を目指しているとみられる場合は、転貸とみられるとしたものがあります（大阪地判昭27・５・30、東京地判昭30・７・13）。また、借り主が長期にわたって出張しており、その不在中留守番を置くといっても、その出張期間がはっきりせず、何年になるか全く不定であるという場合には、留守番の住込みは無断転貸に当たるとした判例もあります（東京地判昭37・５・31）。なお、借り主が転勤した際、家財道具などの一式を転勤先に持参し、あとは全くの空き家として留守番の人を住まわ

せた場合も、実質上、転貸といえましょう。

しかし、ご質問の場合は、これらとは違うと思います。お兄さんのアメリカ出張は１年間の予定ということで、期限もはっきりしており、そう長期にわたるわけでもない上に、家財道具などは置いたままにされており、その留守の間の借家の安全のために、信頼できる弟であるご質問者に留守番を頼んだのであって、家賃も、自分の銀行口座から月々家主さんの銀行口座に振り込まれているわけですから、実質上、借家を転貸したものとは到底いえないでしょう。したがって、家主さんの側から転貸だから賃貸借契約を解除すると主張されることは不都合であり、裁判所に訴えても認められないと思います。

そして、最高裁判所の判例にも、留守番を置くことが建物の又貸しに当たるか疑われる場合でも、家主に対する背信行為とはいえず、信頼関係が失われていないときは、家主の賃貸借契約の解除は認められないとしたものがあります（最判昭28・９・25民集７巻９号979頁）。

しかし、大切なことは、家主さんとの信頼関係の維持です。お兄さんは、アメリカへ出張する前に、ご質問者と一緒に家主さんを訪ねられ、事情を説明し、不在期間中、ご質問者に留守番をさせたいと申し出て、家主さんに了解を得ておかれるべきだったのです。それ故、ご質問者は、アメリカのお兄さんに至急連絡して、お兄さんから家主さんに事情を説明し、お詫びとお願いをしていただくのがよいでしょう。

I — 41
美容院で依頼したところよりも髪を短くカットされた場合の法的措置〔請負契約〕

Q　美容院で、「髪を少しだけカットしてください」と頼んだのですが、私が疲れていてウトウトしている間にかなり短くカットされてしまいました。お金を払って帰宅し、改めて鏡を見てびっくりしました。美容院には、「整髪がお気に入らなかったときは、無料で調整します」という掲示がありましたが、こんなに短くされたのではもう戻せません。どうしたらよいでしょうか。

A　美容院で、髪を希望したスタイルにカットしてもらうという契約は、民法の請負契約に当たると解されます。民法632条には、「請負は、当事者の一方がある仕事を完成することを約し、相手方がその仕事の結果に対してその報酬を支払うことを約することによって、その効力を生ずる」と定められ、また、633条によりますと、引受者は、その仕事を完成した後でなければ、その報酬の支払いを請求することができない旨が規定されています。

ご質問者は、美容院で、美容師さんに、「髪を少しだけカットしてください」と頼み、美容師さんがそれを引き受けたのですから、美容師さんは、約束どおりにご質問者の髪を少しだけカットする作業を行い、その作業を無事終了したときに、ご質問者は美容師さんに報酬として整髪料を支払うという関係が認められるわけです。

ところが、実際には、ご質問者が疲れて

ウトウトしている間に、美容師さんがご質問者の髪を短くカットし過ぎてしまったのであり、それは、請負契約に違反する作業をしたことになります。そして、美容院の掲示のように整髪はご質問者のお気に入らなかったのであっても、カットし過ぎてしまった髪を戻すことはできませんので、調整することは不可能です。それは、民法635条に、「仕事の目的物に瑕疵があり、そのために契約をした目的を達することができないときは、注文者は、契約の解除をすることができる」と定められているところに当たるとみられますから、ご質問者は、美容師さんとの請負契約を解除することができるといえましょう。また、民法634条２項により、ご質問者は、その美容師さんに対して、損害賠償を請求することも可能です。

これらの点において、請負契約では、一般の契約と比べて仕事の完成の意味が重視されており、それを引き受けた人の責任が重くなっているといえましょう。一般の契約については、債務者に過失のない限り、相手方は契約の解除や損害賠償の請求ができないとされているのですが、請負契約の場合には、引き受けた仕事が完成しないときは、それについて引受者に過失が認められなくても、これらの責任を負わなければならないのです。

こうして、ご質問者は美容師さんに対して、払ったお金の返済とともに損害賠償を請求することができます。

Ⅰ－42

工事を依頼していた建設業者が突然倒産した場合の措置

Q 家を新築しようと建設会社に申し込み、計画を立ててもらい、建築代金も支払いました。工事が開始されたのですが、土台工事が終わったところで、突然、工事が中止され、現場に、「破産」と書いた紙が貼られていました。建設会社に電話すると、「突然こんなことになって申し訳ありません」と答えるだけで、今後の工事の予定などには、全く答えてくれません。どうしたらよいのでしょうか。振り込んだ建築代金はどうなるのでしょうか。

A ご質問の意味がはっきりわからないところがあります。それは、ご質問者は、その建設会社とどのような建設契約を結ばれたのか、また、どの程度の建築代金を支払われたのかです。それ故、以下には、一般論として説明します。

建物の建築を建設会社に依頼する場合には、注文者と建設会社との間で、工事請負契約が締結されます。これは、民法上の請負契約であり（民法632条)、本来、当事者間の合意があれば成立し得るものなのですが、トラブルを避けるために、建設業法（昭和24年法律100号）には、建設工事の請負契約締結時に、工事内容、請負代金の額、その支払いの時期及び方法、工事の着手時期及び完成時期等の諸事項を書面に記載し、署名又は記名押印して相互に交付しなければならないと定められています（19条)。

その場合、代金の支払い時期については、民法上は、仕事が完成して、目的物を引き渡す時とされていますが（633条）それは、当事者の間で合意があれば自由に変えることができます。実際の建築契約上は、①契約時、②上棟時（棟上げの時）、③完成引渡時に分割して支払われることが多いようです。

ご質問者は、契約時に代金を振り込んだとのことですが、全額を支払われたのですか。建設業法によりますと、注文者が請負代金の全部又は一部を前払いするときは、建設業者に対して保証人を立てることを請求することができるとされています（21条）。保証人は、①建設業者の債務不履行の場合の遅延利息、違約金その他の損害金の支払いの保証人、又は、②建設業者に代わって自らその工事を完成させることを保証する他の建設業者であることを要します。

ご質問者が、もし②の保証人が立てられていたときは、工事を依頼した建設業者が倒産して工事ができなくなった場合にも、その保証人に代わってその建築工事を続行してもらえるわけですから、格別、心配はないのですが、保証人が立てられていないときは問題です。おそらくご質問者の契約には保証人はなかったのでしょう。

ところで、建設工事を依頼していた建設業者が倒産してその工事を続行することができなくなった場合には、注文者は、工事の履行が建設業者の責めに帰すべき事由によって不能となったものとして、建設工事請負契約を解除することができます（民法543条）。それによって、注文者は、建設業者に対して、支払った工事費の返済を求めるとともに、発生した損害の賠償も請求することができることになります。ご質問者の場合にも、理論上は、これらの請求は可能ですが、建設業者が倒産してしまった場合には、これらの請求は事実上ほとんど無意味に近くなるでしょう。

すなわち、建設工事を依頼した相手の建設業者が裁判所によって破産手続開始の決定を受けているときは（破産法30条参照）、注文者は、それらの債権は破産債権として届け出て、破産財団に請求しなければなりませんが、実際上、時間もかかりますし、配当を受け得る金額もわずかに過ぎないでしょう。遺憾ながら、ご質問者も、このような状態となりましょう。

それ故、大変残念なことですが、ご質問者は、改めて信用のおける別の建設業者にお宅の建築工事を依頼しなければならないと思います。

Ⅰ—43

預かった宅配便の保管責任〔事務管理者の責任〕

Q 夜、玄関のベルが鳴ったので出てみると、宅配便の配達員が、「お隣りへの暑中見舞の贈り物で冷凍のお魚を届けに来たのですが、お留守なので、今晩預って明日お渡しいただけませんでしょうか」と言うので、「いいですよ」と引き受けて、冷蔵庫に入れました。ところが、隣人は親族の方が重病で郷里へ見舞に行ったとのことで、１週間も帰って来ませんでした。そして、私の家の冷蔵庫も調子が悪くて、３日間ぐらいしか食品の鮮度が保てず、帰った隣人に渡したお魚はとても食べられる状態ではなかったとのこと、隣人は、「預ってくださったご親切には

感謝しますが、大切な魚を腐らせた損害は賠償してください」と言います。私は賠償しなければならないのでしょうか。

A ご質問者は、隣人にその魚についての損害賠償金を支払わなければならないでしょう。法律上の義務がないのに、他人のためにその事務を処理することを事務管理といいます。ご質問者は、隣人から頼まれもしないのに、留守中の隣人のために暑中見舞に贈られた冷凍の魚を預かってやったのですから、事務管理となります。民法（697条）には、「他人のために事務の管理を始めた者は、その事務の性質に従い、最も本人の利益に適合する方法によって、その事務の管理をしなければならない」と規定されています。したがって、隣人のために暑中見舞の贈り物としての冷凍の魚を預かったご質問者は、隣人のためにその魚をできるだけ新鮮さを保つように保存しなければならないわけです。

もし配達員から預かった時の状況のとおり、隣人が一晩留守にしただけで翌日帰宅していたならば、ご質問者のお宅の冷蔵庫に保管しておいて、帰宅した隣人に渡せば何も問題は起こらなかったと思われます。

しかし、隣人は1週間も戻らず、また、ご質問者のお宅の冷蔵庫の保存能力は3日ぐらいしかなかったというのですから、4日目から隣人が帰宅するまでの間、その魚を冷蔵庫に入れたままにしておいたご質問者の態度は、「最も本人の利益に適合する方法」での事務の管理とはいえません。

もし配達員に頼まれた時点で、そのような事情が予測されたときは、その魚を預かることを断るべきでした。しかし、一晩で隣人は帰宅すると思って預かった場合には、その後、隣人がなかなか帰宅せず、一方、自宅の冷蔵庫の性能から魚の鮮度が保てないとわかった時は、その時点で、配達員に連絡して魚を引き取らせるか、それが難しいような場合には、近所の家やスーパーマーケットなどに依頼して冷蔵能力のある冷蔵庫に保管してもらうなどの手続をとることが必要だったのです。

なお、民法は事務管理者が「本人のために有益な費用を支出したときは、本人に対し、その償還を請求することができる」（702条1項）と規定しています。つまり、ご質問者がスーパーマーケットなどに保管を依頼して、それについてお金を支払ったときは、その代金は隣人から返してもらうことができたのです。

こうして、ご質問者は、残念ながら、預かった魚を最も隣人の利益に適合した方法で保管したとはいえませんので、それによって生じた損害の賠償金を隣人に支払わなければならないのです。

I — 44

駅のホームから電車の前へ飛び込もうとした女性をホーム上へ突き飛ばして助けた行為の法律問題〔事務管理〕

Q 駅のホームで電車を待っていると、入って来た電車の前の線路上に、隣りに立っていた若い女性が突然飛び込もうとしました。びっくりした私は、その女性の肩をつかんで力一杯ホーム上へ突き飛ばしました。女性は手足を骨折して入

院しました。私は眼鏡を飛ばされて割ってしまい、女性の腕時計で額に怪我をしました。女性の親が、私に、娘を骨折させたと言って治療費を請求してきたのですが、娘の生命を助けたのに何という親かとびっくりしています。治療費を払わなければならないのでしょうか。

A　ご質問は、民法の事務管理に関するものといえましょう。

民法697条には、「義務なく他人のために事務の管理を始めた者は、その事務の性質に従い、最も本人の利益に適合する方法によって、その事務の管理をしなければならない」と規定されています。よくあげられる事務管理の例は、隣人の留守宅に配達された荷物を隣人に代わって受け取ってやることなどです。事務管理においては、本人の利益に反しない限り、本人との間に委任に類似した債権関係が生じます。

ところで、ご質問の場合は、自殺しようとしていた女性の生命を助けたのですから、本人である女性の意思に反したものですが、自殺は社会観念からみて好ましい行為ではなく、それを助けることこそが、法律の立場からは許される、妥当な行為であると解されます。それ故、ご質問者が女性をホーム上に突き飛ばしてその生命を救った行為は、事務管理となり得ましょう。

しかし、ご質問者は、女性の親から治療費の請求をされているとのことですが、民法698条には、「管理者は、本人の身体……に対する急迫の危害を免れさせるために事務管理をしたときは、悪意又は重大な過失があるのでなければ、これによって生じた損害を賠償する責任を負わない」と規定されています。ご質問者は、女性の生命を助けようとして力一杯突き飛ばしたのですから、もちろん悪意はありませんし、とっさにやむを得ずに行ったのですから、重大な過失も認められないと思います。したがって、女性の親が治療費を請求することは非常識であり、ご質問者には、それを支払う義務はありません。

ところで、ご質問者は、女性を突き飛ばした際に、自分の眼鏡を飛ばされて割ってしまい、また、女性の腕時計で額に怪我をされたとのことですが、民法702条１項には、「管理者は、本人のために有益な費用を支出したときは、本人に対し、その償還を請求することができる」と規定されています。ご質問者が眼鏡を割られ、額に怪我をしたことは、女性の生命を救うためにやむを得ずに行為したことの結果であり、それは、「本人のために有益な費用を支出した」とみることができましょう。したがって、ご質問者は、女性に対して、眼鏡の修理代と額の怪我の治療費を請求することができると思われます。

電車の前に飛び込んで自殺しようとした女性も、その親も、非常識な人たちといわなければなりません。

II 民法(2) ✹ 損害賠償と民法

フランシスコ・ザビエルさんと「ジェラシー」を踊り、歌う（第６回リサイタル・平成15年９月愛知県芸術劇場大ホール）

Ⅱ—1
スーパーマーケットで野菜の新鮮さを見ようとつかんでラップの包みをゆがめてしまったことの法律的責任

Q 新しく開店したスーパーマーケットに入ってみますと、新鮮な野菜類がいっぱい並んでいましたので、どんな具合かなと思って近くにあったブロッコリーをつかんでみると、包んであったラップがゆがんで見苦しくなってしまいました。困ったなと思って持ち上げたまま眺めていると、近くにいた店員さんが「そんなにラップをゆがめては困りますよ」と言って、そのブロッコリーの包みを取り上げて、持って行きました。私のミスは、法律に触れるのでしょうか。

A ご質問者の行為は、民法の不法行為に当たるでしょう。

民法709条には、「故意又は過失によって他人の権利又は法律上保護される利益を侵害した者は、これによって生じた損害を賠償する責任を負う」と規定されていますが、ご質問者は、ブロッコリーを包んでいるラップをゆがんで見苦しい状態にし、そのままでは店に並べておきにくくしたのですから、そのスーパーマーケットの法律上保護されている利益を侵害したものといえましょう。そして、その事実は、ご質問者がブロッコリーの新鮮さを調べようと強くつかみ過ぎたことによって生じたのですから、ご質問者の行為との間に因果関係が認められます。これは、不法行為の第１の成立要件です。

また、行為者の故意もしくは過失によって生じたことが、不法行為の第２の成立要件ですが、この場合のラップのゆがみは、ご質問者の故意によって生じたものではありません。ご質問者は、ラップをゆがめようとして強くつかんだわけではないからです。しかし、過失によることは認めざるをえないと思います。過失とは、法律上の注意義務に違反する不注意な行為であることです。この場合の注意義務については、法律には、具体的な規定はありませんが、民法学上、社会の一般的な標準人を基準として、その払うべき注意を考慮することを要すると解されています。したがって、スーパーマーケットの店に並べられている野菜の新鮮さを確かめるために、お客さんが一般的に払うべき注意義務が問題とされるのです。ブロッコリーの新鮮さを調べるために、ラップに包まれたものをつかんでみることはもちろん差し支えありませんが、強くつかみ過ぎてラップをゆがめたりすることのないように注意することが必要です。ご質問者は、このようなスーパーマーケットのお客さんに一般的に必要とされる注意義務に違反して、ラップをゆがめてしまったわけですから、それは不注意な行為であり、過失があったと言わざるを得ないのです。

こうして、ご質問者の行為は、民法709条の不法行為となるのであり、ご質問者はスーパーマーケットに対して、その損害を賠償しなければなりません。ただ、損害額は、ラップをゆがめただけで、ブロッコリーはいためていないのですから、金銭的には、ごくわずかなものです。実際には、店員さんに、「困りますよ」と言って、その包みを取り上げられただけで済まされるでしょう。
　なお、ご質問者の行為は、刑法上、器物損壊罪（261条）に当たるかどうかの問題もありますが、器物損壊罪は故意犯に限られますので、過失による器物損壊は犯罪とはなりません。

Ⅱ―2

パイロットだと偽って女性と親しくなった行為の責任

Q 会社勤めのサラリーマンですが、パイロットに憧れており、パイロットの服装で写真を撮ったこともあります。先日、インターネットで知り合った女性に、自分はパイロットですと言い、会った時にパイロット姿の写真を見せました。女性は、すぐに私が気に入って、親しい関係になりました。私の行為は犯罪になりますか。

A パイロットでないのに、自分はパイロットだと女性をだまして親しい関係となったことが犯罪となるか、というご質問ですが、犯罪とはならないと思います。
　まず、詐欺罪になるかということについては、詐欺罪は、財産犯罪なのであり、人を欺いて財物を交付させること、財産上不法の利益を得ることによって成立するのですが（刑法246条）、例えば、他人をだまして結婚するなどのように、財産犯罪といえない場合には認められないのです。それ故、サラリーマンが、自分はパイロットだと偽って、相手の女性をだまし、親しい関係になっても、とくに女性から財産的利益を得ていない以上、詐欺罪とはなりません。また、軽犯罪法などにも、このような行為を処罰する規定はみられません。
　しかし、パイロットだとだまして親しい関係となったことは、事情によっては、民法上不法行為として、その女性から慰謝料の請求を受けることがあり得ましょう。
　昭和44年９月26日の最高裁の判決は、妻のある男性が、女性に対して、「自分は妻とは不仲で、近く離婚する予定だ」と偽り、それを信じた女性と情交関係を結んだという事案について、その女性が情交関係を結んだ主要な原因が、男性の妻と離婚するという詐言を信じたことにあるのであり、その詐言の内容、程度や、それについての女性の認識など種々の事情を考慮すると、男性の行為の違法性は極めて大きく責任も重いとみられるので、女性は、男性に対して、貞操の侵害を理由として慰謝料を請求することができると判示しているのです（民集23巻９号1727頁）。
　それ故、もし相手の女性がパイロットに対して特別の憧れを抱いており、ご質問者から自分はパイロットだとの偽りの言葉を聞き、にせのパイロットの写真を見せられてそれを信じたことが、ご質問者と親しい関係となった主な原因とみられるときは、ご質問者の行為は、民法709条、710条の不法行為に当たるものとして、女性から慰謝料を請求されることがありましょう。

Ⅱ－3
アパートの台所の水道栓を閉め忘れたため、あふれた水が階下の部屋の居住者の財産をいためたことの責任

Q　3日前に、同じアパートの階上に住んでいるA子さんが台所の水道の栓を閉め忘れたため、水が床一面にあふれ、階下の私の部屋にまで漏って、買ったばかりのドレスや百科事典が水びたしになり、使い物にならなくなってしまいました。私は、その日、あいにく外出しており、帰宅してそのことに気付いたので、すぐにA子さん方を訪れて善処を求めました。ところが、A子さんは、アパートの水漏れは、建物に欠陥があったからで、家主の責任であり、自分には、賠償責任はないと言い張ります。また、私が外出していたから損害が大きくなったので、早く気が付けば大事に至らなかったはずだとも言われます。どうしたらよいのでしょうか。

A　ご質問者は、A子さんに対して損害の賠償を請求することができます。水道の栓を閉め忘れて水をご質問者の部屋の床上にあふれさせたことは、A子さんの過失であり、それによって、発生させた損害に対しては、A子さんに賠償の責任が認められるからです（民法709条）。

A子さんは、建物に欠陥があったと主張されているようですが、通常のアパートでは、台所の床一面に水があふれた場合に、階下に全く漏らないようにまで配慮した工事はなされていません。そして、家主にもそこまでの工事義務はないものと思われます。したがって、A子さんが、家主の責任だといわれるのは妥当でないでしょう。

もちろん、台所には、多少の水がこぼれるのはありがちなことですが、その程度でも階下に水が漏るような建て方がしてあったのであれば、家主さんにも責任がないとはいえません。しかし、その場合にも、A子さんが水道の栓を閉め忘れて水を床にあふれさせなければ、ご質問者が損害を被ることはなかったはずですから、A子さんは損害賠償義務を免れないのです。

なお、ご質問者の外出が被害を大きくしたとしても、それは、A子さんの賠償義務とは無関係でしょう。外出中にもアパートの部屋が水漏れの害を被るべきでないのは当然のことだからです。

Ⅱ－4
保育園児の七五三の祝い用に伸ばしていた髪を切り取った保育士の責任

Q　私の娘は2歳11か月で、保育園に通っています。今年七五三のお祝いをする予定で、髪の毛を伸ばしており、毎朝時間をかけて手入れをしてきました。ところが、先日、保育士が、親の承諾もなしに娘の髪の毛を切り取ってしまったのです。翌日、園長に抗議をしたところ、その次の日に、その保育士が弁解しました

が、娘の髪を切ったことを悪いと思っているようには見えませんでした。この時期になって髪を切られたら、もう七五三の祝いはできそうにありません。全く傲慢な保育士ですが、この保育士をクビにはできないでしょうか。公務員なのだからクビにするのは無理だという意見もありますが、犯罪で訴えるか、損害賠償を取るか、何か懲らしめてやる方法はないでしょうか。

A　七五三のお祝いのためにせっかく伸ばしていたお嬢ちゃんの髪の毛が、保育士に切り取られてしまったとは、本当にお気の毒でしたね。その保育士が、どんな事情でどのように髪の毛を切ったのかわかりませんので、正確なお答えは致しかねますが、一応の可能性を考えてみましょう。

まず、その保育士に、少々の悪意があって、お嬢ちゃんの髪を勝手に非常に短く切ってしまい、見苦しい状態にしたのであれば、その行為は犯罪となる可能性があります。

刑法論上、故意に、他人の意思に反して、その髪の毛やひげを切ったり、剃ったりして、その人の容貌、外観を変えた行為については、傷害罪になるとする見解と暴行罪であるとする見解が対立しています。古い大審院の判例は、そのような行為によって被害者の健康が損なわれるわけではないから暴行罪にとどまるとしていましたが（大判明45・6・20刑録18輯896頁）、戦後の東京地裁の判決には、人の身体の完全性を侵害する場合も傷害罪となるとしたものがあり（東京地判昭38・3・23判タ147号92頁）、被害者の権利を重視して、この判例を支持する学説も有力です。ちなみに、暴行罪の刑は、２年以下の懲役もしくは30万円以下の罰金又は拘留もしくは科料であり（刑法208条）、傷害罪の刑は、15年以下の懲役又は50万円以下の罰金（刑法204条）と定められています。

ただ、保育士の行為は、おそらくお嬢ちゃんをいじめてやろうとか、嫌がらせをしてやろうという気持までではなかったでしょうから、これらの犯罪とはならないと思います。

次に、保育士は、公務員だからクビにはできないとの考えがあるとのことですが、公務員が公務員たるにふさわしくない悪質な行為をした場合には、国家公務員であれば、国家公務員法82条により、懲戒処分として免職されることもあり得ますし、地方公務員であるときは、地方公務員法29条によって、免職の処分を受けることもあり得るのです。

しかし、ご質問の保育士の行為も、たとえ悪質なものであっても、免職の処分を受けるまでの悪質さは認めにくいでしょう。

そこで、保育士に対して慰謝料の請求はできないかということですが、これは、おそらく可能であるといえましょう。

保育士の行為は、親権者であるご質問者の意向を全く確かめもせずに、お嬢ちゃんがせっかく伸ばしていた長い髪の毛を切ってしまったのであり、それによって、ご質問者は楽しみにしていた七五三のお祝いを台なしにされてしまったのですから、保育士の行為は、少なくとも過失によってご質問者の権利又は法律上保護された利益を侵害したといえるのであり、民法709条及び710条の不法行為に当たるといえましょう。

それ故、ご質問者は、その保育士に対して損害賠償、慰謝料の請求をすることができると思います。

Ⅱ—5

コインランドリーの乾燥機で洗濯物が染まってしまったことについての責任

Q 下宿生活をしている学生ですが、先日、コインランドリーの乾燥機の中に小さいカラーペンが入っていたため、そのインクで、中に入れた洗濯物が赤く染まってしまいました。経営者に責任を問うことはできないでしょうか。

A お尋ねの場合、カラーペンが乾燥機に入った原因が問題です。カラーペンが前から乾燥機の中に入っていて、ご質問者が乾燥機を使用する前に十分点検したのに、機械の構造上の欠陥などから、それを発見することができなかったときには、経営者に過失による不法行為（民法709条）の責任を問うことができるでしょう。しかし、カラーペンがご質問者の洗濯物の中に入っていたとか、事前の点検が不十分であったために発見することができなかったのであれば、経営者の責任を問うことは無理だと思います。また、機械の利用中に、ご質問者が機械から離れている間に、他の者がカラーペンを投げ込んだような場合であれば、ご質問者には、機械の使用中その安全を見守る義務があると思われますので、経営者の責任を追及することは困難でしょう。

コインランドリーでは、経営者と利用者との間には、洗濯機等の機械を通しての関係があるだけで、両者がどのような権利を持ち、義務を負うのか不明な部分が少なくありません。

通常、経営者は、一般人がそのとおりに機械を操作すれば支障なく洗濯・乾燥などができるように、操作方法や使用上の注意を店内に掲示して利用者に知らせ、機械が正常に動くように維持・管理する義務を負います。その場合の注意事項としては、①事前にポケット等をよく調べて異物等があれば取り出すこと、②ナイロン製品等は早目に取り出すこと、③洗濯物は、仕上り次第早目に持ち帰ること、④盗難・紛失については経営者は責任を負わない、等が掲げられるのが一般です。このような掲示がある場合、利用者はこれを承認して機械を使用しているとみられますから、それに応じる義務があるといえましょう。

それ故、ご質問者は以上のことを念頭において、経営者とじっくり交渉してみてください。

Ⅱ—6

借用駐車場での事故の責任

Q 1か月近くの間、所用で出張していて、久しぶりに戻りますと、空けていた私の借用駐車場（第1駐車場と呼ぶことにします）に誰かの車が停めてありま

した。調べてみると近くのレストランの店員の車でした。仕方なく、近くにある別の駐車場の私のもう1台の車を停めるために借りていた駐車場（第2駐車場と呼ぶことにします）が少し広いので、そこに2台の車を停めました。翌日、第1駐車場に行ってみると、前日とは別の車が停めてありました。同じレストランの別の店員のものでした。私が1か月近く空けていた間、店員同士が勝手に使っているようでした。そのままにしていたのですが、数日後、私が急いで第2駐車場から車を発車させようとして、隣りに停車中のAさんの自動車に接触させ、ガラス窓を破壊させてしまいました。Aさんに対して、損害賠償をしなければなりませんが、元はと言えば、私が借りていた第1駐車場をレストランの店員たちが勝手に使用していたことが原因なのですから、店員たちに賠償金を支払ってもらえないでしょうか。

A ご質問者が、第2駐車場から車を発車させようとして、隣りに停車中のAさんの自動車に接触させ、ガラス窓を破壊する損害を与えたことは、民法709条の定める不法行為であり、多少広くても、1台分の広さしかない駐車場に無理に2台の車を駐車させていたご質問者の責任は免れません。それについては、後に詳しく説明するように、709条の規定から、ご質問者の過失行為があったといえましょう。ただ、ご質問者が第2駐車場に2台の車を停めるに至ったことは、本来使用できるはずの、第1駐車場をレストランの店員たちが勝手に使用していたため、ご質問者が使用し得なかったことが元々の原因なのですから、レストランの店員たちに賠償責任があるのではないかというお考えのようですね。しかし、残念ながら、法律上は、この事故について、そこまでのレストランの店員たちの責任を認めるのは困難であると思われます。

まず、レストランの店員たちが、ご質問者が借りておられた第1駐車場を勝手に使用して、ご質問者の駐車を妨げたことは、民法709条の不法行為に当たります。民法709条には、「故意又は過失によって他人の権利又は法律上保護される利益を侵害した者は、これによって生じた損害を賠償する責任を負う」と規定されています。レストランの店員たちの中には、第1駐車場を、自分たちが借りていないことを知りながら、空いているのだからいいやと思って使っていた人や、自分たちが借りているのだと誤信して使っていた人がいるでしょうが、それは、不法行為としての不正使用について、故意又は過失があったことになります。そして、その店員たちの不正使用によって、ご質問者は第1駐車場を使用することができなかったという使用権の行使を妨げられたのですから、レストランの店員たちは、ご質問者に対して、その間の駐車場の駐車代金相当額などを賠償しなければなりません。

しかし、ご質問者が別の車用に借りていた第2駐車場に2台の車を押し込んで無理に停めていたために、発車するときに隣りの車に接触してガラスを割ってしまったAさんの車の修理を求められることについては、レストランの店員たちに修理代を請求することはできないと思います。レストランの店員たちの不法行為についての責任は、そこまで及ぶとは解されないからです。

不法行為の成立には、加害行為と損害の発生との間に因果関係が認められなければなりません。それには、自然的な因果関係である条件関係とともに法律的な因果関係である相当因果関係の存在することが必要とされています。自然的な因果関係である条件関係は、レストランの店員たちが勝手にご質問者の借りた第１駐車場を使用した行為と、それによってご質問者がやむなく別の第２駐車場に無理な駐車をされていたために隣りに停車していたＡさんの車に接触してガラスを破ったのですから、認めることができましょう。しかし、法律的な因果関係としての相当因果関係の成立には、社会観念上、その加害行為からその損害の発生することが、通常認められるものであることが必要なのですが、第１駐車場におけるレストラン店員たちの不法駐車によって第２駐車場でのご質問者のＡさんの車への接触事故が社会観念上一般的に発生するものとはいえません。それ故、Ａさんの車の破損についてのレストランの店員たちの不法行為は成立しないのであり、それについての損害賠償を求めることはできません。

しかし、ご質問者は、第１駐車場における勝手な駐車の不法行為についての損害賠償をレストランの店員たちに請求することはできますので、それによって得られた賠償金をＡさんへの賠償に回されたら如何でしょうか。

なお、第１駐車場がレストランの店員たちによって不法に使用されていることを知りながら、ご質問者は、なぜ、それを放置されていたのですか。レストランの店員たちの不法駐車であるとわかった以上、すぐに抗議して、その不法駐車をやめさせるとともに、事情に応じて、それについての損害賠償を請求することができたはずです。

II—7

喫茶店の自動販売機の前に自動車を停車させていた責任

Q 私の友人が郵便局に用事があったので、郵便局の隣りにある喫茶店の自動販売機の前に自動車を停め、５分ぐらいして郵便局から出て来たところ、喫茶店の店主らしい人が店の前に立っていて、「こんな所に車を停められては迷惑だ。悪いと思ったら自動販売機のジュースを買え」と言って、無理矢理、自販機の前に連れて行ってジュースを買わせたとのことです。友人は怒っていて、「あんな喫茶店には絶対に行かないでくれ」と言いました。喫茶店主の行為は犯罪にならないのでしょうか。

A ご質問の喫茶店主の行為には、驚きましたね。その店主の脅し方が相当厳しいものであって、ご質問者の友人は逃げにくく、やむなくジュースを買わされたのであり、その自販機は喫茶店が管理していたものであった場合には、店主の行為は、刑法の恐喝罪に当たるといえましょう。恐喝罪は、人を脅して財物を交付させ、財産上不法の利益を得、又は他人にそれを得させる犯罪であって、刑は、10年以下の

懲役とされています（刑法249条）。相当重い犯罪です。ただ、その店主の得た利益がジュース1本だけであったときは、犯罪は成立しても、その程度が軽いことから、実際には、犯人は不起訴になることも多いでしょう。

ところで、ご質問者の友人がその喫茶店の自動販売機の前に自動車を停めておいた行為の責任はどうでしょうか。そこに停車させたために、自販機からジュースなどを買おうとするお客が、自販機に近づくことができず、その販売が妨げられた場合には、友人の過失行為によって、自販機による営業が妨害され、喫茶店に不利益を与えたものとして、民法709条の不法行為となり、友人は喫茶店に対して、その損害を賠償する義務を負うことになります。それ故、自動車を他人の店の前などに停めるときは、店の営業を妨げることなどのないように十分に配慮しなければならないのです。ただ、ご質問者の友人は、郵便局で用事をしている間、5分間程の営業妨害ですから、賠償責任は軽微であったといえましょう。

それ故、喫茶店の店主が、自動車の停車について友人に文句を言ったことは当然許されますが、自販機からジュースを購入することを強制することまでは許され難いと思われます。店主には、もう少し大らかな気持ちで接してほしかったですね。

II―8

自動車事故で重傷を負わせ、卒業を延期させた学生に対して、治療費とともに学費も支払うべきか

Q　先日、自動車の運転を誤って大学4年生のAさんをはね、入院3か月の重傷を負わせてしまいました。Aさんから、治療費とともに、入院したため卒業試験を受けることができず、卒業が1年遅れるので、来年度分の学費を賠償してほしいとの請求を受けています。治療費はやむを得ませんが、学費までも支払わなければならないのでしょうか。

A　自動車の運転を誤って大学4年生のAさんに重傷を負わせたことは、民法709条の不法行為となりますから、ご質問者は、Aさんの権利を侵害したことによって生じた損害を賠償しなければなりません。

まず、Aさんが加療3か月の重傷で入院したことについて、治療費を賠償することは当然必要ですが、入院したために卒業試験を受けることができず、卒業試験を受けて合格すれば、卒業することができたのに、それができなかったためにもう1年学生生活を送らなければならなくなったのであれば、その分の学費も、ご質問者の不法行為によってAさんに生じた損害だといわなければならないでしょう。

ただ、それには、Aさんが卒業試験を受ければ、ほとんど確実に合格して卒業できたとみられることが必要です。Aさんに残されている単位が多くて、卒業試験を受けても、卒業はとても無理だったという場合には、卒業できなかったことと自動車事故との間に相当因果関係は認められないので、ご質問者は、Aさんの学費を支払う必

要はなくなります。それ故、ご質問者はAさんのそれまでの試験で取得した単位や残されている単位の状況などを確かめることです。

なお、Aさんが卒業試験を受ければほとんど卒業できるという見通しの下に、卒業後の就職が内定していた場合もありましょう。その場合には、Aさんが卒業試験を受けられなかったために、就職先の会社などから給付されるはずの賃金が受けられなくなるのであり、それも、自動車事故による不法行為から生じたAさんの損害なのです。こうして、不法行為がなければ得られたはずの利益である逸失利益も、不法行為による損害に含まれます。賃金の額は、就職するはずだった会社などで調べればわかりますし、はっきりしないときは厚生労働省の調査による賃金の平均基準に従って決められるべきですが、ご質問者の支払うべきAさんへの賠償には、これも含まれるのです。

Ⅱ—9

雑誌社からパソコンが当選したとの通知を受けたので、所有していたパソコンを友人に譲ったところ、パソコン当選は誤通知だった場合の損害賠償

Q 先日、ある雑誌社からインターネットで、「ノート型パソコンが当選しました」という通知が来たので、今まで使っていたノート型パソコンを友人に譲りました。ところが、数日後に、同じ雑誌社から連絡があり、「先日の通知は掲載ミスで、本当はマウスパッドが当たったのです」と言うのです。そして、自宅にマウスパッドが届きました。私は抗議の電話をしたのですが、雑誌社は、「すみません」の一言だけです。ノートパソコンを譲ってしまったという話をしても、「どうしようもありません」と言われておしまいです。何とかノート型パソコンの代金を賠償してもらうことはできないでしょうか。

A ご質問は、雑誌社からの誤報で、ノート型パソコンを友人に譲ってしまったことに対して、雑誌社から損害賠償を受けられないかということですね。この場合に考えられる損害賠償としては、その雑誌社の行為が民法の不法行為となるかどうかです。不法行為が認められれば、ご質問者は雑誌社に対して損害賠償の請求をすることができましょう。民法709条には、「故意又は過失によって他人の権利又は法律上保護される利益を侵害した者は、これによって生じた損害を賠償する責任を負う」と規定されています。そこで、雑誌社の行為が、この不法行為の要件を充たすかどうかです。

まず、雑誌社が、パソコンが当選したという通知をしたことに過失のあったことは明らかです。そして、ご質問者がパソコンを友人に譲り、手許にパソコンがなくなったことが、ご質問者にとって法律上保護されている利益が侵害されたことになるといえましょう。

ところで、不法行為の成立要件としては、雑誌社の過失行為とご質問者の利益が侵害されたこととの間に法律上の因果関係が認められなければなりません。そして、判例

によりますと、その因果関係の存在には、第1に、条件関係があること、第2に、相当因果関係があることが必要であると解されています(大連判大15・5・22民集5巻386頁、最判昭38・9・26民集17巻8号1040頁など参照)。

ご質問の場合、第1の条件関係は、雑誌社の過失による通知がなければ、ご質問者はパソコンを友人に譲渡はしなかったでしょうから、認められましょう。

では、第2の相当因果関係についてはどうでしょうか。相当因果関係とは、社会観念上通常認められる関係とされています。そして、それは、民法416条1項の「債務の不履行に対する損害賠償の請求は、これによって通常生ずべき損害の賠償をさせることをその目的とする」との規定、すなわち、債務の不履行に基づく損害賠償の範囲について「これによって通常生ずべき損害」に限定している規定と調和のとれた解釈論であるべきものと理解されているのです。

そこで、雑誌社から、「パソコンが当たりました」という通知を受けた場合に、通知を受けた人がすぐに手持ちのパソコンを他人に譲渡することが、社会的に通常認められるかどうかといいますと、おそらく否定されるでしょう。そうすると、相当因果関係は認められないことになり、結局、雑誌社の過失行為とご質問者の損害との間には相当因果関係はなく、したがって、雑誌社には不法行為は認められず、ご質問者に対する損害賠償の責任は負わないことになると思われるのです。

ご質問者にとっては、大変残念なことです。いい加減な通知をして、ご質問者に大変な迷惑をかけた雑誌社は、深く反省して、今後はもっと慎重な行為をしてもらいたいですね。

II—10
旅行社の主催するスキーツアーに参加したが、現地では雪不足でスキーができなかった場合の旅行社の責任

Q 27歳の会社員です。学生時代からスキーが好きで、昨年の暮にもA旅行社の主催したスキーツアーに参加しました。ところが、現地では、意外な暖冬のため、全くの雪不足でろくにすべることもできず、仕方なしに温泉につかったり麻雀をしたりして時間をつぶしました。A旅行社に責任を追及することはできないでしょうか。

A 旅行業者は、旅行業務に関し、旅行者と契約を結ぶときは、旅行業務の内容を確認した上、その取引の条件を旅行者によく説明することが必要です(旅行業法(昭和27年法律239号)12条の4)。これは、旅行者との間に生まれる紛争の種を未然に防ぐためです。ご質問者の参加されたツアーについても、A旅行社が果してそのツアーの内容を十分確認していたか、また、ご質問者にそれを説明して了承を得ていたかが問題となります。

スキーツアーを行うには、何よりもスキーができるだけの積雪のあることが必要ですから、旅行社は現地の積雪量を調査し

て大丈夫だと確かめておかなければなりません。A旅行社がそれを怠っていたのであれば、責任は免れません。たとえ出発の直前にでも、スキーができないとわかったときは、同社はツアーの契約を解除して旅行者に受け取った費用を返還すべきです。もしA旅行社が雪不足を知りながらツアーを実施したのであれば、ご質問者は同社に損害賠償を請求することができます。

しかし、事前に積雪量が予測できない場合もありますから、スキーができないときは随時温泉旅行に切り換えることがある等の代替的なツアーの内容を決めて参加者にも承知してもらっていたのであれば事情が異なります。この場合には、スキーができなくてもA旅行社の責任を追及することは困難です。

なお、その場合でも、ツアー出発の直前にも現地の積雪量を確かめて参加者に考え直す機会を与えることが良心的な旅行社の態度でしょうが、それを怠ったからといって直ちに法律上の責任が生じるとまではいえないでしょう。

II—11

月収100万円のソープ嬢に対する休業補償額

Q スキー場の斜面を滑っていたときに、うっかりして、前方で滑っていた若い女性に突き当たり、女性を転倒させて入院3か月の大怪我をさせてしまいました。女性から入院費などのほか、3か月分の収入として300万円を請求されました。女性は、ソープ嬢で月収が100万円あったとのことです。こんな大金を支払わなければならないのでしょうか。

A ご質問者は、スキーをしているとき、過失で、女性に突き当たり、女性を転倒させ、入院3か月の大怪我をさせたというのですから、民法709条、710条の不法行為となり、女性の受けた損害を賠償しなければなりません。それには、入院による治療費、負傷させられて受けた精神的損害についての慰謝料とともに、女性が入院したために働くことができなくなり、その間に得られたはずの収入が得られなかったことについての休業補償も支払うことが必要であるとされています。

そこで、ご質問は、この被害者の女性に対する休業補償ですが、普通のサラリーマンであれば、毎月の給料に当たる額でよいのです。しかし、ご質問の被害者はソープ嬢で月収が100万円あるとのこと、3か月の入院では300万円の収入が得られたはずであり、それを休業補償として弁済してくれというのですね。

サラリーマンにも月給100万円の人もありますが、そういう人が被害者で3か月入院した場合には、300万円の休業補償を支払わなければならないでしょう。しかし、被害者はソープ嬢だということで事情が異なります。民法90条には、「公の秩序又は善良の風俗に反する事項を目的とする法律行為は、無効とする」と規定されています。社会観念上適正であると認められないような法律行為は、法律的に認めることができないというのであり、最高裁の判例も、例えば、酌婦としての稼働を約する契約は無効であり、その前借金に関する消費貸借契約も無効であるとしています（最判昭30・10・7民集9巻11号1616頁）。ソープ嬢は酌婦に類するといえましょうから、民法90条からの問題があると思われます。したがって、毎月100万円の収入があっても、法律上、それを正当なものとは認めることはできないのであり、ご質問者は、300万円の請求に応じる必要はないでしょう。

しかし、ソープ嬢だからといって休業補償が全く認められないとはいえません。被害者と同年齢の女性が一般に受け取っているとみられる賃金程度の休業補償は支払わなければならないと思います。

Ⅱ—12

患者の病気が自分の専門外のものかもしれなかったのに、専門病院へ転送しなかったため、病状が悪化した場合の開業医の責任

Q 開業医が、患者の病気が自分の専門とするものでないかもしれないのに、専門病院に転送させずにいたため、患者の病状が悪化して重態となった場合に、患者の家族はその開業医に対して、損害賠償を請求することができますか。

A この頃、ご質問のような事件が時々問題とされますが、平成15年11月11日の最高裁の判決が、医師の患者を病院へ転送する義務を論じたものとして注目されますので、ご説明いたしましょう。

事案は、昭和63年9月に、当時小学校6年生だったAさんが発熱し、頭痛がするので、内科・小児科の開業医B医師の医院で診察を受け、薬をもらって飲んだが、よく効かなかったので、翌日にまたその医院で診察を受けて薬をもらい、飲んだところ、一応熱も下がりました。ところが、2日後に再び発熱したが、B医師の医院は休診だったので、救急病院へ行ったが、帰宅後大量に嘔吐しました。翌日、B医師の医院へ行き、点滴の治療を受けて帰宅したが、嘔吐が続いたので、午後再びB医師の医院へ行き点滴の治療を受けました。その間、Aさんは軽度の意識障害を起こし、点滴終了後、B医師の診察を受けた際、椅子に座ることができず、診察台に横になっている状態でした。その後、Aさんは帰宅したが、熱が下がらず、嘔吐が続きました。翌日、Aさんは、B医師の診察を受けた後、総合病院へ転送され、精密検査を受け、急性脳症と診断されて入院しました。しかし、病状は回復せず、別の病院の脳外科に転院し、その後自宅に戻ったのです。そして、Aさんは現在27歳になりますが、身体障害者として等級1級、精神年齢は2歳程度、言葉も話せず、常時介護を要する状態です。

Aさんとその母親から、B医師がAさんの急性脳症の初期症状を看過したこと、早期に適当な病院に転送していればAさんの急性脳症を防ぎ、又は、その程度を軽減させることができたはずだという理由で、B医師に対して損害賠償を請求する訴訟が起こされました。しかし、第1審の裁判所も、第2審の裁判所も、B医師には、Aさんに対する治療上の過失はみられないし、Aさんを総合医療機関に転送したとしても、急性脳症の発病を防止し、又はその程度を軽

くすることができたとは認められないとして、請求を棄却しました。そこで、最高裁へ上告がなされたのですが、最高裁の判決は、次のように判示したのです。

開業医が、自分の医院へ通院中の患者が初診から５日もたったのに、病状が治まらず、自分の医院では検査・治療の面で適切に対処することができない何らかの重大で緊急性のある病気にかかっている可能性が高いことを認識し得たときは、直ちに患者を適切な医療機関へ転送する義務がある。そして、その義務を過失で怠った場合に、転送によって適切な医療行為を受けていたならば、患者に重大な後遺症が残らなかった相当程度の可能性のあることが証明されたときは、医師は患者に損害を賠償する不法行為責任を負うというのです。そして、原判決を破棄して、事件を第２審の裁判所に差し戻したのです。

医師の患者転送義務については、前から議論されていましたが、このように明瞭にそれを認めた判例は、この判決が初めてだと思います。医師に、患者への治療についての対処を強く求めたものとして、この判例は、今後の裁判に有力な先例となりましょう。

II — 13

歩行者がタクシーの進行する風圧で転倒させられて負傷し、着ていたスーツが泥水で台無しになった場合の賠償請求

Q 先日、雨の中で洋傘をさして道路の右端を歩いていたところ、前方からフルスピードで走ってきたタクシーの風圧で路上に転倒させられた上、泥水を多量に浴びせられました。倒れた際、右足の膝のあたりを擦り剥き、また、新調したばかりの白いスーツが泥水につかって台無しになってしまいました。怪我の方は2回程の通院で何とか治りましたが、スーツは、すぐクリーニングに出したものの、とても元どおりには戻らず、薄黒い染みが一面に残り、見苦しくて着られません。私が転倒したとき、タクシーの運転手は、確かに私の方を見たのですが、全然、徐行もせず、お詫びの言葉も言わずに、走り去ったのです。変わり果てたスーツを見る度に運転手の顔を思い出して腹が立ってたまりません。幸い自動車の番号を覚えています。損害賠償を請求することはできないでしょうか。

A 自動車の運転者は、通行人に自動車を接触させなくても、風圧で転倒させるおそれがあり得ることを予測して、慎重に車を走らせる義務があります。また、雨天の際や水たまりのある場所を通るときは、泥水等を跳ね上げて通行人に損害を与えないように注意する義務もあります。

問題のタクシーの運転手は、これらの注意義務を怠って、ご質問者を風圧で転倒させて負傷させ、大切なスーツを泥水で台無しにしたのですから、その賠償責任を負わなければなりません（民法709条）。

ご質問者は、運転手及びタクシー会社に対して、怪我の治療代、スーツのクリーニング代を、また、クリーニングしても元に戻らず着られなくなってしまったのであれば、そのスーツの事故時の価額を弁償するよう請求することができます。

ただ、ご質問者がそのスーツに特別の愛着を抱いていたとしても、それについての慰謝料までを請求することは無理だと思われます。財産的損害の賠償だけでは償い切れない程甚大な精神的苦痛を被ったと認め得る特段の事情はないからです。

損害額がわずかだからとあきらめずに、きちんと請求して弁償してもらうことが、自動車運転者のマナーを向上させ、ひいては無謀な運転を慎むようにさせる上にも有益だといえましょう。

Ⅱ—14

自動車を盗んだ犯人が、その自動車で通行人に重傷を負わせた場合、自動車の所有者には通行人への賠償義務があるか

Q　友人の家の前の道路上に自動車を停め、キーをはずさずに玄関に入って友人と立ち話をしている間に、自動車を盗まれてしまいました。そして、盗んだ犯人が１キロメートル程先で通行人を跳ねて重傷を負わせ、自動車をその場に放置して逃亡し、まだ逮捕されていません。ところが、入院中の被害者から、事故を起こした自動車の所有者だということで、私に損害賠償を請求してきました。私は賠償しなければなりませんか。

A　自動車の所有者が運転手を雇って自動車を運転させていたところ、運転者が過失で通行人を跳ねて負傷させた場合、過失のあった運転手は民法709条の不法行為として被害者に損害賠償義務を負います。そして、自動車の所有者に対しても、自動車損害賠償保障法（昭和30年法律97号）３条が、運行供用者としての損害賠償義務を定めているのです。「自己のために自動車を運行の用に供する者は、その運行によって他人の生命又は身体を害したときは、これによって生じた損害を賠償する責に任ずる。ただし、自己及び運転者が自動車の運行に関し注意を怠らなかったこと、被害者又は運転者以外の第三者に故意又は過失があったこと並びに自動車に構造上の欠陥又は機能の障害がなかったことを証明したときは、この限りでない」という規定です。そして、実際問題としては、このただし書によって、運行供用者が責任を免れる事態は、相当困難であると思われます。なお、４条には、運行供用者の責任については、さらに、民法の規定によると定められています。

ところで、運行供用者の責任は、自分の自動車を他人に貸したところ、借りた人が誤って他人を死傷させた場合にも認められると解されています。

では、ご質問のように、自動車を盗んだ犯人が誤って他人に傷害を負わせた場合における自動車所有者の責任はどうでしょうか。所有者が自動車を盗まれないように十分な管理をしていたのに、犯人が強引にその自動車を盗み出した上、その自動車で人を負傷させたような場合には、もちろん自動車所有者の責任は認められません。しかし、ご質問の場合のように、所有者がキーをかけたまま自動車を放置しておいたために、自動車が盗まれ、盗んだ犯人がその自動車で通行人に傷害を与えたような場合に

は、所有者には自動車を盗まれたことに過失があったといえますから、運行供用者としての責任を免れることはできません。ご質問者は、残念ですが、被害者に対して損害賠償をしなければならないと思います。

Ⅱ — 15

駐車場での管理人の指示と運転者の追突事故についての責任〔共同不法行為、連帯債務〕

Q 演芸会に自動車で行ったのですが、会場前の広い駐車場は既に満車でした。困っていると、駐車場の管理人が、奥の方に１台分空いている場所を指して「バックオーライ」と言ってくれました。安心して自動車をバックさせていると、駐車していた他の車にガチャンと追突して、窓ガラスを割ってしまいました。管理人から「修理代を出してください」と言われましたが、私は「あなたの指示に従ったのだから、修理代はあなたが負担すべきでしょう」と主張し、まだ決着がついていません。法律的には、どうなるのでしょうか。

A ご質問の追突事故については、残念ながらご質問者は責任を負担しなければなりません。駐車場の管理人の「バックオーライ」という合図に従ったのだとしても、自動車を運転していたのはご質問者なのであり、バックの方向に十分注意を払わなかったためにこの事故を生じさせたとみられますから、ご質問者が過失によって他人の権利を侵害したことになり、民法709条の不法行為による損害賠償責任を免れないと思います。

では、駐車場の管理人の責任はどうでしょうか。それは、ご質問者の運転に対する管理人の誘導の状況に応じて異なり得ると思います。まず、駐車場奥の駐車場所への自動車の走行が難しく、危険が大きいため、管理人の誘導が必要であったと考えられる場合に、管理人がご質問者の運転についての適切な誘導を怠ったとみられるときは、管理人にも事故の責任が認められましょう。しかし、駐車場所への走行に格別の困難はなく、ご質問者の運転に委せておけば足りると考えられる状況の下では、管理人が「バックオーライ」と言っただけですぐにその場を離れるなど、ご質問者の運転を注視していなかったときは、事故について管理人に責任を問うことはできないと思います。ただ、ご質問者の運転に委せておけば足りるとみられる状況下でも、管理人がご質問者の運転を誘導し続けた場合には、管理人としての立場から、ご質問者の不適切な運転を回避するように指示すべきであり、それを怠ったためにご質問者の事故が発生したとみられるときは、管理人にも事故についての責任を認めなければならないでしょう。

ところで、管理人にも事故についての責任が認められる場合には、ご質問者と管理人との共同不法行為が成立することになります。民法719条１項には、「数人が共同の不法行為によって他人に損害を加えたときは、各自が連帯してその損害を賠償する責任を負う」と規定されていますが、ご質問の追突事故は、ご質問者の運転についての過失と管理人の運転の誘導についての過失とによる共同の不法行為が成立し、両名が連帯して損害を賠償しなければなりません。

この連帯損害賠償については、民法432条が適用されます。同条には、「数人が連帯債務を負担するときは、債権者は、その連帯債務者の１人に対し、又は同時に若しくは順次にすべての連帯債務者に対し、全部又は一部の履行を請求することができる」と規定されています。それ故、追突によって窓ガラスを割られた自動車の持主は、その損害の賠償について、ご質問者に対して、一括して全額を請求することも、部分的にご質問者の負担額だけを請求することもできますし、管理人に対して全額もしくは負担額を請求することも可能なのです。そして、ご質問者又は管理人が全額を支払ったときは、その人は他の連帯債務者にその人の負担額の支払いを請求することができます。

なお、損害賠償についてのご質問者と管理人とのそれぞれの負担額は、各人の過失の程度に従って定められるべきです。具体的な額は、お互いの話し合いで決められれば結構ですが、実際上、かなり難しい問題です。それ故、決められないときは、裁判所に訴えて判定してもらうのがよいと思います。

II — 16

看護師に対する患者からのセクハラ

Q　娘は看護師になって間もないのですが、厳しい作業なのに緊張してがんばっているとのことです。ところが、娘から困ったことがあると打ち明けられたのは、患者さんのおむつを交換したり、体を拭いたり、しもの世話をさせられることも多いのですが、患者さんの中に、おむつの交換をしたりする時に、「あんたうまいね、男に慣れてるんだろうねー」と言ったり、「ああ、いい気持ちだ。ソープよりずっといいよ」などと話しかけたりする人がいるので、腹立たしく、気持ちが悪くなり、仕事が嫌になることがあるというのです。しかし、若い看護師なので、年長の患者さんに反論したり、たしなめたりすることはできにくく、困っているとのことです。どうしたらよいのでしょうか。

A　セクハラ（セクシャルハラスメント）は、近頃、法律的にも問題とされ、とくに男女雇用機会均等法（正しくは、雇用の分野における男女の均等な機会及び待遇の確保等に関する法律（昭和47年法律113号））11条は、職場における性的な言動について、労働者の労働条件に不利益を与えたり、就業環境が害されることのないように、事業主に雇用管理上必要な措置を講じることを命じています。また、セクハラ行為によって、他者に強い嫌悪感、不快感を与えた場合には、民法710条の不法行為に当たると解されています。

さて、ご質問の看護師さんに対して、おむつの交換の際に、患者さんから、卑猥な言葉が投げかけられ、看護師さんとして腹が立ち、仕事をするのが嫌になるとのことですが、そのような患者さんの言葉は、明らかに看護師さんに対するセクハラだといえましょう。看護師さんからお世話になっている最中に、看護師さんの気持ちも考えずに、このような侮辱的な言葉を平気で浴びせることは、何と情けない人間なのでしょうか。そして、その言葉によるセクハラの程度によっては、不法行為と認められるべきこともあり得ましょう。

ただ、病院における看護師と患者の関係は、会社の上司と社員、社員同士、社員とお客などの関係とは明らかに違った特殊な一面があります。看護師は、病気で苦しんでいる患者に対して常に親切な温かい気持ちで接することが必要ですが、同時に患者を人間として冷静に見なければなりません。一方、患者は看護師を生命・身体の安全を守ってくれる存在として敬意を払って接触することが望まれます。このような当然あるべき関係から見るとき、ご質問の患者はいかに人間性を欠いた非常識な輩かとあきれざるを得ませんが、現にそのような愚人が存在する以上、それに対応しなければならないのです。

まず、患者の発言があまりにも非常識であって、看護師を傷つけ耐えられない状況にあるときは、患者を不法行為者として損害賠償を請求すべきでしょう。その場合、患者は病院からの退院を要求されることもありましょう。しかし、看護師の立場として患者の言に苦しみながらも何とか耐えられる場合には、不法行為とはなっても、損害賠償の請求は控えるとともに、患者に反論し、たしなめることを行うべきです。ただ、年齢も若い看護師から、年長でそれなりの社会的地位もある患者に対してたしなめの言葉などをかけることは事実上困難でもありましょう。その場合、看護師さんたちによるその患者さんに対する対策会議を開催して意見をまとめ、看護師会の意見として、例えば、婦長さんから患者に説明し、注意を促すことなども考えられます。

また、病院全体としても、患者からの不当なセクハラに対応する反省要求書などを作成しておき、問題の患者が出現したときは、その患者に、それを示して反省を求めることなども意味があるのではないでしょうか。

Ⅱ―17

会社の上司からのセクハラをやめさせる方法

Q 母は、父が亡くなった後、一生懸命働いて女手一つで私を育ててくれました。お蔭で私は、今年、大学を卒業して就職できました。しかし、母は、相変わらず働き続けるとともに、趣味でダンスのレッスンを受けたりして、スマートで若々しく過ごしています。ところが、最近、困ったことに、会社の母の上司が母にセクハラをするというのです。朝、挨拶がわりにお尻をさわったり、卑猥な言葉で話しかけたり、「一緒にデートをしよう」と携帯メールに連絡してきたりするのだそうです。けしからぬ上司のセクハラをやめさせるには、どうしたらよいのでしょうか。

A　会社でのセクハラに関しては、男女雇用機会均等法、正確には、「雇用の分野における男女の均等な機会及び待遇の確保等に関する法律」（昭和47年法律113号）の11条1項に、事業主は、職場におけるセクハラによって労働者が労働条件について不利益を受けたり、就業環境を害されることのないように、雇用管理上必要な配慮をしなければならない旨の規定があります。すなわち、会社では、職場におけるセクハラを許さないことを雇用管理上明確にしておくとともに、セクハラについての相談や苦情に対応するための窓口を作り、労働者が気軽に相談できる体制を整え、相談・苦情があった場合には、その内容や状況に応じて適切、かつ柔軟な対応をすることが必要とされています。これらの事項は、会社に義務づけられているのですから、ご質問者のお母様は、上司のセクハラ行為にお困りでしたら、まず、会社のセクハラ相談窓口にご相談になるのがよいでしょう。

また、会社の相談窓口に相談しても、適切な対処をしてもらえない場合には、都道府県労働局長に問題解決についての援助を求めることができます（同法17条1項）。労働局長から必要な助言、指導が得られるかと思います。そして、紛争調整委員会によって会社側との紛争について調停がなされることもあります（同法18条・19条以下）。

なお、会社の態度によっては、先の法律の規定に違反することについて、また民法415条の債務者が債務の本旨に従った債務を履行しないことについて、損害賠償を求めて民事裁判に訴えることができます。

それから、お母様にセクハラ行為を行った上司に対しては、その行為は、お母様の人格権を侵害したものであって、民法709条、710条の不法行為となりますから、お母様は、その上司を裁判所に訴えて損害賠償、慰謝料を請求することができます。また、刑法の侮辱罪（231条）、名誉毀損罪（230条）にも当たる可能性がありますので、その場合には、上司を警察などに告訴して処罰を求めることも可能です。なお、これらの法律的行為については、上司のセクハラの事実をはっきりと証拠づけておくことが必要ですから、現場に居合わせた同僚の証言や上司の発言についての録音などをそろえておくことが望ましいと思います。

II — *18*

秘密の写真を同窓会で公開して名誉を傷つけた行為の責任

Q　25歳のＯＬです。３年間親しく交際していた彼といさかいを起こして別れました。彼は写真が好きで、交際中、私にみっともない格好をさせた写真を何度も写したのですが、私と別れた後、その写真を私の高校時代の同級生Ａ君に渡したのです。そして、Ａ君が先日の同窓会にその写真を持ってきました。旧友たちの前でそれを見せられた私は、非常に恥ずかしい思いで心を傷つけられ、今後は二度と同窓会には出られなくなりました。彼とＡ君に慰謝料を請求することができるでしょうか。

A　別れた彼と元同級生Ａ君の行為は、民法の不法行為に当たると思われます。

民法709条には、「故意又は過失によって他人の権利又は法律上保護される利益を侵害した者は、これによって生じた損害を賠償する責任を負う」と規定され、また、710条には、「他人の身体、自由若しくは名誉を侵害した場合又は他人の財産権を侵害した場合のいずれであるかを問わず、前条の規定により損害賠償の責任を負う者は、財産以外の損害に対しても、その賠償をしなければならない」と定められています。別れた彼と元同級生Ａ君の行為は、ご質問者の名誉を毀損したのであって、これらの規定に当たるといえましょう。

名誉とは、判例の示すところによりますと、人の品性や名声、信用などについて社会から承認され、評価されているものをいうのであり（大判明38・12・８民録11輯1665頁など）、その社会的評価を低下させることが名誉の侵害であり、名誉毀損であると解されるのです。ご質問者がみっともない格好で写真に写っているのを見た人たちは、ご質問者は品格の備わった人だと思っていたのに、実はこんな下品な人だったのかと驚くでしょうし、それによって、ご質問者についての評価は低下されることになります。ご質問者が元彼の求めに応じて２人だけでみっともない格好の写真をとっても、２人だけの間のことであれば別に問題にはなりませんが、その写真を他の人に見せるとか、公開することは、法律的に問題になり得るのです。

次に、不法行為の要件としては、行為者に故意又は過失のあることが必要ですが、元同級生Ａ君には同窓会の席でその写真を出席者に見せたのですから、明らかに故意があります。元彼には、Ａ君にその写真を渡せば、Ａ君が他の人たちに見せることを知りながら渡したときは不法行為の故意がありますが、うっかり渡したところＡ君がそれを他人に見せた場合にも不法行為についての過失が認められましょう。それ故、ご質問者は、これらの民法709条及び710条の規定に基づいて、元彼と元同級生Ａ君に対して慰謝料を請求することができると思います。

なお、元彼及びＡ君の行為は、状況によっては、刑法230条の名誉毀損罪に当たることもあり得ます。同条には、「公然と事実を摘示し、人の名誉を毀損した者は、その事実の有無にかかわらず、３年以下の懲役若しくは禁錮又は50万円以下の罰金に処する」と規定されています。「公然と」とは、不特定又は多数人に対しての意味と解されています。同窓会の出席者は、特定人ですが、その数が多数、すなわち、数十名以上であるときは、公然に当たりましょう。そして、元彼とＡ君が、その多数者にご質問者の下品な写真を見せてからかってやろうなどと考えていたのであれば、名誉毀損罪の故意もあり、犯罪が成立するでしょう。したがって、その場合には、ご質問者は、２人を警察などに告訴して処罰を求めることもできるのです。

Ⅱ—19
社員旅行の際、上司と不倫関係となったＯＬは、上司の奥さんに慰謝料を支払わなければならないか

Q 就職してから３年目のＯＬですが、社員旅行で温泉旅館に泊ったとき、上司と不倫関係になりました。上司は独身で結婚できるかもしれないと思っていたのですが、実は奥さんがおり、３か月後に奥さんから精神的損害を受けたという理由で300万円の慰謝料の支払いを請求されました。私は、この慰謝料を支払わなければならないのでしょうか。

A 民法709条には、不法行為について、「故意又は過失によって他人の権利又は法律上保護される利益を侵害した者は、これによって生じた損害を賠償する責任を負う」と規定され、また、710条には、「他人の身体、自由若しくは名誉を侵害した場合又は他人の財産権を侵害した場合のいずれであるかを問わず、前条の規定により損害賠償の責任を負う者は、財産以外の損害に対しても、その賠償をしなければならない」と定められています。

夫が妻以外の女性と不倫関係に陥ったときは、妻は、精神的に強い苦痛を受け、法律上保護される利益を侵害されますから、夫と不倫関係にある女性に対して慰謝料の支払いを請求することができ、女性はそれを支払わなければなりません。慰謝料の額は、具体的な不倫行為の態様などによって異なります。300万円は、相当高い金額というべきですが、事情によっては認められないわけではありません。

ところで、ご質問者の行為が不法行為となるには、妻のある上司と不倫に陥るについて故意又は過失があったことが必要です。ご質問者は、上司が独身で結婚できるかもしれないと思っていたというのですから、故意のなかったことは確かですが、気を配っていれば上司に奥さんがいることはわかったのに、うっかりして独身だと思い込んでいた場合には、過失があったとみられることがありましょう。しかし、尋ねても上司が隠していて奥さんがいるとは言わなかったときは、ご質問者に過失は認められませんから、不法行為は成立しません。その場合は、慰謝料支払い義務はないのです。

なお、上司から暴行・脅迫を受けて不倫関係を強いられた場合や、上司に妻があっても、夫婦関係が既に破綻していた場合にも、ご質問者には慰謝料を支払う義務はないと解されています。

いずれにしても、安易に不倫関係などに陥ることのないように注意するべきです。

Ⅱ ― 20
ＯＬが社員旅行の宴会で酒に酔い、階段でよろけ偶然男性社員とキスをしたことは不貞行為に当たるか

Q 会社勤務のＯＬです。社員旅行で温泉旅館に泊まったとき、宴会で偶然隣り合わせの席に座った他の課の彼と話がはずみ、親しさを覚えました。宴会が終わったとき、すっかり酔ってしまい彼の肩を借り部屋まで連れて行かれる途中、階段でよろけ彼と思わずキスをしてしまったのですが、偶然これを見た誰かがこのことを彼の奥様に伝えたらしく、数日後に、奥様から電話がかかってきて、「夫と不貞行為をしましたね。慰謝料を払ってください」と要求されました。彼は、宴席

で、奥様とは離婚することになっていると言いましたし、彼とははずみでキスしただけなのに、私は、不貞行為で慰謝料を支払わなければならないのでしょうか。

A 会社の社員旅行で偶然親しくなった彼の奥さんから、ご質問者に対して、あなたは夫と不貞行為をしたから慰謝料を支払いなさいと要求されたとのことですが、「不貞行為」について、民法770条には、「配偶者に不貞な行為があったとき」には離婚の訴えを起こすことができる、と定められており、不貞行為は、法律上の離婚原因とされているのです。そして、この不貞行為の意味は、夫婦が夫婦以外の男女と性的関係のあったことを意味すると解されています。彼の奥さんも同様に、彼とご質問者との間に性的関係があったものと考えられたのでしょう。

次に、慰謝料とは、精神的な損害を受けたことに対する賠償金をいいますが、それは民法の不法行為に対する損害賠償の一種と解されます。民法709条は、「故意又は過失によって他人の権利又は法律上保護される利益を侵害した者は、これによって生じた損害を賠償する責任を負う」と、不法行為者に、その不法行為によって他人に与えた損害についての賠償義務を認めていますが、続いて710条には、「前条の規定により損害賠償の責任を負う者は、財産以外の損害に対しても、その賠償をしなければならない」と定めており、精神的な損害に対する慰謝料もここに含まれると見ることができます。そして、判例は、古くから不貞行為に対する慰謝料をこの規定の解釈として認めています。すなわち、明治36年10月1日の大審院判決（刑録9輯1425頁）は、人妻と姦通をした者は、その夫に対する夫権侵害についての賠償責任があるとする判断を示していたのであり、その解釈は現在でも変わらずに続いているのです。なお、姦通とは、配偶者のある者が、配偶者以外の異性と肉体関係を結ぶことをいい、不貞行為にほかなりません。

ところで、ご質問者は、階段でよろけて彼と思わずキスをしてしまったのですが、それ以上の肉体関係を結んでいないのですね。それならば、彼と不貞行為があったとはいえませんから、奥さんが不貞行為を理由としてご質問者に慰謝料を要求するのは妥当でなく、ご質問者は、その要求に応ずる必要はないでしょう。そして、要求に応じないご質問者を、彼の奥さんが裁判所に訴えても、奥さんの慰謝料請求権は認められないと考えられます。

なお、彼と奥さんとは、離婚することになっているとのことですが、もしそのような事情にあったのでしたら、仮に彼との不貞行為があっても、奥さんには強い精神的な損害は認めにくく、したがって、ご質問者への慰謝料の請求は困難であると思われます。

Ⅱ — 21
アパートの部屋から向かいのアパートの部屋を双眼鏡でのぞく行為はプライバシーの侵害となるか

Q 30歳の主婦で、５階建てアパートの３階の部屋に住んでいます。30メートル程離れた先に、同じく５階建てのアパートがあるのですが、ちょうど私の部屋と同じ高さの３階の向いの部屋に住んでいる30歳ぐらいの男性が、いつも私の部屋をのぞいているようで気になるのです。私が部屋の掃除をしたり、洗濯物をベランダに干したりしている時、ふと向かいの部屋を見ると、いつも窓からじっと私の部屋の方を見詰めているその男性の顔が目につくのです。気になってカーテンを付けたのですが、向かいの部屋でも窓にカーテンを付けました。これで安心だと思っていたのですが、数日後にカーテンを開けて掃除をしていますと、向かいの部屋ではカーテンの間からその男性が双眼鏡で私の部屋を見ているではありませんか。ビックリして私は、すぐにカーテンを閉めました。どうしたらよいかと夕方帰宅した夫に相談したのですが、「ただ部屋を見ているだけでは、何ともならんだろう」と言いました。こんな男性の行為はプライバシーの侵害で、犯罪になるのではないでしょうか。警察に訴えてやりたいのですが、できますか。

A プライバシーの権利とは、もともとアメリカ法で認められてきたものですが、第２次大戦後、日本国憲法13条の個人の尊重、生命、自由、幸福追求に対する国民の権利を定めた規定によって日本でも取り入れられました。その内容は、他人から私生活をのぞき見されないこと、他人によって私事が公にされないこと、自分についての個人的情報は自分が管理し得ることなど、多方面に及んでいます。

また、プライバシーの侵害は、民法710条の不法行為に当たるとされています。判例上問題となった事件にも、個人生活の秘密をモデル小説とした事件（東京地判昭39・９・28判時385号12頁）、承諾していないのに、容貌、姿態をみだりに撮影して公表した事件（東京地判昭62・６・15判時1243号54頁）などもあります。

法律上、個人の住宅などにおいて私生活がのぞかれないように配慮している規定として、民法235条１項には、「境界線から１メートル未満の距離において他人の宅地を見通すことのできる窓又は縁側（ベランダを含む）を設ける者は、目隠しを付けなければならない」と規定されています。しかし、この規定の違反には、罰則の定めはありません。

なお、のぞき行為を犯罪としているのは、軽犯罪法１条23号です。「正当な理由がなくて人の住居、浴場、更衣場、便所その他人が通常衣服をつけないでいるような場所をひそかにのぞき見た者」は「勾留又は科料に処する」と定められています。

ところで、ご質問者のお宅のあるアパートと男性が住んでいる向いのアパートとは、30メートルも間隔があるのですから、民法235条１項とはもちろん無関係ですし、軽犯罪法１条23号も、向かいのアパートの男性がただご質問者の部屋をのぞいているだけでは、この犯罪にはなりません。双眼鏡で見ていたことには問題もありそうですが、軽犯罪法の禁止しているのぞき行為は、「人が通常衣服をつけないでいるような場所」をひそかにのぞき見る行為を犯罪としているのであって、その男性がご質問者の部屋、すなわち、居室やダイニングルームなどを見ているだけでは、この犯罪とはならないのです。

それから、その男性の行為は、ご質問者に対する不法行為になるかということですが、ご質問者にとってはそんなに見続けられることは極めて不愉快でしょうが、その男はただ見ているだけで、見た結果としてのご質問者に関する不快な事実などを他人に話したり公に発表したりはしていないのですね。そうしますと、ご質問者の権利又は利益の侵害とまではいえないのであり、それは、ご主人の述べられたとおりだと思われます。

それ故、ご質問者には誠に残念なことでしょうが、その男性の行為はプライバシーの侵害として法律的に処罰されたり、損害賠償を請求されたりする程度には至らないものといわざるを得ません。ご質問者は、さしあたり、カーテンをしっかり掛けて部屋をのぞかれないように気を配るしかありませんね。

Ⅱ—22

結婚式のスピーチで不適切な発言をしたことの法律的責任

Q 高校時代からの知合いの女性から、結婚式でのスピーチを頼まれたのですが、彼女の過去をよく知っていたばかりに、つい脱線して、男性交際についてまでしゃべってしまいました。私の話を聞いて不快そうな顔をした新郎を見て、あわてて話を切り上げたのですが、どうもこのスピーチが原因で新郎・新婦の仲がうまくいかなくなったらしく、海外での新婚旅行から帰国した後、空港で別れ話となったとのことです。憤慨した新婦から私に損害賠償の請求をしてきましたが、賠償をしなければならないのでしょうか。

A 結婚披露宴のスピーチで新婦の過去の男性関係などを話すのは全く非常識なことで、新婦の名誉毀損になるか、プライバシー権の侵害となりましょう。それらは、民法の不法行為となるおそれがあります。

名誉毀損とは、人の品性、行状、信用などについての世間からの評価を侵害することですから、新婦の過去にあまり好ましくない男性関係があっても、披露宴の席で、それを明らかにすることは、新婦の品性に対する社会的評価を傷つけ、名誉毀損となり得るのです。また、プライバシーの権利とは、私生活をみだりに公開されない法的な保障を受けられる権利のことですので、披露宴の席で新婦の過去の男性関係をバラすことは、明らかにこの権利の侵害となりましょう。

ところで、民法709条には、「故意又は過失によって他人の権利又は法律上保護される利益を侵害した者は、これによって生じた損害を賠償する責任を負う」と規定され、また、710条には、「他人の……名誉を侵害した場合……、前条の規定により損害賠償の責任を負う者は、財産以外の損害に対しても、その賠償をしなければならない」と定められていますので、披露宴の席でのスピーチで新婦の名誉を毀損し、又はプライバシーの権利を侵害し、それによって被害者を離婚に至らしめた人には、その損害を賠償する責任があるといえましょう。なお、ご質問者は、スピーチで過去の新婦の男性関係を話したことについて、新婦を傷つける故意はもちろんなかったのでしょうが、不注意があったことは明らかですから、過失による不法行為が認められると思います。

これに反して、刑法上の名誉毀損罪は成立しないでしょう。名誉毀損罪については、刑法230条に、「公然と事実を摘示し、人の名誉を毀損した者は、その事実の有無にかかわらず、３年以下の懲役若しくは禁錮又は50万円以下の罰金に処する」と規定されています。「公然と」とは、不特定又は多数人の認識し得る状態をいいます。披露宴に招待された人は、「不特定人」ではありませんが、その人数が相当多いときは「多数」に当たります。ただ、名誉毀損罪は、故意によって犯された場合に限られており、過失犯は認められていませんので、ご質問者にスピーチで新婦を傷つけようとする故意がなかった以上、犯罪とはならないのです。

しかし、結婚式のスピーチなどでは、許される話しの限度があるのであり、多くの人たちにとっては、生涯に一度のおめでたい席なのですから、まちがっても新郎、新婦を傷つけることなどのないように十分に配慮すべきです。

II — 23
夜間、公園口で停車中の車内での男女のキス行為を勝手に撮影することの法的責任

Q 夜の10時頃、付近に誰もいないので、公園の入口に自動車を停めて、同乗していた彼女とキスをしていると、突然、フラッシュが光ったので、びっくりして外を見ると友人のAがカメラで私たちを写していました。Aの行為は許されるのでしょうか。

A ご質問は、Ａさんの行為が、ご質問者と彼女とのプライバシーの権利の侵害に当たるのではないかということでしょう。

プライバシーの権利とは、憲法13条の「すべて国民は、個人として尊重される」という規定に基づくものであり、個人の私生活をみだりに公開されない権利、すなわち、他人から私生活を侵害されることがなく、本人が承諾しない限り、その私生活を公開してはならないという権利だと解されています。そして、この権利の侵害に対しては、民法の不法行為（709条・710条）として、損害賠償の請求が認められるのです（最判平15・３・14民集57巻３号229頁参照）。

それでは、ご質問者が彼女とキスをしているところをＡさんが勝手にカメラで撮影した行為が、ご質問者と彼女のプライバシーの権利の侵害に当たるかということですが、まず、Ａさんがご質問者が彼女とキスをしているところをのぞいて見たことは、別段、プライバシーの侵害とはなりません。ご質問者が彼女とキスをしていた場所は、公園の入口であり、時間は夜の10時頃であっても、その場所は誰でも自由に通行し得るところであり、付近に人が見あたらなか

ったとしても、なお、十分、通行人のあり得る時間です。そして、停車中の自動車の中を傍らを通行する人がのぞいても、そこはとくにのぞくことが禁止されていることではありません。

では、Aさんが、ご質問者と彼女とのキスシーンを撮影したことはどうでしょうか。その行為がご質問者らのプライバシーの侵害に当たるかどうかは、専らAさんの撮影の気持ちによると思います。Aさんが、公園の入口の様子を写そうとして撮影したところ、たまたまその場に停車していた自動車の中のご質問者と彼女とのキスシーンが写ってしまったのであれば、Aさんには、プライバシー侵害の意思はなく、侵害の事実も認められないでしょう。しかし、Aさんがご質問者と彼女とのキスシーンを写して、その写真を広く人々に見せようとか、新聞社に売りつけようなどとしていたような場合には、プライバシーの侵害が認められるでしょう。

そして、さらに、実際に、そのような行為が行われ、ご質問者と彼女とのキスの場面が広く人々に知られたときは、プライバシー侵害は明らかであり、その程度の高まりによって侵害度が加わります。ご質問者と彼女とは、そのプライバシー侵害の程度に応じてAさんに対する損害賠償額を定めて請求し得ると思います。

Ⅱ—24

肖像権の侵害に対する損害賠償

Q 会社の同僚の女性とラブホテルから出て来たところを、テレビのカメラマンに撮影され、テレビで放映されてしまいました。お蔭で、会社はクビになるし、妻からは離婚の裁判を申し立てられて困っています。テレビ局に損害賠償の請求をすることができますか。

A 会社の同僚の女性とラブホテルから出て来たところをテレビのカメラマンに撮影され、テレビで放映されたため、不倫が世間に知れ渡り、会社はクビになって失職し、また、奥さんからは離婚裁判を起こされたとのこと、裁判で離婚が認められれば、奥さんに相当な慰謝料の支払いも命じられるでしょう。これは、ご質問者にとって大変な損害です。そして、その原因は、カメラマンの撮影とテレビ会社の放映によるものですから、ご質問者がカメラマンとテレビ会社に損害の賠償を請求したいのは当然でしょう。

しかし、会社からの解雇も、奥さんからの離婚訴訟も、本当の原因は、ご質問者の不倫行為にあったのであり、それは法的に許されない違法行為なのですから、残念ながら、それについて損害賠償を請求することは認められないと思います。

だが、反面、ご質問者はカメラマンとテレビ会社から、肖像権を侵害されているのであり、それに対しては、損害賠償を求めることができるといえましょう。

肖像権とは、人が自分の肖像である写真や絵画などを、勝手に他人に撮影されたり、画かれたり、また、公にされたりしない権利であって、人格権の一種であると解されています。ご質問者は、会社の同僚の女性と２人でラブホテルから出て来たところをカメラマンから勝手に撮影され、その写真をテレビで放映されたのですから、肖像権を侵害されたということができましょう。それは、民法709条、710条の不法行為となります。

ただ、相手に対して自分の写真を撮ってもいいよなどと承諾を与えたときは、もちろん肖像権の侵害とはなりません。しかし、ご質問者の場合、テレビのカメラマンは、テレビ番組のために、そのラブホテルを撮影したところ、偶然、ご質問者が写ってしまったのでしょうが、ご質問者としては、そんなところで写されるとは予期しなかったのであり、カメラマンの撮影について暗黙にも承諾を与えていたとはいえません。

また、テレビ会社としても、ご質問者の写真について、少なくとも顔の部分をかくして放映すべきであり、そのような配慮を全く怠ったわけですから、これも肖像権の侵害といえることは明らかでしょう。

こうして、ご質問者は、会社からの解雇や奥さんからの離婚裁判への損害賠償の請求はできませんが、肖像権の侵害については、テレビのカメラマンとテレビ会社に対して、不法行為としての損害賠償を請求することができると思います。

II—25

未成年者が他人に傷害を与えた場合の親の賠償責任

Q　クリスマスも近づいた日の夕方、15歳の息子が公園を歩いていたとき、不良少年Ａからバットで殴られて、入院１か月の怪我をしました。Ａは16歳で無職で損害賠償の能力がなく、Ａの父親も、子供同士のけんかだから、親には関係がないと言って取り合ってくれません。どうしたらよいでしょうか。

A　民法712条には、「未成年者は、他人に損害を加えた場合において、自己の行為の責任を弁識するに足りる知能を備えていなかったときは、その行為について賠償の責任を負わない」と規定されています。責任能力です。判例には、11歳１か月の少年に責任能力を認めた例（大判大４・５・12民録21輯692頁）や12歳２か月の少年に責任能力を否定した例（大判大６・４・30民録23輯715頁）もあり、具体的な事案に応じて一律ではありませんが、通常の知能を備えている少年であれば、16歳のＡには責任能力が認められるのが一般でしょう。責任能力のある者が、他人をバットで殴って入院１か月の重傷を与えたときは、その治療費や慰謝料などの損害賠償義務を負わなければなりません。ただ、ご質問の少年Ａのように、無職の者には、実際上、賠償能力がないことが多いといえましょう。

その場合、民法714条の規定が問題となります。同条１項には、責任無能力者が責任を負わない場合に、それを監督する法律上の義務を負う者は、責任無能力者が第三者に加えた損害を賠償する責任を負うと定められています。例えば、親などは、責任無能力者である子供に代わって、子供の行った不法行為についての賠償義務があるのです。では、責任能力はあるが、未成年者である子の不法行為ではどうでしょうか。最高裁判所の判例は、未成年者が責任能力を有する場合であっても、監督義務者の義務違反とその未成年者の不法行為によって生じた結果との間に相当因果関係が認められるときは、監督義務者に民法709条の不法行為が成立すると解するのが相当であり、民法714条の規定はそのような解釈の妨げとなるものではないと判示しています（最判昭49・3・22民集28巻2号347頁）。それ故、少年Ａの父親が、Ａがバットで人を殴るというような暴力行為を行うおそれがあることを知りながら、その抑制に十分な注意を払わなかったときは、少年Ａの父親にも不法行為が成立し、損害賠償義務を負うことになるのです。

こうして、ご質問者は、Ａの父親に対して、Ａの加えた息子さんの怪我についての損害賠償を請求することができるのです。Ａの父親が応じないときは、裁判所に訴えるのがよいと思います。

Ⅱ — 26

小学校２年生の娘が、校庭を歩いていた時、同級生から石で殴られ負傷した場合、その親に損害賠償を請求し得るか

Q 小学校２年生の娘が頭から血を流して学校から帰りました。すぐ病院に連れて行くと２針縫う怪我をしていました。授業を終わって帰宅しようと校庭を歩いていた時、同級生のＡ君から花壇の石で殴られたとのことです。Ａ君の親に損害賠償を請求することができますか。

A Ａ君がご質問者のお嬢さんを石で殴って怪我をさせた原因がどういうことかわかりませんが、民法709条の不法行為に当たることは疑いないでしょう。しかし、Ａ君は小学校２年生の未成年者ですから、まだ責任能力がありません。民法712条には、「未成年者は、他人に損害を加えた場合において、自己の行為の責任を弁識するに足りる知能を備えていなかったときは、その行為について賠償の責任を負わない」と規定されています。不法行為を行った者が責任無能力者であった場合には賠償責任がないというのです。責任能力があるかどうかは個別的に判断されますが、判例は、一般に、12歳前後から責任能力が認められるとしています。小学校２年生のＡ君はまだ８、９歳ですから、責任能力はないでしょう。

そして、未成年者が不法行為の責任を負わない場合について、民法714条１項には、「その責任無能力者を監督する法定の義務を負う者は、その責任無能力者が第三者に加えた損害を賠償する責任を負う」と規定されています。そして、Ａ君の監督義務者はその両親であり、両親はＡ君が違法な行為をしないように常に注意を払ってＡ君の教育、監督をしなければなりません。それ故、Ａ君がご質問者のお嬢さんを殴って負傷させた不法行為に対して、Ａ君の両親が賠償責任を負うのであり、お嬢さんの怪我の治療費やお嬢さんが精神的に苦しめられたことへの慰謝料などの損害を賠償しなけ

ればならないのです。

なお、民法714条１項のただし書には、「監督義務者がその義務を怠らなかったとき、又はその義務を怠らなくても損害が生ずべきであったときは、」損害賠償責任を負わない、と定められていますが、Ａ君の両親によってＡ君への監督義務が尽くされていたとはいえませんから、この点は問題とされないでしょう。

ところで、民法714条２項には、さらに、「監督義務者に代わって責任無能力者を監督する者〔代理監督者〕も、」損害賠償義務を負うとされています。代理監督者の責任といわれます。Ａ君の場合、小学校のＡ君の担任教師がこれに当たります。Ａ君の不法行為が教師の勤務時間中に行われたときは、教師もその損害賠償をしなければならないのです。Ａ君の不法行為は放課後ですが、まだ遅い時間ではなく、場所も校庭で行われたのですから、担任教師には、Ａ君への監督義務は認められるのであり、ご質問者は、担任教師に対しても損害賠償を請求することができるのです。もっとも、Ａ君の両親への賠償請求と教師への賠償請求とは併せて考えられ、適当な額について分担することが求められるべきでしょう。

なお、お嬢さんに対するＡ君の暴行がいじめであったときには、ご質問者は、今後、再発することのないように、学校やＰＴＡとの慎重な話し合いなどによって、その予防に努めることが必要だと思います。

Ⅱ―27

保育所で２歳半の息子が負傷した場合の損害賠償責任

Q　ＯＬです。２歳半の息子を毎日保育所に預けて、会社に勤めています。先日、息子が保育所内で友だちとおもちゃの奪い合いをするうちに、おもちゃの上に転んで頭に７針も縫う傷を負ってしまいました。保母さんがもっと注意を払ってくれていたらよかったのにと思います。保母さんや保育所に治療費の請求ができますか。

A　保育所に預けられているお子さんは、まだ幼なく、自分で判断して適切かつ安全な行動をとることは不可能です。そして、危険を知りませんから、何でも平気でやって事故に会うことなども少なくありません。また、保育所で子供さんたちのために用意されている玩具なども、十分安全なものが選ばれていると思われますが、ご質問のように、全く予期しない事故が起こることもないではないのです。

このような事故を避けるためには、保育所では、保母さんが子供たちから目を離さずに気を配っていて、危険だと思ったらすぐにやめさせることが必要です。ご質問者のお子さんが頭に負傷したのも、担当の保母さんがお子さんたちの玩具の奪い合いをやめさせなかった不注意によるものとみられましょう。

このように、保育所に預けられているお子さんが保母さんの過失によって負傷した場合には、まず、その保育所が市町村など公共団体の経営するものであったときには、国家賠償法により、当該市町村に対して損害賠償を請求することができます（同法1条1項）。

また、私人の経営する保育所であったときには、民法の定めるところにより、保母さんには、不法行為による損害賠償を請求することができますし（同法709条）、保育所に対しても、保母さんの使用者として、被用者である保母さんの過失によって第三者に加えた損害を賠償する責任を問うことが可能なのです（同法715条）。

そのほか、子供さんを保育所に預けるにあたって、子供さんの親と保育所との間に安全を保障する旨の保育契約がなされている場合には、その契約違反についての責任を追及することもできましょう。

いずれにしても、子供さんには安全な行動能力がないことに着眼して、保母さんも保育所も、十分に注意していただかなければなりません。

II — 28

18歳の青年のバイクにはねられて負傷した場合、両親に賠償の請求をすることができるか

Q 55歳の主婦ですが、先日の日曜日に買い物から帰る途中、18歳の青年のバイクにはねられて足を骨折しました。青年に損害賠償を請求しますと、保険で支払われたお金しかないので、これで許してくださいと言います。青年のバイクは青年が自分で買って乗っているもので、両親はいますが、自分は離れて会社の寮に住んでいるとのことです。青年の両親に賠償の請求はできないでしょうか。

A ご質問の場合、青年がバイクでご質問者をはねて足を骨折させた行為は、もちろん、過失によるものでしょうから、民法709条の不法行為に当たります。青年は、ご質問者に対して損害賠償の義務があります。また、その行為は、自動車損害賠償保障法（昭和30年法律97号）3条にも該当し、この法律による賠償責任も認められます。

ところで、いくつかの法律問題があります。まず、18歳の青年は、法律上は未成年者です（民法4条）。そして、民法712条には、「未成年者は、他人に損害を加えた場合において、自己の行為の責任を弁識するに足りる知能を備えていなかったときは、その行為について賠償の責任を負わない」と規定され、また、714条には712条によって、「責任無能力者がその責任を負わない場合において、その責任無能力者を監督する法定の義務を負う者は、その責任無能力者が第三者に加えた損害を賠償する責任を負う。ただし、監督義務者がその義務を怠らなかったとき、又はその義務を怠らなくても損害が生ずべきであったときは、この限りでない」と定められているのです。つまり、不法行為をした者が責任無能力者であったときは、その監督義務者である者、例えば、親が賠償責任を負うということになります。

では、格別精神異常のない未成年者は、何歳ぐらいまでが責任無能力者かといいますと、個人差はあるにしても、大体12、3歳ぐらいと解されています。ご質問の青年は18歳である上に、バイクの免許も取って

いるのでしょうし、会社に就職もしているのですから、もちろん、責任能力があるといえます。したがって、両親に監督義務者としての賠償責任は認められません。

その上、青年は、両親のもとを離れて、会社の寮に泊まって独立した生活をしており、そのバイクも自分で購入し、損害賠償責任保険も自分で加入していたのであれば、両親からは独立しているのであり、バイクの事故を起こした責任も自分だけが負担すべきこととなります。

なお、もし、その青年が父親のバイクを借りて乗っていた場合とか、自分で買った自分のバイクであっても、代金の一部分を父親が分担していたとか、バイクの維持・管理費を父親が負担していたなどの場合であれば、父親も、自動車損害賠償保障法３条による運行供用者として損害賠償義務を負担しなければならないでしょう。

Ⅱ―29

小学校のＰＴＡ主催の水泳訓練中に小学生の息子が溺死した場合の賠償責任

Q 34歳の主婦です。市立小学校５年生の長男がＰＴＡ主催の臨海学校で水泳訓練中に溺死しました。その日はふだんよりも波が高く、やっと泳げるようになったばかりの長男が海岸で遊泳中不意に襲ってきた高波にのまれて行方不明となり、間もなく発見されて手当てを受けましたが、生き返りませんでした。指導にあたっていたＰＴＡ役員の方が危険な遊泳をさせたために一人息子を亡くすことになったと、悔しくてたまりません。賠償金を請求することはできないでしょうか。

A 大変お気の毒なことでしたね。ご長男が亡くなられたのが市立小学校主催の水泳訓練中の事故であり、指導にあたっていた先生の過失によったものであるならば、損害賠償を請求することは比較的容易ですが、ＰＴＡ主催の臨海学校での、小学校の教師でないＰＴＡ役員の指導下での事故だとしますと、かなり困難だと思われます。

つまり、小学校の教育行事である水泳訓練中に担当教師の過失で児童が死亡したのであれば、教師にも不法行為による賠償義務がありますし（民法709条）、小学校設置者である市にも国家賠償法に基づく賠償責任が認められるのです（同法１条１項）。

ところが、ＰＴＡ主催の臨海学校での事故に対しては、国家賠償法の適用はなく、原則的に市には賠償責任は認められません。そこで、ＰＴＡ自体の責任が問題ですが、ＰＴＡは親と教師が教育を通して子どもの未来の幸福を追求して努力する民間団体であり、その法律上の性格は権利能力なき社団とみられますから、ＰＴＡの行事を管理していた役員の過失による事故については、役員のほかＰＴＡ自体にも賠償責任があると考えられます。ただ、その場合、役員の過失は相当明確なものであったことが必要です（民法709条）。

ご質問の場合、やっと泳げるようになったばかりのご長男をＰＴＡの役員の方が当日の高波への配慮を怠って危険な遊泳をさせたことがどう評価されるかが問題を決する鍵となりましょう。

II — 30
出産のために入院した医院の医師の治療ミスで妻が死亡した場合、賠償請求は可能か

Q 私も妻も、体が不自由で弱く、結婚したときから子どもはあきらめていましたので、昨年、結婚後10年目に妻が妊娠したことがわかったときには、嬉しくて天にも昇る気持ちでした。妻は丈夫な子を産むことを念願として、身体に細心の注意を払ってまいりました。先月ようやく月が満ち、期待と希望に胸をふくらませつつ妻をA産科医院の分娩室に送りました。ところが、帝王切開の手術により、子どもは助かりましたが、妻は亡くなってしまったのです。医者の説明によりますと、腰椎麻酔のための注射針が妻の体を通らず、他の麻酔に切り替えたところ、ショックで心臓麻痺を起こしたとのことです。そして、身長135センチ、体重も平常は35キロくらいしかなかった妻に、平均的な大人と同量の麻酔薬を注射したとのことでした。辛うじて助かった子どもを抱いて毎日茫然としています。医師は手術ミスはなかったと主張していますが、訴訟を起こして責任を問うことはできないでしょうか。

A 本当にお気の毒なことで、何ともおなぐさめの言葉もありません。

医師の患者に対する治療ミスで患者が亡くなった場合に、医療過誤が問題とされますが、それについては、医師に治療上の過失があったこと、その過失に基づいて患者が死亡したこと、すなわち、医師の過失と患者の死亡との間に因果関係が認められることが必要です。

医師が麻酔を行うにあたっては、患者の身体の大きさによって麻酔薬の量を加減することは常識ですし、麻酔薬の注射によって患者がショックを起こしたときは、すぐにそれに対処する措置を講ずべきことも当然です。そして、患者の身体が不自由であるときには、その体質に合わせた措置を事前に準備しておくべきでしょう。それ故、担当の医師がこれらのことを怠ったために奥さんが亡くなったのであれば、医師には、医療過誤による損害賠償責任が認められましょう。なお、判例も、「いやしくも人の生命及び健康を管理すべき業務（医業）に従事する者は、その業務の性質に照らし危険防止のために必要とされる最善の注意義務を要求されるのはやむを得ないところ」と述べています（最判昭33・5・16）。

ご質問者は、このような論点についてよくお調べになった上、医師に損害賠償を求め得るとお考えのときは、裁判所に訴えを起こされるのがよいと思います。

なお、医師の手術ミスについては、場合によっては、刑法における業務上過失致死罪（211条前段）が成立することもありますので、医師を警察などに告訴することも可能です。

II — 31
18歳の精神異常者である強盗犯人に母が殺され、妻が重傷を負わされた場合の賠償請求

Q 私は会社員ですが、先日、社用で出張した晩、家に強盗が押し入り、母と妻をめった突きにした上、現金を奪って逃げました。母は即死し、妻は辛うじて生命を取りとめましたが、右手と右足は生涯動かなくなるそうです。犯人は、間もなく逮捕されましたが、近所に母１人子１人で住んでいた18歳の精神異常者Ａで、凶暴な性格が問題とされていたとのことです。私は母を殺し、妻に生涯の重傷を負わせた犯人の行為が憎くてたまりません。法律的に私の気持ちを晴らす方法はないでしょうか。

A 法律的にご質問者の気持ちをいやす方法としては、犯人を処罰してもらうことと損害賠償、慰謝料をとることが考えられましょう。

しかし、Ａは18歳の少年である上に、精神異常者では、その異常の程度にもよりますが、重い処罰を望むことは困難です（刑法39条参照）。Ａを精神病院に入院させて治療することが主眼となりましょう。

次に、民事的な損害賠償についても、Ａ自身は未成年である上にその行為の意味もよくわからないような精神異常者であるとすれば、民法上損害賠償の義務を負いません（民法712条）。

しかし、Ａの母親は、未成年者Ａの親権者でしょうから、Ａの行為についての監督義務があったのであり、それを怠ったことによる損害賠償の責任を負わなければなりません。ことに、凶暴性が問題になっていたとすれば、人に危害を及ぼさないように厳重にＡを監督し、必要に応じて精神病院に入院させるべきだったのに、それをしなかったためにこのような凶悪な事件を生じたのですから、Ａの母親がご質問者とご質問者の奥さんに損害賠償の義務を負うべきことは当然です（民法714条）。

ただ、実際問題として、Ａの母親には十分な賠償能力がないかもしれません。その場合、ご質問者の奥さんは、国に対して犯罪被害者等給付金の支払いを求めることができます。それは、「犯罪被害者等給付金の支給等による犯罪被害者等の支援に関する法律」という法律（昭和55年法律36号）で認められた制度であり、犯罪行為による不慮の死亡者の遺族、重傷病、障害を受けた者は、公安委員会に申請し、その裁定によって給付金の支給を受けられるのです（同法１条以下・10条以下）。

II — 32
居酒屋で、店員が運んでいた鍋料理を落とし、客に大やけどを負わせ、別の客のスーツをびしょ濡れにした場合の賠償責任

Q 彼と２人でデートをしたとき、彼が「この店で飲もう」と言うので、居酒屋に入ったのですが、席について座ったとき、鍋料理を隣りの席に運ぼうとし

ていた店員がつまずいたのか鍋を落とし、私の新品のスーツがびしょびしょにされたばかりか、彼の顔にはねて大やけどを負わせました。彼はすぐに病院へ行き、1か月間入院し、私のスーツはクリーニングに出したのですが、シミが取れません。店員に損害賠償や慰謝料を請求することができますか。

A 店員が鍋料理を隣りの席へ運ぼうとして、誤って落とし、彼に大やけどを負わせ、ご質問者のスーツをびしょぬれにしたことは、過失による不法行為ですから、民法709条によって、彼は治療費や慰謝料を、ご質問者はスーツ代を、それぞれ、店員に請求することができましょう。また、鍋を落されてこわかったときは、精神的な損害についての慰謝料を払わせることも可能だと思います。

スーツはクリーニングに出せば、きれいになるのであれば、クリーニング代の請求しかできませんが、クリーニングに出してもシミが取れず、元に戻らないときは、スーツ代が請求できます。しかし、それは、新着の購入代金ではなく、最高裁判所の示した「滅失毀損当時の交換価格」という規準（最判昭32・1・31民集11巻1号170頁）に従って、購入額よりは、かなり安い中古品市場での価格ぐらいとされるでしょう。

なお、民法715条1項には、「ある事業のために他人を使用する者は、被用者がその事業の執行について第三者に加えた損害を賠償する責任を負う。ただし、使用者が被用者の選任及びその事業の監督について相当の注意をしたとき、又は相当の注意をしても損害が生ずべきであったときは、この限りでない」と規定されています。つまり、居酒屋の店員がお客さんに加えた損害は、店員を使っている居酒屋の側にも、損害を発生させないように相当な注意をしたとき、又は注意をしても損害が生ずべきであった場合のほかは、お客さんに対する損害賠償の義務が認められるのです。居酒屋の店員には、若い人や経済的に余裕のない人なども少なくなく、損害を受けたお客さんからの賠償請求を受けても賠償金の支払いに困難な人などもあり得るでしょうから、店の側に同じく賠償義務が認められるのは、お客さんにとってはありがたいことでしょう。

なお、民法715条3項には、店の側からお客さんに賠償したときは、店員からその分の返済を店側は求めることができると規定しています。

いずれにしても、不法行為に対する被害者の救済が、このような観点から図られているのです。

Ⅱ—33

社員のメールを調べる役の課長が、プライベートメールの内容を社員たちとの話題にすることは許されるか

Q 会社では、社員にメールアドレスが与えられ、仕事の上の連絡に使われているのですが、時々、プライベートのメールが入ることがあります。課長が社員のメールをいつも調べているのですが、プライベートのメールの内容を社員たちとの話題にしているようです。お陰で私の私的なトラブルが社員間の評判となり、

大変困っています。課長の行為は許されるのでしょうか。

A 会社が営業上インターネットを使用することが多くなり、それについて、社員にメールアドレスを与え、社員同士の間で、また、社外では、他の会社や顧客との間のメール交換によって、会社の業務を行っているのですが、それらの場合、会社のネットワークは、会社のために使用されるべきであり、社員が勝手にプライベートの送信をすることは好ましいことではありません。しかし、外部から社員に宛てて私用のメールが送られることは防ぎにくいことですし、社員から家族に対して緊急の連絡のために私用のメールを発信することも禁止しにくいと思います。

ところで、このメールの内容を調査し、メールによる会社の業務の進行の状況を的確に認識することは、会社にとって極めて重要なことです。そして、社員が不適切なメールを発信したことによって他人に損害を与えたときは、会社はその損害を賠償しなければなりませんので、社員の監督のために、メールの内容をよく知っておくことが不可欠なのです。それについては、民法715条に、「ある事業のために他人を使用する者は、被用者がその事業の執行について第三者に加えた損害を賠償する責任を負う。ただし、使用者が被用者の選任及びその事業の監督について相当の注意をしたとき、又は相当の注意をしても損害が生ずべきであったときは、この限りでない」と使用者責任が規定されているところが根拠とされます。

さて、ご質問者の会社では、社員のメールの調べを担当している課長が、プライベートのメールの内容を社員たちとの話題としているとのことですが、先に述べたように、会社のメールアドレスにプライベートのメールを送ることは好ましいことではないのですから、不適切なメールについて、社員に注意を促したり、指示を与えたりするために、それを取り上げることはもちろん必要ですが、社員たちとの単なる話題にしていることは妥当ではありません。まして、ご質問者の私的なトラブルに関するプライベートメールを社員間に流布させ、ご質問者に迷惑を与えている行為は、民法709条、710条の不法行為となり得ます。事情がはっきりしているならば、ご質問者は、課長に損害賠償・慰謝料の請求をすることもできましょう。

II―34
ゴルフ場で打った球が隣りのコースにいた男性に当たり負傷させた場合の損害賠償義務

Q 先日、初めてのゴルフ場でゴルフをしたとき、私の打った球が隣り合わせに併行していたコースでプレイしていた男性の頭に当たり、大怪我をさせてしまいました。本人から損害賠償を請求されているのですが、隣り合わせたコースは私のプレイしたコースとの間に起伏があってよく見えなかった上に、近くにいたキャディさんも何も注意してくれなかったのです。私はゴルフ場会社とキャディさんが損害賠償を払うべきで、私には責任がないと思うのですが、どうなのでしょうか。

A ゴルフのプレイヤーには、自分の打球の届く範囲内に他の競技者やキャディなどがいないことを確認した上で打球を行わなければならない、ということは、ゴルファーとして最も重要な注意義務とされています。したがって、もしご質問者にこの注意義務の違反が認められるときは、ご質問者は、民法709条の不法行為により、打球で負傷した人に対する損害賠償の義務を負わなければなりません。

また、キャディの責任については、一般に、キャディはプレイヤーを援助する者であり、プレイヤーの補助者であって、プレイヤーに対する積極的な権限はないとされています。しかし、プレイヤーが打球をする時、その射程距離内に先行する他のプレイヤーがいることを認めた場合は、キャディは、プレイヤーに打球しないように助言する義務があり、また、ホールの前方の地形や障害物の存在などによって安全が確認できない場合には、キャディには、安全を確かめ、プレイヤーに伝える義務もあるのであり、キャディがそれらの義務を守らなかったため、プレイヤーの打球で他のプレイヤーが負傷したときは、キャディの過失を認めた上、その使用者であるゴルフ場会社に対して、民法715条に基づく賠償責任を認めた判例もあります（名古屋高判昭59・7・17）。民法715条1項前段には、「ある事業のために他人を使用する者は、被用者がその事業の執行について第三者に加えた損害を賠償する責任を負う」と定められているのです。ただ、実際には、キャディの過失責任が認められることは稀であり、キャディ自身が損害賠償の義務を負担しなければならない事態は少ないとされています。

それ故、もしご質問者が、打球の飛んで行く先がよく見えないので確かめてくれとキャディに依頼し、キャディが確認してご質問者に知らせ、それに従ってその方向に打った球で負傷者が出たという場合は別であり、ご質問者には注意義務違反の責任はなく、キャディが責任を負うべきこととなりましょう。

なお、ゴルフ場会社の責任については、民法717条の規定が問題となります。「土地の工作物の設置又は保存に瑕疵があることによって他人に損害を生じたときは、その工作物の占有者は、被害者に対してその損害を賠償する責任を負う」と定められています。もし、ご質問者がゴルフボールを打ったコースと隣り合わせのコースとの間の安全設備が不完全であって、隣り合わせたコースとの間に打球が飛び交う危険があったのに、防護ネットなどの装置も欠けていたなどのことがあれば、この事故について、ゴルフ場会社の賠償責任が認められるでしょう。

それ故、ご質問者は、これらの諸事情をよく考慮しつつ、賠償責任者は誰かを決定すべきであり、その上での被害者との話し合いがつかないときは、裁判所に訴えて判断を求めざるを得ないと思われます。

Ⅱ — 35

台風による被害についての賠償

Q 先日の台風の時、隣りのラーメン店の屋根の上にあった看板が強風に飛ばされて私の家の窓ガラスに当たり、窓ガラスは粉々に割られ、近くにいた私は腕に2針縫う怪我をしました。翌日、ラーメン店の店主がお詫びに来て、ガラスが割られ、私が怪我をしたことに大変申し訳なかったと謝りましたが、賠償するとは言いませんでした。店主に窓ガラスの代金と私の治療費を請求することはできませんか。

A 問題となるのは、まず、不法行為による損害賠償についての民法709条の規定です。「故意又は過失によって他人の権利又は法律上保護される利益を侵害した者は、これによって生じた損害を賠償する責任を負う」と定められています。ご質問者の場合、強風で看板が飛ばされたことによってご質問者のお宅の窓ガラスが割られ、ご質問者が腕に負傷されたことは権利・利益を侵害されたことになりますが、それがラーメン店の店主の故意・過失によったことが必要です。

ラーメン店主の故意は問題になりませんが、過失はあり得ないではありません。ラーメン店の屋根の上にあった看板の取り付けが不安定で、風が吹くと揺れていたなどの事実があった場合には、ラーメン店主には、その看板の管理に過失があったといえましょう。また、その台風の時、他の店の看板は飛ばされなかったのに、ラーメン店の看板だけが飛ばされたというような事実がある場合にも、ラーメン店の看板の管理に手落ちがあり、店主の過失を認めることができると思われます。

ご質問者は、このような店主の過失を確かめて、それが認められるときは、民法709条による損害賠償として窓ガラスの修理代、ご質問者の腕の治療費をラーメン店の店主に請求することができます。

ところで、民法717条には、土地の工作物の占有者・所有者の責任に関して、「土地の工作物の設置又は保存に瑕疵があることによって他人に損害を生じたときは、その工作物の占有者は、被害者に対してその損害を賠償する責任を負う」と規定されています。建物の設置・保存上欠陥があったときは、これによって他人に与えた損害について、建物の占有者は、故意・過失の有無を問わず、賠償をしなければならないというのです。そして、ただし書として、「占有者が損害の発生を防止するのに必要な注意をしたときは、所有者がその損害を賠償しなければならない」と規定されています。つまり、建物の占有者に過失があるときは占有者に、占有者に過失がないときは所有者に賠償義務が課せられているのです。したがって、ご質問者は、ラーメン店の建物の欠陥によって窓ガラスを割られ、腕に負傷をしたことについて、この民法717条に従ってラーメン店主、又はそのラーメン店の建物の所有者に損害賠償を求めることができると思います。

なお、ラーメン店主に対しては、刑法上の犯罪として建造物等損壊罪（刑法260条）は、故意を必要とするものですから問題とならないでしょうが、もし過失が認められるときは、過失傷害罪（209条、刑は30万円以下の罰金又は科料）の成立することはあり得ます。ただ、この犯罪は親告罪ですから、ご質問者が告訴しなければ、ラーメン店主は罰せられません。

Ⅱ — 36

台風で破損したビルから落下したコンクリート塊で駐車場にあった自動車が損壊された場合の修理責任

Q 台風が来るので自動車で会社へ行くのは危険だとの通報を受け、自動車は5階建のアパートビルの間の狭い駐車場に置いて地下鉄で通勤したのですが、夕刻、会社から帰ると、駐車場には、あちこちにビルから飛ばされたコンクリートの塊が落ちており、私の自動車は屋根が潰され、窓ガラスも割られてメチャクチャでした。このアパートビルは、築何十年という古い建築物で、あちこちにコンクリートの剥がれかかっている箇所が見受けられたのですが、「台風の強い風で吹きちぎられたコンクリートの塊が次々に落下してくるのを見ました」と、アパートの隣室に住んでいる奥さんが話してくれました。私の自動車の損害は台風のためであるとはいえ、アパートビルの管理者の責任ではないでしょうか。私は管理者に自動車の修理代を請求することができますか。

A 民法717条１項には、「土地の工作物の設置又は保存に瑕疵があることによって他人に損害を生じたときは、その工作物の占有者は、被害者に対してその損害を賠償する責任を負う。ただし、占有者が損害の発生を防止するのに必要な注意をしたときは、所有者がその損害を賠償しなければならない」と規定されています。ご質問には、この規定が問題解決の拠点とされると思います。

まず、アパートビルは、この規定の「土地の工作物」ですし、「瑕疵がある」とは、欠陥のあることです。また、アパートビルの「占有者」とは、現にそのビルを管理している人をいい、「所有者」は、そのビルの持主です。個人でも、会社でも構いません。持主が自分で管理しているときは、所有者と占有者が一致しますが、貸し主と借り主であって別人であることも少なくないでしょう。ご質問の場合のアパートビルの所有者と占有者がどのような関係なのかはわかりませんが、ここでは、一応別人であるものとして説明することにします。

台風の強風を受けてアパートビルのコンクリートの一部が剥がされ、落下してご質問者の自動車に命中し、屋根を潰し、窓ガラスを割ったという事故を生じた場合に、そのビルの占有者の責任を問い得るためには、占有者の過失に基づいてその事故を生じたといえることが必要です。そのアパートビルは築後何十年という古いビルで、あちらこちらにコンクリートのひび割れがあった以上、強風によって破片となって飛ばされることもありがちでしょう。その破片によって自動車が破壊されることのほか、人が死傷するという事態も生じかねません。それ故、ビルの占有者としては、そのような事故が生じることのないように、平素から注意し、保全や修理に努めることが必要であり、それを怠ったために事故を生じたのであれば、それは「工作物の設置又は保存に瑕疵が」あったといわなければならないでしょう。そのことは、占有者の過失と見ることもできるわけです。

ただ、この工作物の瑕疵、占有者の過失についての具体的な責任を問うためには、占有者すなわち管理者に過失のあったこととともに、それに基づいて事故を生じたことについて因果関係のあることを証明する必要があります。そして、ご質問者の場合には、台風による強風のためにビルのあちこちのひび割れていたコンクリート部分が吹き飛ばされ、落下、命中して自動車が損壊されたことは、十分に推測されるところであるとともに、ご質問者のアパートの隣室に住む奥さんが現にそれを目撃してご質問者に話されたというのですから、この奥さんの証言は貴重であり、ご質問者は、必要があればこの隣室の奥さんのご協力を得られるとよいと思います。

なお、これは極めて稀なことですが、占有者、管理者が、そのような台風を予測して、あらかじめアパートビルのコンクリートの割れ目など損壊しやすい個所に事故防止に必要な修理を施していた場合には、ご質問者の自動車の損壊のような事故を生じても、占有者、管理者には過失は認められず、その責任を問い得ないこともありましょう。それは、不可抗力による事故といわなければならないのです。

しかし、その場合には、ビルの所有者の責任が問題となります。所有者の責任は無過失責任であり、不可抗力の場合にも認められるわけです。そして、占有者、所有者が同一人であるときは、過失の有無を問わず、占有者、所有者に責任を問い得るわけです。

それ故、ご質問者は、このような諸事情を十分承知された上、アパートビルの管理人又は所有者に自動車の損壊の賠償を求められるのがよいでしょう。もし、管理人又は所有者がそれに応じない場合には、裁判所に訴えることができます。

II — 37
歩道の雪を車道上に捨てたため、凍結して車道で自動車事故を生じた場合の雪を捨てた人の責任

Q 数日前には道路一面に積もっていた雪がほとんど溶けたので、自動車で会社に向かっていた際、凍結した道路で自動車がスリップし、ガードレールに衝突しそうになりましたが、ぎりぎりの所で衝突を免れました。もし衝突していたら、自動車は大きく破損したでしょうし、私も相当の怪我をしたと思われるのですが、本当に幸いでした。自動車を降りてあたりを見渡してみると、その辺だけ残雪で道路が凍結していたのです。これは、近くの住民が歩道の雪を車道に捨てたのだとわかりました。歩道の雪を清掃するとき、車道に捨てれば自動車に踏まれて早く溶けるのではないかと考える人もあるかもしれませんが、そのために、車道のその部分

が凍結して自動車の走行に危険をもたらすことがあるのです。私は、幸い事故を免れましたが、次にここを自動車で走る人がどんな事故に遭うかはわからないことです。もし事故を生じた場合、歩道の雪を車道に捨てた住民は、どんな法律上の責任を問われるのでしょうか。

A 住民が歩道の雪を車道上に捨てたため、その車道の部分が凍結して走行していた自動車がスリップしても、ご質問者のように、ぎりぎりで事故の発生を免れた場合には、必ずしも法律的責任は生じませんが、スリップしてガードレールに衝突し、自動車は破損して、乗っていた人が負傷した場合に、雪を車道に捨てた住民に、その事故について故意又は過失があったときは、まず、民法上は、709条の不法行為が成立します。「故意又は過失によって他人の権利又は法律上保護される利益を侵害した者は、これによって生じた損害を賠償する責任を負う」と規定されています。つまり、雪を車道に捨てた住民は、自動車の修理代や、負傷者の治療費などの損害を賠償しなければなりません。「故意」とは、雪を捨てることによって車道が凍結し、自動車がスリップして事故を生じるであろうと認識しながら、あえて雪を車道に捨てることであり、「過失」とは、雪を捨てることによって事故を生じるであろうと予見し得たのに、不注意で雪を捨ててしまった場合に認められます。そして、それらの行為と自動車に乗っていた人の権利・利益の侵害との間に因果関係があることが必要です。他人の権利・利益を侵害するとは、この場合、自動車を破損させたこと、また、乗っていた人を負傷させたことを指すのです。

次に、刑法上も、住民の行為には、種々の犯罪の成立する可能性があります。極端な場合には、故意の犯罪も全くあり得ないではないでしょうが、通常考えられるのは過失犯であり、まず、刑法209条の過失傷害罪があげられます。「過失により人を傷害した者は、30万円以下の罰金又は科料に処する」と定められています。住民が車道に捨てた雪のために、自動車がスリップして、乗っていた人が怪我をした場合に、雪を捨てた住民に過失が認められるときは、この犯罪が成立するのです（なお、この犯罪は、親告罪です。同条２項）。また、事故のため、自動車に乗っていた人が死亡したときは、過失致死罪となります（刑法210条、刑は、50万円以下の罰金）。なお、雪を捨てた住民の不注意の程度がとくに重い場合には、重過失致死傷罪に当たります（刑法211条１項後段、刑は、５年以下の懲役もしくは禁錮又は100万円以下の罰金）。

このように、住民も、民法上、刑法上の責任を問われますので、歩道の雪を車道に出せば早く溶けるだろうなどと考えて、軽率な行為をしないように十分配慮してほしいですね。

II ― 38

他人の飼い犬に噛まれた傷の治療費、猛犬の管理義務

Q 先日、飼い犬のひもを引いて散歩中、Ａさんの家の前を通りかかると、戸が

開いていた玄関の中から突然大きな声で吠えながら猛犬が飛び出して来て、私の犬の首に噛みつきました。びっくりした私は、猛犬の腹を力いっぱい蹴りつけますと、猛犬は今度は私の足に噛みつきました。大声で「助けてくれ」と叫びますと、玄関からAさんが出て来て猛犬を連れて玄関に入りました。私には、一言もお詫びの言葉もありませんでした。私も、飼い犬も、かなりの怪我で、通院、動物病院で手当を受けましたが、その治療費は、もちろん、Aさんに請求できるのでしょうね。

A　民法718条1項には、「動物の占有者は、その動物が他人に加えた損害を賠償する責任を負う。ただし、動物の種類及び性質に従い相当の注意をもってその管理をしたときは、この限りでない」と規定されています。Aさんは、自宅前の道路を散歩で通りかかったご質問者の犬を襲って噛みつくような凶暴な犬を自宅に放し飼いにしており、しかも、すぐ外に飛び出せるように、玄関の戸を開け放しにしておいたのですから、その猛犬の管理に相当の注意を払っていたとは到底いえません。それ故、その猛犬が、ご質問者の飼い犬を襲って怪我をさせたこと、また、ご質問者に怪我をさせたことについて、その損害を賠償する責任を負わなければなりません。ご質問者は、Aさんに治療費を請求することができます。Aさんがそれに応じないときは、裁判所に訴えて賠償を求めることができるのです。

ところで、問題は、ご質問者が猛犬に噛みつかれた飼い犬を助けるために、猛犬の腹を力いっぱい蹴りつけたことによって猛犬が負傷していないかです。もし負傷していて、Aさんがその治療費をご質問者に請求し、ご質問者のAさんに請求された治療費から差し引いてくれるように求めることはできないか、ということです。しかし、これについては、民法720条1項本文に、「他人の不法行為に対し、自己又は第三者の権利又は法律上保護される利益を防御するため、やむを得ず加害行為をした者は、損害賠償の責任を負わない」と規定されています。正当防衛の規定です。ご質問者がAさんの猛犬の腹を蹴ったのは、自分の飼い犬を守るために、つまり、法律上保護される自己の利益を防御するため、やむを得ず行った加害行為だったわけですから、正当防衛行為であり、それによってAさんの猛犬に怪我をさせても、それについての損害賠償義務はないのです。したがって、ご質問者は、Aさんから猛犬の治療費を請求されたとしても、それに応じる必要はありません。

なお、Aさんの猛犬がご質問者の足に噛みついて怪我をさせたことについては、Aさんの猛犬飼育についての不注意が原因であり、過失があるといえますから、Aさんには刑法209条の過失傷害罪、又は211条1項後段の重過失傷害罪が成立すると思われます。過失傷害罪の法定刑は、30万円以下の罰金又は科料、重過失傷害罪の法定刑は、5年以下の懲役もしくは禁錮又は100万円以下の罰金です。それから、Aさんの行為は、軽犯罪法1条12号の、「人畜に害を加える性癖のあることの明らかな犬」を「正当の理由がなく解放した者」にも当たるでしょう。法定刑は、拘留又は科料です。すなわち、Aさんには、これらの犯罪が成立するとみられますから、ご質問者は、Aさんを警察や検察庁に告訴して処罰を求めることもできると思われます。

Ⅱ ― 39

息子が他人の飼い犬に噛まれて負傷した場合の飼い主の賠償責任

Q ５歳の息子が、Aさんの家の前の路上を歩いていたところ、突然、鎖につながれたままのAさんの秋田犬が飛びかかってきて、足に噛みついたため、息子は全治２週間の傷を負いました。治療費を請求したのですが、Aさんは、犬は鎖につないでおいたのだから責任はないと言います。Aさんには賠償の義務はないのでしょうか。

A 動物を飼う者には、その動物が他人に危害を与えることのないように常に相当の注意を払う義務があります。もし、管理に不注意があって動物が他人に傷を負わせた場合には、飼い主は、被害者に損害を賠償しなければなりません（民法718条）。

判例は、人を噛むくせのある秋田犬の飼い主は、いつも丈夫な鎖でつなぎ、運動は金網付きの運動場でさせるべきであり、やむを得ず外出させるときは、犬に口輪をはめ、丈夫な引き綱で結び、暴れても他人に危害を加えさせないように制御する技術や体力を持つ者に引率させる注意義務があるとしています。しかし、屋敷内で十分な管理下に飼われている温順な性格の犬に、他人が棒切れで打つなどいたずらをして怒らせたため、その犬が噛みついたような場合には、飼い主には責任はありません。

Aさんの場合も、その秋田犬を、容易に外に出られないだけの高さのある囲いの中で飼っておくか、そうでなければ口輪をはめ、屋敷外の道路上などに飛び出せない長さの丈夫な鎖につないでおくなどの注意を払うべき義務があったはずです。それ故、Aさんが飼い犬を鎖につないでおいたとしても、不完全なものであったことは明らかです。飼い犬が、Aさんの家の前の路上を歩いていたご質問者の息子さんに噛み傷を負わせたことについては、Aさんは、その治療費などを払わなければなりません。

Ⅱ ― 40

１歳の娘と庭で水遊び中に、突然隣家の飼い猿が娘の顔に飛びつき重傷を負わせた場合の賠償責任

Q 真夏の昼下り、私は庭にビニール製のベビープールを持ち出して水を張り、満１歳の長女と水着になってのどかな気持ちで水遊びをしておりました。すると、突然、空から黒いかたまりが落ちてきて、娘の顔におおいかぶさったではありませんか。私は、痛さで泣き叫ぶ娘から、この黒いかたまりを力一杯引きちぎりますと、何とそれは隣家で飼っているカニクイザルではありませんか。娘は顔、頭

に加療3週間を要するひっかき傷や噛み傷を5か所にわたって受けていました。女の子のことですから、顔に傷が残りはしまいか、とても心配です。また、ゆったりした寛ぎの時の突然の事故でしたので、受けたショックは極めて大きく、精神的にも、娘が将来、動物恐怖症にならないかとの不安にもかられています。隣家に損害賠償の請求をしたところ、相手は「ここのサルはいつも大人しく、人を噛んだり、ひっかいたりするようなことはしません。また、いつも厳重なオリに入れて、鍵も掛けておいたはずです。たまたま鍵がはずれてサルが出て行ったとしても、私どもには何の責任もありませんよ」とけんもほろろの挨拶です。どうしたらよいのでしょうか。

A　いくら温順な性格であっても、サルはサルであり、野生の動物です。突発的に凶暴性を発揮し、人間に危害を及ぼす可能性がないとは言い切れません。また、サルをどんなに厳重なオリに入れていたとしても、簡単に鍵が開けられるようなものならば、サルが何らかのはずみにとび出さないとはいえません。それ故、飼い主としては、人が容易にオリに近づけないような防御柵を設置するか、サルが簡単に外へ出ないように厳重な施錠を施すとか、危険防止のための万全の措置を講じておくべき義務があります。ご質問の事件は、隣家の飼い主の飼育管理についての過失に基づいて発生したものといえるでしょう。

また、そのような事件では、通常、被害者の側にも過失が問題とされることが多いのですが、ご質問者の場合は、何の過失もなく、まさに天の一角から飛び込んできた黒い固まりによる災難であったといって差し支えないでしょう。

それ故、ご質問者は民法718条1項に基づいて、お嬢さんへの慰謝料、治療費の賠償請求ができます。

なお、将来、後遺症が発生した場合には、その時点で、さらに追加した賠償請求が可能です。

ほかに、隣人には、刑法上も、業務上過失傷害罪、重過失傷害罪（211条1項）の成立する余地がありますので、ご質問者は、警察、検察庁に告訴の手続を取ることもできます。

II — 41

竜巻の被害弁償

Q　先日、非常に強い竜巻が私の居住地を襲いました。私の家と隣り合わせている小学校の倉庫が強風で舞い上り、空中で分解して私の家の屋根上に落下し、瓦が吹き飛び、屋根に直径3メートルぐらいの大穴があきました。翌日、小学校の教頭が見舞に来られ、「家屋の修理代は弁償します」と言って帰りましたが、次の日に、教育委員会の職員が来て、「予期しなかった自然災害で不可抗力だったから弁償はできません」と言いました。建築の専門家に調べてもらうと、私の家の修理費は500万円ぐらい必要だとのことですが、私は、家の修理費の全額を負担しなけ

ればならないのでしょうか。

A 民法717条１項には、「土地の工作物の設置又は保存に瑕疵があることによって他人に損害を生じたときは、その工作物の占有者は、被害者に対してその損害を賠償する責任を負う。ただし、占有者が損害の発生を防止するのに必要な注意をしたときは、所有者がその損害を賠償しなければならない」と規定されています。土地の工作物とは、土地に付着して築造された建物などをいいますから、小学校の倉庫はそれに当たります。それ故、倉庫の設置、保存などに欠陥があったために、他人に損害を与えた場合には、その倉庫を管理していた小学校の責任者は、損害賠償責任を負わなければならないのです。

言い換えると、瑕疵とは、通常備えられているべき安全性を欠いていることですから、小学校の倉庫が、その土地を毎年襲う台風による強風に耐えられる程度の安全性を備えていなかったときは、瑕疵があったこととなり、その瑕疵のために他人に損害を与えたのであれば、小学校の責任者は、自然災害だからなどと主張することはできず、ご質問者のお宅の損害を賠償しなければならないのです。

しかし、倉庫が通常の台風による強風には耐えられる程度の安全性を備えてはいたのに、今回襲った竜巻は全く予測されない異常な強烈さを持っていたために耐えられず吹き飛ばされてしまったのであれば、まさしく不可抗力によるのであり、その倉庫には、この条文にいう瑕疵はなかったわけですから、小学校の責任者のご質問者に対する損害賠償義務は認められないこととなりましょう。

次に、国家賠償法（昭和22年法律125号）２条１項にも、「道路、河川その他の公の営造物の設置又は管理に瑕疵があったために他人に損害を生じたときは、国又は公共団体は、これを賠償する責に任ずる」と規定されています。小学校の倉庫も、公の営造物に当たりますから、その設置、管理に瑕疵があったために他人に損害を与えたときは、国又は公共団体にも賠償責任が認められるのです。

そして、この場合に倉庫が、通常その地域を襲う台風の強風に耐えられない程度のものであったときは瑕疵があったといえましょうが、通常の台風による強風に耐えられる安全性を備えた倉庫であっても、全く予測し難い異常に強い竜巻のために吹き飛ばされたのであった場合には、不可抗力による自然災害といえるのであって、国家賠償法による賠償も認められないことになります。

そこで、ご質問者は、大変難しいことですが、知情者に尋ねるなどして、小学校の倉庫に設置、管理上の瑕疵があったかどうかについて調べるとともに、その竜巻による強風が全く予測し得ない強度のものであったかどうかについても、気象庁などの専門官からの確認を得ることが必要です。そして、竜巻による強風が予測し得ないような強度のものであった場合には、小学校の倉庫に設置、管理上の瑕疵がなくても、ご質問者のお宅の損害についての賠償を求めることはできませんが、竜巻の強風が非常に強いものであったが、一般的に予期し得ないものではなかった上に、倉庫の設置、管理にも瑕疵があったと認められる場合には、ご質問者は、お宅の修理費を小学校の責任者に対して請求することが可能です。

Ⅱ — 42

交通事故と医療事故との共同不法行為の責任

Q　75歳の祖母が歩道を歩いていたところ、後方から走ってきたAさん（25歳）の自転車にはね飛ばされて歩道上に転倒し、頭を地面に打ちつけるとともに肩の骨を折りました。すぐ近くの病院に運ばれたのですが、担当のB医師は肩の骨折の治療はしてくれましたが、頭の方は別に異常がないだろうということで手当てしてくれませんでした。しかし、祖母は自宅に帰ってから意識を失い、すぐ救急車で病院に運ばれましたが、間もなく死亡してしまいました。

Aさんと B医師に対して、損害賠償を請求することができるのでしょうか。

A　お祖母様には大変お気の毒なことでした。このように交通事故と医療過誤が重なって被害者が死亡した事件は、これまでもよくあったのですが、その場合に、加害者と医師の法律上の責任をどう捉えるかについては議論が分かれていました。ところが、平成13年３月13日に、最高裁が被害者に非常に有利な取り扱いを認める判決を出したのです（民集55巻２号328頁）。

この判決の事案は、被害者が、自転車に乗って一時停止をせずに交差点に進入したところ、減速もせずにその交差点に入ってきた乗用車と接触して転倒し、頭蓋骨骨折の負傷を負いました。しかし、救急車で運ばれた病院の医師が、レントゲン写真をとって検査をしたのに、頭蓋骨骨折に気付かず、負傷部分を消毒し、抗生物質を服用させただけで帰宅させたところ、被害者は帰宅後けいれんを起こすなどをして再び救急車で病院に運ばれたが、死亡したというのでした。

最高裁は、乗用車の運転者による交通事故と病院の医師による医療ミスが被害者の死亡の結果を招いたのであり、それぞれが結果の発生について相当因果関係を有するから、乗用車の運転者の行為と医師の行為は、民法719条の共同不法行為に当たるのであり、両名は、被害者の被った損害の全額について連帯して責任を負わなければならない、との判決をしました。

連帯債務については、民法432条に、「数人が連帯債務を負担するときは、債権者は、その連帯債務者の１人に対し、又は同時に若しくは順次にすべての連帯債務者に対し、全部又は一部の履行を請求することができる」と定められています。それ故、被害者は、乗用車の運転者に対しても、病院の医師に対しても、両者が被害者に与えた被害の全額を請求することもできるし、それぞれの与えた損害額を分割請求することもできるのであって、非常に有利な立場に立つのです。

なお、被害者にも過失があったときは、その過失の分を過失相殺しなければなりません。この事件では、被害者が自転車で一時停止せずに交差点に入ったことは過失行為なので、その分、損害額から差し引かれます。

ところで、ご質問のお祖母様の被害については、おそらくお祖母様には過失はなかったでしょう。歩道上を歩いていたお祖母様は、後から走ってきたＡさんの自転車にはね飛ばされたのですが、違法な過失行為は、一方的に、Ａさんに認められると思われます。道路交通法によって、自転車は歩道を走ることも許されるが、その場合には徐行をしなければならず、歩行者の通行を妨げることになるときは、一時停止しなければなりません。そして、違反者には、２万円以下の罰金又は科料を科するという罰則が定められています（63条の４・121条１項５号）。つまり、元来歩道は人の歩く道であり、余裕があれば、自転車の通行も許されるが、その場合にも、あくまで歩行者の通行を妨げてはならないのです。したがって、お祖母様をはね飛ばしたＡさんの自転車運転は重い責任に問われるべきでしょう。

被害者であるお祖母様の相続人は、お祖母様に代わってＡさんとＢ医師に対して、連帯の損害賠償を請求することができるのです。

Ⅱ — 43

道路を通行中、酔った男性から強く抱きつかれたので、投げ飛ばしたところ、男性が負傷した場合、治療費を支払う義務があるか

Q ＯＬですが、先日の夜９時頃、残業を終えて会社から帰る途中、駅近くの飲食店街を通りますと、突然、酔っ払った男性に、後ろから強く抱きつかれました。思わず高校時代にやっていた柔道で足を掛けて投げ飛ばしたところ、男性は路上に倒れたので、私はそのまま帰りました。ところが、２週間後に、頭に包帯を巻いた男性が会社にやって来て、「先日の夜、あなたに投げ飛ばされて頭に大怪我をしたので、治療費と慰謝料を支払ってください」と言うのです。私は、こんなお金を支払わなければならないのでしょうか。

A 酔っ払った男性に突然後ろから強く抱きつかれ、振り払って逃げるために、やむを得ず、柔道で足を掛けて投げ飛ばしたところ、男性を負傷させた場合に、損害賠償の責任を負うかどうかは、具体的状況に応じて一律ではありません。

民法720条１項には、「他人の不法行為に対し、自己又は第三者の権利又は法律上保護される利益を防衛するため、やむを得ず加害行為をした者は、損害賠償の責任を負わない」と規定されています。

道路上を歩いていたところ、突然、酔っ払った男性が強く抱きついてきたということは、歩行者の行動の自由を侵害する不法行為にほかなりませんから、歩行者が振り払って逃れるために男性を突き飛ばしたり、投げ飛ばしたりする加害行為は、それがやむを得ないものとして行われたのである限り、正当防衛として許されるべきであって、不法行為とはなりません。したがって、その行為の結果、男性に傷害を負わせても、それについて損害賠償をする責任はないのです。

しかし、この場合に問題となるのは、男性から逃れるために、柔道で足を掛けて投げ飛ばしたことが、本当にやむを得ない行

為であったといえるかどうかです。例えば、足を掛けて投げ飛ばさなくても、男性の身体を突くなどで手を放させることが可能であったとか、また、投げ飛ばすにしても、怪我をさせないように気を配って投げることができたのに、強く抱きつかれたことに憤慨して力いっぱい投げ飛ばしたような場合には、正当防衛ではなく、過剰防衛なのであって、その行為は違法であることを免れませんので、男性を負傷させたことについて、損害賠償責任を負わなければならないのです。ただ、男性を投げ飛ばした行為の原因は、酔っ払った男性が強く抱きついてきたことにあるのですから、歩行者が払うべき賠償額は、相当、制限されるべきでしょう。

それ故、この問題については、ご質問者が、酔っ払った男性を投げ飛ばした行為が、具体的状況上、正当防衛に当たるのか、過剰防衛となるのかを判断することが必要です。そして、正当防衛ならば、損害賠償を支払う必要はありませんが、過剰防衛ならば、過剰の程度に応じて制限された額の賠償義務がありましょう。

II — 44

自動車の側面に激突され、修理が大変ではないかと思われる場合、新車との買い代えを要求し得るか

Q Aさんが運転を誤って、自分の自動車を駐車場に止めておいた私の自動車の側面に激突させました。そのため、私の自動車は片側がひどくつぶれて修理が大変ではないかと思われます。そこで、Aさんに、新しい自動車と買い代えてくれるように要求したのですが、応じてくれません。どうしたらよいでしょうか。

A Aさんが運転を誤って自動車を駐車場に停めておいたご質問者の自動車の側面に激突させ、片側をひどくつぶしてしまったことは、民法709条の不法行為に当たります。したがって、Aさんは、それによって生じた損害を賠償しなければなりません。

ただ、その損害賠償の方法について、民法722条1項には、「第417条の規定は、不法行為による損害賠償について準用する」とされており、417条には、「損害賠償は、別段の意思表示がないときは、金銭をもってその額を定める」と定められてます。つまり、不法行為の損害賠償は、特別の意思表示がない限り、金銭の支払いで行われることとされているわけです。

ご質問者は、自分の自動車の片側がひどくつぶれて、修理が大変ではないかと思われるから、いっそのこと新車に買い代えてもらえば、修理のわずらわしさもなくなるし、修理を待っている必要もなく、すぐに新車に乗れるから好都合だとお考えになっていると思われます。

しかし、この不法行為の損害は金銭で賠償させるという民法の建て前は、特に加害者であるAさんが応じない限り、変更することができないのです。

民法が金銭賠償の原則を採用している理由は、損害賠償について、具体的に損害額をどのように判断し、加害者、被害者の双方がそれに納得し合えるかなど、いろいろな問題がある上に、不特定の物や方法での

賠償を一般的に認めるときは、判断が非常に困難となり得ると考えられるので、誰でも容易に整えることのできる金銭による賠償の利便性を重視したものとみられるのです。

それ故、ご質問者は、Aさんが新車の買い代えに応じない限り、破損された自動車の修理代として必要な金額をAさんに請求するほかないのです。なお、修理している間、自分の自動車に乗れない不便さなどについても、Aさんに損害として金銭で賠償させることとができましょう。

Ⅱ — 45
不注意で追突、損傷させた他人の自動車の修理中、代車を提供する義務

Q トラックを運転中、偶然見かけた知合いの女性を「途中まで送ってあげる」と言って助手席に乗せて走っていたのですが、話しかけてきた彼女の瞳があまりにも美しかったので気を取られたところ、赤信号で停車中のAさんの乗用車に追突してしまいました。幸い運転していたAさんに怪我はなかったのですが、乗用車の後部は大分いたんで修理に２週間かかるとのこと。Aさんは、「その間、代車を借りてほしい。車種はこの車と同じベンツにしてくれ」と言います。私はベンツをAさんのために借りてやらなければならないのでしょうか。

A ご質問者は、助手席の彼女の美しい瞳に気を取られて信号停車中のAさんの乗用車ベンツにトラックを追突させ、ベンツの後部をいためてしまったとのこと。これは、脇見運転をしていたという不注意による事故ですから、ご質問者は、不法行為としてAさんに与えた損害について賠償責任を負わなければなりません。

その損害としては、まず、ベンツの後部をいためたとのことですから、それを修理することが必要です。修理業者に頼んだときは、ご質問者は、その修理代を負担することが賠償となります。

次に、その修理には２週間かかるとのことですが、その間、Aさんはそのベンツを使用することができないわけで、仕事の上や日常生活上不便を被ることになり、これも、ご質問者の不法行為に基づく損害ですから、ご質問者にはその賠償責任があります。それについては、レンタカーを利用するなどしてAさんに代車を提供するのが適当でしょう。

そして、Aさんも代車を求めており、しかも代車として自分の車と同じベンツの提供を希望されているが、ご質問者はこれに応じなければならないか、というご質問ですが、それに関しては、ベンツが、レンタカー店などでなかなか見つからない場合にも、何とか探し出して代車として提供しなければならないのか、また、ベンツは見つかったが、他の車と比べて借り賃が非常に高価な場合にもベンツを借りなければならないのか、など種々の問題があります。

裁判例としては、ポルシェの事故修理の間、代車としてポルシェを提供することを命じたものもあるようですが、不法行為の賠償義務の内容として、一般に、そこまで認めることは困難ではないでしょうか。通

常使用されている乗用車で、ベンツに相当する程度のものであれば、格別、車種を問わず、代車として提供すれば不法行為の賠償としては足りると解するのが妥当であると思われます。

ご質問者は、ベンツを代車として提供することが困難な事情があるときは、それをAさんに説明して納得していただくか、もしAさんが応じないときは、弁護士会が扱っているあっせん・仲裁センターへ申し立てるなど、話し合いの調整に協力してもらうことも考えられましょう。

II―46
狭い道路に違法駐車していた自動車の横を通り抜けようとして衝突事故を起こした場合の賠償責任

Q 友人の家に行くために自動車で１車線の狭い道路を進んで行くと、前方の家の前に１台の自動車が停められていました。ここは駐車禁止のはずなのにと思いましたが、自分は運転に自信があるからと、その自動車の横を通過しようとすると、ガチャンと大きな音がして両方の自動車の窓ガラスなどが飛び散りました。下車して自動車の様子を見ていると、停車していた自動車の持主が出てきて、「何をやったんだ。修理代を払え」と怒鳴りました。私も、「駐車違反が原因ではないか。こっちが修理代を払ってもらおう」と言い返しました。法律上はどうなのでしょうか。

A ご質問の自動車の事故については、狭い道路に違法駐車していた相手の責任も重大ですが、ご質問者がその狭い道路を無理に通行しようとしたことによって生じたのですから、ご質問者も過失責任を免れません。ご質問者は、その場所を無理に通ろうとせずに、ほかに安全な道路があるならば遠回りしてもそこを通って友人のお宅へ行けたでしょうし、あるいはその狭い道路で、声をかけて停車している自動車の持主を呼び出し、自動車を移動させてから、通行すれば事故は生じなかったはずです。したがって、この事故発生についてご質問者には過失があり、民法709条の不法行為が成立するのであり、ご質問者は相手方の自動車に生じた損害についての賠償責任を負い、修理代を支払わなければなりません。

ただ、相手方も、本来、駐車してはならない狭い道路端に違法に自動車を停車させていたのであり、それも事故の大きな原因となったのですから、事故についての過失責任を免れることはできません。そして、民法には、過失相殺という制度があります。418条に「債務の不履行に関して債権者に過失があったときは、裁判所は、これを考慮して、損害賠償の責任及びその額を定める」と規定されており、かつ、722条に、「第417条の規定は、不法行為による損害賠償について準用する（１項)。被害者に過失があったときは、裁判所は、これを考慮して、損害賠償の額を定めることができる（２項)」と定められています。それ故、不法行為の発生について、被害者にも過失があった場合には、裁判所はそれを考慮して不法行為者の損害賠償の額を相殺することができるのです。

ご質問者は、裁判所に訴えて相手方への損害賠償の額を決めてもらうにあたって、相手方が狭い道路に違法駐車をしていたことも重大な事故の原因なのですから、その点についての相手方の過失責任も考慮して賠償額の減殺を求めるのがよいでしょう。

Ⅱ — 47
私を万引きの常習者だと偽りの噂を流している人に、その行為をやめさせるにはどうしたらよいか

Q　24歳のOLです。近所で私が万引きの常習者だという噂が流れて困っています。私に恨みを持っているらしいA子さんの嫌がらせではないかと思って、A子さんを問い詰めたのですが、「知らない」の一点張りでした。しかし、親しくしているB子さんから、「A子さんがあなたの万引きの話をしていたわよ」と聞かされて、やはりA子さんの行為と知りました。A子さんにうその噂を流すことをやめさせるにはどうしたらよいでしょうか。

A　A子さんにうその噂を流すことをやめさせるには、A子さんに反省させることが必要ですが、A子さんがご質問者の話しかけに全く応じないのであれば、どなたか然るべき方にお願いしてA子さんを説得していただくのがよいでしょう。また、ご質問者から、A子さんに宛てて、「うその噂を流すことをやめていただきたい。やめてくださらなければ法的措置をとります」、と書いた内容証明郵便を郵便局から届けてもらうことも一法だと思います。しかし，それでも、A子さんの反省がないのであれば、法的な措置をとるより仕方がありません。

法的な措置としては、まず、A子さんの行為は、民法709条・710条の不法行為に当たりますので、A子さんに損害賠償を請求し、A子さんが応じなければ、裁判所に訴えて損害賠償を求めることです。とくにA子さんが、万引きの常習者だという噂を近所に流して、ご質問者の人間としての品位についての社会的な評価を低下させたことは、ご質問者の名誉権を侵害したものであり、それについて、民法710条が、他人の名誉を侵害した者は、財産以外の損害に対しても賠償しなければならない、と規定されていることに注目すべきです。A子さんは、ご質問者が万引きの常習者だといううその噂を流されて被った精神的苦痛についての慰謝料も支払わなければなりません。

なお、民法723条には、「他人の名誉を毀損した者に対しては、裁判所は、被害者の請求により、損害賠償に代えて、又は損害賠償とともに、名誉を回復するのに適当な処分を命ずることができる」と規定されていますが、「名誉を回復するのに適当な処分」には、例えば、A子さんからご質問者に宛てた謝罪文を新聞に掲載させることなども、それに当たり得るでしょう。それ故、ご質問者は、裁判所に対して、このような処分を請求することもできると思います。

次に、A子さんの行為は、刑法230条1項の名誉毀損罪にも該当するといえましょう。「公然と事実を摘示し、人の名誉を毀

損した者は、その事実の有無にかかわらず、３年以下の懲役若しくは禁錮又は50万円以下の罰金に処する」と規定されています。

それ故、ご質問者は、A子さんを警察などに告訴して処罰を求めることも可能です。

III 民法(3) ✵ 夫婦・親子と民法

音楽監督の山口琇也先生とＣＤ録音の打合せ
（ヤマハ　エピキュラススタジオで）

Ⅲ－1

氏の変更

Q 35歳の女性です。7年前に離婚したのですが、その時、引き取った娘がまだ小学生でしたので、娘が目立たないようにと別れた夫の姓をそのまま使うことにしました。しかし、今年は、娘も短大に進学することになったので、この機会に、旧姓に戻ってすっきりしたいと思うのですが、氏を変更するには、どんな手続が必要なのでしょうか。また、娘の氏を変更するにはどうすべきでしょうか。私だけ氏の変更の手続をして氏が変更されたときは、娘の氏はどうなるのでしょうか。

A 日本の民法では、夫婦は氏を同じくするという「夫婦同氏制」がとられています。民法750条には、「夫婦は、婚姻の際に定めるところに従い、夫又は妻の氏を称する」と規定されています。したがって、離婚した時には、婚姻によって氏を改めた夫又は妻が元の氏に戻るのが建て前です（民法767条1項）。しかし、「離婚の日から3箇月以内に戸籍法の定めるところにより届け出ることによって、離婚の際に称していた氏を称することができる」とされています（767条2項、戸籍法77条の2）。

ご質問者は、離婚された時にお嬢さんがまだ小学生だったので、目立たないようにと、この規定に従って、離婚された後も、婚姻中の夫の氏をそのまま名乗ってこられたわけですね。

ところで、ご質問者は、離婚されてから7年たった現在、お嬢さんが短大に進学する機会に、婚姻前の旧氏に戻りたいとのことですね。

氏の変更については、戸籍法107条1項には、「やむを得ない事由によって氏を変更しようとするときは、戸籍の筆頭に記載した者及びその配偶者は、家庭裁判所の許可を得て、その旨を届け出なければならない」と規定されています。氏は、人の同一性を見分ける標識として、社会生活上極めて重要な意味をもつものですから、軽々しく変更を許すときは、社会生活に混乱を招くおそれがあります。したがって、この規定の「やむを得ない事由によって」という意味は、かなり厳格に理解されているのが実情です。

氏の変更が許された一例として、婚姻の期間が2年半、離婚してから婚姻時の氏を続称することとしてから9か月弱の時期に氏の変更を申し立てた事案について、①離婚後の氏続称の期間が短く、まだ社会的に定着したとまでは言い難いこと、②氏変更の申立ての理由が、母親との同居等のために婚姻時の氏では不便があるなど恣意的でないこと、③氏を変更しても、社会的な弊害を生ずるおそれがないこと、などを考慮して、氏の変更が認められたものがあります（東京高決平2・4・4）。

しかし、ご質問者の場合には、「すっきりしたい」という理由だけで、別段、恣意的なものはないと思いますが、離婚時から既に7年間も婚姻時の氏を名乗り続けておられ、その氏は社会的にかなり定着しているとみられるのではないでしょうか。そうとしますと、家庭裁判所において「やむを得ない事由」に当たるとして、氏の変更が認められるのは、相当難しいのではないかと思われます。

次に、お嬢さんの氏の変更についても、やはり戸籍法107条１項によって、家庭裁判所の許可を得なければなりませんが、その場合に「やむを得ない事由」が認められることは、ご質問者の場合と同様に困難だというべきでしょう。

なお、民法791条１項には、「子が父又は母と氏を異にする場合には、子は、家庭裁判所の許可を得て、戸籍法の定めるところにより届け出ることによって、その父又は母の氏を称することができる」という規定があります（なお、家事審判法９条１項６号参照）。それ故、万一、ご質問者の氏の変更が認められたときは、お嬢さんも、この規定によって氏を変更することが可能だと思います。

Ⅲ―2

婚姻適齢〔19歳の男と16歳の女は婚姻することができるか〕

Q　43歳の主婦です。夫は３年前に交通事故で死亡、現在２人の娘と一緒に暮しています。長女は高校２年生でまだ満16歳ですが、小学校時代から知り合っている近所の会社員Ｓ君（満19歳）と結婚したいと言い出し、許してくれなければ家を出ると言っています。私は、２人とも若すぎますし、せめて高校を卒業するまで待ったらと言うのですが、聞き入れてくれません。Ｓ君の方も真剣な様子です。こんなに若い２人の結婚が法律上許されるものでしょうか。

A　民法上、男は満18歳、女は満16歳になれば婚姻は可能であるとされています（731条）。それ故、お嬢さん、Ｓ君はともに婚姻適齢には達しているのです。

しかし、お２人ともまだ未成年者（20歳未満）（民法４条）ですから、その婚姻には原則として父母の同意が必要です（民法737条）。これは、未成年者は思慮分別に欠けるおそれがありますので、軽率な婚姻をさせないように保護するための制度です。そして未成年者が婚姻届を出すには、父母の同意のあることを証明する書面を添付しなければ受理してくれないことになっています（戸籍法38条・39条）。

ですから、ご質問者がどうしてもお嬢さんの婚姻が不安だと思われるならば、同意を与えないことができます。ただ、同意はあくまで未成年者保護の趣旨だということをお忘れなく。いずれにしても、あなたはお２人の真剣な気持ちと覚悟を十分に確認され、またＳ君にご両親があるならば、そちらともよく話し合われた上、大丈夫とお考えならば同意を与えられるのがよいでしょう。

なお、未成年者でも、婚姻をすれば法律上は成年に達したものとみなされ（民法753条）、それまでの親権に服していた状態から離脱しますし、子供が生まれますと、その子供に対して親権を行使することができるようになります。また、法律行為については、未成年者であることを理由として取り消すことができなくなります。しかし、選挙権など公法上の関係については、満20歳になるまでは、依然、未成年者として扱われます。

Ⅲ－3
35歳の娘と32歳の息子から猛烈に反対されている父親が、再婚するにはどうしたらよいか

Q 妻に先立たれた63歳の男性ですが、昨年ふとした機会に知り合った55歳のA子さんと気が合い、再婚したいと考えるようになりました。A子さんも、5年前にご主人を亡くしましたが、30歳の一人息子は、結婚してサラリーマンになっています。私には、35歳の娘と32歳の息子があり、どちらも結婚して別居しています。A子さんの息子さんは、私どもの結婚に賛成してくれていますが、私の娘と息子には猛烈に反対されて困っています。再婚するには、法律上、どのような配慮が必要でしょうか。

A ご質問者がA子さんと再婚された場合、ご質問者とA子さんの息子さんとの間に姻族一親等の関係を生じますし、あなたの娘さん、息子さんとA子さんとの間にも、同様の関係を生じますが、互いに直接の相続権はありませんし、また、当然に扶養義務も生じません。しかし、特別の事情がある場合には、家庭裁判所が調停又は審判で扶養義務を認めることがあり得ます。

ただ、ご質問者のお子さんたちの立場からしますと、A子さんがご質問者と再婚しなければ、ご質問者が亡くなった場合、ご質問者の遺産は全部お子さんたちが相続できるのに、A子さんがおられますと、A子さんが、配偶者として2分の1の相続分を持ちますので、相続財産が半減することになります。また、法律上扶養義務がないといっても、実際問題としては、義母のA子さんを全く放置してはおけないというわずらわしさを懸念しておられるのでしょう。

しかし、ご質問者が老後の人生を再婚によって生き甲斐のあるものとされることは、お子さんたちも理解してあげるべきです。ご質問者はお子さんたちとよく話し合って、承知してもらうように努力してください。そして、お子さんたちになるべく不安のないように、生前に、しかるべき財産を相続させるという遺言書を作成しておくことも必要でしょう。

なお、ご質問者とA子さんとの再婚そのものには、お子さんたちの同意は必要でなく、お2人の合意によって、婚姻届を市(区)役所の戸籍係に提出すれば婚姻は成立するのです。

Ⅲ－4
婚姻の承諾にあたり、彼の将来的な不倫行為の禁止を条件とする夫婦契約をしておくことの意義

Q 32歳のＯＬです。同じ会社の27歳の社員から結婚を求められているのですが、

　彼は、以前に不倫行為をしていたことがあるのです。結婚を承諾するにあたって、もし彼が今後不貞行為を行ったときは、私からの離婚請求に無条件で応じること、その際には、慰謝料のほかに違約金として500万円を支払うこと、という条件の夫婦契約をしておくことは許されるでしょうか。

A　ご質問者のご提案の夫婦契約は、もちろん許されましょう。そして、民法754条には、「夫婦間でした契約は、婚姻中、いつでも、夫婦の一方からこれを取り消すことができる。ただし、第三者の権利を害することはできない」と定められていますが、民法770条に、「配偶者に不貞な行為があったとき」は、裁判上の離婚事由ともされているように、不貞行為のないことは、夫婦の円満な婚姻関係を維持する上で不可欠な要件とみられますから、それを内容とするその夫婦契約は、ご質問者夫婦の間では変更することは許されないと思われます。

　なお、このような夫婦契約のもとに彼との夫婦生活が始められた場合、この契約について将来的に問題となる可能性について、いくつかの点を考えておきましょう。

　第１に、「もし彼が今後不貞行為を行ったときは、私からの離婚請求に無条件で応じること」といっても、その場合にご質問者から出される条件は、社会通念上の合理性を有するものでなければなりません。例えば、慰謝料、違約金とともに、「彼の収入の８割をご質問者の生活を支援するために生涯支給すること」とか、「今後は絶対に結婚しないこと」などという条件は、社会通念に反するものとして許されません。彼にも、彼なりの人間としての生き方は認められるべきです。

　第２に、私法上の事情変更の原則が問題となることがあり得ましょう。この原則は、契約が締結された後に、当時予想し得なかった社会事情の変更があり、それによって契約の内容をそのまま実現することが不合理であるとみられる場合には、契約による当初の法律効果が否定され、又は変更されるべきであるという原則があり、例えば、経済事情の大変動があり「500万円の違約金」の額があまりにも理不尽であるとみられるようになった場合です。そのときは、裁判所に訴えて、契約の具体的内容を社会に適合したものに変更してもらうことができると思われます。

　第３に、この契約では、専ら彼の側の不貞行為を離婚原因としていますが、仮にご質問者が不貞行為を行ったため、それに反抗した彼が不貞行為を行ったという場合には、契約の前提が崩れたというべきであり、彼も、必ずしも無条件的にご質問者の離婚請求に応じなければならないとはいえなくなるのではないでしょうか。

　こうして、この契約が有効なのは、それまで、夫婦関係が安定した状態にあったことともに、大きな社会事情の変更もない状況の下で、社会観念上、合法性が認められる範囲内においてであるというべきでしょう。

　しかし、結婚にあたって、彼との安定した夫婦関係の維持をはかって、このような契約を定めておくことは、意義のあることと思われます。

Ⅲ—5

家出をした妻に帰宅、同居を強制することはできないか

Q　50歳の男性です。私は気が弱く妻を大切にしてきたのですが、数か月前に、妻が愛人をつくって家を出て行ってしまいました。許し難い妻ですが、子供の教育上のこともあり、近所の手前などもあって、何とか帰ってきてほしいのです。法律の力で強制的に帰らせる方法はないのでしょうか。

A　あきれた奥さんですね。民法752条には、夫婦の同居義務が規定されていますが、同居を強制することはできません。つまり、「夫婦は同居し、互いに協力し扶助しなければならない」と定められているのですが、それは、夫婦としての社会生活上極めて基本的な在り方を決めているだけなので、ご質問者の場合のように、妻が愛人をつくって家を出てしまっても、妻に帰宅して同居するように命令することはできないのです。奥さんの意思・行動を拘束するわけにはいかないのです。

それでは、どうしたらよいかということですが、奥さんは民法752条の同居の義務を怠るとともに、愛人をつくって夫婦の守操義務にも違反しているのですから、その行為は夫婦関係を破壊したことにより、民法709条、710条の不法行為に該当します。また、子供さんの教育やご近所への手前のことなどということも、同様に考えられましょう。それ故、ご質問者は、奥さんに対して、不法行為に基づく損害賠償と慰謝料を請求することができます。

また、奥さんの愛人に対しても、夫婦の生活を破綻させたことで、やはり、民法709条、710条の不法行為による損害賠償、慰謝料を求めることが可能です。こうして、金銭上の問題として処理するほかありません。

以上のことを家庭裁判所に申し立て、調停審判を求め、まとまらなければ訴訟を提起されるのがよいでしょう。

Ⅲ—6

妻のヘソクリを勝手に使った夫の責任〔婚姻費用の分担〕

Q　テレビの後ろにある変な包みを発見したので開いてみると、20万円の現金が入っていました。妻のヘソクリだと覚ってパチンコで使ってしまいました。ところが、そのことを知った妻から、「台所のリフォーム代にと苦心して貯めたお金なのよ。早く返して」と激しくとがめられて困っています。

妻のヘソクリなら私の給料を節約して貯めたもので、もともと私のお金ではないか。返す必要はないと思うのですが、いかがでしょうか。

A　民法760条には、「夫婦は、その資産、収入その他一切の事情を考慮して、婚姻から生ずる費用を分担する」と規定されています。その「婚姻から生ずる費用」とは、衣食住の費用や医療費、子供の養育費などのすべてをいうとともに、家事労働なども含まれると解されています。それ故、ご質問者が給料から生活費を出され、それを奥様が家事労働などによって家計に用いられることは、婚姻費用の共同負担に当たるといえましょう。

ところで、昭和46年１月18日の東京地裁の判決は、夫が婚姻費用として出したお金が残ったときは、それは、夫婦の共同生活の基礎とする目的で出されていたお金ですから、夫の特有財産ではなく、夫婦の共有財産となるのであって、潜在的な持分は夫婦平等であると判示しており、また、昭和59年７月12日の東京地裁の判決も、同様な解釈をしています。これらの判例の基礎には、民法762条２項の「夫婦のいずれに属するか明らかでない財産は、その共有に属するものと推定する」という規定が踏まえられているといえましょう。

そこで、ご質問の場合も、これらの判例と同様に考えるべきだと思います。つまり、奥様のヘソクリの20万円は、ご夫婦の共有財産であり、持分が平等としますと、ご質問者は、奥様に10万円をお返ししなければなりません。とくに奥様がそのお金を台所のリフォーム代に当てようとされていたことも考慮してあげるのが大事でしょう。

なお、この20万円が、例えば、奥様が郷里のお父様からいただいた特有財産であったときは、それを使ってしまったご質問者は全額を奥様に返さなければなりません。そして、奥様の特有財産と知りながら、勝手にパチンコ代に当てたのであれば、その行為は、刑法上、窃盗罪となります。ただ、刑法244条１項の規定によってその刑を免除されます。それは、「法律は家庭に入らない」という考え、つまり、親族間の財産罪は、国家が干渉するよりも、親族間の処置に委ねることが、秩序を維持する上に好ましいという考えに基づくものです。

Ⅲ—7
妻の買物への夫の支払義務〔日常家事に関する債務についての夫婦の連帯責任〕

Q　買い物好きの妻は、通販のカタログなどでよく注文します。支払いを私にさせることが多いのですが、シャツやジャンパーなど廉価な物ならば困りません。ところが今回は、中学生の息子用の英会話教材で35万円のものを、私に相談もせずに注文したのです。通販会社から私宛の請求書が来て驚いています。分割12回払いでもよいと書いてありましたが、月々３万５千円も１年間払い続けるのは大変です。息子のためなら仕方がないとも思いますが、私はこんな支払いに応じなければならないのでしょうか。

A　民法761条には、「夫婦の一方が日常の家事に関して第三者と法律行為をしたときは、他の一方は、これによって生じた債務について、連帯してその責任

を負う。ただし、第三者に対し責任を負わない旨を予告した場合は、この限りでない」と規定されています。民法は、夫婦の財産については、原則的に「別産制」を採っており、結婚前に特別に契約をしなかったときは、夫婦のそれぞれが結婚前から持っていた財産、結婚してから得た財産は、めいめいのものであって、共有のものではないのです（762条1項）。しかし、夫婦は、経済的に一体となっての家庭生活を営んでいるのですから、夫は妻の買い物には全く責任がなく、妻は夫の買い物には関係がないということになりますと、夫婦の日常生活に必要な物を夫婦の一方につけで売った第三者は、支払ってもらえるのかについて不安が残るといわざるを得ないでしょう。民法761条は、この問題を解決するために、夫婦の連帯責任を認めたのです。

ところで、「日常の家事」とは、夫婦の共同生活上、通常必要とされるものであり、判例が認めたものとしては、米の買入れ、薪炭・衣服類の購入、家賃の支払い、家具・調度品の購入、家族の保険・娯楽・医療・教育の費用、火災保険の掛金などがあります。そして、その具体的な内容は、夫婦の社会的地位、職業、資産、収入、地域の慣習によって決められるべきものとされています（最判昭44・12・18民集23巻12号2476頁）。

それでは、ご質問の中学生の息子用の35万円の英会話教材は、日常の家事に関するものに当たるでしょうか。従来の判例には、59万円余の英語の教材（東京地判平10・12・2）、34万円余の教育機器（釧路簡判平3・2・27）を、いずれも、日常の家事の範囲内のものであるとしたものがあります。35万円の英会話教材は、高価なものではありますが、今日の日本の普通の家庭では、子供の教育には、かなりの努力を払っているのが一般ですから、ご質問者の場合も、資産や収入などから、とても無理だという状況にない限り、日常の家事の範囲内のものということができましょう。そして、奥様が通販会社に購入を申し込まれる前に、ご質問者が、「妻が頼んでも、自分は代金を払いませんよ」と予告なされていたわけではありませんから、ご質問者は、その代金を支払う義務を負わなければならないと思われます。

これに対して、もし奥様が、高価なダイヤの指輪とか、豪華な毛皮のコートなどを注文されて、その代金をご質問者に支払うことを求められたような場合には、それらは日常の家事に関する買い物には当たりませんから、ご質問者は、これに応じて支払う義務はありません。

Ⅲ—8

夫婦財産制と妻の新しい衣服の購入を夫が負担すべき義務

Q 夫は、結婚前に宝くじが当たって一気にお金持ちになった上に、結婚後に父が亡くなって財産を相続したので、現在、1億円近い預金を持っています。しかし、私にはほとんどお金がありません。新しい衣服がほしいのですが、夫はお金をおろしてくれません。夫婦の財産は共有だと聞いたような気がするのですが、

私は、夫にお金を要求することはできないのでしょうか。

A　民法は、夫婦の財産関係について、婚姻届をする前に特別の契約をすることができるが、それをしなかったときは、民法の定める法定財産制によらなければならないとしています（755条）。実際上、この特別の契約がされる例はほとんどなく、法定財産制が一般に行われています。

それによりますと、まず、夫婦は、その資産、収入その他一切の事情を考慮して、婚姻から生ずる費用を分担するとされています（760条）。婚姻から生ずる費用とは、婚姻生活に必要な費用であり、生活費、交際費、医療費などから、子の養育費や学費なども含みます。その分担については、夫婦間の合意によって決定されるのが一般です。金銭的には夫が全額を負担し、妻は家事労働を担当することが分担とみられる場合もありますし、夫婦共働きで、月収の多寡に応じて分担額を決めても、民法の規定の趣旨に反しないでしょう。

次に、民法は、日常の家事に関して、夫婦の一方が第三者と法律行為をしたとき、例えば、食料品をマーケットで買い入れたときに生じた借金については、夫婦は連帯してその支払義務を負うとしています（761条）。

また、夫婦の一方が婚姻前から有する財産及び婚姻中自己の名で得た財産は、その者の特有財産、すなわち、単独で所有する財産とする（762条1項）、夫婦のどちらに属するか明らかでない財産は、共有に属するものと推定する（762条2項）とされています。

これらの規定からしますと、民法は、夫婦の財産については、別産制、つまり、夫婦それぞれが所有するという原則をとっているのであって、共有財産と推定されるのは、夫婦のどちらに属するか明らかでない場合に、例外的に認められるに過ぎないのです。したがって、ご質問者のご主人が結婚前及び結婚後に独自に取得されて預金されている財産は、ご主人の特有財産ですから、妻であるご質問者も、ご主人の意思に反して引き出すことはできません。

ところで、問題は、ご質問者の新しい衣服がどんなものかです。それが、社会通念からみて、日常生活に用いられるようなものである場合には、それを買い入れることについて、ご主人も分担しなければなりません。預金をおろすかどうかは別として、その費用の半分ぐらいはご主人が負担すべきであり、ご質問者は、ご主人にそれを要求することができましょう。しかし、日常生活とは離れた特別に高価なものであるときは、ご主人には、分担の必要はなく、ご質問者が自力で購入するほかないと思われます。

Ⅲ—9
夫の暴力に堪えかねて３歳の娘を連れて家出した妻が生活に困っている場合、夫に生活費を請求し得るか

Q　私は、32歳の人妻です。結婚して５年になりますが、１年程前から夫が毎日のように酒に酔って暴力を振るいますので、たまりかねて、先月、３歳の娘

を連れて家出し、アパート住いを始めました。そして、働き口を探しているのですが、子供連れではなかなか思うような所が見つかりません。そこで、夫から生活費をもらいたいと交渉したのですが、夫は、勝手に出て行った者に生活費など渡せるか、と言っています。どうしたらよいでしょうか。

A ご質問者は、ご主人から生活費を受け取る権利があります。民法には、「夫婦は、その資産、収入その他一切の事情を考慮して、婚姻から生ずる費用を分担する」と規定されています（760条)。夫婦には、相互に協力し扶助する義務があり（752条)、結婚生活のための費用、すなわち、衣食住の費用、医療費、交際費、子供の養育費、教育費などについても、分担し合うことが必要とされるのです。分担の割合は一様ではありませんが、夫が外に出て働いて収入を得、妻は家庭を守るという形態の夫婦の場合には、通常、生活費はすべて夫が負担するものと考えられます。そして、結婚に基づく生活費は、夫婦が別居中であっても支払われなければならないのが原則です。ただ、別居することになった責任が、夫婦の一方のみにあり、その原因から破綻した結婚生活がもはや修復される可能性が全く失われている場合には、その責任を負う者の側からの生活費の請求はなし得ないことがありましょう。

しかし、ご質問者の場合の別居の原因は、ご主人の一方的な暴力行為にあるのであり、結婚生活の修復可能性もなくなっているとはいえないでしょうから、ご主人には、お子さんの養育費なども含めてのご質問者たちの生活費を負担する義務があると思われます。

それ故、ご質問者は、ご主人に改めて生活費の支払いについて交渉され、ご主人が応じられないときは、婚姻費用の分担を求める調停を家庭裁判所に申し立てられるのがよいでしょう。そして、調停が不調に終わったときは、訴訟を起こされるべきです。

Ⅲ－10
婚姻中に生活費として妻がした借金を、離婚の際、夫に支払わせることができるか

Q 夫は、リストラされてから新しい仕事を探そうともせず、毎日パチンコ屋に入り浸っていました。預金は多少あるようでしたが、生活費など全く出してくれないので、仕方なく私が金融会社から借金をしてスーパーでの買い物代や電気代・水道代などの日常生活費にあててきました。しかし、夫は一向に反省しませんでしたので、とうとう離婚することになりました。この借金は、夫に支払ってもらうことができるでしょうか。

A 民法761条には、「夫婦の一方が日常の家事に関して第三者と法律行為をしたときは、他の一方は、これによって生じた債務について、連帯してその責任を負う。ただし、第三者に対し責任を負わない旨を予告した場合は、この限りでな

い」と規定されています。連帯債務とは、複数の債務者が債権者に対してそれぞれ全額を支払う義務を負担するものです（民法432条）。

奥さんが日常の生活費にあてるために、金融会社に借金を申し込むにあたって、ご主人が自分はその借金の負担に応じませんよと金融会社に申し入れていた場合には、ご主人には連帯債務は認められないのですが、そのようなことは多分なかったでしょう。

そうしますと、ご主人にも、その日常生活費にあてるための金融会社からの借金については、連帯債務があることになります。

それ故、離婚に際しては、ご主人と債務の分担額について話し合い、ご主人にも相当額を支払ってもらうことができます。

Ⅲ — 11

夫がサラ金から借りてギャンブルに使用した借金は、妻にも返済義務があるか

Q　ギャンブル好きの夫は、パチンコ、競馬、競輪と何でも行くのですが、その資金をサラ金から借りまくっていて、総額は100万円を超えたそうです。そして、この頃、夫の不在の時に借金取りがよくやって来て、妻の私に返済を迫り、「その指輪を外せ」とか、「世話をしてやるからホテトルへ行ったらどうだ」などと言います。私の知らないうちに、夫が勝手に作った借金ですから、返済は夫がするべきだと思いますが、妻の私にも返済する義務があるのでしょうか。

A　民法761条（本文）には、「夫婦の一方が日常の家事に関して第三者と法律行為をしたときは、他の一方は、これによって生じた債務について、連帯してその責任を負う」と規定されています。婚姻に基づく日常生活の費用は、夫婦に共同して負担させることによって、円満な家庭生活を維持させようとする狙いです。

「日常の家事」とは、夫婦が共同して生活していく上で、通常必要な事務を指すと解されています。例えば、食料品や燃料、衣服などの日用品を購入するとか、家賃や水道代、光熱費を支払うとか、医療費や子供の養育費を負担することなどがこれに当たります。これらの費用については、夫婦の一方が処理して債務を生じた場合には、他の一方も連帯して責任を負うのです。

しかし、日常の家事以外のことについては、夫婦の一方が１人で負担した債務は、その者だけが責任を負うのであり、他方には返済の義務があるわけではありません。

ご質問の場合、ギャンブル好きなご主人が、ご質問者に相談することもなく、１人でギャンブルの費用をサラ金から借りたのですから、その返済義務は、ご主人だけが負担するのです。それ故、ご質問者は、サラ金業者に対して、自分には返済義務はありませんと説明して、取立ての請求を断ればよいのです。

なお、「指輪を外せ」とか、「ホテトルへ働きに行け」などというサラ金業者の言葉は、その脅し方によっては、刑法222条の脅迫罪や250条の恐喝未遂罪に当たることもありますから、その場合には、サラ金業

者を警察などに告訴することもできます。

Ⅲ－12
主婦が貯金を奮発して買ったテレビを家庭内で優先的に見る権利〔特有財産〕

Q 主婦です。先日、応援しているチームの野球の試合の中継を良く見える画面で見たいと思って、私の貯金を奮発して、大きい薄型テレビを買ったのですが、そのテレビを夫が独占してお笑い番組を見ているんです。法律的にこのテレビのチャンネル権は私にあるんですよね。夫に権利の主張はできますか。

A 民法762条１項には、「夫婦の一方が婚姻前から有する財産及び婚姻中自己の名で得た財産は、その特有財産とする」と規定されています。特有財産とは、夫婦の一方が単独で所有する財産のことです。ご質問の大きい画面の薄型テレビは、ご質問者が貯金を奮発して購入されたとのこと、ご質問者の特有財産から出費されたということでしょう。妻の特有財産である貯金は、その管理も、使用も妻に委ねられていますから、ご主人に相談したりすることなしに、ご質問者が自由に使うことができますし、そのお金で購入されたテレビは、ご質問者の単独の所有物となり、ご主人には別段の権利は認められません。

ただ、ご質問者の場合について、若干の問題があり得るのは、民法760条の婚姻費用に関する規定です。「夫婦は、その資産、収入その他一切の事情を考慮して、婚姻から生ずる費用を分担する」と定められています。「婚姻から生ずる費用」とは、食費、家賃、電気代、ガス代、医療費など、夫婦の日常生活に必要なすべての費用をいいます。そして、テレビを見ることも、今日の家庭生活上当然必要なことというべきですから、仮にお宅にテレビがなく、その大画面の薄型テレビの購入が初めてのことであった場合には、ご質問者がその購入費を負担されたことも、婚姻費用に含まれますし、ご主人の負担されている他の生活費と比べて「分担」に当たるとみられるときは、そのテレビは、ご質問者だけのものではなく、家庭のものと解されましょう。

しかし、そんなことはなく、ご家庭に既にテレビはあるのですが、ご質問者が応援するチームの野球の番組を見たいために、とくにその大画面のテレビを新しく購入されたのであれば、お話は別です。おそらくそのような事情であると思われますので、その場合には、ご質問者は、ご主人に民法762条１項の特有財産の規定を説明し、ご主人に、前からあるテレビでお笑い番組を見ていただき、新しいそのテレビはご自分の応援する野球の番組を見るのに使用するのがよいでしょう。

もっとも、お話は家庭内のことなのですから、権利論の主張などは程々になさってください。

Ⅲ―13

妻の離婚要求と財産分与及び慰謝料の請求への対応

Q　妻と結婚してから８年になり、娘が２人います。妻は２人目の娘を産んでから夫婦生活を拒否しています。それから、私は、会社のＯＬと不倫をするようになりました。最近、そのことを知った妻が、怒って私に離婚を迫っており、財産の分与と慰謝料の支払いを要求しています。私は、離婚してもよいと思いますが、財産の分与と慰謝料の支払いには全く応じる気持ちになれません。どうしたらよいのでしょうか。

A　まず、離婚については、奥さんからご質問者に離婚を迫っており、ご質問者も、離婚してもよいと思っておられるのですから、協議離婚をすることは容易でしょう（民法763条）。

ところで、奥さんが離婚に際し要求されている財産の分与と慰謝料の支払いですが、まず、財産の分与に関しては、民法768条に「協議上の離婚をした者の一方は、相手方に対して財産の分与を請求することができる（１項）。前項の規定による財産の分与について、当事者間に協議が調わないとき、又は協議をすることができないときは、当事者は、家庭裁判所に対して協議に代わる処分を請求することができる。ただし、離婚の時から２年を経過したときは、この限りでない（２項）。前項の場合には、家庭裁判所は、当事者双方がその協力によって得た財産の額その他一切の事情を考慮して、分与をさせるべきかどうか並びに分与の額及び方法を定める（３項）」と規定されています。すなわち、財産の分与は、結婚中に夫婦が協力して形成してきた財産を離婚の際に清算するために行われるものであり、例えば、夫婦が共同して商売を行い、収益をまとめて貯金していた場合には、夫婦がそれぞれ２分の１ずつ分けることになりますが、夫が外で働き、妻は専ら家事労働をし、夫の収入を預金していた場合には、必ずしもその預金を２分の１ずつ取得することにはならないでしょう。そして、諸般の事情を考慮して分け前を決すべきです。なお、夫婦がそれぞれ相続した財産などは、夫婦別産制という民法の建て前から（民法762条）、財産分与の対象とはなりません。それ故、ご質問者と奥さんとは、財産をどのようにして貯えられたのかについての一切の事情を考慮して、夫婦それぞれが適当な額を分割するべきです。

次に、慰謝料とは、本来、離婚に至った責任が、夫婦のどちらにあったかにより、有責配偶者から他方に支払う損害賠償であり、不法行為による損害に対する賠償責任に当たるものですが（民法709条・710条）、調停や裁判では、必ずしも財産分与とは明確に区別されることなく、財産分与に含めて取り扱うことが少なくありません。すなわち、財産分与には、配偶者の離婚後の生活保障とともに、慰謝料までを含めて処理されることが多いといえましょう。

ところで、奥さんからご質問者に請求されている慰謝料は、ご質問者が会社のＯＬ

と不倫行為をしていることに対する奥さんの精神的苦痛についての慰謝料だと思われますが、ご質問者の不倫は、奥さんからの夫婦生活の拒否が主な原因でしょうから、奥さんからこのような請求をすることは認められにくく、裁判所に訴えてもおそらく取り上げられないでしょう。

ご質問者は、これらの事情をよく考慮して、適当と考えられる額を決めて奥さんと話し合い、まとまればその額を支払えばよいでしょうが、奥さんが応じないときは、家庭裁判所に訴えて判断を求められるのがよいと思います。

Ⅲ―14

離婚の際の財産分与・慰謝料の請求

Q 28歳の元妻です。2か月前に夫と離婚しました。夫は若い女と不倫をしたので、私が非難しますと、「じゃー離婚しよう」と言いました。私が応じられないでいると、「新しくベンツを買ってやるから」とか、「5カラットのダイヤの指輪を買ってやるから」とか、「慰謝料を1,000万円払うから」などと言いました。私も夫と一緒にいるのが嫌になって、離婚したのです。ところが、夫は慰謝料などは何も払ってくれません。どうしたらよいでしょうか。

A ご質問者は、前のご主人が離婚をすれば、慰謝料として1,000万円を払うと言っておきながら、離婚したら何も支払わないので、何とか支払ってもらいたいというのですね。

夫婦が離婚する際には、まず、一方から他方へ財産を分与するという制度が認められています（民法768条）。それには、2つの場合があります。

第1は、夫婦が結婚生活中に協力して築き上げてきた共有財産を、離婚にあたって清算するということです。共有財産は、土地、建物などの不動産でも、株式などの有価証券でも、預貯金などの金銭でも結構です。そして、それが、たとえ夫の名義になっていた場合でも、それを作ったときの妻の貢献を考慮して夫婦で分割するのであり、妻に財産分与が認められるわけです。

第2は、離婚後、生活に困窮する経済的弱者の立場にある者の生活を保障するための扶養的な意味の財産分与です。

それ故、ご質問者は、前のご主人との間に結婚後協力して築き上げた共有財産があるときは、それを作ったことについての寄与の程度に応じた分の分与を請求することができます。また、離婚後、働き口もなく、生活に困るような場合にも、応分の財産分与を請求し得るのです。

ところで、財産分与は、離婚の際に夫婦間で相談して決めるのが一般的ですが、ご質問者のように、決めずに離婚してしまった場合でも、離婚成立後2年以内であれば、前のご主人に対して、裁判上の請求をすることが可能なのです。つまり、家庭裁判所に申し立てて、財産分与をなし得るかどうか、分与が認められる場合には、その額をどうするかについて判断してもらうことができます（民法768条2項・3項）。

次に、ご質問者が、前のご主人と離婚した動機は、前のご主人と他の女性との不貞行為だったのですから、ご質問者は、それによって受けた精神的な苦痛について、前のご主人に対して慰謝料を請求することもできるのです。ただ、離婚成立の時から３年以内に地方裁判所にその訴えを起こさなければなりません（民法724条）。慰謝料の額は、結婚年数、離婚に至った責任の態様、程度などに応じて、ケースごとに判断されます。

それ故、ご質問者のように、離婚にあたって、前のご主人との間に、財産分与をどうするか、慰謝料はいくら支払うかについて約束がされていなくても、また、それに関して書類が作成されていなくても、それぞれについて述べた離婚成立後一定の年限内であれば、財産分与の請求も、慰謝料の請求も可能なのですから、ご安心ください。ただ、前のご主人との間に、これらの請求権を行使しないとか、放棄するという約定を取り交わしているときは、請求することができませんのでご注意ください。

Ⅲ—*15*

婚約不履行の責任

Q ディスコで踊っている間に一つ年上の彼と意気投合してつき合いが始まりました。彼は、私に「結婚しよう」と約束してくれましたし、私も結婚するつもりでおりました。２人の仲を友人たちも祝福してくれていたのですが、近頃、彼の態度が急に冷たくなり、結婚のことを切り出すと、いつも言い逃ればかりしています。最近、わかったことですが、彼は「結婚しよう」と言っては多くの女性をだましていたそうです。何とか彼を訴える方法はないものでしょうか。

A 「訴える」ということには、民事責任を追及する方法と刑事責任を追及する方法とがあります。

民事責任の追及としては、彼とご質問者との間で将来結婚するという双方の合意があり、婚約が成立していたのですから、ご質問者は、彼に対して、まず、その履行として結婚を求めることができます。しかし、相手がこれに応じないときは、法律で無理矢理に結婚させるわけにはいきませんから、婚約不履行についての損害賠償を請求し得るのであり、それを裁判所に訴えることができるのです。

損害賠償金額の算定はなかなか困難ですが、彼の生活程度や、ご質問者の側の被害の程度などを総合して判断されることになります。

一方、刑事責任は、彼が「結婚しよう」という言葉をご質問者への口説き文句としただけでは認められません。詐欺罪は相手をだまして財産を奪うことが必要だからです。それ故、彼が結婚の意思がないのに、結婚すると偽ってご質問者からお金や物を提供させた場合には、詐欺罪（刑法246条）が成立します。また、相手があなたと肉体関係があった事実を他人に言いふらしたりしたときは、名誉毀損罪（刑法230条）が成立することもあります。これらの場合、ご質問者は彼の処罰を求めて警察や検察庁に告訴することができるのです。

Ⅲ—16

離婚と財産分与

Q 42歳の会社員です。結婚して17年、必死に働いてきた甲斐があって、3年前に建売り住宅を購入し、貯金も500万円程できました。妻も、この間、懸命に内職をしたり、子育てによく協力してくれました。ところが、妻は、子供もようやく手がかからなくなったからといって、昨年、パートタイマーとして働きに出たところ、間もなく10歳も年下の職場の男に夢中になって、家庭を忘れてとび歩き、ついに私と離婚したいと言い出しました。もし、離婚に応じた場合、このような不貞な妻にも財産を分けてやらねばならないものでしょうか。

A 妻に不貞行為があったからといって、離婚の際、当然に財産分与をしなくてもよいというものではありません。離婚に際しての財産分与には、結婚中の夫婦が協力して作った財産についての清算をするという一面があるからです。

つまり、夫婦が結婚している間に互いの協力によって蓄積してきた財産は、実際上、夫婦のどちらの名義になっているかにかかわらず、原則として、夫婦めいめいが2分の1ずつの持分を有すると考えられるのが一般です。ご質問者の奥さんも、17年もの間一生懸命内職に励み、家事育児に努めてこられたわけですから、おそらくよほどの事情がない限り、ご質問者と2人で築き上げられた財産、すなわち、建売り住宅と500万円の貯金について、それぞれ、2分の1ずつの持分権が認められるでしょう。そして、その持分権は、奥さんの不貞行為があったというだけの理由では失われるものではありません。

しかし、奥さんが若い男と遊び回っていて、その期間、夫婦の協力による蓄財に全く寄与しなかったのであれば、その間に形成された財産については、奥さんには持分が認められないことになります。

なお、奥さんは、若い男との不貞行為によって夫であるご質問者に精神的な苦痛を与えたことになりますから、ご質問者の方から奥さんに対して慰謝料の請求をすることができます。

Ⅲ—17

出会い系サイトで知り合った女性と会う約束をしていた夫と、妻は離婚し得るか

Q 最近、夫の行動が何となく気にかかっていたのですが、やはり、出会い系サイトで知り合った女性と会う約束をしていたことがわかりました。夫を問い詰めますと、「偶然に話し合いになっただけだよ」ととぼけています。私は、悔し

くてたまりません。こんな夫とは離婚したいのですが、離婚事由になるでしょうか。

A 民法上、離婚には、協議離婚と裁判上の離婚とがあります。協議離婚は、夫婦の話し合いで離婚ができますので、離婚の事由について特別の定めなどは必要でありません。それ故、ご質問者が、出会い系サイトで知り合った女性と会おうとしているご主人には不満があるから別れましょうとご主人に話しかけ、ご主人が承知すれば離婚できます（民法763条）。

しかし、ご主人が応じないときは、裁判上の離婚を求めるほかありません。それについては、調停前置主義という法律上の建て前があり、まず家庭裁判所に調停の申立てをしなければなりません（家事審判法18条）。そして、調停による話し合いでも離婚がまとまらないときは、離婚裁判に移るのです。民法770条１項には家庭裁判所に離婚の訴えを提起し得る理由として、５つの項目が定められていますが、ご質問者の場合に問題となり得るのは、第１号の「配偶者に不貞な行為があったとき」と第５号の「その他婚姻を継続し難い重大な事由があるとき」の２つだと思われます。そして、「配偶者に不貞な行為があったとき」については、「不貞な行為」の意義は、夫婦の貞操義務に違反する行為のことであり、配偶者以外の者と性的関係を結ぶことがそれに当たると解するのが一般です。ご質問者のご主人が出会い系サイトで知り合った女性と会う約束をしていたとのことですが、もし会ったならば性的関係を結んだであろうと推定することもできましょう。しかし、実際には事前に発覚したため、その女性とは会わなかったのでしょうから、不貞な行為があったとまではいえないと思います。

そこで、ご質問者が不貞行為はなかったにしても、そのような不徳義なご主人とは今後結婚生活を続けていくことはできないとの強い決意をお持ちならば、第５号の「婚姻を継続し難い重大な事由」に当たり得るともいえましょう。したがって、ご質問者は、そのお気持ちを主張して裁判所にご主人との離婚を求めることができると思います。

なお、民法770条２項には、裁判所は、裁判上の離婚事由に当たる事由がある場合でも、一切の事情を考慮して婚姻の継続を相当と認めるときは、離婚の請求を棄却することができると規定されています。それ故、ご質問者が離婚を強く望まれるのであれば、ご主人の不徳義な行為によって受けた精神的苦痛から円満な結婚生活を続けていくことができない旨をよく説明して、裁判所の理解を得ることが必要でしょう。

Ⅲ—*18*

セックスレスは離婚の理由となるか

Q 結婚して３年になるのですが、最近、体調がよくないので、夫がセックスを求めても断ることがあるのです。すると、夫は怒って離婚の申し立てをすると言います。本当にセックスレスが離婚の理由となるのでしょうか。

A 民法770条には、離婚の訴えを提訴することができる理由として、①配偶者に不貞な行為があったとき、②配偶者から悪意で遺棄されたとき、③配偶者の生死が３年以上明らかでないとき、④配偶者が強度の精神病にかかり、回復の見込みがないとき、⑤その他婚姻を継続し難い重大な事由があるとき、と定められています。セックスレスは、①～④の理由には当たりませんので、⑤の婚姻を継続し難い重大な事由といえるかどうかが問題となりましょう。

この理由によって離婚の訴えが提起されたときは、本当にその夫婦が結婚を続けていくことが困難かどうかを裁判所が具体的に判断して決めるわけですが、これまでの判例では、全くのセックスレスはこの事由に当たるとされています。また、逆に夫婦の一方からのセックスの要求が激し過ぎて他の配偶者が耐えられない場合も、この事由に当たると考えられます。

しかし、ご質問者の場合、配偶者の一方が体調がすぐれないので、しばらくセックスを控え目にしてほしいということですから、この事由には当たらないと思われます。セックスレスも、その程度に応じて離婚の理由とされるかどうかが決められることとなりましょう。

Ⅲ — 19
セックスレス状態の妻は、不倫中で暴力的な夫に慰謝料を払わずに離婚できないか

Q 私は、長女を産んでから約１年間、夫とセックスレスの状態にありますが、最近、夫が会社のＯＬと不倫をしていることが知れました。詰問しますと、「お前のセックスレスが悪いんだ。慰謝料を払わなければ離婚はしないぞ」と言いながら、１歳になったばかりの長女を抱いていた私を殴りつけ、突き飛ばしました。危うく長女とともに大怪我をするところでした。こんな夫とはすぐに離婚したいのですが、慰謝料を支払わなければ離婚できないのでしょうか。

A ご質問者は、慰謝料を払わなくてもご主人と離婚することができると思います。

離婚の方法について、民法は、まず、夫婦間の協議によって離婚することができると定めていますので（763条)、ご質問者がご主人と話し合いで離婚の合意をすればよいのですが、ご主人は、ご質問者とのセックスレスが不満で、ご質問者が慰謝料を支払わなければ離婚しないと言っているとのことですね。しかし、セックスレスが当然に慰謝料を支払わなければならない離婚の理由となるとはいえません。

そして、ご主人は、会社のＯＬと不倫をしているとのこと、不倫の原因が、ご質問者とのセックスレスにあったとしても、暴力行為や不倫自体が法律的に許されるものではなく、ご質問者はそれについて、ご主人に対しても、相手のＯＬに対しても慰謝料を請求することができると思われます。そうしますと、ご質問者がセックスレスについてご主人から慰謝料を請求されることに理由があるとしても、ご質問者はご主人の不倫行為に対する慰謝料を請求し得るの

ですから、相殺によってご主人に支払う必要がないともみることができましょう。

ところで、ご主人がご質問者との離婚の話し合いに応じず、又は話し合ってもまとまらないときは、ご質問者は家庭裁判所に離婚の調停を申し立てることができます。調停が成立したとき、又は裁判所が調停に代わる審判によって離婚を決定しこれが確定したときは、離婚が成立します。もし、家庭裁判所で調停が成立しないときは、ご質問者はさらに家庭裁判所に離婚の訴訟を申し立てることができます。そして、この場合には裁判上の離婚理由として民法の定めている「配偶者に不貞な行為があったとき」(770条１項１号）に当たるご主人の不倫行為をあげることができましょう。また、ご主人がご質問者に加えられた暴行も、民法上の離婚事由とされている「婚姻を継続し難い重大な事由」(770条１項５号）に当たると主張することが可能でしょう。こうして、法律的には、慰謝料などを支払わなくても、ご質問とご主人とは裁判による離婚が可能であると思われます。

なお、ご質問において問題となるのは、ご主人がご質問者に加えた暴力についてです。「配偶者からの暴力の防止及び被害者の保護に関する法律」という法律があります（平成13年法律31号)。この法律によりますと、人権侵害である配偶者からの暴力を防止して被害者の保護を図るために都道府県などに「配偶者暴力相談支援センター」を設け、被害者の相談に応じて保護することを義務づけています。また、配偶者からの暴力が行われているという通報を受けた警察官は、暴力を制止して被害者を保護しなければなりません。なお、被害者からの申立てにより、配偶者からのさらなる暴力を避けるために、裁判所は６か月間の被害者への接近禁止命令、又は２か月間の被害者とともに住んでいる住居からの退去命令を発することができます。この命令の違反に対しては、１年以下の懲役又は100万円以下の罰金刑が設けられています。それ故、ご質問者はご主人との婚姻が継続している間にはもちろん、離婚後であっても、この法律を活用して、ご主人からの暴力を避けることができるのです。

Ⅲ―20

友人から不倫行為を妻に話さないでくれと頼まれていたのに、奥さんに話したことから離婚になった友人への慰謝料支払い責任

Q　会社の同僚のA君とは親しい友人で、家族同士も仲良くお付き合いしているのですが、先日の夜、A君が会社の別の同僚B子さんとラブホテルから手をつないで出て来るのを目撃しました。翌日、A君にそのことを尋ねますと、「女房には黙っていてくれ」と頼まれました。しかし、奥さんが気の毒になり、奥さんにそのことを話したところ、数日後、A君から「女房が離婚すると言って弁護士に頼んでいる。離婚になったら君に慰謝料を支払ってもらうぞ」と怒鳴られました。私は、奥さんのこと、A君の家庭のことを考えて事実を告げたのに、離婚になったらA君に慰謝料を支払わなければならないのでしょうか。

A 難しい問題ですが、Ａさんと奥さんが離婚するに至ったときは、ご質問者は、Ａさんに対し、ある程度の慰謝料を支払わなければならないと思われます。

ご質問者の行為は、正面から民法709条、710条の不法行為に該当するとはいいにくいのですが、710条の示している「他人の名誉の侵害」となり得るのであって、やはり、不法行為となるのではないでしょうか。

他人の名誉の侵害について不法行為が認められるためには、通常、その名誉は客観的な名誉であり、一定の範囲で社会的に流布されたことを要すると解されています。例えば、ＡさんのＢ子さんとの不倫行為が新聞に載せられた場合には、客観的な名誉の侵害があったということができましょう。これに対して、ご質問者が、ＡさんとＢ子さんとの不倫の事実をＡさんの奥さんに話しただけでは、不倫の事実が親族間の話題にはなっても、社会的に知られるわけではありません。また、Ａさんの奥さんがＡさんとの離婚を家庭裁判所に求められても、それが正当な調停や訴訟行為の範囲内のものである限り名誉毀損による不法行為には当たらないことは、判例の立場であるといえましょう（検察官の陳述に関する判例として、最判昭60・５・17、判決の公表に関するものとして、長野地飯田支判平元・２・８)。

しかし、名誉感情という主観的な名誉の侵害に関しても、その侵害の程度、加害の態様から受忍の限度を超えているときは、慰謝料の請求が認められるとした判例もあります。タクシーの乗客が、運転手に対して、侮辱的な発言を20分以上繰り返し続けた事案について、被害者の社会的信用性を損なうものではないが、名誉心を著しく傷つけ、社会生活上の受忍限度を超えた違法な行為であるとして、法律上の損害賠償の対象となるとしたものです（大阪高判昭54・11・27)。

この判例のような観点から考えますと、ご質問者は、Ａさんの奥さんのこと、Ａさんの家庭のことを心配してＡさんの不倫の事実を奥さんに告げたのであっても、その結果として、Ａさんは奥さんと離婚するに至ったのであれば、Ａさんがご質問者にその事実を奥さんに話さないように頼んでいたことからしても、Ａさんが奥さんとの離婚によって受けた精神的苦痛は極めて大きく、当然、社会生活上の受忍限度を超えているとみられましょうから、その額は決して多額ではないにしても、ご質問者はＡさんに対して慰謝料を支払うべきであると思われるのです。

Ⅲ―21

夫の母の激しい嫁いびりを放置する夫との離婚、夫の母への慰謝料請求は可能か

Q 結婚して１年余りの妻です。夫と夫の母と同居していますが、夫の母の私に対する厳しい態度に困っています。結婚した当初から、夫の母は、私に、「料理が下手だ」「掃除もできない」などと毎日激しく叱りつけました。初めは、人生勉強だと思って、感謝の気持ちもあったのですが、最近は、「こんな娘を育てた親はどんな人間なんだろうね」などと私の両親の悪口なども言います。我慢しかね

て夫に相談しますと、「俺の大事なおふくろだ。我慢しろ」と取り合ってくれません。これでは、夫と離婚するよりほかないと思うのですが、離婚できるでしょうか。また、夫の母に慰謝料を請求することはできませんか。

A　ご主人のお母さんのご質問者に対する態度は、社会常識に反するひどい嫁いびりだといえましょう。お母さんから見ると、若いご質問者の家事能力などにはいろいろ不満もありましょうが、それに対しては、お母さんの経験などを踏まえて親切に教えてあげるべきでしょう。その上、ご質問者のご両親の悪口などまで言われるのは全く困ったことです。そして、我慢しかねたご質問者がご主人に相談したところ、ご主人は、「俺の大事なおふくろだ。我慢しろ」と言って取り合ってくれないというのでは、ご質問者が夫と離婚するよりほかないと思われるのも無理のないことといえましょう。

ところで、ご主人と離婚できるかということですが、まず、ご主人と話し合ってご主人が離婚を承知されれば離婚できます（協議離婚、民法763条）。しかし、ご主人が承諾されないときは、家庭裁判所に離婚の調停を申し立てることが必要です（家事審判法17条）。そして、調停がまとまれば離婚できます（調停離婚）。調停がまとまらないときは、さらに家庭裁判所に離婚の訴えを起さなければなりません（民法770条）。その場合には、「婚姻を継続し難い重大な事由」があることを主張すべきでしょう（770条１項５号）。ご質問者が、ご主人のお母さんから激しい嫁いびりを受けて、困り果てているのに、ご主人が全く取り合わず、「俺の大事なおふくろだ、我慢しろ」と言われるだけでは、婚姻関係は全く破綻しており、今後の円満な結婚生活は予期し難いからです。裁判所の判断には予測し得ない面もありましょうが、同様な夫の母からの激しい嫁いびりを理由として離婚が認められた例も少なくないようですので（盛岡地遠野支部判昭52・１・26、名古屋地国崎支部判昭43・１・24など）、ご質問者の場合にも、離婚の判決が得られる可能性は大きいと思われます。

次に、ご主人のお母さんに対して慰謝料を請求することができるかどうかですが、お母さんの嫁いびりによってご質問者とご主人との婚姻生活が破綻した場合には、民法709条、710条の不法行為を理由として慰謝料を請求することが可能となると解されます。ただ、それには、ご質問者とご主人の離婚について、ご主人のお母さんが「主導的な役割りを演じ、社会通念上許されるべき限度を超えた不当な干渉をしたといえる事情」がなければならないとするのが最高裁の判例です（最判昭38・２・１）。

ところで、ご質問では、ご主人のお母さんも、積極的に離婚を導かれたとまではいえないようですので、ご主人と離婚されても、お母さんからの慰謝料を求めるのは困難ではないかと思われます。

Ⅲ—22
出会い系サイトで知り合った女性とデートをする予定だったが、わかってやめた夫と離婚できるか

Q 夫は、「次の日曜日に友人とゴルフに行く」と言っていたのですが、実は出会い系サイトで知り合った女性とデートをする予定だったとわかって、あわててやめました。夫とは、2年前にバーの女性との浮気がバレて離婚騒ぎとなり、「もう決して浮気はしないから」ということで収まっていたのですが、今回の夫の行為によって離婚できますか。

A ご主人が出会い系サイトで知り合った女性とデートをする予定だったが、わかってしまったのでやめたという事情で、離婚ができるか、というご質問ですが、難しいことで、それだけでは離婚は一般には困難でしょう。

離婚については、前にもお話したように協議離婚と裁判離婚があります（Ⅲ－17、18、19などを参照）。ご主人が、ご質問者からの離婚の申し立てに応じられれば協議離婚ができますが、応じられないときは、家庭裁判所に離婚の調停を申し立てなければなりません。その調停が成立しないときには、家庭裁判所に離婚の訴えを起こすことができるのです。

その場合の訴え提起理由として、民法770条1項1号には、「配偶者に不貞な行為があったとき」があげられていますが、ご主人が出会い系サイトで知り合った女性とデートする約束をしていたことは、この「不貞な行為」に当たりません。不貞行為には、ご主人が相手の女性と性的関係をもったことをいうのであって、デートをしたとか、一緒に食事をしただけでは、まだ「不貞な行為」があったとはいえないと解されています。したがって、この事実を根拠として離婚の請求を求めることはできません。

なお、ご主人に「不貞な行為」があった場合でも、当然に離婚の裁判がなされるとも限りません。民法770条2項には、「一切の事情を考慮して婚姻の継続を相当と認めるときは、離婚の請求を棄却することができる」と定められているのです。

ところで、今回のご主人の女性とのデートの約束がご質問者とご主人との夫婦生活の破綻状態を強く示すものである場合には、それは、民法770条1項5号の「その他婚姻を継続し難い重大な事由があるとき」という離婚の訴え提起に当たり得ると思われます。それは2年前に浮気がバレて離婚騒ぎとなり、ご主人が「もう決して浮気はしないから」ということで収まっていた事態を破壊するもので、ご質問者が、このようなご主人とはもう婚姻関係を続けていけないと強く感じられている場合には、この理由によって、離婚の裁判を進めることができ、離婚の判決を得られるかもしれません。

Ⅲ—23

家事を何もしない妻と離婚できないか

Q 私の妻は、美人で可愛いのですが、家事を何もしてくれません。5年前に知り合って付き合い始めた時、「私は家事は嫌いよ」と言われたのですが、好きになって結婚したのです。そして、結婚してみると本当に何もしないのです。朝は、私が会社に出かける時間になっても起きません。食事の支度も、掃除も、洗濯も、皆、私の仕事です。妻は、毎日、テレビを見たり、ゲームに通ったりしているようです。夕食は、いつも私が会社の帰りにスーパーで買う弁当です。さすがに、私も、この頃は、こんな生活に大分疲れて嫌になりました。妻と離婚できないでしょうか。

A　離婚には、いろいろな形式のものがあることは、先に述べました（Ⅲ－17、18、19などを参照）。まず夫婦の話し合いで離婚を決める協議離婚（民法763条）であるならば、ご質問者が奥さんに離婚を持ちかけられ、奥さんが承知されれば離婚することができます（なお、戸籍法76条）。

しかし、奥さんが離婚に応じないときは、家庭裁判所に訴えるよりほかありません。それについては、最初に家庭裁判所に調停を申し立て（家事審判法18条）、調停前置主義といわれる調停委員会での話し合いがまとまれば離婚できますが、調停離婚不成立ならば、さらに離婚の訴えを申し立てることになります（民法770条）。その場合は、「婚姻を継続し難い重大な事由」（１項５号）に当たるとして、ご質問者の妻が全く家事をしないことをあげることになります。

民法752条には、「夫婦は同居し、互いに協力し扶助しなければならない」と規定されています。以前には、「夫は外で働き、妻は家事をし家庭を守る」のが一般でしたが、現在は、必ずしもそうではありません。妻が外で働き夫が家事を担当する夫婦もあります。夫婦が互いに納得して、了解しあっていれば、協力、扶助の内容については問題とはされません。

ご質問者のご夫婦の場合には、奥さんは働きもしないし、家事もやらず、すべてをご主人のご質問者が担当しているということは、あまりにも異常すぎるとも思われます。しかし、それでも奥さんのそのような性格を結婚前に知らされており、それを承知して結婚したのですから、結婚５年後の現在でも、離婚理由とはなりにくいかもしれません。離婚訴訟を起しても、成功するかどうかは予測し難いと思います。

Ⅲ ― *24*

妻が夫の愛人から離婚を求められ、妻ひとりで切り廻してきた花屋の店も譲り受けると言われた場合の対応策

Q　私は、町角で小さな花屋を経営しています。夫は、店の名義人になっていますが、ほとんど店には出ず、私が若い女性２人を雇って、店を切り廻してきました。ところが、夫に愛人ができ、その女がこのところ毎日のように店に電話をかけてきて、「私は、あなたのご主人と結婚したいから、別れてください」とか、「あなたの店も、私がもらうことになっている」などと言うのです。夫を問い詰めても、「そんなことはない」と逃げるばかりです。夫の愛人のこんな理不尽な言い分が、法律上許されるものでしょうか。

A そのような身勝手なことは、全く許されません。一蹴してください。

ご質問者とご質問者のご主人が正式な婚姻関係を継続している以上、愛人とご質問者のご主人との間は、単なる情交関係に過ぎず、法律的に保護され得るものではありません。したがって、愛人から、ご質問者に対して、ご主人との離婚を請求することが許されないのは当然であり、むしろ、ご質問者の方から、その愛人に対して、夫婦の正当な婚姻関係を侵害したとして、不法行為に基づく損害賠償を請求することができます。つまり、愛人は、店をもらえるどころか、逆に、ご質問者に損害賠償を支払わなければならないのです。

また、ご質問者のご主人は、正当な婚姻関係にある配偶者であるご質問者に対して不貞行為（民法770条1項1号）を行ったわけですから、もしご質問者が希望されるならば、妻であるご質問者から離婚の請求をすることができます（民法770条1項）。そうなれば、ご主人は、お店を愛人に譲るどころか、ご質問者がほとんどひとりで経営されてきたお店なのですから、慰謝料・財産分与として、おそらくご質問者に譲渡せざるを得ないことになると思います。

もっとも、離婚の請求は、あくまでご質問者の意思によってなし得るものであり、仮にご主人から離婚の請求があっても、ご質問者は、もちろん、それに応じる必要はありません。

いずれにしても、愛人の言い分は法律的には全く根拠がなく、意味もないことです。

Ⅲ—25

同性愛者の夫と離婚できるか

Q 結婚2年目の妻ですが、先日、高校時代の親友だったA子から、こっそり「あなたのご主人は同性愛者なの？　昨日、男の人と手をつないでラブホテルに入って行ったわよ」と告げられました。私はびっくりして主人を問い詰めますと、「彼は、君と結婚する前からの愛人だ」と自白しました。私は気持ちが悪くなって「離婚しましょう」と強く要求しましたが、主人は応じてくれません。裁判所に訴えたら離婚できるでしょうか。

A 離婚は夫婦の合意があれば認められますが、合意がない場合には、裁判所に訴えることです。裁判所は家庭裁判所です。そして、法律は、調停前置主義という建て前を取っていますので、まず、離婚の調停を申し立てなければなりません。その場合、家事審判官と2人以上の家事調停委員で構成される調停委員会で、夫婦それぞれの言い分を聞いたりして話し合った結果、夫婦が離婚の合意をすれば、調停離婚が成立します。

しかし、離婚の調停が成立しなかったときは、家庭裁判所に離婚の訴えを提起することができます。それについては、民法770条1項に規定されている5つの事由のどれかに当たる離婚理由を主張しなければなりません。ご質問者の場合には、第1号の「配偶者に不貞な行為があったとき」か、第５号の「婚姻を継続し難い重大な事由があるとき」かのどちらかが問題となりましょう。

第１号の「不貞行為」の意味について、最高裁の判例は、「配偶者ある者が、自由な意思にもとづいて、配偶者以外の者と性的関係を結ぶことをいう」と述べており（最判昭48・11・15）、性的関係には、同性愛をも含むと解することもできそうですが、判例が実際に不貞行為と認めている例は、異性との性的関係に限られています。

これに対して、昭和47年２月29日の名古屋地裁の判決は、結婚後しばらくして夫が性交渉に応じなくなったことに不審を抱き、調べたところ、夫は、ある男性と同性愛関係に陥っていたことが判明したので、怒った妻が、夫に対して離婚と慰謝料を請求した事件について、民法770条１項第５号の「婚姻を継続し難い重大な事由」があるとして離婚を認めるとともに、夫に150万円の慰謝料の支払いを命じています。

なお、同性愛以外にも、異常な性的行為の強要について離婚が認められた例もあります。大阪地判昭35・６・23は、夫が結婚当初から自分の欲望を満足させるために、嫌がる妻に性交の際に必ず靴を履かせ、かつ、過度にわたる性交を反復強要するなどしたという事案について、新婚の妻に甚だしい嫌悪感を抱かせたとして、妻からの離婚請求を認めています。

ご質問者は、ご主人の異常な同性愛行為を知って強い精神的衝撃を受けられたのですから、「婚姻を継続し難い重大な事由」があるとして、離婚とともに慰謝料請求の訴えを起こすことができると思われます。

Ⅲ―26

女装癖の夫と離婚ができるか

Q　夫は会社員ですが、時々帰宅が遅くなります。仕事が忙しいのだと思っていたのですが、実は女装癖があり、会社が終わってから、女装してニューハーフクラブに出席しているとのこと。私は、びっくりして、夫にそんなことはやめてと強く要求したのですが、夫は聞き入れてくれません。それなら離婚してと言っても、応じてくれません。どうしたらよいでしょうか。

A　この頃、女装癖の男性が目立つとのことですね。先日、テレビのニュースでニューハーフクラブに集まっている人達についての報道を見ました。このような女装をする男性を女装子《じょそこ》と呼ぶそうです。この人たちは、身体は男性ですが、心は女性であって、性同一障害者といわれます。生物学的には正常でありながら、心理的には、自分は別の性であると信じている状態なのです。その人たちには、外科手術で心の性と同じ身体を得たいと希望する人と、手術までは望まない人があります。なお、平成15年に「性同一性障害者の性別の取扱いの特例に関する法律」（法律111号、平成16・７・16施行）が制定されました。性同一性障害者で、20歳以上であり、婚姻しておらず、子がいないなどの条件を充たしている人は、家庭裁判所に訴えて、性別

の取り扱いの変更の審判を受けることができるのです。

ところで、ご質問者のご主人は、男性社員として会社に勤務し、時々、仕事が終わった後、女装子になってニューハーフクラブに出席されているとのことですが、性同一性障害の程度は、それ程大きくはないと思われます。しかし、ご質問者は、ご主人が女装してニューハーフクラブに出席することがお嫌いで、やめてほしいと頼んでも、ご主人は聞き入れられないとのこと、それは、ご主人が性同一性障害者であれば、やむを得ないことでしょう。

そこで問題は、このようなご主人の女装癖をご質問者が受け入れられるかどうかです。先日のテレビニュースでは、女装子のご主人に離婚を求めたが、応じられないので、仕方なく婚姻生活を続けていくことにしたという女性の方のお話がありました。ご質問者も、ご主人との婚姻関係を、どういう状態でも維持していこうとお考えならば問題はありませんが、どうしても離婚したいという強いお気持ちならば、ご主人が協議離婚に応じられない以上、裁判所に訴えて離婚を求めるほかありません。

それには、まず、家庭裁判所に離婚調停を申し立てることです。そして、調停委員といろいろ話し合った結果、ご主人を説得して離婚を承知していただければよいのですが、調停が不調となったときは、裁判所に離婚の訴えを提起しなければなりません。それには、民法770条１項５号の「婚姻を継続し難い重大な事由があるとき」に当たると主張することができましょう。そして、夫婦の性格の不一致、つまり、ご主人には、女装癖という特殊な性癖があり、夫婦で話し合いを繰り返しても考え方が一致せず、その結果、夫婦関係は修復不可能な状況になっているという事情を十分主張し、立証すれば、おそらく離婚の判決を得ることができると思います。

Ⅲ — 27
再就職もせず、妻の経営する店のお金を持ち出し、競輪やパチンコに使っている夫と離婚し得るか

Q　35歳の女性です。10年前に美容師の資格を取り、叔母の経営する美容院で働いてきましたが、一昨年、ようやく独立して自分の店を持つことができ、若い2人の美容師さんに手伝ってもらっています。ところが、7年前に見合結婚をしたサラリーマンだった夫は、賭け事が大好きで競輪に凝り、会社の金を使い込んだことがバレて昨年クビになりました。しかし、再就職の口を探すでもなく、毎日ぶらぶらして競輪場やパチンコ店に通っており、最近は小遣いに困るらしく、よく私の目を盗んでは店の売上金を持ち出して行きます。私は、そんな夫にあいそが尽きているのですが、離婚しようと言ってもきいてくれません。夫を窃盗罪で訴えて処罰してもらい、離婚に持ち込むことはできませんか。

A　ご質問者の美容院の売上金は、ご質問者が管理しているものですから、ご主人がご質問者の了解を得ずに持ち出す行為は、確かに窃盗罪（刑法235条）に

当たります。しかし、刑法は、配偶者、直系血族、又は同居の親族との間で窃盗罪を犯したときはその刑を免除すると定めています（刑法244条１項）。「親族相盗例」といわれ、犯罪は成立しますが、処罰はしないのです。

その理由は、親子や夫婦のような近しい親族同士の間での窃盗については、国家が積極的に干渉して処罰するよりも、親族間の処理に委ねる方がよいという考えによると解されています。ですから、ご質問者がご主人を訴えても、処罰してもらうことはできません。

しかし、賭け事が好きで、会社の金を使い込み、クビになっても再就職もせず、ご質問者が一生懸命に働いて得られた店の売上金をしばしば持ち出すようなご主人の態度は、民法の定める裁判上の離婚の訴えを提起し得る事由である「婚姻を継続し難い重大な事由」に当たるといえましょう（民法770条１項５号）。

それ故、ご質問者は、家庭裁判所に離婚の調停を申し立てられ、調停が整わないときは、さらに、離婚の訴えを起こされるのがよいと思います。

Ⅲ— *28*

夫が妻に預けておいた離婚届を妻は区役所に提出し得るか

Q　友人のＡ君は、結婚前にはかなりのプレーボーイでよくモテたのですが、今の奥さんと結婚してからも、いろいろ女性問題があったようで、奥さんとのゴタゴタの末、今度同じことがあったら別れると離婚届に署名し、判を押して奥さんに渡しておいたとのことです。それから、５年ぐらいは何もなかったのですが、最近、また、別の女性と付き合っていることが発覚し、奥さんからその離婚届を盾に取られ、厳しくやり込められているとのこと。とうとう私に相談してきました。「あのときは勢いで書いてしまったのだけど、何とかあの離婚届を無効にすることはできないかねえ」と言うのです。Ａ君は、もう浮気は絶対にしないと誓っていますので、何とか良いアドバイスをお願いします。

A　ご質問者の友人であるＡさんは、本当に困ったお人ですね。女性問題で懲りた末、奥さんに離婚届を渡したはずなのに、また、女性問題を起こして奥さんからやり込められているのは、自業自得で仕方のないことでしょう。奥さんと離婚したくないならば、Ａさんは本心から奥さんにお詫びをして許してもらうことが必要です。

法律的には、離婚届書は、夫婦が互いに相手と離婚しようという意思のもとに共同して作成されたことが必要です。それ故、夫婦の一方に離婚の意思があっても、他方にその意思がないのに、勝手に作られた離婚届書は、本来、無効なのです。

しかし、もし奥さんがＡさんから預かっている離婚届書を区役所の戸籍係に提出したときは、夫婦の署名、押印があり、形式が整っていさえすれば、受け付けられ、一応、離婚が成立してしまいます。

その場合に、夫であるAさんに離婚の意思がなく、その離婚届が無効であったことについて、改めて家庭裁判所に訴えて、調停、審判、又は裁判の結果、それを確認してもらわなければならないのです。

そこで、Aさんと奥さんとの話し合いがつかず、奥さんが一方的にその離婚届書を区役所に提出してしまいそうだという場合に、Aさんがそれを避ける方法として、予め区役所に離婚不受理の申出をしておくことができます（戸籍法27条の2第3項）。申出の用紙は区役所に備えられていますから、それに記入して提出すればよいのです。ただ、この申出は半年で効力がなくなりますので、半年ごとに書き換えることが必要です。そして、この申出がなされていれば、奥さんから離婚届が提出されても、戸籍係はそれを受け付けないのです（戸籍法27条の2第4項）。

しかし、Aさんは、こんな手続をとるまでもなく、奥さんに心から謝って二度と女性問題などを起こさずに真面目に生きていくことが大事ですね。ご質問者も、よく見守ってあげてください。

Ⅲ—29
彼女の所へ行くと言って1年前に家出して帰って来ない夫と離婚することができるか

Q 携帯電話で夫と親しくしている彼女がいたことがわかり、妻の私が怒って問い詰めますと、夫は「それなら彼女の所へ行く」と言って家を出てから、もう1年になるのに全く帰って来ません。携帯電話に何度連絡しても通じませんし、住んでいる所も、いろいろ探したり、警察に届けて調べてもらっているのですが、全くわかりません。こんな夫とは離婚したいのですが、離婚できるでしょうか。

A 民法770条1項3号には、夫婦の一方から家庭裁判所に離婚の訴えを提起することができる場合として、「配偶者の生死が3年以上明らかでないとき」というのがあります。ご質問者の場合は、ご主人が家を出られて所在不明となり、警察に届け出て調査してもらってもわからないというのですが、その期間はまだ1年だとのことですので、この場合には当たりません。しかし、同2号の「配偶者から悪意で遺棄されたとき」には該当するといえましょう。民法752条には、「夫婦は同居し、互いに協力し扶助しなければならない」と規定されています。ご主人が「彼女の所へ行く」と言って勝手に家を出て1年間も帰宅せず、行方不明であるということは、妻であるご質問者を遺棄したものということができます。そして、この場合の遺棄は、「悪意で」、つまり、正当な事由がないのに行われたことが必要です。夫婦が別れて生活しているのであっても、それが、例えば、単身赴任などの職業的理由による場合や、出稼ぎなどの経済的理由による場合や、入院などの病気を理由とする場合などは、悪意のものとはいえませんが、ご質問の場合、ご主人は「彼女の所へ行く」と言って、ご質問者のもとを去られたものですから、明らかに悪意によるものであり、したがって、ご質問者は、この理由によって離婚の訴えを起こし得るといえましょう。

なお、離婚の訴えは、調停前置主義という建て前から、まず、家庭裁判所に離婚の調停を申し立て、その調停が整わなかった場合になし得るとされているのですが（家事審判法18条１項)、ご質問のようにご主人の所在が不明な場合には、調停を申し立てることができませんので、最初から離婚の訴えを提起することが許されましょう（家事審判法18条２項ただし書参照)。

ただ、ご主人は、所在不明であり、生死も不明なのですから、通常の形の訴えはできません。しかし、民事訴訟法110条に、公示送達の制度が定められています。「当事者の住所、居所その他送達をすべき場所が知れない場合」には、「裁判所書記官は、申立てにより、公示送達をすることができ」ます。「公示送達は、裁判所書記官が送達すべき書類を保管し、いつでも送達を受けるべき者に交付すべき旨を裁判所の掲示場に掲示して」行われます（民事訴訟法111条)。つまり、訴状や呼出状をご主人に送る代わりに、裁判所の掲示板にそれを掲示するのです。その効力は、掲示を始めた日から２週間を経過することによって生じます（民事訴訟法112条)。つまり、掲示して２週間たてば、ご主人がそれを見ていなくても、ご主人に届いたことになり、それによって裁判を開始することができるのです。そして、裁判所は、おそらく、ご質問者とご主人との離婚を認める裁判をしてくれるでしょう。

Ⅲ — *30*

夫の不倫相手の女性又は夫から離婚を求められた場合の措置

Q　夫の不倫が発覚し悩んでいるところへ、不倫相手のＡ子という人が来て、「ご主人から結婚を申し込まれているので、離婚してください」と言いました。私は怒って、「よくそんなことが言えますね」と怒鳴りつけました。私は、この人に慰謝料を請求することができますか。また、夫から離婚を求められたら拒否することはできますか。

A　Ａ子さんは、奥さんがあることを知りながら、ご主人と不倫関係にあるのであって、その行為は、奥さんであるご質問者に強い精神的な苦痛を与えているわけですから、民法709条、710条の不法行為に当たります。したがって、ご質問者は、Ａ子さんに対して、慰謝料を請求することができます。なお、同様な不法行為は、Ａ子さんの不倫相手のご主人にも認められますから、ご質問者は、ご主人に対しても慰謝料を請求することができるわけです。

ところで、ご主人がＡ子さんと結婚したいと思っても、ご質問者と離婚しなければできないので、ご主人からご質問者に離婚を求めることもあり得るでしょう。その場合、ご質問者がその離婚請求に応じれば、協議離婚は成立しますが、応じなければ、調停を経て裁判で争われることになります。

裁判上の離婚が認められる事由は、民法770条に定められていますが、それは、基本的に婚姻関係が継続し難く破綻している状態にあることが必要とされていると解されます。

ただ、婚姻関係を破綻させる原因を作った有責配偶者の側からの離婚請求を認めることは不都合ですから、不貞行為を行った側からの離婚の訴えは否定するのが、以前からの判例の立場でした（最判昭27・2・19民集6巻2号110頁）。しかし、全く実体を失っている婚姻関係を無理に存続させることは不都合であるとして、昭和62年9月2日の最高裁判決は、①夫婦が長期間にわたって別居していること、②子は成人していること、③配偶者に生活に困らない保障があること、そして、④愛人との同居生活が婚姻と同視し得る実質をもつに至っていること、をあげて、有責配偶者からの離婚請求をも認めるという判断を下したのでした（民集41巻6号1423頁）。

ところで、ご質問者とご主人との間には、現在、このような諸事情はおそらく存在しないでしょうから、ご主人の側からの離婚の訴えは認められないでしょう。

それから、ご主人が狡い人で、ご質問者の承諾がないのに承諾があったように装って離婚届を作成し、市区町村役場に提出することも、ときにはあり得ないではありません。その場合には、家庭裁判所に離婚無効の調停を申し立て、調停が整わないときは、訴えを起こして離婚無効を認めてもらうことが必要です。また、ご主人の不正な離婚届を阻止するためには、予め市区町村長に離婚届不受理願書を提出しておくことも考えるべきでしょう。

なお、そのようなご主人の行為は、刑法の私文書偽造罪（159条）及び偽造私文書行使罪（161条）に当たることもご承知ください。

Ⅲ—31

知人の紹介とは性格の異なっていた妻と離婚した場合、知人に損害賠償を請求し得るか

Q 知人から紹介された女性と半年間付き合ってから結婚したのですが、結婚してみると彼女の性格は知人から聞いていたところとは大違いで、私の気に入らない点がすごく多いのです。このままでは、離婚になるかもしれません。その場合、知人に損害賠償を請求することができますか。

A 損害賠償を請求することはできないと思います。

知人の方が女性を紹介した時に説明した女性の性格が、結婚してからわかった本当の性格と非常に違っていたとのことですが、人の性格には、普通の付き合いではなかなかわからない面もあり、おそらく知人の方はその女性の性格を正確には知らなかったのではないでしょうか。

そして、ご質問者は、その女性と半年間も、結婚を前提としての親しいお付き合いをしたのですから、ご質問者は、知人の方よりもはるかによくその女性の性格を知ることができたはずであり、その上で結婚したご質問者には、女性の性格を正確に見抜けなかったことについて、知人の方以上に重い自己責任がありましょう。知人の方にもその女性の性格を正しく説明し得なかっ

たことの責任がないとはいえませんが、ご質問者の自己責任はそれ以上です。

また、仮に、知人の方が悪い人で、性格の合わない女性を紹介して、ご質問者に嫌がらせをしてやろうとしたのであっても、別段結婚を強制したのではありませんから、法律上の責任を問うことはできないと思われます。

なお、知人の方がご質問者をだましてその女性との結婚をすすめたとしても、知人の方に詐欺罪は成立しないでしょう。詐欺罪は財産犯罪であり、ご質問者をだましてその女性と結婚させたことによって、知人の方が財産的な利益を得たのでない限り、詐欺罪にはならないのです。

Ⅲ — *32*

離婚理由としての「不貞行為」の意味

Q　結婚3年目に久しぶりで故郷に帰ったところ、偶然、昔の彼に会いました。彼は、懐かしがって話しかけ、久しぶりに一緒に食事をしたりしました。その時、彼とキスをしましたが、肉体関係には至りませんでした。私の行為は、法律上浮気になりますか。

A　ご質問には「浮気」と言われていますが、法律上は、「不貞な行為」という言葉が用いられています。

民法770条1項1号には、夫婦の一方が裁判所に離婚の訴えを提起することができる場合として、「配偶者に不貞な行為があったとき」があげられています。そして、この「不貞な行為」とは、その意思に基づいて配偶者以外の者と肉体関係を持つことを指すと解されているのです。したがって、キスをしただけでは、この「不貞な行為」には当たらないとみられるわけです。

しかし、民法770条1項5号には、「その他婚姻を継続し難い重大な事由があるとき」をも離婚の訴えを提起し得る場合とされています。そして、夫婦の一方が配偶者以外の者とキスを繰り返すなどの行為を続けるときは、この「婚姻を継続し難い重大な事由」に当たると解されることもないではないと思われます。

ご質問の行為の程度では、法律上の離婚事由とはならないでしょうが、ご質問者は、既に結婚されているのですから、昔の彼に会ったからといって、夫以外の男性と安易にキスなどしないことですね。

Ⅲ — *33*

ホテルで偶然出会った旧クラスメートの女性とエレベーターでフロアに降りたところを盗撮された写真は、不倫の証明になるか

Q　仕事で泊まったシティホテルで、チェックアウトしようと廊下へ出たところ、偶然、高校時代にクラスメートだった女性と出会いました。彼女も、チェックアウトをしようとしていたところだったので、一緒にエレベーターで1階のフロ

アに降りたところを、家内が依頼して私を付け回していた私立探偵に写真を撮られました。この写真を見た家内は、私の不倫の証拠だと怒っています。こんな写真が不倫の証明になるのでしょうか。

A シティホテルで、偶然、高校時代にクラスメートだった女性と出会って、一緒にエレベーターに乗って、1階のフロアに降りて来たところを盗撮されたからといって、その写真が不倫の証拠となるものではありません。私立探偵の人は、おそらく高校時代にクラスメートだった女性と久しぶりに出会って懐かしさから親しそうに話し合っていたのを、男女の親密な不倫関係を示しているものと誤解して撮影したのでしょうが、シティホテルでの男女の話し合いが、たとえ同じ部屋の中で行われても、それだけで不倫とは断じ得ないと思われます。

したがって、奥さんが、その写真を証拠としてご質問者と離婚しようと訴訟を起こしても、離婚理由としての夫の不貞行為の証拠とすることは困難であり、おそらくその女性やホテル側の説明で真実は証明されるでしょう。

しかし、そのような写真がラブホテル内で写されたときは問題となります。男女がラブホテルの廊下を一緒に歩いている写真でも、不倫の証拠とされるおそれがあると思われます。

Ⅲ―34

有責配偶者である夫からの離婚請求には応じなければならないか

Q 食品会社のＯＬです。夫は、旅行会社の社員ですが、昨年、会社の命令で1年間トルコのイスタンブールに派遣されました。妻の私は、自分の仕事をやめてまで同行したくはなかったので、「1年間だけなので、独りで行ってください」と頼んで、夫に単身赴任してもらいました。ところが、夫は、現地の女性と親しくなって、1年たって会社から帰国の命令が出たのに応ぜず、私に、「僕は、ここに残るから、離婚してくれ」と言ってきました。私は、離婚しなければならないのでしょうか。

A ご質問者は、イスタンブールへ単身赴任したまま帰国せず居残っているご主人から、離婚を求められているが、離婚したくないというお気持のようですね。離婚は、夫婦が話し合って離婚することに意見がまとまれば認められます（協議離婚。民法763条）。しかし、意見がまとまらないときは、家庭裁判所に調停を申し立て、そこで夫婦の合意が得られれば離婚できます（調停離婚。家事審判法17条・21条、さらに24条）。合意が得られないときには、さらに、家庭裁判所に離婚の訴えを提起し、離婚の判決を受けられれば離婚が成立するのです。

ただ、ご質問者に離婚したいという気持がない以上、このような離婚についての調停や裁判の手続は、専らご主人の側からされなければならないでしょう。ご質問者は、それに応じられる必要はありません。家庭裁判所へ調停の申立てがあったとき、調停の会議に参加することは必要ですが、ご主人からの離婚の求めに反対することができます。そして、調停が成立しないとき、ご主人から家庭裁判所に離婚の訴えが提起されることになるでしょうが、実は、ご主人が離婚の訴えを提起し得るかどうか問題なのです。

離婚の訴えを提起するには、民法770条1項に定められている５つの理由のどれかを示すことが必要ですが、その第１号の「配偶者に不貞な行為があったとき」は、ご主人とイスタンブールの女性との間に認められるのであって、ご質問者から離婚の訴えを提起するには適当な理由とすることができるものの、ご主人の側からの訴えの理由とすることは不可能です。

そして、このように不貞行為を行った配偶者を「有責配偶者」と呼びますが、有責配偶者からは離婚の訴えを申し立てることができないとするのが以前からの判例の立場でした。ただ、その立場を徹底させるときは、不貞行為によって破綻してしまっている実体のない婚姻関係を不当に継続させ続けることになりかねませんので、事情によっては、有責配偶者からの離婚の訴えも認めることができるとする判例が出されました（最判昭62・９・２民集41巻６号1423頁など)。そして、それが認められる特別の事由としては、夫婦が長期間にわたって別居状態にあること、離婚しても、他方の配偶者の生活が保障されること、夫婦の間に未成熟の子がいないことなどがあげられています。

しかし、この新しい判例の立場においても、ご質問者とご主人とは、ご主人の単身赴任で別居されていても、それは、夫婦関係の破綻が原因ではありませんし、期間も１年間に過ぎませんから、有責配偶者であるご主人の側からの離婚の訴えが認められる特別の事由には当たらないでしょう。

なお、民法752条には、「夫婦は同居し、互いに協力し扶助しなければならない」という規定がありますが、ご質問者がご主人の海外出張に同行せず、単身赴任を求められたことは、この規定に違反し、実質的な離婚事由とされないかという問題があるかもしれませんが、ご質問者は自身の仕事があり、やめにくいことと、期間も１年の短期間なので、ご主人の同意を得て、同行されなかったのですから、この規定に違反するとは言い難いと思われます。

こうして、ご質問者が応じられない限り、ご主人から離婚を求められても、離婚は認められないでしょう。

Ⅲ―35
妻の浮気に気付いたが、離婚はせず、相手の男に妻との浮気をやめさせるにはどうしたらよいか

Q 最近、妻が浮気をしていると思われるのです。昼間、家へ電話をかけても留守にしていることが多かったり、夜も、出掛けることが少なくありません。浮気の相手は、大体、予想がついています。しかし、私は、妻が浮気をしていても、離婚はしたくありませんし、できれば浮気をやめてもらいたいのです。ただ、その

ことを妻に直接質しますと離婚の話になってしまいそうなので、なかなか聞けません。相手の男性と直接交渉して浮気をやめさせるにはどうしたらよいでしょうか。その際、「訴えるぞ」などと言ったら、脅迫罪になるのでしょうか。

A まず、相手の男性が、奥さんが他人の妻であると知りながら浮気をしているのであれば、夫であるご質問者に対する民法710条の不法行為に当たり、その男性には、夫権の侵害に対する賠償責任が認められます（大判明36・10・1刑録9輯1425頁）。最高裁判所の判例も、夫の被った精神上の苦痛を慰謝すべき義務があるとしています（最判昭54・3・30民集33巻2号303頁）。それ故、ご質問者は、相手の男性に対して、浮気の法律的意味をよく理解させつつ、奥さんとの浮気をやめるように説得することです。そして、必要に応じ慰謝料を請求しても、当然の権利の主張であって、何ら犯罪とはなりません。ただ、話のもつれから、勢いに乗って相手に対して、「殺すぞ」などと言えば、脅迫罪（刑法222条1項、刑は、2年以下の懲役又は30万円以下の罰金）に当たります。要は、その男性を心底から反省させて、奥さんとの浮気をやめさせることです。

ところで、より以上に重要な問題は、奥さんの心の持ち方を改めさせることです。浮気をすることは、夫婦間の誠実義務に違反するのであり、民法上も、「配偶者に不貞な行為があったとき」が、離婚の訴えを提起し得る、第1の理由としてあげられています（770条1項1号）。それ故、ご質問者から奥さんに対して離婚の訴えを起こすことは可能ですが、奥さんからは、浮気の相手の男性と一緒になりたいからなどの理由で、ご質問者に対して離婚の訴えを起こすことはできません（最判昭27・2・19民集6巻2号110頁参照）。したがって、ご質問者から奥さんに離婚を望まれない限り、奥さんがご質問者に離婚を求めることは困難なのですから、ご質問者は、安心して奥さんと話し合えるのです。そして、奥さんが心の持ち方をはっきり変えない限り、今回の相手の男性との浮気がなくなったとしても、また、別の男性との浮気が始まらないとは限らないでしょう。それ故、ご質問者は、奥さんに夫婦間の誠実義務をはっきり認識させて、それを誠実に遵守してもらうことが必要なのであり、真剣な愛情を蘇らせることが大切だと思われます。

Ⅲ — 36

成田離婚をした仲間のＯＬに、贈った祝儀を返してもらえないか

Q 会社のＯＬ仲間のＡ子さんが結婚するというので、張り切って多額の祝儀を贈りました。しかし、Ａ子さんは、新婚旅行先のハワイで新郎と大げんかをしたとのことで、成田離婚をしてしまいました。私は、だまされたようでくやしくてたまりません。祝儀を返してもらえないでしょうか。

A　ご質問者がA子さんに結婚のご祝儀を贈ったことは、民法の定める贈与に当たります。民法549条には、「贈与は、当事者の一方が自己の財産を無償で相手方に与える意思を表示し、相手方が受諾をすることによって、その効力を生ずる」と書かれています。したがって、ご質問者がA子さんに、「ご結婚おめでとう。これはお祝いです」と言ってご祝儀を渡し、A子さんが「有難う」と言って、それを受け取れば、贈与は成立します。

また、民法550条には、「書面によらない贈与は、各当事者が撤回することができる。ただし、履行の終わった部分については、この限りでない」と定められています。「書面によらない贈与」とは、贈与をする旨を書面にしておかず、ただ口約束で、あげましょう、いただきましょう、と決めるだけの贈与です。ご祝儀を贈る場合などは、その場で贈り、受け取るのが一般で、これに当たります。それ故、前もって、ご祝儀をあげますよと言い、相手がそれを承知しても、その後で、気持が変われば、お約束のご祝儀は都合で中止させてください、と言って、取りやめることができるのです。しかし、いったん渡してしまえば、もはや撤回はできません。

ですから、ご質問者も、A子さんに渡してしまったご祝儀は、返してもらえないわけです。

ただ、問題となる2つの場合があります。1つは、民法95条に、「意思表示は、法律行為の要素に錯誤があったときは、無効とする。ただし、表意者に重大な過失があったときは、表意者は、自らその無効を主張することができない」と定められているところに該当する場合です。錯誤とは、間違い、思い違いのことをいいます。「法律行為の要素の錯誤」は、合理的に判断して錯誤がなければ表意者が意思表示をしなかったであろうと認められる場合であると解されています（大判大3・12・15）。したがって、ご質問者がOL仲間のA子さんの人柄などから、結婚をしても成田離婚にいたる可能性が少なくないことを知り得たのに、とくに大きな過失というのではないが、それに気付かなかった場合であれば、法律行為の要素に錯誤があったとして、A子さんにご祝儀を贈ったことは法律上無効であったとして、それを返してもらうことができるのです。ただ、実際上、このような錯誤が認められる場合は稀れでしょう。

次に、もう1つは、民法96条1項の「詐欺……による意思表示は、取り消すことができる」という規定に当たる場合です。もし、A子さんが、成田離婚になることを予測していながら、ご質問者をだまして、「よい結婚だと思いますよ」などと言っていたのであれば、詐欺によってご質問者の祝儀を出させたものとして、ご質問者は、A子さんへの贈与を取り消してご祝儀を返してもらえます。しかし、このような事柄はおそらくなかったでしょうから、ご質問者が、A子さんからご祝儀の返還を求めることは困難だと思います。

Ⅲ — *37*

1年程の同棲は内縁か。内縁の解消と慰謝料支払い義務

Q　都会の建設会社の社員です。１年程、会社のＯＬのＡ子とマンションで同棲しています。結婚することまでは考えていませんでした。先日、遠縁にあたる郷里の土建会社の社長だったＢさんが亡くなったとのことで、Ｂさんの妻Ｃ子さんから、私に「郷里へ帰って土建会社を受け継いでもらいたい、そして、できたら娘のＤ子と結婚してくれないか」という話がありました。私が乗り気になっていますと、Ａ子が憤慨して、「私という者があるのに、なぜ、田舎の娘と結婚するのか。それなら慰謝料をもらいます」と言います。私は、払わなければならないのでしょうか。

A　民法739条には、「婚姻は、戸籍法の定めるところにより届け出ることによって、その効力を生ずる」と規定されています。つまり、婚姻することを市役所、区役所などに届け出たことによって正式の夫婦となり、権利義務が生じるのです。

これに対して、内縁と呼ばれるものがあります。男女が婚姻の意思で共同生活を営んでおり、社会的には夫婦と認められているのに、婚姻の届出をしていないために、法律上は、正式の夫婦とは認められないものをいいます。内縁の夫婦間にも、互いに同居・協力・扶助の義務、貞操の義務があります。財産関係についても、夫婦間の財産の帰属に関する規定（民法762条）は、内縁の夫婦に準用されますから、特有財産が認められ、夫婦のどちらに属するか明らかでない財産は、内縁夫婦の共有と推定されます。日常家事債務の連帯責任に関する規定（民法761条）も、類推適用されるものと解されます。

しかし、内縁夫婦間に生まれた子は非嫡出子とされ、原則として母の単独親権に服し、父子関係については、父の認知が必要とされます。

当事者の生存中の内縁の解消は、当事者の意思によって自由にすることができます。合意による場合はもちろん、一方的な意思によっても解消は可能です。合意による解消の場合、共有財産の清算、財産分与などは当事者の合意によってすることができます。内縁の一方的な解消の場合、それが正当な理由に基づくときは、相手方に対して格別の責任を負わず、相手方の責任を追及し得ることもありますが、正当な理由なしに内縁関係を破棄した者は、相手方に対して、精神的ならびに財産的損害を賠償する義務を負うと解されます。なお、内縁解消に伴う財産供与については、家庭裁判所に訴えて解決を求めることができるとされています。

ご質問の場合、Ａ子さんとは、１年程マンションで同棲されていたが、結婚することは考えていなかったとすれば、内縁には当たらないでしょう。そうであれば、Ａ子さんと別れるにも、別に慰謝料を支払う義務はないわけです。Ａ子さんが一方的に内縁状態にあったと信じていたとしても、それが誤解による場合には、内縁とはなりません。

ただ、Ａ子さんは内縁と信じたが、ご質問者には内縁とする意思がなかったとしても、内縁とみられるような行為をしていた場合、すなわち、例えば、２人で他人の仲人を務めたり、一緒に店を持ったりしたなどのことがあったときは、実質上内縁関係が認められ、その解消については慰謝料支払いの義務が生じるでしょう。

Ⅲ―38

婚約者に彼女がいた場合の婚約の解消と結納の返還義務

Q 23歳の女性です。半年程前に彼と結婚の約束をし、その後結納も済ませ、1か月後に結婚式を挙げることで準備中だったのですが、突然、彼に付き合っている彼女のいることがわかり、怒っています。彼を問い詰めますと、彼女とはすぐ別れるから、自分と結婚してほしいと言います。しかし、私の不安は消えません。彼との婚約を解消することはできますか。その場合、受け取った結納は返さなければなりませんか。

A 婚約については、民法には規定がありませんので、その法律的な取扱いは、判例や民法学の理論を基準として行われています。それによりますと、男性と女性が将来結婚しようと真面目に約束することによって婚約は成立します。しかし、外部の人たちにも婚約したことが認められるためには、指輪の交換があったとか、結納が交わされたとか、結婚式の準備が進められているなどの事実があることが必要です。ご質問の場合には結納も済まされ、1か月後に結婚式を挙げることで準備中だったのですから、ご質問者と彼との婚約ははっきり認められましょう。

ところで、婚約をした男女が、結婚をやめて婚約を解消することは、当事者である男女の話し合いがまとまれば認められます。しかし、一方の当事者が婚約の解消を求めても、他方が応じないときは、家庭裁判所に調停を申し立てることなどで解消することができましょう。

そして、婚約が解消された場合の当事者間の法律問題は、婚約解消の理由がどうであったかによって異なります。

婚約してからお付き合いをしているうちに、それまでわからなかったお互いの性格の違いに気付き、これでは結婚してもうまくいかないと思って婚約を解消する場合などには、財産的な問題の処理で済むのが一般でしょう。例えば、結婚の準備のために、生活用品を購入していたとか、結婚の準備の費用を負担していたとか、結婚後の住居を用意するためにお金を払っていたなどの場合には、一定の範囲で、それらの代金に当たるお金の返済を賠償として求めることができます。そして、結納は、結婚のための解除条件付贈与とも見られますから、婚約の解消によって結婚ができなくなった以上、返却しなければならないでしょう。

これに対して、当事者の一方の不誠実さによって婚約が解消された場合には異なります。婚約者同士は誠実な交際を続けて結婚に至るべき義務があるのに、例えば、男性が別の女性と付き合っていたときなどには、誠実義務の違反としての損害の賠償も認められるべきです。

ご質問者の場合にも、彼の不誠実な行動による婚約の解消が可能であり、彼が応じないときは、家庭裁判所に調停を申し立てるのがよいでしょう。

そして、婚約が取り消されたときは、彼はご質問者に対して、財産的問題の処理をすべきことは当然としても、さらに、精神的な被害に対する慰謝料の支払いもしなければならないと思います。また、結納として彼から受け取った物は、返却する必要もないといえましょう。そのことを認めた判例もあります（奈良地判昭29・4・13）。

Ⅲ—39

同棲女性が僕のカードでこっそり買った指輪の代金支払義務〔内縁解消と財産分与、慰謝料の支払い〕

Q 3年間同棲している彼女とこの頃うまくいっていないのですが、彼女がコッソリ僕のカードを持ち出してダイヤの指輪を買ったのです。宝石店から僕宛てに500万円の請求書が届いてビックリし、彼女を怒鳴りつけますと、「どうせ別れるんだからこのくらいの額は支払ってもらってもいいでしょう」と言います。僕は支払わなければなりませんか。

A まず、クレジットカードを紛失したときは、クレジット会社に連絡して、第三者にカードを不正に使用されるおそれのあることを告げることが必要です。それによって、会社はそのカードの使用を無効とする処置をとりますから、被害の拡大を押さえることができます。また、連絡をした日から遡って一定期間以後に発生した不正使用についての請求分は免責され、カード所有者は支払わなくてよいとされることもあります。しかし、カード所有者の家族などがカードを持ち出して使った場合などは請求分の免責がされることはないでしょう。ご質問の場合には、同棲中の彼女の行為ですから免責はされないと思います。

次に、彼女がご質問者のカードを勝手に持ち出して宝石店でダイヤの指輪の購入に使用した行為は、刑法上の犯罪となります。まず、勝手に持ち出す行為は窃盗罪（刑法235条）、そのカードを用いて指輪を買った行為は、宝石店に対する詐欺罪（刑法246条）、その際偽りのサインをした行為は、私文書偽造罪（刑法159条）及び偽造私文書行使罪（刑法161条）に当たります。それ故、ご質問者は彼女を警察などに告訴することができます。

また、ご質問者は、事情を宝石店に説明して宝石代の支払いを拒絶することができます。

それから、宝石店も詐欺罪の被害者ですから、彼女を告訴することができますし、ダイヤの指輪をだまし取られたことは不法行為としてその返還を請求することとともに彼女に対して損害賠償を求めることも可能です。

ただ、実際問題としては、彼女とは3年間同棲していて家族同然だったわけですから、ご質問者はこのような法律的手段は取りにくいことも多いかと思われます。そして、彼女から、どうせ別れるのだから、このくらいの額は支払ってもらってもいいのではないかと言われたことですが、ご質問者と彼女とが実際上内縁関係にあった場合、別れるときは、内縁中に共同して作り上げた財産があるならば、彼女は財産分与の請求ができますし（民法768条）、内縁解消の原因がご質問者の不法な行為によるときも、彼女はご質問者に慰謝料を請求することができます。しかし、その額は、実際上、500万円までは認め難いと思います。

ご質問者は彼女とよく話し合って解決策を決めるべきです。場合によっては、家庭裁判所に訴えることも必要となりましょう。

Ⅲ — 40

離婚の際の財産分与と慰謝料請求

Q 35歳のサラリーマンです。結婚７年目の妻がマンションのローン支払いの一助にと近所のスーパーに勤めに出たのですが、１年後にそこの上司と特別の関係になり、家を出て同棲してしまいました。とても許せないことなので離婚を迫りましたところ、妻は承知しましたが、私の名義になっているマンションと銀行預金・株券の半分をもらいたいと言い出しました。妻の不貞行為による離婚なので、私の方こそ慰謝料を取りたいところなのに、妻の勝手な言い分にあきれています。応じなければならないのでしょうか。

A 離婚の際の妻の財産分与には、結婚生活の間に、夫婦が共同で作った財産の実質的な清算と、妻の離婚後の扶養という２つの意味があります。それ故、奥さんがご質問者との８年間の結婚生活を維持していた間にできた財産についての持分を清算するという意味では、たとえ不貞行為で離婚する場合でも、奥さんからの財産分与の請求は認められるのです。

そこで、まず、共同の築財についての奥さんの協力度をどのように評価するかが問題となりますが、初めの７年間奥さんが熱心に内助の功をあげたために、ご質問者が安心して勤務できたのであれば、奥さんの協力度が考慮されなければなりません。ただ、ご質問者名義の財産の中で、ご質問者に固有のもの、例えば、親から相続したものなどは財産分与の対象とはなりません。

次に、妻の離婚後の扶養という観点からは、奥さんの財産分与請求権は非常に薄弱です。離婚の原因が一方的に奥さんの不貞行為にある上に、職場の上司と同棲している奥さんの生活などをとくに考慮する必要はないからです。

奥さんへの具体的な財産分与額は夫婦の協議で決められればよいのですが、もしまとまらないときは、家庭裁判所に調停の申立てをされるのがよいでしょう。家庭裁判所は、婚姻中及び離婚に際しての一切の事情を考慮して財産分与を認めるかどうか、認めるとしてその額や方法はどうするかを決めてくれましょう。

なお、ご質問者にとって重要なことは、妻の不貞行為に対する慰謝料を、奥さんに対しても、また、不貞行為の相手方である職場の上司に対しても請求し得ることです。奥さんへの請求は、財産分与に関する「一切の事情」の中に含めて、相殺・減額を求めることが可能です。家庭裁判所の調停にあたりその旨を主張されるのがよいでしょう。

Ⅲ－41

婚姻の直前に、突然、他の女性との婚姻を理由に婚約の解消を求めた男性の賠償義務

Q ＯＬでしたが、会社の先輩の彼と３年間交際した後、半年前に婚約し、近々結婚する予定で、先月、会社を退職しました。ところが、彼が、突然、婚約を解消すると言うのです。社長からお嬢さんとの見合いをすすめられ、見合いをしたところ、お嬢さんが好きになったとのこと、びっくりして、がっかりしました。彼に損害賠償を請求することができますか。社長に対してはどうでしょうか。

A 婚約は、男女の合意によって解除することができますが、どちらか一方によって破棄される場合もあります。そして、正当な理由がないのに破棄した者は、相手方に対して、慰謝料とともに損害賠償をする義務があります（民法415条）。ご質問者の場合、婚約者だった彼は、勝手に社長の娘さんと見合いをしてその娘さんが好きになって婚約を破棄したのですから、正当な理由は全くなく、ご質問者に対して、慰謝料とともに損害賠償をしなければなりません。

慰謝料額の算定には、婚約解消責任の大小、婚約していた期間の長短、肉体関係の有無などを考慮すべきものと解されますが、彼の場合には、非常に悪質な婚約の破棄であり、結婚を間近に控えて会社まで退職して準備していたご質問者にとっては、突然、彼から、社長の娘さんと見合いをして好きになったから婚約をやめると告げられたことには、どれ程大きな精神的衝撃・苦痛を受けられたか察し難いものがあります。彼は、その苦痛に対して、相当額の慰謝料を支払わなければなりません。そして、もしご質問者が精神的な苦痛のためにノイローゼになり、入院したような場合には、彼は、その入院費についても、負担する義務がありましょう。

彼は、また、婚姻に関して、ご質問者が負担していた諸費用を賠償しなければなりません。まず、結納金を彼に渡していたときは、それを返却すべきですし、結婚のために式場の予約、仲人への謝礼、新居の購入・借入れなどについてご質問者が支払っていた費用も返さなければなりません。

それから、ご質問者が結婚のために会社を退職して収入がなくなったことも重要です。その被害額も彼は負担すべきです。金額をどうすべきかが問題ですが、退職しなければ、なお30か月は勤務したはずであるとして、給与から被害者の生活費を差し引いた残金30か月分の支払を命じた判例（東京地判昭34・12・25）などが参考にされるでしょう。

慰謝料・賠償金の額については、彼との交渉で決まらないときは、ご質問者は、裁判所に訴えて金額を決めてもらうことができます。

なお、社長に対して慰謝料等を請求し得るかですが、社長が彼に婚約者であるご質問者がいることを知りながら、彼に娘さんとの見合いをすすめた場合には、やはり、慰謝料の支払い義務がありましょう。しかし、それを全く知らなかったときは、慰謝

料の請求は少し難しいと思われます。

Ⅲ―42

婚約の破棄、債務不履行に対する損害賠償

Q 司法試験の合格を目指している彼と親しくなったのは10年前、私が30歳の時でした。彼は、「合格したら結婚しよう」と言いました。私もその気になり、アルバイトで得た収入で彼の生活を支援してきました。彼はそれから何度も受験しましたが、残念ながら合格できません。そして、今年も失敗すると、突然、「もう試験はやめた。君とも別れる」と言いました。私は、びっくりして、「まだチャンスはあるから頑張って」と諌めましたが、彼は全く応じてくれません。もう私は40歳です。これからよい結婚相手を見つけることも難しいでしょう。一体この10年間は何だったのかと彼に対する恨みは深刻です。彼に慰謝料を請求することはできますか。

A 彼は、ご質問者と「司法試験に合格したら結婚しよう」と約束して、10年間もご質問者と付き合い、経済的な援助まで受け続けてきたのに、突然、「別れる」と言い出し、ご質問者の説得にも応じないのですから、全く不都合です。

民法415条には、「債務者がその債務の本旨に従った履行をしないときは、債権者は、これによって生じた損害の賠償を請求することができる」と規定されていますが、彼がご質問者との婚約を勝手に解消して、婚約についての債務を履行しなかったことについて、ご質問者は、彼に対して損害の賠償を請求することができるのです。

損害賠償の内容としては、第1に、彼の勝手な婚約解消によってご質問者が被った精神的苦痛に対する慰謝料があげられます。婚約は、「司法試験に合格したら結婚しよう」という彼からの申し出にご質問者が応じられたことから出発したのであっても、それから10年間もご質問者のアルバイト収入による彼への援助等を含めて親しい交際を重ねてきたのであり、万一司法試験に合格できなかったとしても、当然婚約を解消するというわけではなく、合格できなかった場合には結婚して司法試験合格者とは別の途を協力して歩んで行こうという別の意味も含まれていたと考えられましょう。

ところが、彼は、そんなことは全く無視し、ご質問者の説得にも応ぜず、一方的に婚約を解消したのですから、結婚できると思って30歳から40歳までの10年間を彼のために尽くしてきたご質問者の被った精神的苦痛は極めて大きいといえましょう。それに対して、彼は相当多額な賠償金を支払う義務があると思います。

また、第2に、ご質問者は、アルバイトによって得たお金を彼の生活の支援に費やし続けたのですから、それに対しても、彼は賠償しなければならないでしょう。

ご質問者は、これらについてよくお考えの上、彼に賠償の請求をするのがよいでしょう。彼が応じなかったときは、家庭裁判所に調停を申し立てることができますし、

損害賠償請求の訴えを提起することも可能です。

なお、彼との婚約に関しては、証明書などなくても、10年間の２人の交際を見てきた人たちの立証によって裁判手続は支障なく進め得ると思われます。

Ⅲ―43
婚約の時にもらったマフラーは、婚約が破棄されたら返さなければならないか

Q Aさんと婚約した時、Aさんはデパートで高価なマフラーを買ってくれました。しかし、半年後に私たちは不仲になり、別れることになったのですが、その時、Aさんは、「あのマフラーを返せ」と言いました。私がマフラーを渡しますと、Aさんは、「何だ。こんなに汚れているではないか。マフラーの代わりにお金で返せ」と怒鳴りました。私は、マフラーの代金を返さなければならないのでしょうか。

A ご質問者がAさんからマフラーをもらったことは、法律上は、贈与を受けたことになります。民法549条には、「贈与は、当事者の一方が自己の財産を無償で相手方に与える意思を表示し、相手方が受諾をすることによって、その効力を生ずる」と規定され、また、550条には、「書面によらない贈与は、各当事者が撤回することができる。ただし、履行の終わった部分については、この限りでない」と定められています。

それ故、Aさんが、デパートで買った上、「このマフラーをあなたにあげる」と言い、ご質問者がそれを承知して受け取れば、贈与は成立し、効力を生じるのです。

そして、土地とか家屋敷などを始めとする重要な財産の贈与などについては、書面に記載して行われるのが一般ですが、日用品などの贈与は、書面によらず、単なる口約束だけでなされることが多いといえましょう。

民法550条に当たる場合として、一例をあげれば、友人の家へ遊びに行くと、庭先に作られていた西瓜の実が大きく育っていたので、思わず、「美味しそうね」と呟くと、友人が「よかったらあげよう。丁度10個あるから３個あげる。まだ未熟のものが多いから今日は１個だけ持って行きなさい」と言って１個を渡してくれた場合、書面によらない贈与に当たります。民法の規定によると、その後、友人が「都合が悪くなったので、西瓜をあげるのはやめるよ」と電話してきても、その撤回は有効です。しかし、既に手渡された１個分は履行が終わっているから撤回はできない、ということです。

ご質問者が婚約の時にAさんからマフラーをもらったことも、この書面によらない贈与に当たりましょうから、ご質問者がそれを受け取った時に履行が終わっているわけで、その後、Aさんから贈与を撤回することはできません。

それ故、Aさんが「マフラーを返せ」と言うのも、「マフラーが汚れているからお金で返せ」と言われるのも許されない行為なのであり、ご質問者はこれに応じる必要

はありません。「マフラーは、いただいた時に私の所有物になったわけですから、お返しできません」と答えればよいのです。

ただ、贈与の特殊な場合として結納品があります。それは、婚約の成立を確認する目的で、双方の当事者が贈り合うものですから、婚姻が成立しなかったときは、返さなければならないでしょう。ただ、婚姻不成立の原因が一方の当事者の不行跡などにあるときは、その当事者の側からの返還要求はできないと考えられます。

Ⅲ―44

婚約中の男性には、前の彼女との間の男児の幼稚園入園を理由とする婚姻の要求に応じる義務があるか

Q　1年余り前から交際してきた彼と婚約し、挙式の相談をしていた矢先に、突然、彼から、結婚は待ってくれと言われて、驚いています。彼には、3年前に別れた彼女との間に3歳の息子があり、その彼女から息子を幼稚園に入れるのだが、父親がいないといじめを受けたりして困るから、是非至急結婚してくれと強く要求されて迷っているというのです。息子がいることで、彼は彼女と結婚する義務があるのですか。私はどうしたらよいのでしょうか。

A　結婚は、法律上、婚姻といいます。婚姻が成立するには、男女の当事者双方のお互いに婚姻しようという意思の合致することが必要です。そして、戸籍法の規定に従って届け出ることによって効力を生ずるのです（民法739条、戸籍法74条）。それ故、男女の一方がどんなに強く相手と婚姻をしたいと望んでも、相手が応じない限り婚姻は認められません。その男女の間に既に子供があっても、それによって婚姻しなければならないと義務づけられるものではないのです。したがって、ご質問者の婚約者である彼は、ご質問者と婚姻をしたいのであれば、別れた彼女の要求を断わればよいのであり、ご質問者に結婚は待ってくれなどと言う必要はないのです。

ただ、彼は、別れた彼女の婚姻の要求は断わっても、3歳の息子の父親である以上、その息子に対しては扶養義務があるのであり（民法877条）、別れた彼女から要求されれば、養育費を負担しなければなりません。

ところで、もし彼が別れた彼女の要求に応じて彼女と婚姻をした場合には、それによって、ご質問者と彼との婚約は破棄されます。そして、それは、正当な事由によるものとはいえませんから、ご質問者は、その婚約を破棄されたことによって被った精神的苦痛について、彼に対して慰謝料を請求することができます。また、財産的な損害がある場合には、それについて、損害賠償の請求が可能です。

なお、彼がご質問者と婚約し、結婚式の相談までしていたのに、別れた彼女の要求によって、彼女と婚姻をしようかどうか迷うということは、ご質問者との婚姻についての彼の気持がそれ程しっかりしたものでなかったのかが疑われます。その程度の気持の彼とご質問者が婚姻をした場合、将来的にお互いに信頼し合った人生を歩み続けることができるのか不安があり得るかもし

れません。その場合には、彼が別れた彼女と婚姻をするにいたらなくても、ご質問者の方から彼との婚約の解消を申し出ることもできると思います。そして、その婚約解消は正当な事由に基づくものであって、ご質問者には、彼に対する損害賠償義務はないといえましょう。

Ⅲ—45
婚約したいと交際中の彼がお見合いパーティーに参加して他の女性と手を取り合っているのを見た場合、彼に損害賠償を請求し得るか

Q お見合いパーティーの会で知り合った彼とその後親しく交際しており、近く婚約したいと思っていたのですが、そのことを友人のA子さんに話しますと、彼女もその会に参加したいので世話をしてくれないかと言いますので、彼女を連れて次の会に出席しました。すると、何と彼が出席しており、しかもひとりの女性と親しそうに手を取り合って話しているではありませんか。ビックリすると同時にガッカリして、A子さんを置き去りにして逃げ帰りました。彼に対して損害賠償を請求することはできませんか。また、パーティー会の主催者にも損害賠償を請求することは可能でしょうか。

A まず、彼には、損害賠償を請求することはできないでしょう。ご質問者が彼と親しく交際しており、近く婚約したいと考えていたのに、彼は、その関係を破る行為をしたわけですから、ご質問者の受けた精神的な苦痛は大きく、慰謝料を請求したいという気持を持たれたことはよくわかります。しかし、ご質問者と彼との間にはまだ法律的な関係は認められていなかったのです。もし彼との婚約が成立していれば、法律的に保護されるべき関係ができていたのであって、もし彼が不正とみられる理由から婚約を解消した場合には、彼に対して慰謝料などの損害賠償を請求することができます。しかし、まだ婚約に至っていない男女の恋愛は社会的には自由なのであって、彼がご質問者と親しく付き合いながら、ほかに愛人がいたとしても、倫理、道徳的に非難されることは別として、法律的に損害賠償を請求することは認められないのです。

次に、お見合いパーティーの会の主催者に対しても、損害賠償を請求することはできないと思います。ご質問者が、そのパーティー会に参加した時に、会の規則はどうだったかを思い出してみてください。おそらく参加が許される条件としては、もちろん、未婚の男女であって婚約者のいない人であることが必要ですが、現在付き合っている彼女や彼氏がいても、その人と結婚するまでの気持になれず、結婚の相手にはもっといい人を探したいと考えている人たちも除きにくいのではないでしょうか。そうでなければ、参加者が少なく、実際上、パーティー会などは成立しにくいからです。したがって、彼がそのパーティー会に出席していたのは、彼のご質問者に対する気持が、ご質問者が彼に対して抱いていた気持程強いものではなかったのでしょうし、そのような気持の彼にパーティー会への参加

を許した主催者に対しても、別段、法律的な責任を問い得るとは考えられません。ただ、主催者が、彼にご質問者との親密な交際があることを知りながら、新しい彼女を紹介しようとして、とくに彼をそのパーティーに招いたような場合は別です。そのような場合であれば、主催者に法律的な責任を問い得ないではないと思われます。

いずれにしても、さぞ不愉快でしょうが、見方によっては、彼がその程度の誠実さの欠けた人柄の男であったことを婚約を申し入れる前に知り得たことは、ご質問者にとっては幸せだったともいえるのではないでしょうか。

Ⅲ—46
ある男性との２年間の愛人関係をやめて別の男性と結婚したいが、愛人契約をやめるにはどうしたらよいか

Q 30歳のＯＬです。仕事の上のお付き合いで知り合った取引会社のＡさんと愛人関係となり、毎月10万円ずつもらっていました。その関係は、２年間続いていますが、私は、最近、別に、好きな人ができて、結婚したいと考えています。Ａさんに愛人契約をやめてほしいと申し入れましたが、強く反対されました。何とか別れたいのですが、どうしたらよいでしょうか。

A 愛人契約は、民法90条に違反するものとして、法律的に認められません。

民法90条には、「公の秩序又は善良の風俗に反する事項を目的とする法律行為は、無効とする」と規定されています。愛人契約をして、Ａさんの愛人となり、月々10万円の愛人手当をもらうような契約は、家族の基本秩序に反するものですから、この民法90条によって法律上許されないのです。したがって、愛人契約をしていても、別れたい場合には、いつでも自由に別れることができます。

それに対して、Ａさんから、不平を言ったり、反対したりすることは許されませんし、裁判にかけても、もちろん、認められないのです。

Ａさんがあくまで反対するならば、法律問題について、正確に理解してもらうことが必要であり、説明してもわかってもらえないときは、弁護士に依頼してＡさんを説得してもらうのがよいでしょう。

なお、Ａさんと別れる際に、Ａさんからこれまでにもらったお金は、不法原因給付であるところから（民法708条）、Ａさんは、その返還を請求することはできません。また、これまでにＡさんに買ってもらった物などは、贈与を受けたことになりますから、これも返す必要はないのです（民法549条・550条）。

Ⅲ—47
妻子ある男性とつき合って産んだ子が小学校に入るので、現在の私の氏から父親の氏に変更してやりたいがどうしたらよいか〔子の氏の変更〕

Q 37歳の女性です。10年程前から、妻子のあるＡと付き合い、６年前にＢ子を

出産してからは、3人で同居しています。Aは、B子を認知してくれましたが、B子は、私の戸籍に入っており、通姓としてAの氏を名乗っています。ところで、B子が来年小学校に入学しますので、B子の氏を正式にAの氏とし、戸籍もAの方へ入れたいのですが、Aの奥さんと2人の息子さんは強く反対しています。どうしたらよいでしょうか。

A 現に共同生活を営んでいる親子の氏が違っているのは不便であり、親子は同氏でありたいという国民的感情を考えて民法は、「子が父又は母と氏を異にする場合には、子は、家庭裁判所の許可を得て、戸籍法の定めるところにより届け出ることによって、その父又は母の氏を称することができる」と定めています（791条1項。なお、戸籍法98条1項）。

それ故、B子さんについても、ご質問者から（民法791条3項）、家庭裁判所に、子の氏の変更許可を求め、許可されたならば、その許可書と父・母の戸籍謄本を付して市町村役場の戸籍係に「父の氏を称する入籍届」を提出すればよいわけです。

ただ、家庭裁判所は簡単に氏の変更を許可してくれるとは限りません。B子さんのような重婚的内縁子の氏の変更許可を求められた場合、家庭裁判所は、一面、その子の福祉や利益を考慮する反面、氏の変更によって入籍されるAさんの奥さんや2人のお子さん側の利益、すなわち、法律婚における嫡出家族としての立場からの主張も尊重する必要があるからです。従来、この種の事案の家庭裁判所の審判例では、氏の変更が許可された例と却下、棄却された例とはほぼ半ばずつです。

このように、問題はありますが、B子さんの親権者であるご質問者としては、家庭裁判所にB子さんの氏の変更許可を申し立てられ、その判断を待たれるのがよいでしょう。

Ⅲ — 48

特別養子縁組とは何か〔民法817条の2以下〕

Q 40歳の主婦です。結婚してから18年、主人も私も子供が欲しくてたまらないのですが、残念なことに今日まで授かりません。そこで、家庭的に恵まれない幼児を引き取って育てたらどうかと考えているのですが、養子でも、実子と同じように強く安定した親子の関係を結ぶことのできる法律的な方法はないものでしょうか。

A これまでの養子制度では、実親子関係と養親子関係が併存し、また、離縁も当事者の同意でかなり容易に行い得るために、養親子の実の親子と同様な心理的安定はなかなか得にくかったのでした。ところが、昭和63年から、養子と実方の父母や親族との法律上の親子関係を終了させ、親子、親族としての法律上の地位、権利義務がなくなり、親は「養親だけ」とする「特別養子制度」が認められました（民法

817条の２以下)。ご希望のお子さんの養育は、この制度によられるとよいと思います。

ただ、「特別養子」の縁組の要件は厳格で、養親となる者は25歳以上の夫婦であること、養子となる者は原則として６歳未満の子であること、現在の父母の養子となる者に対する監護が著しく困難・不適当であることなど特別な事情がある場合であって、子の利益のため特に必要があると認められることなどの要件が満たされなければなりませんし、また、当事者の養子縁組についての同意だけでは足りず、６か月以上の試験養育期間を経た上で家庭裁判所の審判を受けることによってはじめて縁組が成立するのです。

また、特別養子制度では、戸籍上も父母欄には養父母の氏名のみが記載され、続柄欄には、「長男」「長女」のように実親子と同じ記載がされるなどの配慮がされていますが、将来養子が正当な利害関係者として戸籍をたどって実親の記載のある除籍簿を見ることも不可能ではないこと（戸籍法12条の２)、また、離縁したいと思っても養親からはその申立てができず、しかも、離縁は、養親子関係の存続が養子のために有害である等例外的な場合に限り、家庭裁判所の審判によってなされることなどに注意してください。

このような事情をよくご承知の上で、特別養子縁組をされる決心が固まったならば、都道府県の児童相談所に問い合わせられるとよいでしょう。

Ⅲ — *49*

養育費、事情の変更による増額

Q　スーパーに勤務する35歳の女性です。８年前にサラリーマンだった夫Ａが愛人を作ったので離婚し、当時３歳だった娘Ｂ子を引き取って育てています。離婚の際Ａは私への慰謝料のほかＢ子の養育費として月々３万円を払うことを約束し、今日まで守ってくれています。しかし、最近の物価高でＢ子の学費やピアノのレッスン料などがかさみ、３万円ではやっていけません。Ａはその後脱サラして会社を経営し、現在では相当な高収入がある由です。Ｂ子の養育費を増額してもらうことはできないものでしょうか。

A　親は親権者でなくても、未成年の子に対して当然に扶養義務を負います。Ａさんは、８年前にご質問者と協議離婚をした際、Ｂ子さんの親権者をご質問者としましたが、毎月３万円の養育費を払うことによってＢ子さんへの扶養義務を果たそうとされたわけですね。

しかし、いったん扶養義務についての取り決めがなされても、その後の事情の変更ということも考慮されなければなりません。民法は、扶養に関して協議又は審判があった後事情に変更を生じたときは、家庭裁判所は、その協議又は審判の変更又は取消しをすることができると規定しています（880条)。

ご質問の場合、離婚後８年の間の物価の値上がりで当初予想したよりもＢ子さんの教育費がかさんでいることとＡさんが離婚時よりははるかに高収入を得ておられるという事情の変更がみられるわけです。

Ａさんが以前よりも高い収入を得るにいたったことは、Ｂ子さんに対する扶養もその収入に応じた内容のものとされるべきだといえましょう。すなわち、特別なぜいたくなどは許されませんが、Ａさんの収入からみて、そのお嬢さんに対するものとして、世間並みに必要と考えられる程度の養育費を、ＡさんはＢ子さんに対して負担すべきでしょう。

ご質問者は、現状を説明してＡさんと話し合われ、Ｂ子さんの養育費の増額を求められるのがよいと思います。そして、Ａさんが応じられないときは、家庭裁判所に調停又は審判を申し立てることができます。

Ⅲ — 50

離婚した先妻の養育費の不払いへの対応策

Q 私は主人と結婚して３年たつのですが、主人は７年前に先妻と家庭裁判所で調停離婚した際、先妻との間に生まれた２人の子供は主人が引き取り、先妻が養育費を支払うこととなっていたのです。ところが、先妻は、最初のうちは、きちんと養育費を支払っていたのですが、主人が私と再婚したことを知ってから支払いが滞りがちになり、最近は全く支払ってくれません。家庭裁判所に頼んで、先妻に支払うように通知してもらったのですが、それでも、一向に支払ってくれないのです。先妻にはアパートなどの財産もあるので、差し押さえをして支払ってもらうことなどできないものかと思うのですが、どうでしょうか。

A ご質問には、２つの問題点があります。

第１は、ご主人が先妻と調停離婚をされた際、家庭裁判所で、先妻との間に生まれた２人の子はご主人が引き取り、先妻は母としてその２人の子への養育費を支払うことを約束されたのですが、その後、ご主人がご質問者と再婚されたことによって、先妻は２人の子に対する養育費は支払わなくてもよくなったのか、という問題です。

この点については、そのようなことは全くありません。ご主人が再婚されても、先妻は、２人の子の母親として、その子に対する養育費は、その子が成人に達するまでの間、約束どおり支払い続けなければならないのです。

第２は、先妻が養育費を支払わないことについて、強制的に支払わせる方法はないかということです。

この点については、まず、家庭裁判所に履行の勧告をしてもらうことができます（家事審判法25条の２）。ご主人は先妻と離婚の際の調停調書に定められているところに従って、家庭裁判所に、先妻に対して、養育費の支払いを勧告してもらうのです。私人からの督促でなく、裁判所からの勧告ということから、それとしての効果も期待することができると思うのですが、ご質問によると、この方法は既に採られたのに、先妻からの支払いは、依然として得られないようですね。

その場合には、家庭裁判所に、一定の期

間を定めて、養育費の支払いについての履行命令を出してもらうことが考えられます。この命令に従わないときは、先妻に対しては10万円以下の過料に処する旨の罰則も規定されていますので（家事審判法28条）、履行の勧告以上の効果が期せられましょう。ただ、実際には、この命令が出される例は極めて少なく、年間、全国で10件ぐらいだともいわれています。それ故、家庭裁判所に頼んでも、すぐには応じてくれないかもしれません。

その場合に、さらに考えられるのは、ご質問のとおりに養育費の支払いを定めている調停調書に基づいて、債務名義として、先妻に対する強制執行を地方裁判所に申し立てる方法があります。

しかし、養育費は、通常、月払いが原則で、期限の利益喪失の効果がありませんから、不履行の回数が重なっても、将来の分までをまとめて予め執行することはできません。この点は不便であり、せっかく、債務名義がありながら、強力な執行の効果を期し難いことが多いと思われます。残念ながら、このことをご承知ください。

なお、外国では、給与から天引きする制度や公的機関による立替えの制度を設けている立法例もありますので、わが国でも、これらを見習って制度を改革することが強く望まれるところです。

Ⅲ — *51*

2人の息子の母親に対する扶養料の分担

Q 都会に住むサラリーマンです。妻と小学生の娘と息子がいます。父は死亡し、母を３年来扶養しております。郷里には市役所に勤めている兄夫婦がいます。母は以前兄の所にいたのですが、兄嫁と折り合いが悪く居たたまれなくなったと言って、３年前に突然私の家へやってきたままずっと同居しているのです。兄は、当初、電話で、「おふくろは自分のところでは居心地が悪いらしいからよろしく頼む」と言ったきりで、その後手紙一つよこしません。私の家では、最近、子供たちの教育費等に毎月相当な費用がかかります。妻は、「お母さんの生活費の半分ぐらいはお兄さんが負担してくれてもいいのではないでしょうか」と愚痴をこぼします。兄に母の生活費の分担を求めることはできないでしょうか。

A ２人の息子がある場合、母親への扶養義務は、めいめいの息子が負担するべきであり、扶養料の分担も原則として平等でなければなりません。もっとも、息子たちの間に、例えば、一方は経済的に余裕があるのに、他方はひどく貧困であるなど、平等の分担をさせるのが適当でないこともあります。また、兄が十分な扶養をしていた母親を、特別の事由もないのに弟が無理矢理自分の所へ連れてきたような場合には、兄はそれ以後の扶養料を支払う必要はないと思われます。

ご質問者の場合、お兄さんは、市役所に勤めていて、奥さんと２人だけの生活ならば、相当経済的な余裕はあるでしょうし、また、お母さんが、お兄さんの奥さんとの折り合いが悪くて飛び出してこられたのですから、ご質問者だけがお母さんを扶養しなければならない事情もありません。

それ故、ご質問者は、特別の事情がない限り、お母さんの扶養料の半分はお兄さんに分担してもらうことができると思います。もし扶養料の分担についてお兄さんとの話し合いがつかない場合には、家庭裁判所に調停や審判を申し立てて、各自の分担額を決めてもらうのがよいでしょう。

Ⅲ — 52

認知の取消し、認知の無効

Q　45歳の会社員です。18年程前に自動車事故でAさんを死亡させましたが、Aさんの愛人であったB子と事故の処理のために付き合っているうちに愛情を生じ、約2年後に結婚しました。事故当時、B子はAさんの子を妊娠しており、やがて男児Cを出産しましたが、私は、B子への同情と謝罪の意味を込めて、結婚の際、Cを自分の子として認知し、養育を続けました。ところが、B子が2年前にガンで死亡してからCは手に負えない不良となり、私の注意などは全くきかず、悪い仲間と付き合って、しばしば警察沙汰を起こしています。無責任のようですが、軽率にCを認知したことを後悔しています。認知の取消しはできないものでしょうか。

A　認知は、嫡出でない子とその父の間に親子関係を認める制度です。

嫡出でない子とその父との間の関係を確定するについて、諸国の立法例には、父が自分の子と認めることを必要とする意思主義と生理上の親子関係が確定されれば、父の意思にかかわらず法律上の父子関係を認める事実主義とがありますが、日本の民法は、意思主義を原則としながら（779条・781条）、子の側からの認知の訴えをも認めている点で（787条）は事実主義も考慮しています。

そして、認知をした以上、その認知を取り消すことはできないとされています（民法785条）。

しかし、認知は、生理的な親子関係があることを前提として、その上に法律上の親子関係を発生させるものですから、C君があなたの実子でないのであれば、そもそもC君の認知は無効なのです。この場合、認知者自身が認知無効を主張できるかについて解釈が分かれており、戦前の学説や判例はこれを否定していましたが、近時の学説の多くはこれを肯定し、下級審にも肯定する裁判例が出されています。

したがって、ご質問者はC君との縁を切るために認知無効の調停・審判を家庭裁判所に申し立てるか、認知無効の訴えを家庭裁判所に提起すべきでしょう。

しかし、十数年来父親として養育してこられたのですから、実子でなくても、何とかC君が立ち直るように愛情を注いでいただきたいと思います。

Ⅲ―53

夫の生命保険金を、夫の兄から、母の扶養のために、半分分けてくれと要求されたことへの対応

Q　先日、45歳の夫がガンで亡くなりました。遺産はとくにありませんでしたが、生命保険金3,000万円が私に給付されました。夫には、78歳の母と55歳の兄がおり、夫の母は兄夫婦と同居しています。その兄が、会社をリストラされて生活が苦しいので、母の扶養にあてるために、私が受け取った夫の生命保険金を半分分けてくれと要求してきました。私は、この要求に応じなければならないのでしょうか。

A　亡くなったご主人の生命保険金として受け取ったお金の半分をご主人のお母さんの扶養のためにご主人のお兄さんに渡さなければならないのかというご質問ですね。

扶養とは、老人、幼少者、病人などの生活を資力のある親族が援助することをいいます。民法877条1項には、「直系血族及び兄弟姉妹は、互いに扶養をする義務がある」と規定されています。亡くなったご主人のお兄さんは、ご主人のお母さんの直系血族ですから、この規定によってお母さんに対する扶養の義務があります。しかし、ご質問者は、ご主人のお母さんとは、特別に養子縁組を結んでいない限り、姻族一親等の関係にはありますが、直系血族ではありませんので、この規定による扶養の義務はないのです。したがって、亡くなったご主人のお兄さんからの要求があっても、これに応じなければならないものではありません。

ただ、民法877条2項に、「家庭裁判所は、特別の事情があるときは……、三親等内の親族間においても扶養の義務を負わせることができる」と定められています。姻族一親等も、三親等内の親族ですから、もしご主人のお兄さんから、家庭裁判所に審判の申立てがなされた場合には、ご質問者へのこの規定による扶養義務が問題とされましょう。ただ、「特別の事情」とは、例えば、ご質問者がご主人のお母さんから長い間扶養されていたとか、ご質問者のご主人から多額の相続財産を相続したために、お母さんの受け取る財産がなくなり、生活が困難になったなどの事情をいうと解されていますので、ご主人のお母さんとの間に、このような事情がない限り、家庭裁判所が、ご質問者に対して、ご主人のお母さんへの扶養義務を負わせる審判をすることはおそらくないと思われます。

なお、ご質問者が、民法728条2項の規定に従って、夫婦の一方が死亡した場合の生存配偶者として姻族関係を終了させる意思表示として市町村役場にその届出をしたときは（戸籍法96条）、それによって、ご主人のお母さんやお兄さんとの間の姻族関係は終了しますので、お母さんに対する扶養義務も全くなくなります。

亡くなったご主人のお兄さんが会社をリストラされて生活が苦しくお母さんへの扶養が困難な場合には、公的扶助制度としての生活保護法（昭和25年法律144号）による

生活扶助（同法12条）が考慮されるべきでしょう。

ご質問者が、亡くなったご主人のお母さんに対して、人情的に生活の援助をされることは、もちろん、別ですが、法律的な義務としては、以上のようになっています。

Ⅲ — 54

家を出て30年近く連絡のなかった母親への生活保護

Q 38歳の女性です。福祉事務所から、「あなたのお母さんから生活保護の申請がありましたので、扶養義務者であるあなたの扶養能力をお尋ねします」という書面が来ました。母は、私が小学校に入ったばかりの頃、父と離婚して家を出て行ってから、今日まで30年近くの間、全く連絡がありませんでした。こんな母を、私は今更扶養する義務があるのでしょうか。私は、父も夫も事故で失い、今、スーパーで働きながら、中学生の一人娘を育てています。ぎりぎりの生活で、母を扶養する力はとてもありません。福祉事務所にどう答えたらよいのでしょうか。

A 民法877条１項には、「直系血族及び兄弟姉妹は、互いに扶養をする義務がある」と規定されています。ご質問者は、お母さんと親子であり、直系血族なのですから、お母さんと何十年間連絡なしに過ごしてきたとしても、扶養義務は認められるのです。

ところで、生活保護に関しては、「生活保護法」という法律があります（昭和25年法律144号）。これは、憲法25条１項に「すべて国民は、健康で文化的な最低限度の生活を営む権利を有する」と規定されていることに基づいて制定された法律であり、国が生活に困窮するすべての国民に対して、その困窮の程度に応じて必要な保護を行い、最低限度の生活を保障することを目的としているものです（同法１条参照）。生活保護の種類には、生活扶助のほか、教育扶助、医療扶助、葬祭扶助など８種類があります（同法11条以下）。

お母さんの場合には、おそらく高齢になられ、生活扶助を求められたのだと思われますが、これは、困窮のために最低限度の生活を維持することのできない者が衣食その他日常生活の需要を満たすために必要な範囲で行われるものです（同法12条）。

それについては、生活に困窮する者が、利用できる資産や能力その他あらゆるものを活用するとともに、民法の定める扶養義務者の扶養が優先されるものとされています（同法４条）。つまり、扶養義務者の扶養が受けられる場合は、その扶養の範囲で生活保護が制約されるわけです。ただ、扶養義務は、義務者が自分の身分相応の生活を維持しつつ、援助できる程度の扶養をすればよいと解されています。

生活保護を求めるには、居住する市区町村の福祉事務所に申請することが必要だとされています（同法７条）。ご質問者に書面を送った福祉事務所は、お母さんからの申請を受けて、生活保護を認めるかどうかを決めるにあたって、扶養義務者であるご質問者に、お母さんを扶助する能力があるかどうかを確かめるために、その書面をよこしたのでしょう。それ故、ご質問者が現在の生活事情を説明しての回答を寄せられれば、おそらくご質問者の扶養行為を求めずに、お母さんへの生活保護が認められると思われます。

Ⅲ―55

死亡した夫の両親からの田舎での同居希望に応じる義務はあるか

Q　夫の会社の近くにある市内のマンションに夫と2人で暮してきたのですが、夫が先日急に亡くなりました。夫には兄弟はなく、両親だけが田舎の家に住んでいます。その両親から、こちらに来て一緒に住んでくれないかと言われました。私は夫の両親と一緒に住んでもいいとは思いますが、この街が大好きなので、今いるマンションを離れたくありません。両親の希望に応じなくてもよいでしょうか。また、夫が亡くなっても両親への扶養義務はあるのでしょうか。

A　扶養義務のことから申しましょう。民法877条１項には、「直系血族及び兄弟姉妹は、互いに扶養をする義務がある」と規定されています。法律上扶養義務があるのは、ここに定められている人たちだけです。ご質問者と亡くなったご主人のご両親とは姻族一親等の関係にあるのであって、この規定には当たりません。したがって、ご主人の生前も、亡くなられた後も、この関係は変わりませんので、ご質問者は亡くなったご主人のご両親に対しては扶養義務はないのです。

ただ、民法877条２項には、「家庭裁判所は、特別の事情があるときは、前項に規定する場合のほか、三親等内の親族間においても扶養の義務を負わせることができる」と規定されていますので、ご質問者は、三親等内の親族ですから、もし亡くなったご主人のご両親が、家庭裁判所に、ご質問者に自分たちへの扶養義務を認めてほしいと訴えられ、裁判所がこの「特別の事情があるとき」と認めた場合には、扶養義務が生じることになります。そして、この「特別の事情」は、家庭生活の実情とか、親しさの程度、一緒に生活をしたことがあるかなどとともに、過去に経済的支援を受けたのかどうかなどの諸事情を考慮して判定されるのが一般です。したがって、ご質問者が、以前にかなりの期間、ご主人のご両親と一緒に住んでいたことがあるとか、ご主人との共同生活の費用をご両親から提供していただいたとか、現在住んでいるマンションの購入費をご両親に負担していただいたなどの事情があるときは、この特別の事情があるものとして、扶養義務が認められることがありましょう。しかし、ご主人と結婚してから、ずっとご主人と２人だけで生活をしてきたのであったし、ご両親から格別の経済的支援などを受けたこともない場合には、家庭裁判所によって新たに扶養義務が認められることはないと思われます。

なお、ご質問者が亡くなったご主人のご両親との姻族関係を解消したいと考えられるときは、その旨を市区町村の戸籍係に届け出れば、すぐ認められることになっています（民法728条２項、戸籍法96条)。

ご質問者が、ご主人が亡くなられてもご主人のご両親との姻族関係を維持し、親しく交際を続けられるのは大変結構なことですが、それについては、格別の法律的規整などはないといえましょう。したがって、ご両親が一緒に住みたいと言われても、それに応じなければならない法律的義務はありません。現在住んでいる街が大好きで離れたくないのであれば、できるかどうかわかりませんが、ご両親をお呼びして同居されるのも一法でしょう。

Ⅳ 民法（4）✺ 相続と民法

ミュージカル・マイ フェア レディより「ひと晩中踊り明かそう」を歌う（第7回リサイタル・平成19年9月愛知県芸術劇場大ホール）

Ⅳ－1

胎児の相続権――亡夫の遺産について、亡夫の兄、姉には相続権があるか

Q 夫が交通事故で亡くなりました。葬式の後で、夫の兄と姉が夫の遺産相続の話をしてきました。兄と姉と私で、遺産を３等分しようと言うのです。

しかし、私は、今、妊娠３か月です。兄と姉にそのことを話しますと、まだ生まれていない子には関係ないだろうと言います。夫の両親は既に亡くなっています。私のお腹にいる胎児は相続できないのでしょうか。

A 民法３条１項には、「私権の享有は、出生に始まる」と規定されています。人は、生まれた時から権利をもつのであり、胎児の間は権利はありません。しかし、相続に関しては違うのです。民法886条には、「胎児は、相続については、既に生まれたものとみなす（１項）。前項の規定は、胎児が死体で生まれたときは、適用しない（２項）」と定められています。つまり、ご質問者のお腹の胎児が生まれたときは、そのお子さんは亡くなった父親であるご主人の遺産を相続する権利を有するわけです。そして、民法882条には、「相続は、死亡によって開始する」と規定されていますから、父親が死亡した時は、胎児であったのですが、その後生まれたお子さんは、父親が亡くなった時に遡って遺産相続権をもつことになるのです。

ところで、民法には、被相続人の子は、特別の例外的場合のほかは、相続人となる（887条）とされ、また、「被相続人の配偶者は、常に相続人となる」と規定されています。（890条）。そして、被相続人の子がいない場合には、第１順位として、被相続人の直系尊属が、第２順位として、被相続人の兄弟姉妹が相続人となる、とされているのです（889条）。

それ故、ご質問者のお腹の胎児が生まれたときは、その子とご質問者とが相続人となるのであり、亡くなったご主人のお兄さんやお姉さんには相続権はありません。そして、ご主人のご両親は既に亡くなっておられるとのことですから、ご質問者のお腹の胎児が生きて生まれなかった場合には、ご主人のお兄さん、お姉さんに相続権が生じるのです。

なお、法定相続分は、子と配偶者が相続人であるときは、各自２分の１ずつですが、配偶者と兄弟姉妹が相続人であるときは、配偶者の相続分は４分の３、兄弟姉妹の相続分は各人を併せて４分の１と定められています（900条）。したがって、ご質問者がお兄さんやお姉さんに特別に贈与しない限り、ご主人の遺産を３等分して相続することなどはないのです。

ご質問者は、このような民法の規定を亡くなったご主人の兄さん、姉さんによく説明して了解を得てください。お兄さん、お姉さんが、それに応じず、ご主人の遺産を早く分割しようとしても、お子さんが無事に生まれたときは、それは無効になります。もしご質問者がお兄さん、お姉さんの態度に不安を感ぜられるときは、家庭裁判所に、遺産分割の差止請求をされるのがよいでし

ょう。

Ⅳ — 2

遺留分を有する推定相続人の廃除

Q　75歳のつくだ煮会社の社長です。家業のつくだ煮屋を継いで50年、一生懸命に働いたおかげで、従業員40名の会社にすることができました。妻とは10年前に死別。50歳になる一人息子は、嫁と共に会社を手伝っていたのですが、真面目な嫁がけむたかったらしく、10年前に女と駈け落ちし、ギャンブルにこって、サラ金から多額の借金をし、私や嫁にひどい迷惑をかけました。何度も説得して、家へ戻そうとしたのですが、一向に反省せず、最近は、また別な女と同棲しています。残された嫁は、私に協力して熱心に働き、また、一人息子を立派に成人させてくれました。孫は、現在21歳。来年は大学を卒業して家業を助けたいと言っています。私も、死後のことが心配ですが、財産を息子に渡さず、全部孫に相続させることは可能でしょうか。

A　息子さんが相続人から廃除されれば、あなたの全財産はお孫さんが相続することとなります。

民法は、遺留分をもつ推定相続人が被相続人を虐待したり重大な侮辱を加えたとき、又は、推定相続人にその他の著しい非行があったときは、被相続人は、その推定相続人の廃除を家庭裁判所に請求することができるとしています（892条）。

ご質問者の場合、息子さんは遺留分を有する推定相続人であり、ご質問者は被相続人に当たります。そして、息子さんが家庭を捨てて他の女と駆け落ちしてギャンブルにふけり、サラ金から多額の借金をし、いくら説得しても反省の様子が見られないことは、「著しい非行」であると考えられます。

それ故、ご質問者は、家庭裁判所に推定相続人の廃除の審判を求められるとよいでしょう（家事審判法９条乙類９号参照）。家庭裁判所で相続人廃除の審判がなされれば、お孫さんが自動的に相続人となるのです。

なお、相続人の廃除は、遺言で行うこともできます（民法893条）。その場合には、遺言書に、息子さんを相続人から廃除する旨を書き、あらかじめ遺言執行者を指定しておかれることです。遺言執行者は、ご質問者の亡くなった後、家庭裁判所に廃除の請求を行うことになります。

Ⅳ — 3

相続分と遺言の効力

Q　先日友人が60歳で死亡しました。残された妻との間に子供はなく、遺産相続は、友人の弟２人が加わって妻と遺産の分割を話し合っていたのですが、突然、「遺産は全額妻に譲る」と書いた友人の遺書が見つかり、妻と弟２人との間で争いが始まったとのことです。友人の遺書は自筆のものと確認されましたが、その内容のとおり、遺産は全額妻のものになるのでしょうか。

A 今日の民法では、遺産相続は、配偶者と血族相続人との共同相続が建て前とされています。戦前には、家督相続といって長子が１人で家の財産のすべてを相続する制度が行われてきたのですが、第２次大戦後に、この制度は廃止されて、外国と同様に、共同相続が認められることとなったのです。しかし、遺産をあまり多数の人々で分割することは好ましくないので、遺産相続人は、①配偶者と子供、子供が死亡しているときは、その子が代襲相続人となる。②子供及び代襲相続人がいないときは、配偶者と被相続人の直系尊属、③直系尊属がいないときは、配偶者と被相続人の兄弟姉妹が、それぞれ共同相続人となるとされています（民法887条以下）。

ご質問者の友人には、残された奥さんとの間に子供さんはなく、直系尊属も既に他界されているので、妻とご質問者の友人である被相続人の２人の弟さんが共同相続人となり、遺産の分割について話し合っておられたわけでしたね。その場合の相続分は、妻が４分の３、２人の弟が４分の１と定められています（民法900条３号）。

ところで、民法は、被相続人の自由意思を尊重するという見地から、「遺言で、共同相続人の相続分を定め、又はこれを定めることを第三者に委託することができる。ただし、被相続人又は第三者は、遺留分に関する規定に違反することができない」と規定しているのです（民法902条１項）。

遺留分とは、一定の相続人のために必ず残しておかなければならない相続分であり、直系相続については、被相続人の財産の３分の１、その他の相続人については、被相続人の財産の２分の１とされていますが、兄弟姉妹については認められていないのです（民法1028条）。

それ故、被相続人であるご質問者の友人が、遺言で遺産の全部を妻に譲ると言っている以上、２人の弟さんの相続分は全くなくなり、遺産のすべてを奥さんが相続することになるわけです。

Ⅳ－4
多年にわたり実家の酒屋を手伝い、父が倒れた後には看病にも尽くした長男の寄与分

Q 夫の父親は、2年前に脳溢血で倒れ、ずっと臥床していましたが、去年の秋亡くなりました。夫は長男で、他家へ嫁いでいる姉と会社員をしている弟がいます。夫の母は以前に亡くなりました。私たち夫婦は、結婚以来家業の酒屋を長年手伝ってまいりましたし、父が脳溢血で倒れてからは、看病のかたわら私たちだけで酒屋を経営してきたのです。ところが、この度、父の遺産相続について、夫の姉や弟は、完全に平等な相続分を要求しています。私たちは、よくわかりませんが、

これでは不公平ではないでしょうか。

A 民法では、同じ立場の共同相続人については、均分相続が建て前とされていますが、その建て前どおりに遺産を分けますと、相続人の中で被相続人の財産の形成や維持に特に貢献した人や長年看病に尽くしてきた人に対しては、不公平な結果となります。

そこで、民法は寄与分という制度を設け、被相続人の財産の維持又は増加に特別の寄与した者があるときは、被相続人が相続開始の時にもっていた財産からその者の寄与分を差し引いた残りを相続財産とし、それについて均分相続をさせることとしています（民法904条の２）。例えば、相続人である長男が無報酬で家業を手伝い、亡父の遺産である家屋の買入れや財産の維持、増加に貢献した場合には、それを考慮して、家屋は寄与分として長男のものとし、残りの遺産を相続財産として他の相続人と均等に分割させるなどです。寄与分の割合は共同相続人間の協議で定めるのですが、協議がまとまらないときは、家庭裁判所に調停又は審判を申し立てて決めてもらうことになります。

ご質問者のご主人は、家業への貢献やお父さんの看病に尽くした事情などを考慮して寄与分を定めることについて、お姉さん、弟さんとよく相談され、どうしても協議が整わないときは、お姉さんと弟さんを相手方として家庭裁判所に遺産分割の調停もしくは審判を申し立てると同時に、寄与分を定める申立てをされるのがよいでしょう。

Ⅳ―5

亡父の遺産相続にあたり、多額の株券を兄が勝手に処分していたと疑われる場合の処置

Q 30歳のＯＬです。35歳のサラリーマンの兄と24歳の大学院生の弟がいます。母は３年程前に死亡しました。父が先日亡くなり、49日の法要の後で兄弟３人が遺産相続の相談をしたところ、亡父は相当多額の株券をもっていたはずなのに、ほとんど残っていませんでした。父と同居していたギャンブル好きの兄が勝手に処分して、お金を使ってしまったのではないかと疑われます。兄は、知らないと言い張りますが、兄が処分したのかどうか、処分したとすればその株券の数はどのくらいだったかを調べることはできないものでしょうか。また、わかったときはその株券を取り戻せるでしょうか。

A お父様が多額の株券を残されたのに、お父様と同居していたお兄さんがそれを勝手に処分してしまったとすると問題です。お父様が生前もっておられた株券は、他の相続財産とともに、お父様が亡くなられたのと同時に、相続人であるあなた方ご兄弟３名の共有に属することになったわけですから、相続人の１人であるお兄さんが、他に相続人のいることを隠して勝手に株券を処分したとすれば、それは、あなたと弟さんの相続分を侵害したことになります。

お兄さんが株券を処分したかどうか、その額がどのくらいであったかなどは、株式を発行している会社や、売買を取り扱った証券会社などを調べれば判明することが多いと思われます。

しかし、お兄さんが勝手に株券を処分したことがわかっても、処分した相手方が、その事情を知りながら株券を買い受けたか、又は重大な過失によって相続が開始されている事実を知らなかったような場合でない限り、株券を取り戻すことはできません。

ただ、株券の売却代金は、相続財産として扱われることになりますから、もしお兄さんがそのお金を使ってしまっていたならば、その分をお兄さんの相続分から差し引くことにすればよいのです。

いずれにしても、事実をよく確かめられることが大切です。

Ⅳ—6

夫の死後、残された借金を生命保険金で返済しなければならないか

Q 先日、夫が約1,500万円の借金を残して亡くなりました。夫には、遺産らしいものはありませんが、私を受取人とする1,000万円の生命保険をかけておいてくれました。相続人は、私だけです。私は、夫の借金を返済しなければなりませんか。また、この保険金も、それにあてなければならないものでしょうか。

A ご主人の借金を返済されるかどうかは、ご質問者のお気持ち次第です。

ご主人の死亡と同時に相続が開始され、ご質問者は相続人となります。そして、ご主人の積極財産、つまり、プラスの財産も、消却財産、つまり、マイナスの財産も、すべて相続するのが原則ですから、そのままでいると、ご質問者は、ご主人の借金も相続し、それを支払わなければなりません(民法921条2号)。

しかし、ご質問者がご主人の借金を背負い込みたくないとお考えならば、限定承認か、相続放棄の手続をすることによって、それを免れることができます。

限定承認とは、相続した積極財産の範囲内でのみ、消極財産を相続する制度で、相続開始を知ってから3か月以内に家庭裁判所にその旨の申述をして行われます(民法922条以下)。仮に積極財産が100万円しかないのに借金が1,500万円ある場合には、ご質問者はその100万円の範囲内でのみ借金を相続し、残りの1,400万円分には責任がないことになります。

相続放棄とは、初めから相続人ではなかったことにする制度で、限定承認と同様に、家庭裁判所にその旨を申述し、認められれば、消極財産も積極財産も同時に放棄することになるのです(民法938条以下)。借金の相続だけ放棄し、積極財産は相続するということはできません。

ところで、生命保険の受取人がご主人名義の場合には、下りた保険金は相続財産に入りますが、受取人がご質問者であれば、保険金はご質問者自身のものです。したがって、相続放棄や限定承認の手続をとっても、当然にご主人の借金の返済にあてる必要はありません。

Ⅳ—7

墓の相続人

Q　父が先日死亡しました。遺産相続人は、母と兄と私の3人ですが、お墓は、都会でサラリーマンをしている兄ではなく、近くに住んでいる私が相続したいと思います。法律的には、この相続は許されますか。

それから、私の妻は、1人っ子で、父は亡くなり、生きている親族は母親だけなのですが、もし妻の母親が亡くなったときは、その家のお墓は、結婚して姓が変わっている私の妻が相続することは可能でしょうか。

A　民法897条にお墓の所有権の引き継ぎについての規定があります。それによりますと、お墓の引き継ぎは、一般の財産相続とは別であって、まず、亡くなった人が生前お墓の所有を引き継ぐ人を指定していたときは、その人が引き継ぐこととなります。指定は、遺言としてなされていなくても、その旨を示していればよいのです。次に、そのような指定がなかったときは、その地方の慣習に従って引継人が決められます。そして、慣習によって引継人が決められないときは、家庭裁判所が、申立てによって引継人を決定するとされているのです。

ご質問の場合、亡くなったお父様は、お墓を引き継ぐ人を指定されていなかったのでしょうから、その地方の慣習に従って引継人が決められることになるわけですが、一般には、遺族として、お母様と息子さんがある場合には、息子さんが引継人となるのであり、兄弟があるときは、兄の方が引き継ぐことになるでしょう。しかし、兄が墓地のある場所から離れて遠方で暮らしており、弟は墓の近くに住んでいるような場合は、墓地の管理の便宜からいっても弟が引継人となると思われます。

つまり、ご質問者の場合には、お兄さんは都会でサラリーマンをしており、弟のご質問者がお墓の近くで生活しているのですから、ご質問者がお墓の所有権を引き継ぐのが適当でしょう。しかし、お兄さんが自分がお墓を引き継ぐと言って争われるときは、家庭裁判所に申し立てて判断をしてもらうことです。

なお、お墓の所有権を引き継ぐときは、その旨を墓地管理者に届け出る手続をとり、その後は、管理費等を負担しなければなりません。また、お墓がお寺の所有地にあるときは、檀家であることも承継し、その後の墓地使用料なども支払うことが必要となります。

次に、第2のご質問については、奥さんが、お母様を亡くして、他に親族がおられない場合には、たとえ結婚して姓が変わっていても、お母様の所有していた墓地の所有権を奥さんが引き継ぐことができます。

Ⅳ—8

夫の墓地の選択

Q 結婚20年の夫が先日亡くなりました。私と夫との間には、17歳になる長男がいます。夫の葬式に郷里から来てくれた夫の兄が、夫の遺骨を引き取って郷里の先祖の墓地に埋葬しようと言いました。私はまだ墓地はもっていませんが、近くの寺院の墓地を買ってそこに夫の遺骨を埋葬したいと思うのです。夫の兄からの申し出を拒むことはできるでしょうか。

A 判例は、以前には、遺骨は相続財産に当たると解していましたが（大判大10・7・25民録27輯1408頁、大判昭2・5・27民集6巻307頁）、それでは、複数の相続人がいる場合には、その共有となりますし、また、相続分に応じて分割しなければならないなどの不都合を生じますので、今日の判例は、遺骨は祭祀承継人に帰属するとみております（東京高判昭62・10・8判時1254号50頁）。

祭祀承継人とは、世代が変わったときに、先祖のお祭りを受け継ぐ人のことをいい、故人の供養をするのに最もふさわしい人が選ばれることになりましょう。つまり、故人と長期間にわたって生活を共にしたとか、故人と最も親しい関係にあった親族などがそれに当たることが多いでしょう。また、故人が自分が亡くなったときは誰に祭祀をやってもらいたいと遺言書に書き残していたとか、遺言書にはなくても、生前話していた場合などにも、そのことは重要な意味をもつと思われます。

ところで、亡くなったご主人のお兄様はおそらくご主人に対する親愛の情から、ご主人の遺骨を自分の管理するご先祖のお墓に入れようと言われるのでしょう。しかし、仮に遺骨を古い判例のように相続財産と考えるとしても、ご主人の遺産の相続権は、妻であるご質問者と子である長男だけが有するのであり、ご主人のお兄様にはありません。したがって、お兄様が相続権を理由として、ご主人の遺骨を受け取ることはできないのです。

次に、祭祀承継人としては、お兄様にも、ご先祖のお墓の管理者としての立場から、一応の資格がないではありませんが、亡くなったご主人と結婚して20年間も同居し、生活を共にしてきご質問者の方が、ご主人の遺骨の祭祀継承人によりふさわしいことは明らかです。また、ご質問者には、ご主人との間に生まれた長男もおられますので、近所のお寺の墓地に遺骨を埋葬しておくことが墓参りをするのに便利であり、ご主人の祭祀を承継することに、社会的な合理性も大きいのです。

それ故、ご質問者は、このような事情を説明して、ご主人のお兄様の申し出をお断りになるのがよいと思います。

なお、お兄様が、ご質問者のご意見に不満をもたれるときは、家庭裁判所に申し立てて判断を求めることもできますが、ご質問者のご希望に反するような判決はなされないでしょう。

Ⅳ—9

親族のない友人の遺骨の埋葬

Q　ＯＬです。10年余り同棲してきた彼が先日亡くなりました。彼も私も近しい親族がなく、お葬式は友人たちだけで行いました。遺骨は、今、私が保管しています。私は、将来、墓地を購入したいと思っていますが、そのとき彼の遺骨もそこに埋葬しても構わないでしょうか。なお、それまでの間、一時的に庭の隅にお墓を作って彼の遺骨を入れておいてもよいでしょうか。

A　まず、遺骨は誰の所有物なのかという問題がありますが、これについては、法律には別段の規定はありません。戦前の判例は、遺骨は相続財産であって、相続人が相続すると解していましたが、今日では、遺骨は相続財産となる物とは性質が違うのであって、相続人ではなく、遺骨の祭祀を担当する人に属すべきという見解が一般化しており、判例もそれに従っているとみられます。

ご質問者は、亡くなった彼とは10年余り同棲されていたのですから、事実上、内縁関係にあったとみられますし、彼にも、ご質問者にも、近しい親族はいないとのことですから、彼の祭祀を担当する人としては、ご質問者以外には考えられないのであり、ご質問者が彼の遺骨の所有者であるといってよいでしょう。

ところで、将来、ご質問者が墓地を購入したとき、その墓地に彼の遺骨を埋葬することできるか、ということですが、これについても、格別法律の規定はありません。ただ、墓地は、墓地管理者の管理に委ねられているのが一般的ですが、墓地によっては、親族以外の人の遺骨を埋葬することを禁止しているものや、ときには、姓の違った人の遺骨を納めることにも制約を設けていることもあるようです。とくに公営や民営の霊園では、そのような例が少なくないと聞いています。

それ故、墓地を購入されるときは、埋葬の条件について確かめられるのがよいでしょう。また、何らかの制約がある場合にも、ご質問者と彼との関係を話してご質問者以外には彼の遺骨の祭祀を行う人がいない事情を説明されれば、彼の遺骨の埋葬について墓地管理者の承諾を得られることも多いのではないでしょうか。

次に、墓地を手に入れるまでの間、庭の隅にお墓を作って彼の遺骨をそこに納めておくことは問題です。「墓地、埋葬等に関する法律」（昭23年法律48号）には、「埋葬又は焼骨の埋蔵は、墓地以外の区域に、これを行ってはならない」と規定され（４条１項）、違反者は「千円以下の罰金又は拘留若しくは科料に処する」と定められているのです（21条１項）。そして、「『墓地』とは、墳墓を設けるために、墓地として都道府県知事の許可を受けた区域をいう」と規定されています（２条５号）。ですから、庭の隅に一時的にお墓を作ることは許されません。ただ、ご質問者がしばらくの間彼の遺骨を自宅で保管しておくことは差し支えないでしょう。そして、なるべく早く墓地を購入されるのがよいと思います。

Ⅳ－10

遺骨を自然葬にすることができるか

Q 父が亡くなり、火葬にしたのですが、私の家にはお墓がありません。父は三男で、祖父母の家とはあまり仲良くなく、父をその家のお墓に納骨してもらうことは困難です。実は、しばらく前に亡くなった母の遺骨もお墓に納めず、自宅の置いたままにしてあるのです。私は、この機会にお墓を作らず、父の遺骨と母の遺骨を自然葬にしたいと思うのですが、それは許されるのでしょうか。

A 日本では、これまで、亡くなった人の遺体や遺骨は、お墓に埋葬するのが当然だとみられてきましたが、外国では、お墓を作らず、遺体を山野に放置して自然の風化にまかせる「風葬」や、鳥などの処分に委ねる「鳥葬」が広く行われている国や、遺体を火葬にして骨や灰を山中に撒くとか、川に流すなどの方式を用いている国も少なくありません。また、欧米では、近年、遺骨を船や飛行機で海上に散布することが普及しています。例えば、アメリカ合衆国のカリフォルニア州では、５ミリ以下の大きさに砕いた遺灰を、陸地から３マイル以上離れた公海上に散布する方式が許されると定められており、元駐日大使であったライシャワー氏の遺骨の灰が、サンディエゴ近海に撒かれたことが有名になっています。

ところで、日本でも、遺体をお墓に埋葬する方式は、天皇や、将軍、大名、武士など一部の階層には古くから用いられていましたが、国民一般に普及したのは、明治になって家の制度の確立したことに負うものとされており、それ以前には、単なる土葬が一般的だったようです。

そして、実は、わが国でも、現在まで、遺体・遺骨は墓地に埋葬しなければならないと定めた法律はないのです。墓地に関する法律には「墓地、埋葬等に関する法律」がありますが（昭和23年法律48号）、これは、墓地埋葬を義務づけたものではなく、墓地、納骨堂、火葬場の管理や埋葬等が支障なく行われることをはかったものです（１条参照）。なお、葬儀の方式として遺体を海中に投棄する「水葬」については、「船舶の航行中船内にある者が死亡したとき」に付し得るとした船舶法15条の規定がありますが、墓地とは関係ありません。

なお、近年、日本でも、欧米諸国にならった自然葬を普及させようという意見が高まり、それを目指した「葬送の自由をすすめる会」という会もできています。そして、自然葬が法律上許されるのは、憲法13条に基づく自己決定権、19条の思想・信条の自由、20条の信教の自由などがその理論的根拠となっていると解するのです。

それ故、ご質問者が、ご両親の遺骨を公海上に撒布するなどの方式による自然葬を行うことは差し支えなく、したがって、墓地を作る必要はないと思われます。

Ⅳ—11

父死亡後の先祖の墓と仏壇の相続――末子の三女が他家の二男と結婚した場合、承継し得るか

Q 父が急死し、先祖の墓と仏壇を誰が受け継ぐかでもめています。私は３人姉妹の末子で、姉２人は他家に嫁いでいます。私にも最近縁談がありますが、相手は二男で、養子になるのは困るが、新しく家を建てて私の母と同居し、仏壇も受け継いで、家族皆でお参りすればよいといってくれています。私も母と同居し先祖の墓やお仏壇の世話をしていきたいのですが、姉たちは、跡取りでもない、姓の違う家にお仏壇を納めては仏様が落ち着けないといってききません。このような場合、法律的にお墓や仏壇は誰が受け継ぐことになるのでしょうか。また、他家へ嫁いだり、姓の変わったりした者は、承継する資格はないものでしょうか。

A 民法は、系譜、祭具、及び墳墓の所有権は、祖先の祭祀を主宰すべき者（以下「祭祀主宰者」といいます）が承継する旨を定めています（民法897条１項）。祭祀主宰者は、まず被相続人の指定があればこれに従い、指定がない場合は、その地方の慣習に従って決められます。そして、位牌、仏壇などは「祭具」に当たり、お墓は「墳墓」に当たります。

ご質問者の場合、亡くなったお父様は、祭祀主宰者を指定されていなかったようですし、また、現在住んでおられる地方に、例えば、長子が祭祀主宰者になるというような慣習もないとしますと、その場合には、祭祀主宰者は家庭裁判所が定めることになります（民法897条２項）。つまり、相続人その他利害関係人の申立てによって、家庭裁判所が指定するのです。

民法の規定は、以上のようになっていますが、実際には、祭祀主宰者は相続人同士や利害関係人の間の話し合いで円満に決められているのが一般です。そして、祭祀主宰者になるには、他家に嫁いだ者でも、被相続人と姓の違う者でも、相続人以外の者でも、親族関係のない者でも、法律的には、何ら差し支えありません。

祖先の祭祀は、死者に対する慕情から行われるのですから、被相続人に最も強く慕情を感じている人が祭祀主宰者になるのが望ましいといえます。ご質問者の場合には、特に跡取りという人はないようですから、おそらくお母様と同居されるご質問者が適任でしょう。

その意味で、ご質問者は、まずお姉様方を説得するのが第一ですが、それが困難な場合には、家庭裁判所に申し立てて事情をよく説明し、祭祀主宰者に指定してもらうのがよいと思います。

Ⅳ—12

亡夫の遺産を離婚した元妻に分与する必要はあるか

Q 結婚して３年目だった妻と半年前に離婚したのですが、夫婦の共有の財産は

何もなかったので、財産の分与はありませんでした。ところが、先日、父が急に死亡しました。父の遺産は、母と私が相続することになりますが、離婚した元妻が、「私にも分け前をください」と要求してきました。これに応じなければならないのでしょうか。

A 普通に離婚した場合ならば、元奥さんからの要求があっても、応じる必要はありません。元奥さんには、亡くなったお父様の遺産に対する相続権はありませんので、遺産を自分にも分けてくださいと言われても法律上応ずる義務はないのです。

お父様が亡くなられた場合、特別の遺言などがあったときは、相続人は、子と配偶者、つまり、ご質問者とお母様であり、相続分は、それぞれ2分の1ずつとされています（民法900条1号）。子が数人あるときは、その人数によって、2分の1を分割することになりますが、1人のときは、2分の1の全部をその子が相続するわけです。そして、元奥さんは、離婚せずにご質問者と結婚したままであっても、お父様の子ではありませんから、相続の権利はないのです。

ただ、離婚した際に、夫婦の共有財産がないので、将来もし夫が遺産相続をした際には、遺産の何分の1かを分与するという契約をされていた場合には、それに従って、遺産から約束の分を渡さなければなりません。

そのようなことがなかったときは、元奥さんの要求には、法律上、全く応じる必要はありません。ただ、気の毒だから少し分けてやろうかという気持ちになられた場合は別です。しかし、これは、法律問題ではありません。

Ⅳ—13

相続の放棄とは何か

Q 先日、父が亡くなりました。母も既に他界していて、私は一人息子なので、父親名義の財産をすべて相続することになりました。ところが、父親にはプラスの財産はほとんどなく、多数の借金が残されていました。借金のことは父が亡くなるまではほとんど知らされておらず、改めて知ってびっくりしました。このマイナスの財産は私が息子として相続しなければならないのでしょうか。相続しても、私にはそれを返済する力は全くありません。一体どうしたらよいのでしょうか。

A 相続人は、本来、被相続人のもっていたプラスの財産も、マイナスの財産、すなわち、借金も相続しなければなりません。ご質問者は、亡くなったお父様の一人息子であり、お母様も既に他界されているとのことですから、お父様のプラスの財産とともにマイナスの財産である借金もすべて相続することになるのです。

しかし、お父様が亡くなられてから、多数の借金のあったことがわかり、それは、お父様の残されたプラスの財産によっても、また、ご質問者の力によっても、到底返済することができない状況とのこと、そのような場合には、相続を放棄されるのがよいでしょう。

民法は、相続の放棄という制度を設けています。相続の放棄が認められますと、その相続人は、初めから相続人とならなかったものとみなされ、プラスの財産も、マイナスの財産も、一切相続しなくてよいのです（民法939条)。

相続の放棄をしようとするには、相続人は、自己のために相続の開始があったことを知った時から３か月以内に、ご質問者の場合には、お父様が亡くなったことを知った時から３か月以内に、家庭裁判所に相続を放棄する旨を申述しなければなりません（民法915条・938条)。家庭裁判所には、「相続放棄申述書」の用紙が備え付けられていますから、それに必要事項を記入し、申述人、すなわち、ご質問者、及び被相続人、すなわち、亡くなったお父様の戸籍謄(抄）本などを添付して、提出してください（家事審判規則（昭和22年最高裁規則15号）114条１項・２項)。その受理については、家庭裁判所が審判を行います（家事審判法（昭和22年法律152号）９条１項甲類29号)。審判は、これを受ける者に告知することによって効力を生じます（家事審判法13条。なお、審判に対する即時抗告につき、14条参照)。つまり、申述者の受理の告知を受けて、ご質問者は、初めから相続人でなかったものとされるのです。したがって、お父様の残された債務を弁済する必要はなくなります。

相続放棄の制度のために、お父様に対する債権者は、債務の弁済を全く受けられなくなるのであって、大変気の毒ですが、民法は、被相続人の債務と関係のない相続人の利益を考慮してこの制度を設けているのです。

Ⅳ―14

死亡した弟の残した未払金の処置〔相続の放棄〕

Q　先日、入院中だったサラリーマンの弟が死亡しました。弟は26歳で、まだ結婚していませんでした。父母は亡くなり、祖母と兄の私と妹が遺族です。弟には、財産はなく、サラ金の未払金、入院中通販で買った身の回り品の未払い分など数十万円の債務があります。この支払いはどうしたらよいのでしょうか。

A　弟さんが亡くなると、法律的には、その遺産について相続が開始されます。相続とは、死者が残した財産を誰がどのように受け継ぐかという問題ですが、相続の対象となるものには、プラスの財産だけでなく、借金等のマイナスの財産もあります。そして、相続人は、第１順位として子、孫などの直系卑族、第２順位として、父母、祖父母などの直系尊属、第３順位として兄弟姉妹と定められています（民法887条・888条)。そして、配偶者は、常に相続人となります（890条)。

弟さんには、配偶者もお子さんもおらず、お父さん、お母さんも亡くなってお祖母さんだけが直系尊属として残されているとのことですので、相続人はお祖母さんとなります。ご質問者と妹さんは、お祖母さんもお亡くなりの場合に相続人となります。

ところで、弟さんにはプラスの財産は全くなく、借金などのマイナスの財産だけがあったとのことですが、相続人は、そのマイナスの財産を相続すると、その支払い、返済を引き受けなければなりません。しかし、そのマイナスの財産を相続するのが嫌だと考えるときは、相続を放棄することができます。相続の放棄をしようとするときは、相続人は、自己のために相続の開始があったことを知った時から３か月以内に、相続を放棄する旨を家庭裁判所に申述しなければなりません（民法915条・938条）。それによって、初めから相続人とならなかったものとみなされ（民法939条）、被相続人の借金などとは全く無関係となるのです。

ご質問者は、お祖母さんにこのような法律の規定を説明し、お祖母さんのお気持ちをうかがって、しかるべくご協力をされるのがよいでしょう。

Ⅳ—15

遺言の効果——字の書けない人は遺言はできないか

Q 女子高生です。元旦に祖父の家に挨拶に行った時、祖父が机に向かって何か書いていました。「何を書いているの？」と尋ねると、「遺言だよ。私は、毎年、正月に遺言を書き直すのだ」と答えました。遺言を書くと、どんな効果があるのですか。年をとって手が動かなくなったり、字が書けなくなった人には、遺言はできないのでしょうか。

A 遺言は、普通、ユイゴンといわれますが、法律的にはイゴンと読むのが一般です。遺言とは、人がその死後について言い残しておくことをいいます。遺族の間のトラブルを避けさせようとする気持ちなどからなされることが多いのです。しかし、遺言の効力が生じるのは、遺言者が亡くなった後ですから、遺言として書かれたことがはたして遺言者の真意だったのかどうかなどについて、遺族間で争われたりすることも少なくありません。そこで、民法は、遺言の要件について厳格な、そして、詳細な規定を設けています（民法960条）。その主な点をあげましょう。

まず、遺言能力として、満15歳に達した者は遺言をすることができるとされています（961条）。また、成年被後見人でも、物事を理解する能力が一時的に回復した時は、２人以上の医師の立合いがあれば遺言することが可能であると規定されているのです（973条）。

次に、遺言の方式ですが、普通の方式には、自筆証書遺言、公正証書遺言、秘密証書遺言の３つがあります（967条）。自筆証書遺言は、遺言者が、遺言書の全文を自筆で書き、それに日付と氏名を書き加えて印を押さなければなりません（968条）。他人に代筆してもらったり、ワープロやタイプライターで作ったものは無効です。公正証書遺言は、２人以上の証人の立合いの下に、遺言者が、公証人に対して、遺言の趣旨を原則として口述し、公証人がそれを筆記して遺言者と証人に読み聞かせ、承認を得た上で各自が署名・押印して遺言書を作るものです（969条）。秘密証書遺言は、遺言者が自分で書いたもの、又は他人に代筆してもらった遺言書に署名・押印した上、封書に入れ、同じ印章で封印し、それを公証人と２人以上の証人に提示して、自分の遺言書であることを説明し、公証人、証人に署名・押印してもらうという方式のものです(970条)。

自筆証書遺言は、作るのも簡単で費用もかかりませんが、遺言書が滅失したり偽造・変造される危険もあります。公正証書遺言は、遺言の存在、内容は明確で安全ですが、手数や費用がかかり、遺言の存在や内容を秘密にしておくことが困難です。秘密証書遺言は、遺言の内容を秘密にしておくことができますが、手数も費用もかかります。そこで、遺言者は、これらの長所・短所を考慮し、自分にとって一番適した方式を選ぶべきです。

歳をとって手が動かなくなった人には、自筆証書遺言を作るのは困難でしょうが、公正証書遺言、秘密証書遺言を行うことは可能だと思います。

それから、お祖父様が書いておられたのは、もちろん自筆証書遺言であり、１人で自由に作れますし、いつでも書き直すことのできる便利さもあります。お祖父様は、年ごとに変化する諸事情に応じて毎年作り直されるのでしょうが、新しい遺言書は古い遺言書に代わって効力をもつのですから、作成の日付を常にはっきり記載しておかなければなりません。遺言書の有効性についての慎重な配慮が必要です。

Ⅳ ― 16

亡父の遺言と相続

Q サラリーマンだった父が交通事故で急死しました。49日の法要の後で遺産相続の話が出ました。母は亡くなっており、子供は、長女の私と２人の妹だけで、私と次女は結婚しており、三女の妹だけが未婚のＯＬです。父の遺産としては三女の妹と同居していたマンションの一室だけです。三女は、誕生日に父がケーキを食べながら話したビデオを見せました。父は、三女に向かって、「姉さん達は皆結婚して出ていったのだから、このマンションはお前のものだよ」と言いました。三女は、私達に、「これは、お父さんの遺言だから、マンションは私が相続する」と言い張りました。この父の遺言は法律上有効ですか。相続はどうしたらよいのでしょうか。

A 民法960条には、「遺言は、この法律に定める方式に従わなければ、することができない」と規定されています。遺言は、亡くなった人が死後に残した重要な言葉であり、その意味をめぐって遺族の間に深刻な争いを生じることも少なくありません。そこで、遺言の趣旨を明確にするために、その方式は民法の定めるところに従うことが必要であるとされているのです。民法の定める普通の遺言の方式としては、

自筆証書遺言（民法968条）、公正証書遺言（969条）、秘密証書遺言（970条）の３種類が、また、特別の方式としては、臨終の近い人の遺言（976条）、伝染病隔離された人の遺言（977条）、船に乗っている人の遺言（978条）、遭難船における臨終の近い人の遺言（979条）の４種類があります。しかし、ご質問のようなビデオによる遺言は認められていません。それ故、亡くなったお父様が、マンションを三女の妹さんに相続させたいという真剣なお気持ちをビデオに残されたとしても、そのことには遺言としての効力は認められないのです。

したがって、３人の姉妹の方々の遺産相続は、民法の定める原則から、各人が平等な相続分を有するのであり、そのマンションを３分の１ずつ取得することになります（900条４号）。

しかし、３分の１ずつの所有権をもってそのマンションを共有しても仕方がないとお考えならば、それを分割することになります。分割については、まず３姉妹が話し合って決める協議分割の方法が行われましょう。しかし、話し合ってもまとまらないときは、家庭裁判所に分割についての判断を請求することができます（907条２項）。家庭裁判所では、初めに、調停によって分割を検討しますが、相続人間の意見が一致しないときは、裁判官の審判によって分割が決定されることとなります（家事審判法９条１項乙類10・26条）。調停や審判においては、三女の妹さんがお父様のビデオに示されているお気持ちを主張された場合、それがある程度考慮され、実質的に、３分の１ずつでない分割が認められることもあり得ましょう。

なお、ご質問者と次女の方が、ビデオに示されている三女の方にマンションを贈るというお父様のお気持ちをお察しして、自分たちは相続を放棄し、三女の方１人に相続を認めることになるならば（民法938条以下参照）、相続について問題はなくなります。

Ⅳ—17

５年間同棲した男性から、土地・建物を贈るとの遺言状を受けたが、土地・建物はすべて私のものになるのか〔遺留分減殺〕

Q 私は、55歳の女性ですが、76歳の男性と５年間同棲して、身の廻りの世話をしてきました。彼は、私の老後のために、今住んでいる土地、建物を私に贈る旨の遺言状を作ってくれました。彼には、既に家庭をもった息子が１人おりますが、彼が亡くなった場合、この土地・建物は、全部私のものになるでしょうか。彼の財産は、他に約500万円の銀行預金があるだけです。

A 土地・建物の全部が無条件でご質問者のものになるとは限りません。息子さんには、遺留分の権利があり、それを行使された場合には、その分は、減殺されて息子さんのものになるからです。

自分の財産は、遺言で自由に処分できるのが原則ですが、遺産の全部を他に贈与されてしまいますと、遺産を全然もらえない相続人が気の毒です。そこで、民法は、遺族の生活の安定、遺産の公平な分配のために、相続人が被相続人の配偶者、直系血族である場合に限って、一定の割合で遺留分を認め、贈与を受けた人に対して、「この分だけは返してください」と請求し得ることにしています。

息子さんは、彼の直系血族ですから、遺留分減殺請求権があり、遺留分は、法定相続分の2分の1です（民法1028条）。つまり、彼に妻がなく、子が息子さん1人だけならば、その法定相続分は、彼の遺産の全部であり、遺留分は2分の1になるのです。

それ故、遺言状の土地・建物の価額がいくらかわかりませんが、ほかに銀行預金が約500万円しかないとすれば、おそらく土地・建物全部があなたのものになるとはいえないでしょう。

もっとも、遺留分減殺請求権を行使するかどうかは、息子さんの自由ですから、息子さんがそれを行使しないならば、土地・建物は全部あなたのものになります。なお、遺留分減殺請求権は、原則として、相続開始及び減殺すべき遺贈又は贈与のあったことを知った時から1か年行使しないと消滅時効にかかります。

Ⅳ—18

父と後妻と1人息子である私の3人家族で、父が死亡し、後妻は、遺産は全部後妻にやるとの父の遺言だと言うが、私は相続できないのか

Q 海外勤務でアメリカに住んでいる会社員です。父は、後妻と2人で郷里の自宅に住んでいたのですが、昨年、急死しました。しかし、私は、あいにく仕事が忙しくて帰国できず、3か月後に漸く休暇を取って帰国しました。ところで、自宅に帰りますと、後妻が、父の遺言で、土地と家屋の所有名義を父から後妻に変更したが、ほかに特別の遺産もないので、あなたは相続はあきらめてほしいと言うのです。私は、一人息子なのに、全く父の遺産を相続できないのでしょうか。

A 後妻の方がお父様の遺言によって遺産を一人占めにされたとのことですが、まず、お父様の遺言を確かめてください。民法は、「遺言は、この法律に定める方式に従わなければ、することができない」と規定し（960条）、種々の方式、要件などを定めています。したがって、後妻の方がお父様の遺言書として示されたものが、民法の規定に従って有効であることを確認することが第一です。もし規定に従った遺言書がなく、お父様が亡くなる前に口頭でそう述べたというようなことでは、もちろん遺言の効力は生じません。

次に、有効な遺言書があった場合には、その内容としてどのような記載があるかが問題です。民法には、被相続人は、民法の定める法定相続分の規定にかかわらず、遺言で共同相続人の相続分を定めることができ（902条）、また包括もしくは特定の名義で、その財産の全部又は一部を処分することができる（964条）と規定されています。したがって、お父様は、遺言によって、後妻の方にその所有する土地、家屋を贈ることができますので、このような記載が遺言書にあるかどうかを確かめることです。

ただ、このような遺言があり、それによって遺産の処分がなされた場合にも、民法上、遺留分の制度による制約があります

（民法1028条・1029条）。遺留分の制度は、被相続人による財産処分の自由を相続人の生活の安定、財産の公平な分配などの見地から、一定の範囲に抑えようとするものです。そして、ご質問者の場合、遺留分はお父様の遺産の４分の１です。

それ故、ご質問者は、後妻の方に対して、遺留分減殺請求権を行使してお父様の遺産の４分の１に当たる額を、少なくとも金銭によって弁償しえもらうことができるのです。

なお、減殺請求権には、遺留分権利者が遺留分が侵害されている事実を知った時から１年の消滅時効が認められますので（相続開始時からは10年）、急いでその処置をとることが望ましいのです。後妻の方が請求に応じられないときは、家庭裁判所に調停の申立てをすることをおすすめします。

Ⅳ－19

亡くなった夫が死亡直前に愛人に贈った財産を、相続についての遺留分として取り戻すことができるか

Q 先日亡くなった夫の遺言に、銀行預金を私と息子とＡ子に３分の１ずつ贈ると書かれていましたが、銀行預金の額は600万円しかありません。ほかに郵便貯金が1,000万円くらいあったはずなのに遺言には書かれていません。郵便局に問い合わせますと、３か月程前にＡ子さんが主人の代理人として全部おろしたとのことでした。夫は数年前から愛人のＡ子さんと親しくして、私や５歳の息子のことはほとんどかえりみない状態でした。郵便貯金もＡ子さんに贈与したのでしょう。そうとしますと、Ａ子さんは1,200万円、私と息子は200万円ずつということになって不都合だと思います。Ａ子さんから取り戻すことはできませんか。

A 亡くなったご主人が愛人のＡ子さんに1,000万円の郵便貯金を贈与し、遺産として銀行貯金600万円を奥様と５歳の息子さんとＡ子さんに３分の１ずつ贈るとの遺言をされたとのこと、ご質問のとおり大変不公平な遺産の分け方だと思われます。

民法には、遺留分という制度が定められています。これは、自分の財産は自分が自由に処分することができるという財産制度の下で、亡くなった人が財産を自由に処分したことによって、遺族の相続できる財産がゼロになってしまうことのないように、一定の限度内での遺族の相続財産の額を定めて、その生活の保障をはかっているのです。

遺留分の保障を受けることができるのは、亡くなった被相続人の配偶者と直系卑族及び直系尊属に限られます。そして、ご質問の場合である奥様と息子さんに対する遺留分は、被相続人の財産の２分の１とされています（民法1028条２号）。そして、相続の開始された時から遡って１年間に被相続人が贈与した財産は、遺留分の計算に加えることができるとされています（民法1030条）。

それ故、ご主人が亡くなる３か月程前にＡ子さんに1,000万円の郵便貯金を贈与したとすれば、それも加えて、ご主人の遺産、銀行貯金600万円との合計1,600万円が相続財産となり、その２分の１が奥様と息子さ

んの遺留分となるのです。

したがって、奥様は、A子さんに対して遺留分の減額請求をし、銀行貯金の600万円の３分の１に当たる200万円の遺贈をやめてもらうとともに、郵便貯金の贈与1,000万円から200万円の返還を求め、銀行貯金600万円とその200万円を合計した800万円について、奥様が400万円、息子さんが400万円相続をすることができるのです。

なお、遺留分減殺請求は、相続の開始及び減殺すべき贈与又は遺贈があったことを知った時から、１年内に行わなければなりません（民法1042条）。

Ⅳ—20

ペットの猫に遺産を相続させられるか

Q　私は、ペルシャ猫をペットにしており、家族の一員のように思っています。私は、今、ガンで入院中なのですが、もし私が死んだときは財産の一部をこの猫に相続させたいのです。法律的には、どうしたらよいのでしょうか。

A　この頃は、ペットにしている動物を家族の一員のように思って可愛がっている人も少なくないようですが、残念ながら、動物は、法律上は物なのであって、財産を相続する権利は認められていません。「動物の愛護及び管理に関する法律」（昭和48年法律105号）という法律があり、人と動物とが共生できることを考慮しながら、動物の保護を図っているのですが、動物に権利は認めてはおりません。

したがって、動物に財産を相続させることはできないのですが、財産を相続させるのと同様な法律効果を与えることは不可能ではありません。それは、親族でも知人でもよいのですが、ペットの動物を可愛がって飼育してくれる人を探し、その人に頼んで、ペットと共に財産を贈与又は遺贈し、その際、その財産をペットの飼育のために使用する義務を課することです。法律上は、「負担付贈与」又は「負担付遺贈」と呼ばれています。「贈与」は、生前に行われ、「遺贈」は、遺言によって死後に行われます。この方法で、ペットは、ご質問者の亡くなった後も、その人によって飼育してもらうことができるわけです。

なお、負担付贈与又は負担付遺贈を受けた人は、その財産をそのペットの飼育のために使わなければなりませんが、その義務は、その財産と共に続くのであり、仮にその贈与又は遺贈を受けた人が、ペットよりも早く死亡したときは、その財産は負担付で相続されることになるのであり、相続した人がそれからはペットを飼育しなければならないのです。

こうして、遺産をペットに相続させることはできませんが、実質上、相続と変わらない処置をとることは可能なのです。

V 刑　法 ✺ 刑法犯と処罰

16年近く出演を続けたＣＢＣラジオの「聞けば聞くほど！」の仲間と（左　つボイノリオさん、右　小高直子さん）

V－1

畑に泥棒よけの落し穴を作る行為の意味〔正当防衛となるか〕

Q　私の家は、花木を栽培している農家ですが、泥棒によく花木を盗まれるのです。あまりにも被害が多いので、畑の中に落し穴などのわなを仕かけて泥棒をこらしめてやりたいと思うのですが、泥棒が穴に落ちて怪我をしたときは、私は罪になるのでしょうか。

A　ご質問の場合、落し穴を作ることが正当防衛となるときは犯罪になりませんが、正当防衛とならないときは傷害罪（刑法204条、刑は、15年以下の懲役又は50万円以下の罰金）が成立すると思います。

正当防衛について、刑法36条１項には、「急迫不正の侵害に対して、自己又は他人の権利を防衛するため、やむを得ずにした行為は、罰しない」と規定されています。ご質問においては、まず、泥棒の行為が「不正の侵害」であることは、いうまでもありません。許可を受けずに勝手に他人の畑に立ち入った泥棒は、軽犯罪法１条32号の「他人の田畑に正当な理由がなくて入った者」といえますし、また、その畑に植えてある花木を盗もうとする行為は、窃盗未遂罪（刑法235条・243条、刑は、10年以下の懲役又は50万円以下の罰金）に当たります。

しかし、畑に落し穴を作ることが、「急迫の侵害」に対する防衛行為となるかどうかについては、問題がないではありません。泥棒が畑に入ってくるより前に、その侵入を予測して落し穴を作るのですから、まだ「急迫の侵害」はないではないかという疑問があるからです。しかし、将来の侵害を予期してあらかじめ防衛装置を設けておくのでも、実際に防衛の効果が現れるのは、侵害が急迫のものとなった時なのですから、結局、急迫の侵害に対する防衛行為であると解することができましょう。

次に、落し穴を作ることは、「やむを得ずにした行為」という防衛行為の要件に当たるでしょうか。「やむを得ずにした行為」とは、その行為が防衛行為として社会的に必要なものとみられるとともに、相当なものといえることを要すると解されています。そして、落し穴は、自分の畑の中に掘るのですし、その場所に、窃盗の目的で勝手に侵入してくる犯人をこらしめるために掘るのですから、その行為自体の社会的相当性はありましょう。しかし、落し穴の構造や大きさなどの如何については問題があります。例えば、深さが10メートルもある穴を作るとか、それ程深くなくても、穴の底に身体に突き刺さる危険物を並べて置いたりすることは、穴に落ちた人に対する危険が多いので、社会的に相当であるとはいえません。そのような危険な穴を掘る行為は、正当防衛ではなく、穴に落ちた泥棒が怪我をしたときは、過剰防衛として傷害罪が成立します。

これに対して、例えば、深さが１メートル程度の落し穴であれば、そこに落ちた泥棒はびっくりするでしょうが、怪我などはせずに逃げ出すことが多いでしょうから、社会的にも相当性が認められ、その程度の落し穴を掘ることは正当防衛に当たると思われます。そして正当防衛に当たる程度の落し穴では、たとえ泥棒が足首を捻挫するなどの怪我をしても、それは、正当防衛の範囲内のものとして、落し穴を作った人は別に犯罪とはならないでしょう。

なお、付言するならば、泥棒が軽傷を負っても正当防衛として許される程度の落し穴では、泥棒にある程度の警戒心を抱かせることはあっても、十分な泥棒よけの効果は認められないでしょう。むしろ、徹底した盗犯防止のためには、完全な防護柵を設ける方がよいと思われます。

Ⅴ－2

安楽死、尊厳死とはどういうものか

Q 先日、劇場でミュージカル、レ・ミゼラブルを見ました。ストーリーの内容と音楽と役者の動きが見事に噛み合って、大変感銘を受けました。中でも、ジャン・バル・ジャンが歌った「家へ帰して」の歌は、優しく慈愛に満ちていて、命の尊さを強く感じさせられました。

ところで、最近よく聞く「安楽死」とか「尊厳死」とはどういうもので、どう違うのでしょうか。

A 安楽死と尊厳死とは違います。

安楽死は、死期の迫っている病人が、激しい肉体的な苦痛に堪え切れず、「早く殺して楽にしてください」と頼んでいる場合に、医師が医学的に適当な方法で死亡させることであり、その行為が社会的に妥当とみられるときは犯罪にならないと解されています。しかし、日本では、まだ安楽死が犯罪とならないとされた例はありません。有名な事件として、昭和37年12月22日の名古屋高裁の判決では、脳溢血で倒れて寝たきりになっていた父親が、手足の激痛から、「早く死にたい。殺してくれ」と叫ぶのを聞いて、たまらない気持ちになった長男が、医師から、「あと１週間の生命ですよ」と言われて、苦しみから解放するのが親孝行だと考え、農薬入りの牛乳を飲ませて殺害した行為について、医師の手によったものでなく、方法も妥当でないことから許されないと判断しました（高刑集15巻９号674頁）。また、平成７年３月28日の横浜地裁の判決は、ガンで入院中で、死期が迫り、肉体的にも苦しんでいた患者を、妻と長男から「早く楽にしてやってほしい」と強く求められた担当医が、塩化カリウムを注射して死亡させた事件について、患者本人からの要望がなかったから、許されない安楽死だと判断したのでした（判時1530号28頁）。

次に、尊厳死とは、植物状態に陥っている病人が、肉体的苦痛はないが、治る見込みのない状態で、いつまでも治療行為を続けられることは、人間の尊厳性を害するから、本人の意思に従って生命維持装置を外し、死亡させることをいいます。人間としての尊厳性を保って死ぬ権利を認めようとするのです。本人の意思は、「リビングウィル」といい、本人が健全な状態にあったときに書面に書いていたことなどが要件とされますが、それがないときは、親族の説明などから、本人の意思を知り得ることが必要だと解されます。日本では、尊厳死を問題とした判例はまだありません。しかし、外国では、許される尊厳死について法律で認めている例もあり、日本でも、いずれ取り上げられると思われます。

人間の生命がいかに貴重なものであるかは、レ・ミゼラブルの重要な課題として注目されますが、安楽死も、尊厳死も、人間の生命の尊さと結びついた法律問題にほかなりません。

Ⅴ－3

スポーツ選手の危険引受け〔犯罪不成立〕

Q プロ野球で、デッドボールやプレー中に思わぬ怪我をした場合、それについて業務上過失傷害罪とかで書類送検されたりすることはないのでしょうか。

A プロ野球は、いろいろな危険のあるスポーツですが、デッドボールやプレー中に思わぬ怪我をした場合には、業務上過失傷害罪などになり、書類送検されたりしないかというご質問ですが、プロ野球の選手は、プロ野球にはいろいろな危険があることを承知して、その「危険を引き受けて」試合に参加しているのですから、試合中にデッドボールなどを受けて怪我をしても、「予想される危険の範囲内で起こった事故」である限り、それを起こした選手は犯罪とはならないと考えられています。

この「危険引受け」という考えは、他のスポーツでも同様にみられます。注目される判例として、平成７年12月13日の千葉地裁の判決があります。舗装されていない荒地のコースで自動車を走らせてスピードを競うダートトライアルという自動車レースの練習中に、初心者であった運転者が、自動車を道路わきの防護柵に激突させ、指導するために同乗していた人を死亡させた事故について、その同乗者は、ダートトライアルのベテランで、その競技に対する危険をよく承知して引き受けていたという理由から、運転者には業務上過失致死罪は成立しないと判示しています。

しかし、スポーツでも、社会的に容認される危険の引受けの範囲を超えた場合は別です。例えば、プロ野球でも、投手が打者にぶつけてやろうとして、いわゆる危険球を投げた場合には、審判員がその投手や監督を試合から外すことができるとされているようですが、法律的には、犯罪となります。つまり、危険球が当たって打者が負傷した場合には、投手には傷害罪（刑法204条、刑は、15年以下の懲役又は50万円以下の罰金）が成立しますし、ボールが当たらなくても、危険球を投げる行為には暴行罪（刑法208条、刑は、２年以下の懲役もしくは30万円以下の罰金又は拘留もしくは科料）が認められるのです。

ボクシングやプロレス、空手なども、より危険性の多いスポーツですが、選手が危険を引き受けて試合に臨んでいる以上、相手に怪我などをさせても犯罪とはなりません。しかし、危険の引受けが認められる範囲を超えた行為によって怪我をしたり死亡したりした場合には、犯罪となります。大阪地裁の昭和62年４月21日の判決は、空手の実力者が初心者を相手にしての練習中に、相手の胸、腹、背中などを多数回にわたって蹴ったり、拳で身体を数十回強く殴ったりして、相手を死亡させたという事件について、その練習方法が社会的に相当とみられる範囲を超えていたとして、傷害致死罪（刑法205条、刑は、３年以上の有期懲役）の成立を認めています。

危険を伴うスポーツの参加者は、ルールに従ってフェアに行動することが必要ですね。

Ⅴ―4

心神喪失者、心身耗弱《こうじゃく》者の犯罪についての責任〔責任能力〕

Q 会社の懇親会で社員たちと温泉旅行に行ったのですが、宴会でお酒を飲み過ぎて全く意識がなくなりました。翌朝、目を覚ますと女性社員と２人で一つのふとんに寝ていたのです。びっくりして飛び起きますと、女性社員も目を覚まして、「どうしてあんなことをしたの。訴えてやるから」と言いました。何をしたかよく覚えていないのですが、私は犯罪を犯したのでしょうか。どうしたらよいでしょうか。

A ご質問者が女性社員にどんな行為をしたのかわかりませんが、もし嫌がる女性社員を押さえつけて無理にふとんに寝せた場合には暴行罪（刑法208条）になりますし、暴行・脅迫を加えてわいせつな行為をしたのであれば強制わいせつ罪（刑法176条）、暴行・脅迫を加えて姦淫したのであれば強姦罪（刑法177条）、また、女性社員が酔って意識を失っている場合に、これに対してわいせつな行為をしたときは準強制わいせつ罪、姦淫したのであれば準強姦罪（刑法178条）が成立します。そして、これらの犯罪は、未遂でも処罰されます（刑法179条）。ただ、いずれも親告罪であって、犯罪が成立しても、被害者が告訴しなければ処罰されません（刑法180条）。それは、被害を受けた事実を一般に知られたくないという被害者の気持ちを保護しようとする趣旨からです。

ところで、ご質問者は宴会でお酒を飲み過ぎて意識がなくなっていたとのことですが、そのような状態で犯罪を犯したのであれば、責任能力が問題とされます。刑法39条には、「心神喪失者の行為は、罰しない（１項）。心身耗弱《こうじゃく》者の行為は、その刑を減軽する（２項）」と規定されています。心神喪失者とは、物事の是非善悪を判断する能力、又はその判断に従って行動する能力のない人を、心神耗弱者とは、これらの能力が著しく低い人をいいます。したがって、お酒に酔って心神喪失状態になって犯罪に当たるような行為をしても、責任能力が欠けるため、犯罪は成立しません。また、酔った程度が心神耗弱に当たるときは、犯罪は成立しますが、重い責任を認めることができないとして、軽く処罰されることになるのです。

なお、「心神喪失等の状態で重大な他害

行為を行った者の医療及び観察等に関する法律」の適用が問題となります。これは、平成15年に制定され（同年法律110号）、平成17年7月15日から施行されている新しい法律ですが、強制わいせつや強姦などの犯罪を犯したが、行為の時に心神喪失状態であったために起訴されなかった者、又は心神耗弱状態であったために軽い処罰を受けた者に対して、検察官の申立てによって、地方裁判所において、裁判官と医師から任命された精神保健審判員による審判によって、その精神障害を改善し、社会復帰を促進するために、厚生労働大臣の指定する病院に入院するなどの処置が命令されることがあります。

こうして、ご質問者がどのような状態でどのような行為を行ったかによって、適用される法律には種々のものがあるのです。それは、具体的には捜査機関、裁判機関の捜査、裁判よって決められることになります。

ただ、ご質問者におすすめしたいことは、まず、被害者とされる女性社員とよく話し合って、もし犯罪を犯したのであれば、心から謝罪すべきです。要求されたときは慰謝料を支払うことも必要です。そして、もし彼女が告訴を思いとどまってくれれば、ご質問者は処罰されずに済むことになりましょう。それは、先に述べたように、一応、予測されるこれらの犯罪が、いずれも親告罪だからです。

Ⅴ－5

子供を自動車で轢き殺そうとした母親の責任能力

Q 先日、テレビのニュースを見ていたら、31歳の母親が自動車で2歳の子供を轢き殺そうとして警察に逮捕されたが、子育てが嫌になったとか、自分の子供だから殺すのは勝手でしょうなどと言っていたとかで、コメンテーターがこの母親には責任能力があるのだろうかと発言していました。責任能力という言葉をよく聞きますが、どういうものなのですか。

A 子供を育てるのが嫌になったから、自動車で轢き殺そうとする母親がいたことは、全く驚いたことですね。

ところで、ご質問の責任能力とは、刑法上、犯罪についての責任を問い、刑罰を科する上に、犯人に必要とされている能力のことをいいます。

刑法は39条に、「心神喪失者の行為は、罰しない（1項)。心神耗弱《こうじゃく》者の行為は、その刑を減軽する（2項)」と規定しています。心神喪失者は、責任能力のない「責任無能力者」であり、その行為が犯罪に当たる場合でも処罰しない、心神耗弱者は、一応責任能力はあるが、その能力の程度が低い「限定責任能力者」なので、犯罪を犯した場合にも、軽い刑罰を科する、という意味です。なお、刑法41条には「14歳に満たない者の行為は、罰しない」と規定されています。14歳未満の者は「刑事未成年者」といわれますが、やはり、責任無能力者なのであって、犯罪を犯しても処罰されないのです。しかし、少年として家庭裁判所の審判に付されることがあります（少年法３条１項２号、２項）。

さて、心神喪失者、心神耗弱者は、どちらも精神に障害のある者です。心神喪失者とは、精神の障害によって、是非善悪、すなわち、正しいことか、よくないことか、についての判断能力のない者、又は、一応、その判断はできるが、判断に従って行動する能力のない者、つまり、悪いことだとはわかっていても、自分の行動を自制することができず、ついそれをやってしまうという者、を指します。

また、心神耗弱者とは、これらの能力を一応備えてはいるが、能力が非常に低いために、正しい行為をせず、悪い行為をしがちな者をいうのです。

心神喪失、心神耗弱の原因は、精神病、知的障害、精神病質などの継続的な精神異常によるのが一般ですが、お酒の飲み過ぎのような一時的な原因によることもあります。

心神喪失者か、心神耗弱者か、あるいは完全な責任能力者かの判断には、精神医学者などによる鑑定を求められることが多いのですが、終局的な判断は、裁判官が行うこととされています。

心神喪失者と決まれば、犯罪を犯しても処罰されませんし、心神耗弱者と判定された者には軽い刑罰しか科せられません。そこで、それらの人たちに対して強制入院などの措置を定めた「心神喪失等の状態で重大な他害行為を行った者の医療及び観察等に関する法律」が設けられています（平成15年法律110号）。

問題の母親の精神状態がどのようなものであるかについては、綿密、適正な調査、判断の必要がありましよう。

Ⅴ—6

自首とはどういうことか

Q 道端に倒れていた老人の死体を発見した警察が死因を病死と判断して処理しようとしていたところ、老人の息子が「自分が殺しました」と自首したというニュースを聞きました。自首すると、どういう法律的な効果があるのですか。

A 自首とは、犯罪事実又は犯人は誰かが捜査機関に発覚する前に、犯人自身が検察官又は司法警察員に対して、その取り調べを待たずに、進んで犯罪事実を申告し、訴追を求めることをいいます。必ずしも犯人自らが行わず、他人を介して自己の犯罪を官に申告することによっても認められます（最判昭23・２・18刑集２巻２号104頁）。

しかし、捜査機関からの取り調べを受けているときに、自分の犯罪ですと認めても自首にはなりませんし、また、捜査の結果、犯人と断定された者が、とても逃げ切れないと思って警察に出頭したような場合も、既に犯人であると知れているのですから自首にはなりません。

ご質問の場合には、警察は老人の死因を病死と判断しており、息子の犯罪とは知らなかったのですから、息子が「自分が殺しました」と警察に出頭した行為は、自首となるといえましょう。

自首の手続は、書面又は口頭で検察官又は司法警察員に対して行うことが必要であり（刑事訴訟法245条・241条１項)、口頭での自首に対しては、検察官又は司法警察員は、自首調書を作成しなければなりません（刑事訴訟法245条・241条２項)。自首を受けた司法警察員は、速やかにこれに関する書類及び証拠物を検察官に送付することを要します（刑事訴訟法245条・242条)。

自首に応じて捜査が開始され、自首者の告白したところに従って犯罪が確かめられたときは、起訴、不起訴が決せられることとなります。

自首した者に対しては、その刑を減軽することができます（刑法42条１項)。まず、親告罪の告訴権者に対して、自己の犯罪事実を告げてその措置にゆだねた者についても、同様であるとされています（同条２項)。すなわち、自首した者は、当然にその刑が減軽されるのではなく、具体的な犯情に応じて、裁判所は自首した被告人に対して刑を減軽して処罰することができるのです。

なお、内乱予備・陰謀罪（刑法78条)、内乱幇助罪（刑法79条）の犯人が暴動に至る前に自首したときは、その刑が免除されます（刑法80条)。私戦予備・陰謀罪についても同様です（刑法93条)。また、身代金目的での略取・誘拐の予備罪の自首者に対しては、その刑を減軽又は免除するとされています（刑法228条の３。なお、爆発物取締罰則11条)。これらの特別の重罪については、できるだけ犯罪を防止しようとする刑事政策的配慮がなされているものといえましょう。

V－7

酒に酔って行った行為への法律的取扱い〔責任能力、酒に酔って公衆に迷惑をかける行為の防止等に関する法律〕

Q ＯＬですが、私はお酒が嫌いです。私の職場では、仕事の延長の形でお酒を飲む機会が多いのですが、酒ぐせの悪い人が多く大変困っています。酒に酔った上司から、わけのわからないお説教をされたり、セクハラまがいの言動を受けることもあります。いつも決まって聞かされる言葉は、「酒の席だから許されることもあるんだ」です。法律の世界でも、お酒に酔っての事件も結構ありますね。お酒のなせるワザだからと、大目に見られることなどはないでしょうね。教えてください。

A お酒の飲み方には、いいお酒と悪いお酒があります。気の合った人同士がくつろいでお酒を飲むのは楽しいものでしょうが、酔って暴れたり、人にからんだり、飲めない人に無理にお酒をすすめることなどは、困ったものです。お酒の上の事件については、法律上、大目に見られることもありますが、本来、適当ではありません。やってはならないことは、しらふの状態でも、お酒に酔った状態でも、本来、同じ取扱いであるべきです。しかし、法律は、いろいろな区別を設けています。お酒に酔った人に対する法律の規定の主なものについて説明しましょう。

まず、民法では、713条に、「精神上の障害により自己の行為の責任を弁識する能力を欠く状態にある間に他人に損害を加えた者は、その賠償の責任を負わない。ただし、故意又は過失によって一時的にその状態を招いたときは、この限りではない」と規定されています。

泥酔して全く前後不覚の状態で人を殴って傷害を与えても、不法行為とはならず、損害を賠償する必要はないが、ある程度以上に飲酒すると酒乱になることを知っておりながら、わざと限度以上に酒を飲んで酔っ払い、人を殴って負傷させたり（故意の場合)、酒を飲み過ぎると酒乱に陥ることを当然知るべきなのに、うっかりして飲み過ぎた状態で人を殴って怪我をさせたときは（過失の場合)、不法行為として損害賠償の義務が認められるというのです。つまり、酒に酔って行われた行為については、その酔うに至った事情を考慮して行為者の賠償責任を区別しているのが民法の立場です。

次に、刑法では、39条に、「心神喪失者の行為は、罰しない（1項)。心神耗弱《こうじゃく》者の行為は、その刑を減軽する（2項)」と規定されています。そして、判例によりますと、心神喪失とは、精神の障害により事物の理非善悪を弁別する能力又はその弁別に従って行動する能力のない状態をいい、心神耗弱とは、精神の障害がまだこのような能力を欠如する程度には達しないが、その能力の著しく減退した状態をいう、と説明されています（大判昭6・12・3刑集10巻682頁)。

それ故、酒に酔って心神喪失状態に至った場合には、その状態で犯罪を犯しても、責任無能力であって犯罪とされませんし、また、酒に酔って心神耗弱状態で犯罪を犯した場合には、限定責任能力であって、責任が軽く、減軽した刑によって処罰されるのです。

しかし、酒に酔って犯罪を犯した場合のすべてがこのような処置を受けるわけではありません。判例も、多量に飲酒するときは病的酩酊に陥り、心神喪失の状態で他人に犯罪の害悪を及ぼす危険のある素質を有することを自覚する者が、飲酒を抑止又は制限するなど、その危険の発生を未然に防止する注意義務を怠って飲酒し、心神喪失状態で人を殺害したときは、過失致死の罪責を免れない、と判示しています（最大判昭26・1・17刑集5巻1号20頁)。犯人が自分自身を泥酔までの責任無能力状態に陥れ、その状態で犯罪的結果を引き起こすことは、「原因において自由な行為」と呼ばれ、自分自身の心神喪失状態を利用した犯罪と解されているのです。

特別刑法の分野では、まず、道路交通法の酒気帯び運転罪が問題になります。65条1項には、「何人も、酒気を帯びて車両等を運転してはならない」と規定され（なお、2項には、酒気帯び運転者に車両等を提供する罪、3項には、酒気帯び運転をするおそれのある者に酒類を提供する罪、4項には、酒気帯び運転者にその車両で自己を運送することを要求又は依頼して、その車両に同乗する罪を規定しています)、かつ、117条の2には、酒気帯び運転者が酒に酔った状態（アルコールの影響により正常な運転ができないおそれがある状態）にあったときは、5年以下の懲役又は100万円以下の罰金に処するとされ、また、117条の2の2には、その運転をした場合において身体に政令で定める程度以上にアルコールを保有する状態にあったものは、3年以下の懲役又は50万円以下の罰金に処する、と定められています。酒を飲みながら、それによって自分がどんな状態に陥っているのか考えもしないで、無謀にも自動車に乗るという不心得な人々の少なくないことは困ったものといわなければなりません。

次に、「酒に酔って公衆に迷惑をかける行為の防止等に関する法律」があります（昭和36年法律103号）。この法律は、酩酊者、すなわち、酒に酔って正常な行為をなし得ないおそれのある状態の者の行為を規制するとともに救護を要する酩酊者を保護して、過度の飲酒が個人及び社会に及ぼす害悪を防止し、公共の福祉に寄与しようとしているのであって、酩酊者の処罰とともに、その保護についても配慮しているのです（1条参照）。

まず、犯罪としては、「酩酊者が、公共の場所又は乗物において、公衆に迷惑をかけるような著しく粗野又は乱暴な言動をしたときは、拘留又は科料に処する」とし（4条1項）、かつ、「前項の罪を犯した者に対しては、情状により、その刑を免除し、又は拘留及び科料を併科することができる」（4条2項）と定めています。

また、警察官は、この犯罪を現に犯している者を発見したときは、その者の言動を制止しなければならないが（5条1項）、その制止を受けた者が、その制止に従わずに4条1項の犯罪を犯し、公衆に著しい迷惑をかけたときは、1万円以下の罰金に処するとされています（5条）。

そのほか、警察官の酩酊者に対する保護、保健所の酩酊者の診察についての配慮などについても規定されています。

以上のような法律の規定があるのですが、お酒は、他人に迷惑をかけることのないように節度のある飲み方をしなければなりません。

V－8
犯人が借りた自動車で現場へ向かい、殺人を犯した場合、自動車を貸した人も犯罪となるか〔殺人幇助罪、未必の故意〕

Q ある女優の息子が、他人から自動車を借りて、殺人現場へ行き、人を殺害したという事件がありましたが、この場合、自動車を貸した人も犯罪となりますか。犯罪などを全く知らずに貸したのに犯人にされるのは気の毒ですが、どうなのでしょうか。

A 犯人が他人から借りた自動車に乗って犯行の現場まで行き、人を殺した場合には、その自動車は犯人が殺人罪を犯すのに利用されたのですから、自動車を貸した人も、殺人幇助罪となることがあります。

刑法62条1項には、「正犯を幇《ほう》助した者は、従犯とする」と規定されています。「正犯」とは――その犯人を正犯者といいますが――、例えば、殺人罪、窃盗罪、傷害罪など、法律に規定された各種の犯罪そのものを実行する者、つまり、本来的な犯罪者を指します。そして、「幇助する」とは、正犯者がその犯罪を実行するのを助けること、すなわち、正犯者の犯行を容易にするように援助することです。幇助者は、従犯者とも呼ばれ（その犯罪を「従犯」とも、「幇助犯」又は「幇助罪」ともいいます）、例えば、殺人罪の正犯者を助ける者としては、被害者を殺害する凶器としての日本刀を貸してやる者とか、被害者を毒殺しようとしている犯人に毒物である青酸カリを与える者などが幇助者となります。ご質問の殺人犯人が被害者を殺害するのに便利な場所である犯行の現場へ行きやすいように、自動車を貸してやる行為も、殺人の幇助となるのです。

ただ、幇助罪が成立するためには、犯人に幇助の故意、すなわち、自分の行う行為が正犯者の犯行を助けて容易にすることを知りながら、その行為を行うことが必要です。それ故、正犯者がその自動車で犯行の現場へ行くことを知りながら、それを承知して、自動車を貸した場合には、貸した人には幇助の故意が認められますから、幇助罪となりますが、犯罪に使われるなどとは全く知らずに貸したところ、借りた者がそれに乗って犯行の現場に行った場合、すなわち、結果的に犯行に使われた場合には、貸した人には幇助の故意は認められませんから、幇助罪にはなりません。同様に、盗まれた自動車が犯行に使われた場合なども、盗まれた人には幇助の故意は認められませんから、幇助罪にならないのです。

なお、幇助の故意は、未必の故意でも足りますので、自動車を貸した人が、借りた人がその自動車を犯罪に使うことをはっきりと知らなくても、借り主の人柄や、平素の行状などから、ひょっとすると犯罪に使われることがあるかもしれないが、そうなっても仕方がないという気持ちで貸してやったところ、犯罪に使われたという場合も、未必的な幇助の故意が認められますから、幇助罪となります。

Ⅴ—9

隣人の違法な飼い犬への対応策〔暴行罪、傷害罪〕

Q　すし屋をやっているのですが、犬好きの隣人に悩まされて困っています。隣人が飼っているのは、皆、大型犬で５匹。中に１匹、ひどく狂暴な犬がいて、道路上を歩いている人に、金網越しに、突然、猛烈に吠えかかります。そのため「キャーッ」と言って逃げ出す人や、びっくりしてしゃがみ込んでしまう人などもいます。そして、犬の嫌いな人は、私の店に近づかないので、商売上の支障となっているのです。また、夜間これらの犬が揃って遠吠えをし続けるので、うるさくて眠れず、睡眠不足で体調不良状態です。隣人に苦情を申し入れても、「私は犬なしでは生きていけません」と笑っているだけです。どうしたらよいでしょうか。

A　動物の愛護及び管理に関する法律（昭和48年法律105号）には、動物の所有者又は占有者は、動物が人に迷惑を及ぼすことのないように努めなければならない、と規定されていますが（７条１項）、隣人の犬の飼い方は、この規定に全く違反するものですね（なお、25条参照）。

まず、人に襲いかかる性癖のある猛犬を道路と金網で隔てただけの場所に放し飼いにして、猛犬が道路上にいる人に突然近づいて吠えかかるのを放置しておくことは、刑法の暴行罪（208条）に当たるおそれがあります。最高裁の判例は、大太鼓《おおだいこ》を連打するなど不法に強烈な音波《おんぱ》を用いる行為を暴行罪と認めていますが（最判昭29・8・20刑集8巻8号1277頁）、猛犬が突然吠えかかるのも、これに類するといえましょう。また、それによって、通行人が精神的な被害を受けたときは、民法上の不法行為として、犬の飼い主に損害賠償義務が認められると思われます。なお、このようなことから、ご質問者の店のお客さんが減少し、商売上損害を生じていることが明らかである場合には、隣人にはご質問者に対しても不法行為が成立し、ご質問者に生じた財産的損害を賠償する義務を負担しなければなりません。

次に、夜間、隣家の犬の遠吠えがうるさくてご質問者が睡眠不足状態に陥り、それによって生理的機能の障害を受けたときは、刑法の傷害罪（204条）が成立するとみられます。それについては、ご質問者は、被害者として、隣人を告訴し、処罰を求めることができますし、また、民法上の不法行為として損害賠償の請求も可能です。なお、傷害罪が成立するまでに至らない場合でも、犬の鳴き声がうるさくて、社会生活上の受忍限度、すなわち、社会通念上その程度の騒音ならば我慢すべきだと考えられる程度を超えた犬の鳴き声で被害を受けた隣人などに対しては、犬の飼い主には損害賠償の義務を認めた判例が少なくありません（横浜地判昭61・2・18、東京地判平7・2・1）。ご質問者も、傷害を受けるに至らない場合にも、隣人に対して損害賠償の請求をなし得ると思います。

それ故、ご質問者は、これらの法律問題のあることを承知しつつ、改めて隣人と話し合いをするのがよいでしょう。自分だけで交渉に不安があるときは、弁護士など信頼できる第三者を交えて隣人を説得することも考えられます。しかし、隣人がどうしても応じないときは、既に述べたように、刑法的には、隣人の犯罪を捜査機関に告訴して処罰を求めることができますし、また、民法的には、裁判所に訴えて隣人の不法行為についての損害賠償を請求し得るとともに、飼い犬の違法な飼育の差止めを請求することも可能であると思われます。

隣人は、犬なしには生きていけない程犬好きであっても、健全な社会の一員としては、飼い犬が他人に迷惑をかけないように十分な配慮を怠ることは許されません。

Ⅴ－10

医療過誤の責任〔業務上過失致死傷罪〕

Q 医療ミスによる事故がよく問題になりますが、医療ミスがあったのに医師や看護師が処罰されないことがあるようですね。何か特別の法律があるのでしょうか。

A 医療ミスは、法律的には、通常、医療過誤と呼ばれていますが、医療過誤が犯罪になるのは、それが刑法211条の業務上過失致死傷罪に当たる場合です。

刑法211条１項前段には、「業務上必要な注意を怠り、よって人を死傷させた者は、５年以下の懲役若しくは禁錮又は100万円以下の罰金に処する」と規定されています。つまり、医師や看護師が、医療行為を行うにあたって当然守るべき注意義務の遵守を怠り、その結果として患者が死亡したり、病気が悪化した場合に、この犯罪が成立するのです。

ご質問には、医師や看護師に医療ミスがあっても処罰のない特別の法律があるのではないか、ということがありますが、そのような法律はありません。医師や看護師の行為が、この業務上過失致死傷罪に当たらない場合には、処罰されないということです。

業務上過失致死傷罪に当たる医療過誤の例は多様ですが、一例として、病院で、看護師が、入院中の女児に与える液状の内服薬を、鼻から腸に送る管に入れるべきであったのに、間違えて、静脈への点滴の管に接続したために、その女児が心不全、肺不全を起こして死亡したという事件がありました。この場合、看護師には、その内服薬を接続する管に十分注意して間違えないようにする業務上の注意義務があったのに、うっかりして、接続管を間違えたのですから、業務上過失致死罪が成立するのです。

しかし、仮にその看護師が、上司である医師から、その薬は静脈への点滴用管に接続するようにとの指示を受け、それに従ったのであれば、結論的にはミスであっても、看護師には業務上の過失は認められないのが一般だといえましょう。そして、看護師に間違った指示を与えた医師に業務上過失致死罪が成立すると思われます。

ただ、その内服薬は血管に点滴注入してはならないことが、看護師の一般的常識であり、その看護師も当然その知識を有すべきであったのに、医師の指示の意味を確かめもせずに、血管への点滴管に接続した場合には、医師にも、看護師にも、それぞれ、業務上過失致死罪が成立しますし、医師には、さらに、故意による犯罪（殺人罪）はなかったのかという問題なども生じ得るといえましょう。

なお、ご質問にはありませんが、医療過誤によって患者が死亡し、又は病状が悪化した場合には、通常、民法709条の不法行為も成立しますので、医療過誤について患者の致死傷を招いた医師、看護師には、患者やその家族に対する損害賠償の義務も生じます。また、それらの医師、看護師の勤務する病院にも、民法715条によって、使用者の不法行為についての損害賠償責任が認められるのが一般です。民法715条１項には、「ある事業のために他人を使用する者は、被用者がその事業の執行について第三者に加えた損害を賠償する責任を負う。ただし、使用者が被用者の選任及びその事業の監督について相当の注意をしたとき、又は相当の注意をしても損害が生ずべきであったときは、この限りでない」と規定されています。

医師、看護師のお仕事には、大変ご苦労が多いことでしょうが、患者の大事な生命、身体の安全を預かっているのですから、くれぐれも気を配って、医療過誤のないようにしていただきたいですね。

V — 11

両親の幼児に対する保護責任者遺棄致死の責任

Q この頃、親が子に暴力を加える事件などが多いようですが、先日、生後3、4か月の双子の乳児が相次いで栄養失調で死亡したことで、両親が保護責任者遺棄致死の容疑で逮捕されたという報道がありました。保護責任者遺棄致死とはどんな犯罪なのですか。

A 遺棄とは、被害者をその生命・身体に危険のある状態におくことです。刑法は、遺棄の罪（2編30章）と題して、3条の規定を設けています。

第1は、217条の遺棄罪で、老人、幼児、身体障害者、又は病人で、他人の助けなしに、自分だけでは日常生活をするための行動をとることができない人を遺棄した者を1年以下の懲役に処するとされています。例えば、公園で遊んでいた幼児を山の中に運んで置いてくる行為などは、この犯罪となります。

第2は、218条の保護責任者遺棄罪です。老人、幼児、身体障害者又は病人を保護する責任のある者が、これらの者を遺棄、又はその生存に必要な保護をしなかったときは、3月以上5年以下での懲役に処する、と規定されています。被害者に対して保護責任のある者が行った遺棄行為とともに、被害者に対して生存に必要な保護をしなかった行為も併せて処罰するのであり、保護責任者の犯罪ですので、責任が大きく、重く処罰されるのです。そして、そこに遺棄行為と併せて規定されている生存に必要な保護をしなかった行為は、実は、正確には遺棄行為ではなく、不保護罪と呼ばれるべき犯罪です。保護責任には、法律の規定や契約によって生じる場合とともに、社会通念から認められるものもあります。例えば、親は親権者として民法上、子に対する保護義務があります（820条）。また、一緒に登山中の仲間が山道で足をすべらせて重傷を負ったときは、同行者は、社会的条理上、被害者に対する保護責任を生じると解されています。

なお、第3の条文である219条は、遺棄等致死傷罪と呼ばれますが、第1、第2の犯罪を犯して人を死傷させた者は、傷害の罪と比較して重い刑により処断すると規定されています（傷害の場合は、15年以下の懲役又は50万円以下の罰金（204条）、死亡させた場合は、3年以上の有期懲役（205条））。

ところで、ご質問の事件は、第3の遺棄等致死罪となります。すなわち、まず、第2の保護責任者の不保護罪に当たるとともに、第3の219条の致死罪となるのです。つまり、両親は、生まれて間もない幼児たちに適切な哺乳をしなかったのでしょうから、第2の罪のうち、保護責任者の不保護罪となるとともに、その状態を続けたために幼児たちを死亡させたことにより「傷害罪」と比較して重い刑により処断されるのです。傷害の罪とは、第27章の罪であり、幼児たちに傷害を与えたときは、204条の傷害罪、この事件のように死亡させたときは、205条の傷害致死罪の刑と218条の刑を比較し、上限、下限ともに重い刑によるのであり、205条の「3年以上の有期懲役」の方が上限、下限ともに重いので、両親は下限は3年、上限は20年（刑法12条1項参照）の懲役刑によって、処罰されることになるのです。

Ⅴ—12

15歳の少女が産んだ子を交際相手の少年が捨てて死亡させたが、その子は以前の援助交際の男性の子と判明した場合の処罰

Q 新聞に気になる記事がありました。横浜で、15歳の少女が自宅で男の子を産み、交際相手の17歳の少年が、その男の子を山林に捨て死なせるという事件があり、2人は逮捕されました。ところが、その後、DNA鑑定で、少年が男の子の実の父でないことがわかり、本当の父親は、少女が以前に付き合っていた59歳の男性だったことが判明し、淫行の疑いで逮捕されたとのことです。そこで、ご質問ですが、この59歳の男は、男の子を結果的に死なせてしまったことについて、法的に処罰されることはないのでしょうか。

A ご質問の事件においては、15歳の少女が産んだ幼児を少女の交際相手の17歳の少年が山林に捨てて死亡させた行為については、刑法219条の保護責任者遺棄致死罪が成立します。「保護責任者」とは、幼児などを保護する義務のある者をいいますが、この事件の少女は、母親として、また、少年は、幼児の身辺に日常的にいた者として、ともに幼児に対する保護義務を負っています。「遺棄」とは、幼児などをその生命、身体にとって危険な場所に棄てることです。そして、保護責任者遺棄致死罪の刑罰については、刑法219条に「傷害の罪と比較して、重い刑により処断する」と定められていますので、刑法205条の傷害致死罪の刑、すなわち、3年以上の有期懲役に処せられることになります。ただ、2人の犯人は、どちらも少年なので、少年法によって処置されます。家庭裁判所の審判によって少年院に送致されること（少年法24条1項3号）か、刑事裁判所において不定期刑に処せられること（少年法52条）がありましょう。

ところで、幼児の父親は、実は、その少女が以前に付き合っていた59歳の男性だったとのこと、この男性はどのように処罰されるかというご質問ですが、少女に対する援助交際をしたことについて、「児童買春、児童ポルノに係る行為等の処罰及び児童の保護等に関する法律」（平成11年法律52号）4条の児童買春罪で、5年以下の懲役又は300万以下の罰金に処せられます。しかし、この男性は、少女が子供を産んだことも知らず、その幼児が山林に捨てられたことも全く関与していなかったのですから、幼児の保護責任者遺棄致死罪で処罰することはできません。

この男性には、幼児の死亡について、道徳的には非難されるべきところがあるかもしれませんが、それを処罰する法律はないのです。

V — 13

両親が幼児を置いたまま離れていた自動車に乗り逃げした男が幼児を下車させたところ、幼児がダムに落ちて死亡した場合の犯人の罪責

Q 先日、両親が４歳の女の子と１歳の男の子を後部座席に残したまま離れていた自動車を盗んで走り去った男が、子供が後席にいることに気付いて、ダムの近くで降ろしたところ、１歳の男児がダムに転落して死亡したという悲しい事件がありました。この場合、犯人はどんな罪になるのでしょうか。また、子供を車内に残したままにしていた両親は、罪に問われないのでしょうか。

A ご質問は、何とも悲しい事件ですね。新聞の報道によりますと、犯人は駐車中の自動車を、後部座席に２人の幼児がいることに気付かず、乗り逃げして10分ぐらい走ってから幼児に気付き、ダムの近くに２人を降ろして逃げ去ったところ、４歳の女児は発見されて助けられたが、１歳の男児はダムに転落して溺死したというのですね。ところが、その後のテレビのニュースでは、逮捕された犯人が、警察の取り調べに対して、子供が泣いてうるさいのでダムに投げ込んだと言っているとのこと、事実関係にはっきりしないところがあります。そこで、わかっている事実についてお話したいと思います。

まず、自動車を盗んだ犯人の行為は、いうまでもなく窃盗罪（刑法235条、刑は、10年以下の懲役又は50万円以下の罰金）に当たります。

次に、２人の幼児、すなわち、４歳の女児と１歳の男児をダムの近くで自動車から降ろした行為は、保護責任者遺棄罪（刑218条、刑は３月以上５年以下の懲役）、そして、男児がダムに落ちて死亡したのであれば、さらに、保護責任者遺棄致死罪（刑法219条）が成立すると思われます。

まず、遺棄の罪について説明します。刑法第２編第30章に、遺棄罪（217条）、保護責任者遺棄罪（218条）、遺棄致死傷罪（219条）の３種の罪を併せて「遺棄の罪」が規定されています。「遺棄」とは、被害者を、その生命・身体に危険な場所に置き去りにすることであり、被害者は、老人や幼児などのように、他人の助けを受けなければ、自力では日常生活を営む能力のない者に限られます。まず、217条の遺棄罪には、「老年、幼年、身体障害又は疾病のために扶助を必要とする者を遺棄した者は、１年以下の懲役に処する」と定められています。この事件の被害者となった４歳の女児と１歳の男児は、ともにこの「幼年」に当たりますから、遺棄罪の被害者となり得るわけです。

ところで、この遺棄罪は、犯人について格別の制限はありませんが、例えば、親が子を遺棄した場合のように、被害者を保護する法律上の義務を有する者が、この義務に違反して遺棄行為を行った場合には、より重い遺棄罪とされるべきでしょう。218条の保護責任者遺棄罪は、このような重い遺棄罪です。「老年者、幼年者、身体障害者又は病者を保護する責任のある者がこれらの者を遺棄し、又はその生存に必要な保護をしなかったときは、３月以上５年以下

の懲役に処する」と定められています。そして、この事件の犯人は、盗んだ自動車に幼児たちを乗せたまま運転し、その幼児たちを事実上支配している状態にあったのですから、その幼児たちに対しては、法律上の保護義務が認められると解されます。したがって、ダム付近の危険な場所で、２人の幼児を自動車から降ろして放置した行為は、保護責任者遺棄罪となるべきでしょう。

次に、降ろされた男児がダムに落ちて死亡したときは、犯人は遺棄致死罪に当たります。刑法219条には、「前２条の罪を犯し、よって人を死傷させた者は、傷害の罪と比較して、重い刑により処断する」と規定されています。犯人は、幼児を自動車から降ろし、ダムの付近の危険な場所に放置したままにしたところ、その幼児が動き回っているうちに足をすべらせてダムに落ちて溺死した場合には、犯人は218条の罪を犯し、よって被害者の男児を死亡させたのですから、この罪が成立することになるのです。「傷害の罪と比較して、重い刑により処断する」とは、218条の法定刑と傷害致死罪（刑法205条）の法定刑を比較し、法定刑の上限も下限もそれぞれ重いものを適用するという意味であり、したがって、重い205条によって「３年以上の有期懲役」となります。

なお、テレビのニュースで報道されたように、犯人が幼児が泣いてうるさいので、ダムに投げ込んだというのが事実であれば、その行為は、いうまでもなく殺人罪（刑法199条、刑は、死刑又は無期もしくは５年以上の懲役）となります。犯人には、保護責任者遺棄罪とともに殺人罪が成立するのです。

一方、両親の罪はどうでしょうか。両親は、おそらく子供たちは後席でよく眠っているし、ほんの少しの時間だから大丈夫と考えて車を離れたのでしょうが、結果的には、思いもよらぬこのような悲惨な事実を招いてしまったのです。それ故、両親は、子供たちに対する道義的な保護義務を尽くしていたとはいえませんが、現在の社会では、まだこの程度の両親の行為について、法律的な保護義務を怠ったものとして、直ちに犯罪とすることは困難であると思われます。現在のわが国では、なお、社会の安全さを背景とする法律規範が維持され続けていると解されるからです。

しかし、この事件のような悪質な犯行が出現したことは、今後のわが社会に対して、反省と再考を促すものといわなければなりません。そして、両親にも、子供の安全に、より一層の配慮を求めることとなりましょう。

Ⅴ－14

親権者である父が、別居中の母に付き添われて入院中の長女をベッドから連れ去る行為の犯罪性〔国外移送目的略取誘拐罪〕

Q 最高裁の判決に、オランダ人の夫が、別居中の日本人妻が付き添って入院させていた２歳の長女を、オランダに連れて行く目的で、病院のベッドから無理に連れ去ろうとした行為が略取誘拐罪に当たり、有罪となると判示したものがあるそうですが、この夫は長女の父親で親権者なのに、どうして犯罪になるのですか。

A　この事件については、平成15年3月18日に最高裁の決定が出されています。被告人は、オランダ国籍の男性で、日本人の妻と結婚したのですが、犯行当時には別居中で、2人の間に生まれた2歳4か月の長女は妻が養育しており、その時は妻が付き添って入院していたのでした。被告人は長女をオランダに連れ帰る目的で、午前3時過ぎに病室のベッド上から、長女の両足を引っ張って逆さに吊り上げ、脇に抱えて連れ去り、病院の前に止めておいた自動車に乗せて発進したところを逮捕されたのでした。被告人は、国外移送目的略取誘拐罪に当たるとして起訴されました。

この犯罪は、刑法226条1項に、「所在国外に移送する目的で、人を略取し、又は誘拐した者は、2年以上の有期懲役に処する」と規定されているものです。略取・誘拐とは、被害者をその保護されている生活環境から離して犯人又は第三者の実力支配下に移す犯罪ですが、暴行・脅迫を手段として行われるのが略取、だましたり、誘ったりして行われるのが誘拐です。そして、被害者を日本国外へ連れ出す目的で行われるのがこの犯罪なのです。

第1審の裁判所も、第2審の裁判所も、被告人の行為は、この犯罪に当たるとして有罪としたのですが、弁護人は、被告人は長女の父親であり、共同の親権者として、自分の子供に対して面接することは、幸福追求についての憲法13条の定める権利である。被告人は、オランダの祖父に会わせるために、長女を連れていこうとしたのであって、罪とはならないと主張して上告しました。

最高裁判所は、次のように述べて上告を棄却しました。被告人の行為は、別居中の妻のもとで平穏に暮していた長女を、その保護されている環境から引き離して自己の事実的支配下に置いたのだから、略取に当たることは明らかである。そして、その行為の方法も悪質であって、親権者の1人として長女を自分の母国へ連れ帰ろうとしたことを考慮しても、犯罪性はなくなるものではない、と説示しています（刑集57巻3号371頁）。

略取・誘拐罪は、先に述べたように、被害者をその安全な生活環境から離して犯人らの実力支配下に移す犯罪であり、被害者の自由を保護しようとするものです。しかし、被害者が幼児であって、その自由の意味がよくわかっていないような場合には、幼児の自由を護ってやる親権者の監護権を侵害する犯罪ともみられています。ところで、この事件のように、幼児の自由を護る親権者自身が略取・誘拐をした場合は、一体どうなるのか、という問題があります。ご質問も、おそらくこの点についてのものでしょう。しかし、この場合の親権者の監護権は、幼児の自由を保護するものですから、親権者自身が幼児の自由を奪う行為も許されないのです。被告人は、長女を母国に連れ帰りたいのであれば、現に長女を保護している母親と話し合い、その了解を得て行うべきでした。

V ― 15
親権者として養育している3歳の息子を離婚した元夫の両親に勝手に連れ去られた場合の対応策

Q 半年前に性格の不一致の夫との5年間の結婚生活に終止符を打って離婚し、3歳の息子は私が親権者として引き取り、実家に戻りました。ところが、元夫の両親は孫と別れた寂しさに堪えられなかったらしく、先日私が息子を幼稚園に迎えにいくのがちょっと遅れた隙に息子を自動車で連れ去りました。親権者は私なのだから息子を返してくださいといくら頼んでも、元夫の両親は、応じないばかりか、息子に会わせてもくれません。どうしたらよいのでしょうか。

A 離婚したご主人のご両親にとって、お孫さんと別れた寂しさに堪えられない気持ちには同情できますが、親権者であるご質問者に無断で、3歳の息子さんを勝手に連れ去り、会わせてもくれないことは許されません。

ご両親の行為は、一応、未成年者略取誘拐罪（刑法224条）に当たりましょう。ただ、何分自分たちの孫に会いたさのあまりに行った行為であり、また、離婚したご主人がそのご両親と同居している場合には、ご主人は息子さんの親権者ではないものの、実父であって、息子への扶養義務もあるのですから、全くの第三者が行った略取誘拐行為とは違って、犯罪の成立を断ずるにはかなり微妙なものがあります。

そこで、人身保護法による救済の請求も考えられます。ご質問者は、息子さんが連れ去られた事情や、息子さんが拘束されていることが息子さんの利益に全く反することなどを説明し、息子さんが親権者であるご質問者のもとへ返されることを求めて裁判所に訴えることができます。ただ、裁判所が息子さんの引渡命令を出してくれても、それには強制力はなく、実効性は保障されません。

それ故、ご質問者は、家庭裁判所に調停を求め、改めて別れたご主人やそのご両親とよく話し合われるのがよいと思われます。そして、息子さんは親権者としてあなたのもとで養育されるが、別れた元ご主人やご両親にも、お孫さんと面会の機会を与えるなどの方法で寂しさを癒してあげることを考えられてはいかがでしょうか。

V—16

訪問販売者の玄関への立入り行為の犯罪性〔住居侵入罪、不退去罪〕

Q 28歳の主婦です。私の家は、門から玄関まで10メートルほどの距離があり、門にはベルと会話器が付けられています。昨日の夕刻、教材の訪問セールスマンが来て、門の所でベルを鳴らし、話しかけました。「小学生用の国語と算数の参考書を持って来たので、見てください」というのです。私には、小学校2年生の娘がいますが、その娘のことをどこで調べたのか、「お嬢さん用に大変有益ですよ」と言いました。娘の参考書などはいろいろ持っているので、私は「要りません」と言ったのですが、3分ぐらいしてから、玄関で、「ご免ください」と大きな声が聞こえたので、出てみると、小学生用の参考書を手にしたセールスマンが、「これをどうかご覧ください」とその本を差し出しました。私が「うちには、もうあるのよ。

帰ってください」と言ったのですが、その人は帰らず、「お嬢さんは、よくできるそうですね」などと言いながら、バッグの中から、また別の本を出し、長々としゃべり出しました。私が「帰らないと、警察を呼びますよ」と言っても、平気で話し続けています。困っていると、運良く夫が帰宅して玄関へ入って来ました。私が夫に「お帰りなさい」と言うと、セールスマンは、あわてて帰りました。許可もしていないのに勝手に門から入り、玄関の中へまで入り込んで、本を売りつけようとするのは犯罪ではないですか。これからどうしたらよいでしょう。

A 刑法130条には、「正当な理由がないのに、人の住居若しくは人の看守する邸宅、建造物若しくは艦船に侵入し、又は要求を受けたにもかかわらずこれらの場所から退去しなかった者は、３年以下の懲役又は10万円以下の罰金に処する」と規定されています。その前半が住居侵入罪、後半が不退去罪と呼ばれる犯罪です。

まず、住居侵入罪は、正当な理由がないのに、人の住居などに勝手に侵入する行為を罰するのですが、住居者がその住居に入ってもよいと立入りを承諾している場合には、犯罪となりません。そして、周囲の状況から住居者の承諾があるものと推定される場合も、犯罪とならないと解されています。例えば、他人の家の門の扉が開かれていた場合には、訪問者が門内に入って玄関まで歩いて行くことは、居住者の承諾があると推定される行為だとみられますし、また、玄関の扉に鍵がかけてなかった場合には、扉を開けて玄関に入り、「今日は」と挨拶する行為も、居住者の承諾が推定されるものであって、住居侵入罪とはならないと考えられているのです。

ご質問の場合には、門の所で話しかけたセールスマンに対し、「要りません」と言われても、門の扉にも、玄関の扉も鍵がかけてなかったので、もう少しはっきり説明したいと考えたセールスマンが勝手に扉をあけて門内に入り、さらに、玄関に入っても、その行為自体は一応許されるものであって犯罪とはならないといえるでしょう。また、玄関内に入ってから、改めて「お子さんの教材を買ってください」と交渉することも、直ちに犯罪とはならないと解されます。

しかし、その後のセールスマンの態度は問題です。それは、刑法130条後段の不退去罪に当たるといえるでしょう。そこには、「要求を受けたにもかかわらず」とありますが、「要求」とは、居住者が、訪問者に対し、「帰ってください」と求めることです。適法に訪問して来たお客に対しても、居住者は会いたくないことも、話したくないこともあります。その場合には、住居の平穏を守るために、「帰ってください」と要求することができるのです。ご質問者の場合、セールスマンに「帰ってください」と言ったのは、退去の要求であり、それに応じなかったセールスマンの態度は不退去罪となるのです。なお、「帰らないと、警察を呼びますよ」と言われたとのことですが、セールスマンが帰らずにいるのは犯罪なのですから、本当に警察を呼んで逮捕してもらうこともできたのです。

セールスマンは、法律を知らずに商売熱心なあまり、「帰ってください」と言われても、少しぐらいならばねばっていてもいいだろうと考えたのかもしれませんが、大変な法律の誤解です。

なお、ご質問者は、このようなセールスマンと直接に応対することが嫌ならば、今後は、門にも、玄関にも、鍵をかけておくのがよいでしょう。

Ⅴ―17

「無断駐車は2万円」との掲示のあるレストランの駐車場にこっそり駐車させた者の賠償義務〔住居侵入罪、軽犯罪法違反〕

Q 先日、急用で郵便局に行きましたが、駐車場は満杯でした。隣のレストランの駐車場はガラ空でしたので、「店に用のない方の無断駐車には2万円支払っていただきます」という掲示があったのですが、短時間だからいいだろうと、こっそり10分程駐車させました。ところが、わからないだろうと思っていたのに、レストランの店員に見つかって、2万円を請求されました。私は、「こんなに空いている駐車場に10分駐車させただけなのに、どうして2万円も支払わなければならないのか」と言って争ったのですが、聞いてくれません。私は、2万円を支払わなければならないのでしょうか。

A 大変難しい問題です。

まず、レストランが「無断駐車は2万円」という掲示を出していたからといって、無断駐車をした者が、すべて当然に2万円の賠償義務を負うことはないと思います。

しかし、レストランとしては、お客でない人が勝手に店の駐車場に駐車したために、お客さんが駐車することができず、立ち去ったりするために、営業が妨げられ、収入が得られず、損害が発生した場合には、その賠償を勝手に店の駐車場に駐車させた人に対して請求し得るのは当然のことというべきでしょう。それ故、そのような営業妨害をさせないように、注意を促すために、「無断駐車は2万円」という掲示を出すことも許されないことではありません。そして、無断駐車されたために、本当に2万円の収益が減少した場合に、その事実を証明し得るときは、無断駐車をした人に2万円の損害賠償を請求することができるのです。

これに対して、ご質問者の立場からすれば、レストランの駐車場が空いており、隣りの郵便局で短時間の用事を済ませるまでの間、無断で駐車しただけでは、もちろんレストランの収益に2万円の損害などを与えたとはいえないでしょうから、2万円の損害賠償支払い義務はないと思われます。

ただ、無断駐車の行為の悪質性は、十分承知していなければなりません。実際には、無断駐車で処罰されることは少ないでしょうが、それは、刑法上、また、軽犯罪法上、立派な犯罪なのです。

まず、他人の駐車場に無断で駐車させる行為は、その駐車場が、他人の住宅に附属する土地であって、塀などに囲まれている場所であるときは、そこに立ち入る行為は、刑法130条の住居侵入罪に当たります。「正当な理由がないのに、人の住居若しくは人の看守する邸宅、建造物……に侵入……した者は3年以下の懲役又は10万円以下の罰金に処する」と規定されています。そして、本条の建造物は家屋だけでなく、その囲繞《いにょう》地《ち》をも含むと解されているので（最大判昭25・9・27刑集4巻9号1783頁）、家屋に隣接する駐車場も、建造物として、そこへの侵入行為は、この犯罪となるのです。

また、そのような囲いなどのない駐車場でも、その場所にレストランの表示などがある場合には、そこに無断で入った行為は、軽犯罪法1条32号の「入ることを禁じた場所……に正当な理由がなくて入った」ことになりますから、「拘留又は科料」に処せられるわけです。

こうして、ご質問者は、レストランからの賠償金の請求に対して、2万円までの支払いは必要でないとしても、相当額の賠償はしなければなりません。その適正な金額については、話し合いで決められないときは、裁判や調停での判断で決められることになりましょう。

V — 18

書店での本の立ち読み行為の法律的責任〔不退去罪〕

Q 先日、久しぶりに本屋さんに行くと、新しい漫画本が並んでいたので、思わず手にして読み始めますと、あまり面白いので1時間ぐらいで3冊読んでしまいました。本を書棚に返して店を出ようとすると、店長さんが「お客さんは3冊を全部読んでしまわれたのですから、その本は買ってくださいよ」と言われました。私は買いたくはなかったのですが、店長さんの顔色を見て仕方なく買いました。あの場合、断ってもよかったのでしょうか。

A 本屋さんで立ち読みをして本を読み切ってしまったからといって、その本を買わなければならない法律上の義務は生じません。店長さんは、お客さんが本を読み切ってしまったことを見ていて、そんなにその本が気に入ったのなら買ってもらいたいと思ったのでしょうが、本を売りつける権利はありません。

しかし、店長さんには、お客さんが長時間本を立ち読みしているのを止める権利はあります。書店で棚や台の上に並べられている本は、お客さんに買ってもらうために見ていただくことを目的としているのであり、お客さんが、どんな本なのか内容を知るために、立ち読みをすることは当然許されています。しかし、立ち読みには、社会観念上許される限度があり、何時間もそれを読み続けるとか、本を全部読んでしまうまで帰らずにいることなどは、非常識な行為といわなければなりません。それは、書店の側からも、他のお客さんの邪魔になるなど大変迷惑なことでしょう。

それ故、お客さんの立ち読みがあまり長時間になるときは、店長さんなどは、「立ち読みをやめてください」と注意することができます。そして、注意してもお客さんが立ち読みをやめないときは、さらに、そのお客さんに「帰ってください」と要求することができます。

その場合に、お客さんが、応じないで立ち読みを続けているときは、刑法130条後段の不退去罪、すなわち、要求を受けたにもかかわらず、人の住居もしくは人の看守する邸宅、建造物又は艦船から退去しないときは、３年以下の懲役又は10万円以下の罰金に処する、と規定されている犯罪となります。

しかし、いくら長時間立ち読み続けても、書店の側からの注意がない限り、この犯罪は成立しません。

Ⅴ―19

同棲中の彼が自分だけで使用している部屋に女性を勝手に泊める行為の法的意味〔不退去罪、内縁関係の破壊〕

Q ２部屋のマンションで彼と同棲していますが、彼はパソコン作業をすることが多いので、「奥の部屋を僕に使わせてくれないか」と言って１室をほとんど彼１人で使用し、もう１つの部屋で共同生活をしています。先日、私が旧友との３泊旅行から帰ったところ、彼がその部屋に女性を連れ込んでいました。びっくりして、「どういう人なの？」と聞きますと、彼は「友人だよ。この部屋は僕の部屋なんだから泊めてもいいだろう」と言いました。怒った私は、彼女に、「すぐ出て行きなさい」と言ったのですが、彼女は、何も答えず、部屋に居て、翌朝、彼と一緒に出て行きました。彼女の行為は住居侵入罪になりませんか。マンションの家賃は、私と彼が共同で支払っているのです。また、もし彼がこのまま帰らなかったときは、彼と彼女に損害賠償を請求することはできないでしょうか。

A 刑法130条には、「正当な理由がないのに、人の住居若しくは人の看守する邸宅、建造物若しくは艦船に侵入し、又は要求を受けたにもかかわらずこれらの場所から退去しなかった者は、３年以下の懲役又は10万円以下の罰金に処する」と定められています。

その前段の犯罪が住居侵入罪で、住居における人の平穏な生活を保護しようとするものです。「正当な理由がないのに」とは、違法にということです。したがって、居住者が住居に入ってもよいと許可したときは、住居に入っても罪にはなりません。ご質問者が旅行に出て不在中のマンションの部屋は、同棲している彼が居て彼女の立ち入りを許可した以上、彼女には住居侵入罪は成立しないのです。

しかし、ご質問者が帰宅して彼女が室内に居ることを知り、それを好ましいことではないと考えて、「帰りなさい」と要求したのに、彼女がこれに応じずに室内にとどまっている行為は、この条文の後段に規定されている不退去罪に当たります。他人の住居に入った者が、家人から退去を求められたのに、これに従わない行為は、住居侵入罪と同様に、その住居の平穏な生活を侵害することになるからです。住居の居住者が複数いて、退去を求める人と、求めない人が分かれた場合には、居住者が居住者として平等の立場にある以上、１人が退去を求め、他の人たちは退去を求めなくても、退去の要求は有効です。したがって、彼が彼女を部屋にとどめたくても、ご質問者が、「出て行きなさい」と彼女に要求し、彼とご質問者が居住者として同等の立場にある以上、彼女はその要求に従わなければなりません。また、彼が、「この部屋は僕の部屋なんだから」と言っても、ご質問者が彼と共同して家賃を支払い、借用している部屋なのですから、彼は、ご質問者の要求に反対することはできません。それ故、ご質問者の要求に従わず、翌朝までその部屋にとどまっていた彼女の態度は、明らかに不退去罪に当たるのです。

なお、翌朝、彼女と一緒にマンションを出た彼が、そのまま帰らず、それによって、彼とご質問者との同棲関係が断ち切られた場合に、ご質問者は、彼と彼女に損害賠償を請求することができるかということですが、ご質問者と彼との同棲関係が、内縁関係に当たるかどうかによって結論が違うことになると思います。ほんの短期間の同棲であったような場合には、損害賠償の請求は困難でしょうが、かなりな期間にわたる親密な同棲関係で、婚姻届は出していないが、事実上の夫婦として、法律上の夫婦に準ずるような関係にある場合には、内縁関係として取り扱われます。内縁については、法律に規定はありませんが、最高裁判所の判例は、法律上の夫婦に準じた保護を与えようとしています（最判昭33・4・12民集12巻5号789頁）。それ故、彼と彼女が共同して、ご質問者と彼との内縁関係を破壊したとみられるときは、ご質問者は、彼と彼女に損害賠償を求めることができると解されます。また、もしご質問者と彼との間に共同して作った財産があるときは、彼に対して、その分与を求めることもできましょう。もし彼との話し合いがまとまらないときは、家庭裁判所に調停又は訴訟を申し立てるのがよいと思います。

V — 20

建物販売会社の販売マンションについての秘密の漏示の犯罪性〔秘密漏示罪の成否〕

Q 建物販売会社の「中古マンションですが、欠陥は全くありません」という広告につられて購入を申し込んだのですが、改めてよく点検しますと、壁にひびが入っていたり、天井に穴があいていたり、あちこちにいたみが見つかりました。がっかりして、会社に購入をやめたいと言いますと、「至急無料で修理するから、購入をやめないでください。それから、このことは他人に漏らさないようにお願いします」と強く求められました。この秘密を他人に漏らしたら犯罪になりますか。また、どんな場合に秘密を漏らすと犯罪になるのでしょうか。

A 秘密とは、限られた人だけが知っている事実で、それを他人に漏らされると本人の不利益になるものをいいます。ご質問の建物販売会社の秘密は、他人に漏らしても犯罪にはならないと思います。

どんな場合に秘密を漏らすと犯罪になるかとのご質問ですが、いろいろな法律に規定されています。

まず、代表的な犯罪は、刑法の秘密漏示罪です（134条）。医師、薬剤師、医薬品販売業者、助産師、弁護士、弁護人、公証人又はこれらの職にあった者、そして、宗教、祈祷もしくは祭祀の職にある者、つまり、神官、僧侶、牧師、祈祷師又はこれらの職にあった者が、正当な理由がないのに、その業務上取り扱ったことについて知り得た他人の秘密を漏らしたときは、６月以下の懲役又は10万円以下の罰金に処すると定められています。

これらの人々は、その仕事の性質上他人の秘密を知ることが多いのですが、それを漏らされると仕事を依頼した人などは個人のプライバシーを侵害されることとなり、安心して仕事を依頼することができなくなるので、秘密の漏示を刑法上の犯罪としたのです。

なお、これらの人々は、法廷で証人として証言を求められたとき、このような秘密については証言を拒否する権利が認められています（民訴197条、刑訴149条)。つまり、法律は、ここまで秘密を守ることを保護しているのです。

次に、刑法以外の法律でも、秘密を漏らす行為を犯罪として禁止しているものが少なくありません。その主なものをあげますと、まず、国家公務員法、地方公務員法には、それぞれ、国家公務員、地方公務員が職務上知り得た秘密を漏らしてはならない、職を退いた後も同様とするとし、漏らした者は１年以下の懲役又は３万円以下の罰金に処すると規定されています（国公100条１項・109条12号、地公34条１項・60条２号)。そのほか、例えば、自衛隊員、司法書士、行政書士、弁理士、公認会計士、税理士、児童相談所の相談員などについても、秘密の漏示について罰則があります。このように、法律は、広い範囲にわたって秘密を漏らすことを禁止しているのです。

しかし、例外として、法律が秘密を告知することを義務づけている場合があります。例えば、「感染症の予防及び感染症の患者に対する医療に関する法律」(平成10年法律114号）により（同法12条)、医師は、診断した感染症患者を最寄りの保健所長を経由して都道府県知事に届け出なければなりません。これは、感染症を防止することに患者の秘密を守ること以上の意味を認めたからです。

こうして、いろいろな規定がありますが、ご質問の建物販売会社の秘密を漏らす行為を罰する法律はありません。したがって、秘密の漏示は犯罪とはなりませんが、漏示したあとで名誉毀損罪、業務妨害罪などが成立する事態もあり得ないではないといえましょう。

Ⅴ—21

交通違反者が、他人の承諾を得て、警察署で反則切符にその他人名の署名をした場合の責任〔私文書偽造罪〕

Q サラリーマンですが、会社の同僚のA君から次のような話を聞いて驚いています。A君が新年会からの帰途、自動車のスピードを出し過ぎたところ、追走して来たパトカーに停車を命ぜられ、免許証を見せるように言われたのですが、今まで警察につかまったことがないので、こわくなり、免許証は忘れてきたと言うと、氏名と住所を問われたので、思わず親しくしていた友人のB君の氏名と住所を告げてしまったとのこと、警察官から、翌日、警察署に出頭して交通反則切符に記述することを求められたので、その晩、B君に会って事情を説明して謝ったところ、

B君は、交通違反で何度も警察につかまった経験があるので、「僕は平気だから、僕の名前で反則切符の供述書を書いてもいいよ」と言ってくれた。翌日、反則切符の供述書にB君の名前で署名をしてしまったが、本当に有難かったとのことです。A君の行為は、偽証罪などの犯罪にはならないのでしょうか。

A 偽証罪については、刑法169条に「法律により宣誓《さんげつ》した証人が虚偽の陳述をしたときは、3月以上10年以下の懲役に処する」と規定されています。そして、刑事訴訟規則によりますと、宣誓は、尋問の前にしなければならず（117条）、証人は、起立して、「良心に従って、真実を述べ、何事も隠さず、又何事も附け加えないことを誓います」と書かれた宣誓書を朗読した上、これに署名・押印しなければならない（118条）と定められています。このような宣誓をした上で証言をした証人が、その証言の内容として偽りの事実を述べたときに、偽証罪は成立するのです。証人であっても、宣誓をしないで証言をする場合があります。例えば、宣誓の趣旨を理解することができない者には、宣誓させずに証人尋問をすることになりますが（刑訴155条、民訴201条2項）、そのような証人が偽りの証言をしても、偽証罪にはならないのです。

ところで、Aさんは、警察官から免許証を見せるように求められたのに、免許証は忘れてきたと偽りを述べましたし、氏名・住所を問われたのに、友人Bさんの氏名・住所を告げたというのですから、明らかに虚偽の陳述をしています。しかし、それは、証人として証言したわけではなく、また、宣誓もしていないのですから、偽証罪には該当しません。好ましくない行為には違いありませんが、犯罪にはならないと思います。

しかし、Aさんが警察署で、交通反則切符の供述書に、自分の氏名を書くべきところ、Bさんの氏名の署名をしたことについては、刑法159条1項に、「行使の目的で、他人の……署名を使用して……事実証明に関する文書……を偽造」したこととなり、私文書偽造罪が成立するでしょう。刑は、3月以上5年以下の懲役です。そして、昭和56年4月16日の最高裁決定に、「交通反則切符中の供述書には、『私が上記違反をしたことは相違ありません。事情は次のとおりであります』という不動文字が印刷されており、その末尾に署名すべきこととなっているが、このような供述書には、その性質上、違反者が他人の名義でこれを作成するときは、その他人の承諾があっても、法の許すところではなく、私文書偽造罪に当たる」と述べられていた（刑集35巻3号107頁）ところに合致すると思います。すなわち、Aさんは、Bさんの承諾を受けてこの供述書にBさんの署名をしたわけですが、通常の私文書の場合には、名義人の承諾を得て作成するときは、承諾によって作成権限が名義人から作成者に与えられ、作成者の作成した文書は、名義人の意思を表示したものとして公の信用を害することがないから、私文書偽造罪は成立しないが、反則切符の供述書は、それによって交通違反の事実の有無を判断するのに用いられるものであって、名義人が自由に処分し得るものではないから、Bさん名義の供述書の作成をBさんがAさんに承諾していたとしても、Ａさんの偽造行為は、私文書偽造罪に当たるとする趣旨なのです（東京高判昭54・8・28高刑集32巻2号173頁参照）。

V—22
勝手に生命保険をかけられた場合の措置〔保険法、有印私文書偽造罪、偽造私文書行使罪〕

Q　35歳のサラリーマンですが、先週、ある保険会社から、「あなたの生命保険契約について確認させていただきたい」と電話がかかってきました。私は、その保険会社に生命保険をかけていませんので、びっくりして、その旨を告げますと、「では、調べてまたご連絡します」と言ったままで、まだ連絡はありません。私は、自分の知らない間に、誰かに生命保険をかけられていたのかもしれないと考えると、腹が立つとともに怖くなりました。保険金殺人事件などよく聞く話だからです。こんな勝手な保険契約に対しては、どう処置したらいいのでしょうか。また、その保険契約をした人は犯罪にはならないのですか。

A　ご質問者に対して、保険会社から、生命保険契約についての確認の電話がかかってきたとのこと、ご質問者の知らない間に誰かがご質問者を被保険者として生命保険をかけるなどは、もちろん、許されることではありません。

保険法38条には、「生命保険契約の当事者以外の者を被保険者とする死亡保険契約は、当該被保険者の同意がなければ、その効力を生じない」と規定されています。保険契約者が自分自身の死亡について保険契約を結ぶ場合には、保険金の受取人が誰であるかにかかわらず、その保険が不法に利用されるおそれは少ないのですが、他人の死亡を保険事故とする生命保険契約は、その他人の生命に対する危険があり得ますので、他人自身が了解し、承知することが必要とされるのです。

ただ、この同意の方式については、別段の規定はなく、一般には、契約申込書にその他人の署名又は記名・押印がなされることによって行われているようです。

また、保険法55条1項には、「保険者は、保険契約者又は被保険者が、告知事項について、故意又は重大な過失により事実の告知をせず、又は不実の告知をしたときは、生命保険契約を解除することができる」と規定しています。例えば、病弱な被保険者が、健康な人を替え玉にして保険会社の診察医の診察を受けさせた場合などがこれに当たります。

このように、保険法には、保険契約に関して保険会社を保護する若干の規定はありますが、ご質問のような場合における被保険者の安全までを積極的に保護する規定は設けられていません。

したがって、被保険者の保護については、別の法律によらなければなりませんが、もし誰かがご質問者に無断で勝手にご質問者を被保険者とする生命保険契約をその保険会社と締結した場合には、その行為は、ご質問者の同意もなく、にせの同意書を作成して保険会社に提出していたはずですから、刑法159条1項の有印私文書偽造罪（行使の目的で、他人の印章もしくは署名を使用して権利、義務もしくは事実証明に関する文書を偽造する罪であり、刑は、３月以上５年以下の懲役です）及び161条の偽造私文書行使罪（上記の文書を行使した者は、文書偽造者と同一の刑に処する、と定められています）にも該当するでしょう。

それ故、ご質問者は、その保険会社に問題の保険契約の具体的内容を確かめられ、自分はそのような生命保険契約については全く同意していないから、その契約は無効である旨を告げるとともに、その保険契約を締結した人を確かめて、有印私文書偽造罪及び偽造有印私文書行使罪の犯人として警察に告訴し、処罰を求めるのがよいでしょう。

このような悪質な犯罪には、被害者自身が積極的に防止に努めることが必要だと思います。

V — 23

強制わいせつ罪・準強制わいせつ罪とはどんな罪か

Q 男性がスナックで知り合った男性に睡眠薬を飲ませてこん睡状態にして体を触わるなどした後、プラスチックの袋をかぶせて殺してしまったという事件がありました。容疑者の男性は、準強制わいせつと殺人の疑いで逮捕されたそうです。そこで、ご質問ですが、男性の女性に対するわいせつ行為の罪と男性の男性に対するわいせつ行為の罪とは、基本的に同じなのでしょうか。また、準強制わいせつ行為の「準」とは何でしょうか。

A ご質問の第１は、男性が女性に対して行うわいせつ罪と男性が男性に対して行うわいせつ罪とは、基本的に同じなのかということですね。お答えは、「そうです」ということになります。

刑法176条に強制わいせつ罪の規定があります。「13歳以上の男女に対し、暴行又は脅迫を用いてわいせつな行為をした者は、６月以上10年以下の懲役に処する。13歳未満の男女に対し、わいせつな行為をした者も、同様とする」と規定されています。つまり、わいせつ行為の対象は、まず、13歳以上の男女なのであって、強姦罪（177条）のように「女子」だけに限られてはおりません。そして、犯人についても、男女の区別は定められていませんので、男性が女性に対してするわいせつ行為とともに、男性が男性に対してするわいせつ行為も、この犯罪となり得ますし、また、女性が女性に対してするわいせつ行為とともに、女性が男性に対してするわいせつ行為も、この犯罪に当たり得るのです。

そして、わいせつ行為は、「暴行又は脅迫を用いて」行うことが必要ですが、この場合の暴行・脅迫は、被害者が抵抗するのに非常に困難な程度の重いものでなければならないと解されています。そのような暴行・脅迫によって被害者の抵抗を押さえて無理矢理にわいせつ行為を行うのが強制わいせつ罪なのです。

なお、13歳未満の男女に対しては、暴行・脅迫は必要でなく、ただわいせつな行為をすれば強制わいせつ罪となります。その理由は、13歳未満の者は、まだわいせつ行為の意味をよく理解しておらず、わいせつな行為をされても抵抗するのが困難な場合も多いので、ただわいせつ行為がなされれば、それは強制的になされたものとみなしてもよいという考え方によっています。それ故、たとえ被害者がわいせつな行為をさせることを承諾していたとしても、強制わいせつ罪が成立し得るのです。

次に、第２のご質問は、準強制わいせつ罪の「準」とは何かということですが、これは、強制わいせつ罪に「準ずる」犯罪の意味です。準強制わいせつ罪については、刑法178条１項に「人の心神喪失若しくは抗拒不能に乗じ、又は心神を喪失させ、若しくは抗拒不能にさせて、わいせつな行為をした者は、第176条の例による」と規定されています。

「心神喪失」とは、精神の障害によって正常な判断力を失った状態をいい、「抗拒不能」とは、抵抗するのが不可能であるか、極めて困難なことをいいます。被害者がこのような状態にあるのを利用し、又は、被害者をこのような状態に陥れて、わいせつな行為をする罪なので、強制わいせつ罪に準ずる罪とされているのです。「第176条の例による」とは、176条に規定されている強制わいせつ罪と同じく、「６月以上10年以下の懲役に処する」という意味です。

ご質問の事件は、犯人の男性が、被害者の男性に薬だとだまして睡眠薬を飲ませ、こん睡状態に陥れてわいせつな行為をしたというのですから、この準強制わいせつ罪に当たるのです。暴行・脅迫を用いているわけではなく、かつ、被害者を抵抗できない状態にしてわいせつ行為をしたのですから、強制わいせつ罪にはなりません。

V—24
男女交際自由パーティーは違法ではないのか〔児童買春罪、強制わいせつ罪、詐欺罪などのおそれ〕

Q　インターネットで「男女自由交際パーティーが開かれるのでご参加ください」とのホームページを見つけました。場所は、ホテルの特別室、参加は、男女年齢を問わず自由であり、ダンスはもちろん、飲酒も、食事も、宿泊もでき、交際相手はお互いに承知するなら参加者同士誰でもよい、費用は３万円、とのことです。大変興味をひかれましたが、こんなパーティーは法律には触れないのでしょうか。参加したとき、突然、警察の手入れなどがあって、逮捕されたりすることはないでしょうか。

A　ご質問のパーティーは、道徳上好ましいものではありませんが、すぐに法律に触れるとはいえないと思います。とくに参加した男女が性的関係をもっても、お互いに合意の上であれば、犯罪とはならないのが一般です。

しかし、具体的な事情によっては、犯罪となるおそれもあります。

まず、パーティーの参加者は、「男女年齢を問わず自由」とのことですが、参加者中に「18歳未満の者」がいた場合、その者は、児童買春禁止法（正式の名称は、「児童買春、児童ポルノに係る行為等の処罰及び児童の保護等に関する法律」(平成11年法律52号))の「児童」に当たりますので(2条1項)、その者との性的行為は、同法4条の児童買春罪(刑は、5年以下の懲役又は300万円以下の罰金)となることがありましょう。また、パーティーの席で、お酒に酔った状態で、性的行為を行った場合には、刑法の強制わいせつ罪(176条)、強姦罪(177条)、準強制わいせつ罪(178条1項)、準強姦罪(178条2項)、集団強姦罪(178条の2)などが問題とされるおそれもあります。いずれも、相当重い犯罪です(例、強制わいせつ罪の刑は「6月以上10年以下の懲役」、強姦罪の刑は「3年以上の有期懲役」、集団強姦罪は「4年以上の有期懲役」(上限は20年))。ただ、これらの犯罪は、親告罪であって、被害者が告訴しなければ、起訴されません(180条)。しかし、お酒癖の悪い人はとくに注意すべきでしょう。

次に、パーティーの主催者側の行為が問題とされることがありましょう。まず、参加者から高い参加費をとっておきながら、サービスの内容が非常におそまつだったような場合には、参加者に対する詐欺罪(246条)の成立するおそれがあります。参加者から警察に訴えられたときは、警察は捜査にあたるでしょう。また、悪質な業者が、とくに参加者として、児童を勧誘したり、強制したりして参加させていた場合には、児童買春禁止法の児童買春周旋罪(5条、刑は、5年以下の懲役もしくは500万円以下の罰金、又は、それらの併科)、児童買春勧誘罪(6条、刑は同じ)が認められますし、また、売春婦を参加させていた場合には、売春防止法(昭和31年法律118号)の売春周旋罪(6条、刑は、2年以上の懲役又は5万円以下の罰金)、困惑等による売春罪(7条、刑は、3年以下の懲役又は10万円以下の罰金)などが成立することもあります。

そして、疑われている業者などの主催するパーティーであるならば、警察が狙っていて手入れをするかもしれません。その場合には、参加者たちも、別段、自分自身は犯罪に当たる行為をしていなくても、不審業者の犯罪をあばくために、警察の取調べを受けることがありましょう。

いずれにしても、このような不道徳的な、危険の多いパーティーには、参加されないのがよいと思います。

V — 25

高校野球の全国大会に賭ける野球賭博の犯罪性〔賭博罪〕

Q 私の住んでいる町には、高校野球のファンの間に高校野球の全国大会のたびに、参加チームの勝敗にお金を賭ける野球賭博が行われているようです。2年前に、私の息子が地元の高校の野球選手だった時に、「応援だから父兄の方々にも参加していただきたい」と胴元から強くすすめられ、私も、仕方なく賭博に参加したことがあります。しかし、地元の高校も1回戦で敗退したので、私もばかばかしくなってすぐにやめました。しかし、野球賭博はまだ行われているようです。こんな行為は許されないはずなのに、警察に訴えることができますか。その場合、私

も処罰されるのでしょうか。

A 賭博は、行為者たちが自分の財産を自分が任意に処分するのだから、別段、悪事とみるに当たらないのではないかとも考えられそうですが、そのような行為を容認しますと、人々の射幸心を助長させ、勤労によって財産を取得するという健全な経済観念を破壊することになりますので、それを犯罪として禁止しているのです。

刑法では、賭博罪、常習賭博罪、賭博場開張図利罪が規定されています。

賭博罪は、185条に「賭《と》博をした者は、50万円以下の罰金又は科料に処する。ただし、一時の娯楽に供する物を賭《か》けたにとどまるときは、この限りでない」と定められています。

「賭博をする」とは、勝敗が偶然の事情にかかる場合に、金銭その他の財産を賭けて勝敗を争うことです。高校野球でA、B両校のチームが争うとき、どちらのチームが勝つかわからないのに、どちらかのチームにお金を賭けて勝ったチームに賭けた人がお金を受け取るということは、賭博に当たります。2年前のご質問者の行為も、この賭博罪となるでしょう。

なお、「一時の娯楽に供する物」とは、例えば、その場でただちに費消する茶菓子とか、食事などがそれに当たります。そのような物は、経済的価値が少なく、健全な経済的観念を破壊するとまではいえないからです。

次に、常習賭博罪については、186条1項に、「常習として賭博をした者は、3年以下の懲役に処する」と規定されています。「常習として賭博をする」とは、繰り返して賭博をする習慣になっている癖をいうと解されています。野球賭博に、何年も加わっている人などは、これに当たり得るでしょう。

また、賭博場開張図利罪については、186条2項に、「賭博場を開張し、又は博徒を結合して利益を図った者は、3月以上5年以下の懲役に処する」と定められています。「賭博場を開張する」とは、人々に賭博をさせる場所を作ることを、「博徒を結合する」とは、職業的にばくちを打つ人たちを集めて団結させることをいいます。野球賭博の胴元の人がどんな行為をしているのかわかりませんが、これらの犯罪に当たるおそれも十分あり得ると思われます。

ところで、ご質問者の町で、このような野球賭博が行われているのは困ったことで、警察によって排除されることが必要です。ご質問者が、それを訴えることはもちろん可能であり、望ましいことですが、その場合、刑事訴訟法250条に、公訴時効の期間は、「長期5年未満の懲役若しくは禁錮又は罰金に当たる罪については3年」と定められていますので、2年前のご質問者の行為は、まだ公訴時効にかかっていません。諸般の事情について配慮はあり得るにしても、万一の場合には、ご質問者も賭博罪に問われるおそれを免れないと思います。

Ⅴ－26

誘われて賭け麻雀に参加し、負けの金を支払ったことの法的意味

Q 夫は、日頃、真面目な人なのですが、先日、友人たちから、「１人足りないから、是非に」と誘われ、賭け麻雀に付き合わされてしまいました。結果は、１万円の負けで、支払ったそうです。賭け事は罪になると言われますが、夫の場合はどうなのでしょうか。また、夫には、１万円の支払義務があったのでしょうか。

A まず、ご主人は、勝敗が偶然の事情によって左右される行為にお金を賭けたのですから、賭博罪（刑法185条）に当たります。刑は、50万円以下の罰金又は科料です。ただ、その場ですぐ食べてしまう少量の飲食物等のような「一時の娯楽に供する物」を賭けても、罪にならないとされています（刑法同条ただし書）が、お金は、その性質上、「一時の娯楽に供する物」とはいえませんので、小額でも、お金を賭ければ、賭博罪となります。もっとも、その場で食べてしまう飲食物を賭けて、負けた者にその代金を支払わせるような場合は、実質的にみて、「一時の娯楽に供する物」を賭けたのと変わりませんから、罪にはならないと解されます。

なお、賭け麻雀をするにいたった動機などの事情は、犯罪の成否には影響しませんが、検察官が事件を起訴するかどうか判断する際や、裁判官が罰金額をどのくらいにするか決定するときには、重要な意味をもちます。

次に、法律上は、賭博で負けたお金を支払う義務はありません。お金を支払う契約が有効であるためには、契約の内容が社会秩序や道徳観念に反してはならないのが民法上の原則です（民法90条）。賭博で負けた者がお金を支払うという契約を有効としますと、まじめに働かずに、勝敗が偶然性に左右される賭博で儲けようとする人が増え、健康で文化的な社会生活の基礎をなす勤労の精神を失わせ、民法の定める原則に反することになります。それ故、このような契約は無効で、ご主人はお金を支払う義務はなかったのです。しかし、いったん支払った以上、そのお金を取り戻すことは、法的には認められておりません（民法708条）。

V — 27

賭け麻雀と賭博罪

Q 先日、テレビの討論で、麻雀でお金を賭けるとどんなに少ない額のお金でも賭博になるが、物を賭けたのでは賭博にはならない、と話している人がいましたが、本当にそうなのでしょうか。

A ご質問の討論者の見解は、不正確です。麻雀でお金を賭けて勝負することは、どんなに少額のお金でも賭博罪となります。刑法185条には、「賭博をした者は、50万円以下の罰金又は科料に処する。ただし、一時の娯楽に供する物を賭けたにとどまるときは、この限りでない」と規定されています。

賭博とは、偶然の事情によって勝敗が決まる場合にお金や物を賭けて勝敗を争うことをいいます。サイコロを振って奇数が出るか偶数が出るか、つまり、丁と出るか半と出るか、を争うのが最も代表的な賭博ですが、麻雀の勝敗もやってみなければわかりませんから、偶然の事情に当たるのであり、賭博となるのです。

つまり、賭博で賭けるものは、お金でも物でも構いません。ご質問のお金ならどんなに少ない額でも賭博になるが、物を賭けるならば賭博にならない、という意見は正確ではありません。物を賭けても賭博になりますが、ただ上に引用した刑法185条のただし書に「一時の娯楽に供する物を賭けたにとどまるとき」は、賭博にならないとされているのです。

賭博が犯罪とされる理由は、それを放置しておくと、国民の射幸心を助長させ、怠惰、浪費の悪習を生じさせ、健康で文化的な社会を支える勤労の美風を害するおそれがあるからです。しかし、一時の娯楽に供する物、すなわち、その場限りの娯楽に費やされるような物を賭けたのでは、勤労の美風を損うにいたらないから罰するまでもないと考えられているのです。判例によりますと、例えば、天丼１杯とか、タバコ１箱は、一時の娯楽に供するものであるが、お金は、どんなに低い金額であっても一時の娯楽に供する物とはいえない、とされているのです（大判大13・２・９刑集３巻95頁）。ただ、例えば、天丼１杯の代金として500円を賭けるというように、他の「一時の娯楽に供する物」の対価としての金銭を賭けた場合には、賭博罪とはならない、とした判例もあります（大判大２・11・19刑録19輯1253頁）。

なお、上述した単純賭博罪に対して、常習賭博罪といわれる犯罪もあります。刑法186条１項に「常習として賭博をした者は、３年以下の懲役に処する」と定められています。常習賭博の犯人は、博徒《ばくと》と呼ばれるような人も多いのですが、麻雀賭博でも、何年も続けていてそれが習慣となってしまったときは、常習賭博罪に当たり得るのです。

そのほか、賭博に関しては、特別法の規定もありますが、刑法の定める基本的な犯罪は以上のとおりです。

Ⅴ — 28

賭け麻雀での勝利金の請求権

Q 私は麻雀が大好きで強いのですが、半年前に友人たちと徹夜の賭け麻雀をして、私がＡ君に40万円も勝ってしまいました。こんな時季だからとても嬉しく、Ａ君に早く払ってくれと催促しているのですが、半年もたつのにまだ払ってくれません。裁判所に訴えるわけにはいかないでしょうが、どうしたらよいでしょうか。

A ご質問者は大変な思い違いをされています。麻雀がお好きなことは結構ですが、お金を賭けて麻雀をすることは犯罪となります。それを知らずにやっている人もあるかもしれませんが、賭け麻雀は、刑法185条の定める賭博罪に当たるの

です。

刑法185条には、「賭博《と》をした者は、50万円以下の罰金又は科料に処する。ただし、一時の娯楽に供する物を賭《か》けたにとどまるときは、この限りでない。」と定められています。「一時の娯楽に供する物」とは、経済的価値が少なく、賭博罪として処罰するに値しないものをいいます。例えば、その場で飲食する弁当とかお茶菓子のようなものが、それに当たると解されています。そして、お金は、金額の多少にかかわらず一時の娯楽に供するものとはいえないとするのが判例の立場です（大判大13・2・9刑集3巻95頁；最判昭23・10・7刑集2巻11号1289頁）。また、民法90条には、「公の秩序又は善良の風俗に反する事項を目的とする法律行為は、無効とする」と規定されています。社会の一般的な秩序を維持するために必要とされる倫理規範に反する行為は、法的に保護することはできないという趣旨です。

ご質問者は、賭け麻雀でＡさんに勝って40万円をＡさんから受け取る権利を得られたと思っておられますが、賭け麻雀は公の秩序、善良の風俗に反する犯罪行為なのですから、そのような権利は法律的には認められず、したがって、Ａさんにはそのお金をご質問者に払う義務はないのです。

それ故、ご質問者が、Ａさんにそのお金を支払うようにと求めて裁判所に訴えても、賭け麻雀という契約自体が法律上無効であるという理由で、請求を棄却されます。そればかりか、場合によっては、ご質問者は、賭博罪で処罰されるおそれもないとはいえません。

なお、仮にＡさんがこのような事情を知らずにご質問者に40万円を支払った後に、その支払義務がなかったことを知って、ご質問者に40万円を返還することを求めた場合、ご質問者は返済する義務があるかという問題も考えられますが、民法708条には、「不法な原因のために給付をした者は、その給付したものの返還を請求することができない」と規定されていますので、Ａさんにはその返還請求権はなく、ご質問者は返還する必要はないのです。

麻雀好きな人たちが麻雀で楽しまれるのは結構ですが、どうか行き過ぎた賭け麻雀などはしないように注意してください。

V — 29

老人会主催のハーフマラソンで、勝者及び勝者を当てた人に老人会から賞金を出すことは賭博罪となるか

Q 老人会の会長です。100名近い数の会員たちと避暑を兼ねて高原地帯に３泊の旅行をしたのですが、整備された山道を見て、毎日ジョギングをしている人たちから「この道でハーフマラソンをやってみたいね」という声があがり、30名くらいの参加申出がありました。そこで、折角やるのだから楽しもうということで、１着は金賞で現金１万円、２着は銀賞で５千円の賞金を出す、また、参加しない人たちは、誰が１着、２着になるかを当てることで、１着、２着が当たった人には、賞金１万円を出す、それらのお金は会費から支出するということにしました。そのため、この会は大変盛り上がったのですが、後になって、あのお金を出したのは賭

博罪にはならないのかという声が聞こえてきました。会長としての責任で少し心配になりましたが、法律上はどうなのでしょうか。

A 刑法185条には、「賭博をした者は、50万円以下の罰金又は科料に処する。ただし、一時の娯楽に供する物を賭けたにとどまるときは、この限りでない」と規定されています。賭博とは、勝負が偶然の事情にかかる場合に、金銭などの財産を賭けて勝負を争うことをいいます。偶然の事情とは、当事者が任意に決することのできない事情です。それは、当事者の行為による場合でも、その他の事実によるのでも構いません。例えば、ジャンケンをして、負けた方が勝った方に物をあげるという場合や、1週間後に株が上がるか下がるかについてお金を賭けるという場合など、ジャンケンの勝負も、株の上下も、偶然の事情であるから賭博に当たるのです。

賭博については、行為者が自分の財産を任意に処分するだけだから、別に犯罪とする必要はないのではないかとも考えられそうですが、これを放置するときは、国民の射幸心を助長し、怠惰、浪費の悪風を生じさせ、憲法27条が保障しようとしている勤労の美風を損うとともに、副次的に種々の犯罪を誘発したり、さらに、健全な国民経済に支障を招くこととなりかねません。つまり、勤労によって財産を取得するという健全な経済的風俗を保護するために、賭博罪は設けられているのです。

ご質問の場合、ジョギングで早く走れる人と遅い人はわかっていても、実際のハーフマラソンで誰が1着になるか、2着になるかということは、その時の体調などによって左右されることも多いのですから、偶然の事情に当たるといえるでしょう。

ところで、刑法が「一時の娯楽に供する物」を賭けた場合には、賭博罪としないと定めているのは、経済的価値が僅かであって、それを賭けても、健全な経済観念を侵害するとはいえない程度のものについては、犯罪とするに及ばないと考えられるからです。例えば、その場で食べられる食事を賭ける場合などがこれに当たります。しかし、お金はどんなに額が僅かでも、それを賭ければ賭博になるとするのが判例の立場です。

さて、賭博罪についていろいろ説明しましたが、ご質問の場合には、当たった人に老人会から賞金として支払うというだけで、別に当事者同士がお金を賭けて争っているわけではありません。それ故、賭博罪にはならないのです。ご安心ください。

Ⅴ—30

賭博罪にはどんな種類があるか〔単純賭博罪、常習賭博罪〕

Q 先日、警察官が勤務中に賭け麻雀をしていたという事件がありましたが、新聞には「単純とばく」という罪になると書いてありました。「単純とばく」があるなら、「複雑とばく」もあるのでしょうか。あるとしたら、どういう基準で分けているのでしょうか。もうけたお金の多い少ないなどでしょうか。

A 警察官の勤務中の賭け麻雀とは、一体何事でしょうか。お金を賭けての麻雀は、まさしく賭博罪であり、それを取り締まる立場にある警察官が自分でその犯罪を犯すとは、全く批判しようもなく情けないことです。

賭博とは、勝敗が偶然の事情にかかる場合に、お金や物を賭けて勝負することです。賭博が犯罪とされるのは、真面目な労働によって財産を得るという健全な社会的習俗が害されるからです。

ところで、ご質問は、警察官の賭け麻雀が単純賭博罪になるとされたが、ほかに、複雑賭博罪もあるのか、あるとしたらどういう基準で区別されるのか、ということですが、刑法は単純賭博罪のほかに常習賭博罪を規定しています。複雑賭博罪という犯罪はありません。

刑法185条には、「賭《と》博をした者は、50万円以下の罰金又は科料に処する」と規定され、また、186条１項には、「常習として賭博をした者は、３年以下の懲役に処する」と定められています。つまり、この２つの賭博罪の法定刑は全く違うのであり、常習賭博罪は、単純賭博罪よりもずっと重い犯罪なのです。そして、両罪の区別は、犯人が賭博の常習性をもっているかどうかによるのです。賭博行為は、何遍も繰り返して行われている間にそれが身に染み付いて癖になってしまうと常習者となるのです。その常習者の犯す賭博罪が常習賭博罪であり、まだ常習者になっていない者が犯す賭博罪が単純賭博罪なのです。

では、犯人が賭博の常習者であるかどうかは、どのようにして認定されるのでしょうか。判例は、被告人の職業、賭博行為の反覆性、賭博の前科、賭博行為の性質、賭け金の額の多少などを総合的に考慮して判定しているといえましょう。

つまり、賭博を職業としている、いわゆる博徒《ばくと》は、もちろん、常習者とみられますが、職業ではなくても、賭博行為を繰り返して行っていること、また、賭博の前科があることも、常習性を認める有力な資料とされています。そのほか、同じ種類の賭博行為、例えば、野球賭博を繰り返したことから、常習者と認定された例もあります。

なお、ご質問に「もうけたお金の多い少ない」が賭博罪の判別の根拠となるかということがありますが、実質的には、そのような点も常習性の有無の判定上問題となると思われます。ただ、賭博行為としては、まず、賭けたお金の額の多少が問題とされるべきでしょうが、常習者には、実際上、たくさんのお金を手に入れようとする者が多いでしょうから、結果的には、ご質問の点も常習性の認定の上で取り上げられるべきでしょう。

世の中には、賭けごとの好きな人も少なくありませんが、健全な社会を維持するために、賭博罪は、決して犯してはならないのです。

Ⅴ — 31

ネット上に他人の悪口を書いたら名誉毀損罪になるか

Q 先日の新聞に、高校生を車ではねて死亡させた男性が、その事件の裁判中に、ネット上で、その高校生の両親の実名を挙げた上、「人間のくずだ」と書き

込んだというので、名誉毀損罪としても処罰されたという話が載っていました。ネット上に他人の悪口を書いたら、名誉毀損罪になるのですか。

A　名誉毀損罪については、刑法230条１項に、「公然と事実を摘示し、人の名誉を毀損した者は、その事実の有無にかかわらず、３年以下の懲役若しくは禁錮又は50万円以下の罰金に処する」と規定されています。ご質問の男性の行為が、この要件に該当すれば、名誉毀損罪となるのです。

まず、「公然と」とは、不特定又は多数の人が知ることのできる状態をいうと解されています。不特定とは、特別の関係で限られていないことであり、例えば、公道上は誰でも通れるのが一般ですから、通行人は、普通、不特定の人となります。多数の人については、数は決められていませんが、相当な数であることが必要です。ご質問の事件は、男性が死亡した高校生の両親の悪口をネット上に書き込んだというのですが、インターネットは、コンピューターを接続して世界中が結びついているのですから、そこに記載されたことは非常に広い範囲にわたり、たくさんの人々に読まれる可能性がありますので、公然という要件を満たします。

次に、「事実を摘示」するとは、高校生の両親が人間のくずだといえる理由についての具体的な事実を示すことです。例えば、その高校生をまともに育てなかったために交通事故を起こすような人間になったので、両親は子育ても満足にできない人間のくずだなどと書けば、この犯罪の要件も満たされます。

なお、その事実は、実際には存在しないようなことでも構いません。刑法には、「その事実の有無にかかわらず」とはっきり書かれています。たとえ実際には存在しないようなことを書かれても、それで人の名誉を傷つけることはあり得るからです。

ただ、事実を示さずに、単に「誰々は人間のくずだ」と書いたときは、名誉毀損罪とはなりませんが、刑法231条の規定する侮辱罪には当たります。そこには、「事実を摘示しなくても、公然と人を侮辱した者は、拘留又は科料に処する」と定められているのです。

なお、「人の名誉を毀損」するとは、人についての社会の一般的な評価を害するおそれのある状態を生じさせれば足りると解されます。ネット上の記事を読んだ人が、その高校生の両親は、実は、そんな人だったのかと軽蔑するとみられる場合には、名誉を毀損したことになると考えられるのです。

こうして、ご質問の事件における男性の行為は、名誉毀損罪に当たり得るのです。ネット上に記載することについては、うっかり他人の悪口などを書かないように気をつけていただきたいですね。

もっとも、名誉毀損罪の要件に該当する行為であっても、犯罪とならない場合があります。刑法230条の２には、公共の利害に関する事実について、専ら公益を図る目的であったとき、その事実が真実であると証明されたときは処罰しないと規定されているのです。例えば、国民の代表として選出した国会議員については、国民にはその行動、人となりを正しく知る権利がありますから、国会議員の不正な行為を知った人が、それを国民に知らせる目的でインターネットに記載した場合に、その不正行為をしたことが真実だと証明されたときは、処罰されないのです。名誉毀損罪には、こういう一面もあるわけです。

V — 32
飲食店の出前時間に、店に頻繁に無言電話をかける行為の責任〔偽計業務妨害罪〕

Q 飲食店を経営しています。出前もやっています。１週間程前から頻繁に無言電話がかかってきます。応待しても何も話しません。そして、数分間から15分ぐらい切れません。時間も、出前の注文の多い時刻に集中しています。出前を妨害しているのではないかとも思われます。どうしたらよいでしょうか。

A 無言電話をかけて相手に嫌がらせをする行為は少なくありませんが、事情によっては犯罪となります。ご質問の場合は、ご質問者の飲食店の出前注文の多い時間に集中的に無言電話をかけ、お客さんの注文を妨害しているのですから、刑法の業務妨害罪に当たると思われます。刑法233条には、「虚偽の風説を流布し、又は偽計を用いて、人の……業務を妨害した者は、３年以下の懲役又は50万円以下の罰金に処する」と規定されています。

昭和48年８月７日の東京高裁の判決は、被告人が、中華そば店へ３か月足らずの間に約970回にわたって、５分から30分にわたり、時には数時間にわたって無言電話をかけ、店の者がお客さんからの電話かと思って応待すると、無言のままでいて、その間相手の電話がかけられない状態にした行為について、偽計による業務妨害罪の成立を認めています（懲役１年執行猶予２年の原判決を支持）。

ご質問の場合も、犯行の期間、回数は短いにしても、この事件と全く同様であり、犯人がご質問者の飲食店へのお客さんの注文を妨害する意思でいた限り、偽計業務妨害罪に当たるといえましょう。

ご質問者は、犯人を警察に告訴し、電話の逆探知で犯人を確かめ、逮捕して処罰してもらうことによって、この無言電話をやめさせることができましょう。

なお、無言電話を繰り返して、相手方に強い精神的ストレスを与え、精神的機能を害して、ＰＴＳＤ（心的外傷後ストレス障害）を生じさせたときは、刑法の傷害罪に当たると解されます。東京地裁の平成16年４月20日の判決は、被告人が、被害者の会社寮の居室や留守宅等に次々に放火をするとともに、１か月半の間に約2000回の無言電話を繰り返したことにより、被害者の放火によって受けた生理的・精神的機能の障害がさらに悪化した事案について、傷害罪の成立を認めています。

ほかに、無言電話をやめさせる方法として、ＮＴＴの迷惑電話お断わりサービスなどを利用することも考えられましょう。

Ⅴ―33

パチンコ店で隣席の人が落とした玉をこっそり拾って使った行為の責任〔窃盗罪〕

Q パチンコ店でパチンコをしていた時、僕は全くだめだったのに、隣の席の男性は大当たり。玉が受け皿から飛び出して何個か床に転がっていくのに、彼は気にもとめず、パチンコ台とにらめっこ。僕は、玉がなくなったので、落ちていた玉を数個こっそり拾って使いました。僕の行為は犯罪になるのでしょうか。僕は、使いたいと思って使ったのですが、あなたならどうしますか。

A ご質問者の行為は、窃盗罪になるといえましょう。

窃盗罪について、刑法には、「他人の財物を窃取した者は、窃盗の罪とし、10年以下の懲役又は50万円以下の罰金に処する」と定められていますが（235条）、「他人の財物」とは、他人自身が占有している、その人の財物の意味であり、その占有を侵して財物を奪う行為が窃盗罪なのです。これに対して、他人が占有を失った財物を奪う行為は、遺失物横領罪となります。例えば、持主が公園のベンチに置き忘れて帰った後で、その鞄を見付けて持ち去る行為が遺失物横領です。占有を侵していない点で窃盗罪よりも軽い犯罪とされています（254条、刑は１年以下の懲役又は10万円以下の罰金もしくは科料）。

ところで、窃盗罪における「財物の占有」の意味について、判例は、人が物を実力的に支配する関係をいうのであって、物が人の支配力の及ぶ場所にある限り、占有が認められる、と解しています（最判昭32・11・8刑集11巻12号3061頁）。ご質問の場合、隣の席の男性が受け皿に入れている玉はもちろん、床に転がっている玉も、その男性の目の届くような近くにある限り、その男性の占有しているものとみられましょう。それ故、ご質問者が床に転がっている玉をこっそり拾う行為は、その男性の占有を侵して財物を取得したものであって、窃盗罪に当たると解されるのです。

では、ご質問者が、その玉をパチンコに使った行為はどうなるでしょうか。窃盗罪は、犯罪が成立した後にも、他人の財物を奪ったという違法状態が続いていますので（状態犯）、その違法状態に含まれる行為をしても、別の犯罪は成立しません。例えば、窃盗犯人が盗んだ財物を破壊しても、器物損壊罪とはならないのです。これを不可罰的事後行為といいます。拾った玉をパチンコに使う行為も不可罰的事後行為で、別の犯罪にはなりません。しかし、パチンコに使った結果、当たって玉が出た場合、それを取得する行為は、不可罰的事後行為ではなく、別に、新たに窃盗罪が成立します。

いずれにしても、ご質問者がパチンコ玉を拾って使った行為は、窃盗罪に当たるのです。ご質問者は、床の上に落ちていた玉は拾って使ってもいいとお考えのようですが、決してやってはいけません。玉の１個や２個ならば拾っても可罰的違法性がないのではないか、という考えもありそうですが、そのように軽々しく考えるべきではないと思います。どうしても使いたかったら隣りの席の男性の承諾を得ることです。承諾があれば、犯罪にはなりません。

V — 34

実家に母と同居している妹の夫が、母のタンス預金をこっそり持ち出して使ってしまったことの責任〔同居の親族間での窃盗行為の処罰〕

Q 私は、長女ですが、結婚して家を出ています。実家では、父は死亡し、母と次女とその夫が住んでいます。次女の夫はギャンブル好きですが、先日、母が大切にしていたタンス預金100万円をこっそり持ち出して使ってしまったというのです。母が問い詰めたのですが、「知らない」と言い張るだけとのこと。母から警察に届けようかと相談を受けたのですが、どうしたらよいでしょうか。

A 残念ながらお母様から警察に届け出られても、受け付けてはもらえないことがあります。

まず、妹さんのご主人が、お母様のタンス預金100万円をこっそり持ち出したとすれば、それは、刑法235条の窃盗罪に当たります。しかし、244条１項には、「配偶者、直系血族又は同居の親族との間で第235条の罪……又はこれらの罪の未遂罪を犯した者は、その刑を免除する」と規定されているのです。つまり、夫婦が相手の物を盗んだとか、子が親の物を盗んだ場合とともに、同居の親族が他の同居の親族の物を盗んだ場合にも、この規定が適用されるのです。「同居の親族」とは、親族が、同じ家に住み、日常生活を共同にしている場合ですが、妹さんのご主人とお母様とは、姻族一親等の親族に当たるのです。民法725条には、「三親等内の姻族」は親族とする、と定められています。

しかし、妹さんとご主人が正式の婚姻をしていない、内縁関係にある場合には、妹さんのご主人とお母様とは姻族ではありません。また、妹さんとご主人がお母様の家に住んでいるのでも、ただ部屋を借りているだけで、炊事や日常生活などはお母様とは全く別々であった場合には同居しているとはいえません。これらの場合には、刑法244条１項の適用はなく、妹さんのご主人は窃盗罪で処罰されますから、お母様は警察などに告訴することができます。

これに対して、妹さん夫婦が正式の婚姻関係にあり、お母様と同じ家に住んで日常生活を共同にしている場合には、刑法244条１項の規定が適用され、妹さんのご主人の行為は窃盗罪に当たっても、刑が免除されるのです。

刑法244条１項の規定は、「法律は家庭に入らない」という思想に基づくものと解されています。親族の間で犯された窃盗罪については、国家が積極的に干渉して処罰するよりも、親族同士の処分による解決に委ねる方が、親族間の秩序を維持させるのに適していると考えられているのです。

それ故、問題の処理・解決は、親族間でなされなければなりません。ご質問の場合にも、お母様が妹さん夫婦とよく話し合って、妹さんのご主人の謝罪、反省を促すとともにお金の返済を求めることです。お母様だけではうまくいかないのであれば、ご質問者や信頼できる他の人にも立ち合っていただいて話を進めることも必要だと思われます。

本当にお金を盗んだのに、妹さんのご主人が謝罪もせず、お金の返済もしない場合には、妹さんご夫婦に別居してもらうことや、最悪の場合には離婚してもらうことなどもあり得ましょう。しかし、お金を盗んだ時にお母様と姻族一親等の関係にあった妹さんのご主人の窃盗罪についての刑の免除という刑法244条１項の規定の適用には、離婚しても変わるころはありません。

Ⅴ—35
喫茶店でコーヒーを飲んだとき、ミルクと砂糖を持ち帰る行為の犯罪性

Q 喫茶店でコーヒーを飲むとき、私はいつもミルクと砂糖を２個ずつ入れるのですが、ついでにミルクと砂糖をあと８個ずつポケットに入れて持って帰ります。家で飲むとき使うのです。先日、友人と一緒に喫茶店でコーヒーを飲んだとき、いつものようにポケットに入れたのですが、店を出た後で、友人が、「ミルクや砂糖を持って帰るのは窃盗になるのではないか？」と言いました。私は、「コーヒー代はちゃんと払っているのだから、あのくらいでは窃盗ではないと思うよ」と答えましたが、後になって考えてみると、どうなのか気になりました。本当に窃盗になるのでしょうか。

A ご質問者の行為が窃盗罪になるかどうかについては、喫茶店側の意思と社会の一般通念が重要な意味をもつといえましょう。

まず、喫茶店側がその砂糖やミルクをご質問者に提供する意思を有していたときは、その行為は窃盗罪にはなりません。例えば、コーヒーを注文したお客さんに、コーヒーと一緒に砂糖とミルクを付けて出したとか、ケーキを付けて出した場合には、お客さんがそれらのものを店内で食べずに、持ち帰っても何ら窃盗罪には当たりません。それらは、喫茶店側の意思でお客さんにコーヒーと一体化した商品として提供された物だからです。

同様なことは、ホテルで宿泊客に提供される物についても考えられます。ホテルに泊まって部屋に入ると、熱湯の入ったボトルの傍らに、お茶やクッキーなどが用意されていることがあります。また、洗面所には、歯ブラシや石鹸、洗髪剤などが、宿泊客の数だけ置かれているのが一般です。これらは、いずれも、ホテルが宿泊客用に揃えているのですから、お客がホテル内で使わず、持ち帰っても、別に窃盗罪にはなりません。これに反して、何人もの宿泊客に継続して使用してもらおうとして備えられているもの、例えば、洗面所に置かれている瓶に入れた整髪剤などは、１人の宿泊客だけを対象とするものとはいえませんから、それを勝手に持ち帰る行為は、ホテル側の意思に反し、窃盗罪となります。タオルやスリッパなどについても、同様でしょう。

ところで、ご質問者は、砂糖とミルク８個ずつ持ち帰るということですが、コーヒーを注文したお客としてのご質問者だけに喫茶店が用意した物ではなく、たくさんのお客さんの使用を予測して瓶などに入れ

て店のデスク上などに置かれているものの中から、それを取り出されるのでしょうが、1人のコーヒー客に割り当てられるものとしては数が多過ぎるでしょう。社会通念では、店ではコーヒーだけを出し、砂糖やミルクをコーヒーに入れることはお客さんの好みにまかせるとしても、その数はコーヒー1杯について砂糖やミルクは多くても2、3個くらいまでだと思われます。そうしますと、ご質問者が毎回8個ずつミルクと砂糖を持ち帰るのは多過ぎで店の容認の限度を超えており、窃盗罪に当たるといわなければなりません。

Ⅴ—36

風俗店の案内チラシに、店員でない美人の写真を載せて配る行為は犯罪になるか〔詐欺罪〕

Q 繁華街で配られた風俗店の案内のチラシにすごい美人の写真が載っていましたので、その風俗店に行って、「このチラシの女性を呼んでくれ」と求めますと、店の主人が「この人はモデルさんで、うちの店員ではありません」と言いました。「では、お客をだましたのか」と聞きますと、「チラシには店員とは書いてありませんよ」と答えました。怒って、すぐに店を出ましたが、こんなチラシを配る行為は犯罪にはなりませんか。

A 風俗店が、店員でもない美人の写真を載せたチラシを配って、お客さんを呼び寄せるのは、好ましいことではありません。それは、お客さんをだます行為には違いないのです。しかし、ただお客さんを呼び寄せるだけでは、すぐに犯罪となるわけではありません。

刑法には、人を欺いて財物を交付させる行為、財産上不法の利益を得る行為を詐欺罪として、10年以下の懲役に処する、と規定されています（246条）。未遂罪も罰せられます（250条）。したがって、その美人の写真を載せたチラシを配ったことが、すぐにお金を取ることなどと結びついている場合、すなわち、そのチラシを見て店に来たお客さんから入店料を取って入店させるというような場合には、そのチラシを配ることは詐欺罪の人を欺く行為となり、呼び寄せられたお客さんが入店料を支払わなくても、理論的には、詐欺未遂罪となりましょう。

しかし、お客さんは、呼び寄せられてその風俗店に行っても、それから、店内に入って様子を見た上で、風俗嬢を頼んだり、飲食物を注文したりするのであれば、チラシを配るだけでは、まだ、詐欺罪の人を欺く行為に当たるとはいえ、犯罪とはならないと思います。

なお、民法にも、詐欺による意思表示は取り消すことができる、という規定があります（96条1項）。だまされて店に入り、飲食物を注文したが、だまされていたことがわかったときは、その注文を取り消して、お金を支払わずに店を出ても構わないのです。

Ⅴ—37

健康状態を偽って生命保険に加入することの責任〔詐欺罪〕

Q 50歳の女性です。最近体調がすぐれないので、近くの公園のベンチで休んでいたところ、どこかで会ったことのある女性ＯＬらしい人が近づいて来て同じベンチに座り、雑談を始めたのですが、驚いたことに、その女性は昔の中学校時代の同級生で、今、保険会社の外務員をしているとのことでした。話が一段落すると、彼女は、「あなた生命保険に入っているわね」と言いました。私が、「実は、入りたいんだけど、数年来体調を壊しているので、入れないのよ」と答えると、彼女は真面目になって、「それなら、私の会社の保険に入りなさい。健康診断は、Ａ病院のＢ医師に頼むこと。いいわね」と言いましたが、私は、偽りの診断書を作らせるのは、私も犯罪になると思われてこわくなり、「それはできないわよ」と強く断わりました。彼女は、憤慨した顔で別れましたが、また、来るかもしれません。もし彼女の言うとおりにしていたら、どんな犯罪になるのでしょうか。

A ご質問は、健康状態のよくない人が、保険会社の外務員から勧められて、診査医に健康だと偽りの診断書を作成してもらい、保険会社の係員をだまして会社と生命保険契約を締結した場合、保険加入者はどんな罪になるのか、また、診査医、保険会社外務員はどんな罪になるのか、という問題ですね。

健康状態が不良で死期の迫っているような人なのに、健康であると偽って生命保険契約を締結させ、その死亡によって多額の保険金を支払わせるのでは、保険会社は大きな損害を受けますので、保険加入者の健康状態を偽ることは、その程度には種々の違いがあるにせよ、本来、許されるべきものではありません。ご質問の中核的な点は、この問題ですね。

そこで、お答えですが、まず、診査医が保険会社の診査医として雇われている場合や、保険会社の嘱託とされている場合には、病気の人を健康であると偽りの診断書を作成して保険契約を締結させたときは、その行為は、刑法247条の背任罪に当たると思われます。また、とくに診査医とされていない一般の医師がそのような行為を行ったときは、刑法246条２項の詐欺罪となりましょう。もっとも、詐欺罪は、他人をだまして財産的利益を得ることが必要ですから、医師はそこまでの意図を有したことが必要ですし、一方、背任罪は、背任行為によって会社に財産上の損害を加えたことが既遂となる要件とされていますから、いずれにしても、被保険者が死亡して保険金が会社から支払われるまでは、犯罪は未遂にとどまると解されます。

そして、そのような事情を知りながら会社と保険契約を結ばせた会社の外務員は、医師の犯罪についての共犯となりましょう。

また、そのような事情を知りながら、保険契約を結んだ加入者は、刑法246条２項の詐欺罪となると思います。

なお、民事法的な観点から付言しますと、

保険法55条１項には、保険契約の当時、保険契約者又は被保険者が悪意又は重大な過失によって重要な事実を告げず、また、重要な事項について不実のことを告げた場合には、いわゆる告知義務の違反として、保険会社は保険契約を解除することができると規定されています。

また、民法96条には、詐欺による意思表示は取り消し得るとされていますし、95条には意思表示は、法律行為の要素に錯誤があるときは無効とする旨が定められています。

それ故、保険会社は、これらの規定に従って、被保険者が死亡しても、保険金を支払わないことができるわけです。そのような場合には、診査医、外務員及び加入者の行為は、いずれも、犯罪として未遂にとどまることになります。

いずれにしても、保険会社の外務員の中には、ときとして自己の営業成績を向上させることなどを目指して、このような不正な方法によって保険契約者を増加させようとする者もいるわけです。ご質問者が、友人の外務員の勧誘を拒否されたのは立派なことというべきでしょう。このような不正な保険契約などが出現しないように、当然のことながら関係者の努力に期待するものです。

V — 38

出会い系サイトで交際相手を探しても見付からず、費用が高まるだけの場合、法律的な問題はないか〔詐欺罪の疑い〕

Q 25歳のサラリーマンです。交際相手の女性を探そうと、出会い系サイトに申し込み、登録をしたのですが、メールを何度送っても、適当な相手が見付かりません。やっとデートの約束ができたと思ったら、ドタキャンされました。そして、メールを送るたびにポイント料金がかかります。個人情報を送るときは、相当な料金になります。１か月近くなるのに、全く交際相手は見付からないのに、メールの料金は20万円にもなりました。このサイトは登録者をだましているようにも思われますが、犯罪などにはならないのでしょうか。

A 出会い系サイトは、法律的には、「インターネット異性紹介事業」というそうですが、インターネット上で、知らない人同士が知り合ったり、出会ったりすることを支援するサイトを総称するものです。一般には、男女がサイト上で個人的な情報を交換し合い、合意に達すれば、デートによってさらに親しく知り合えることになります。警察では、この事業を、①見ず知らずの異性との交際希望者を対象とする、②多くの人たちがそれを閲覧することができる、③希望者はメールで連絡がとれる、④継続してサービスをする、ということを内容とするものと理解しているとのことです。

ところで、ご質問のように、このシステムを利用するについては、通常は、男性側がサイトの使用料を負担することとされ、事業経営者は、それによって収益を得るシステムとなっているようです。したがって、参加する男性の数と、個々の参加男性がどのようにサイトを利用してくれるかが、経営者にとって重要なことであり、参加者があっても、すぐに交際相手を見付けて、直接交際に移ってしまうようでは、経営は成り立ちません。

そこで、悪質な経営者には、さくらを参加させたり、架空の相手を登場させたりして、参加者に長時間の個人情報の提供を要求するなどして、その負担金額を増加させたりするものもあるようです。

このような行為は、刑法246条の詐欺罪に当たるおそれがあります。「人を欺いて財物を交付させた」り、「財産上不法の利益を得」るのがその要件です。ご質問者の場合にも、参加してから１か月近くなるのに、全く交際の相手が見付からず、メール料金も20万円にもなったというのですから、何か事業者自身が裏でご質問者をだますような行為をしているのかが疑われないでもありません。ただ、仮にそうだとしても、そのような事情を証拠によって証明するのはなかなか困難なことであって、警察に告訴しても、すぐに取り上げられるとは思われません。告訴するには、はっきりした証拠をつかむことが必要なのです。

出会い系サイトには、それとしての意味も認められている反面、種々の犯罪に利用されていることも問題とされています。とくに児童買春とか、援助交際などに悪用されることも少なくなく、近年では、年間、2,000件近くが警察に取り上げられ、また、その被害者としては、高校生以下の者が多く、全被害者の65％にも及んでいるようです。

出会い系サイトについては、もっと社会的に検討する必要がありましょう。

V—39

店主とさくらの男が効果のない養毛剤をよくきくと偽って客に売る行為の責任〔詐欺罪の共同正犯〕

Q 最近髪が薄くなってきて困っています。先日、道端で化粧品を並べている店で、「とてもよくきく養毛剤です」と大きな札が立てられていたので、その品物を手に取って見ていると、後から50歳ぐらいの男性が近寄ってきて、「この薬はよくきくね」と言って買って行きました。私も、つられて買ってつけているのですが、全くききません。ところが、昨日、また、その店の前を通ったのですが、何とその男性が店主と並んで座っているではありませんか。「さくらだったのか」と気付いたのですが、この男と店主を詐欺罪で告訴することはできませんか。

A ご質問の「さくら」は、花ではない「さくら」ですね。その「さくら」の意味について、広辞苑には、「露天商などで、業者と通謀し、客のふりをして他の客の購買心をそそる者」と説明されています。ご質問の場合、「とてもよくきく養毛剤です」と書かれた札を見て、それを買おうかどうか考えていたご質問者に対して、お客を装った50歳ぐらいの男性が、使用した経験がある者のように「この薬はよくきくね」と言って買ったように見せかけ、ご質問者をそれでは自分も使ってみようという気持ちにさせて買わせたのであれば、その男性はまさしく「さくら」に当たります。

ところで、店主やこの男性の行為が詐欺罪となるかどうか、ですが、詐欺罪については、刑法246条１項に、「人を欺いて財物を交付させた者は、10年以下の懲役に処する」と規定されています。その意味としては、犯人が被害者である他人をだます行為を行って、被害者をだましたこと、だまされた被害者が犯人の側に財物――お金ももちろん、財物です――を渡す気になり、財物を渡したこと、が必要であると解されています。

店主が、養毛剤として全くきかないものなのに、「とてもよくきく養毛剤です」と偽りの事実を書いた札を立てた行為は、お客をだまして買わせようとする行為であり、それを見てだまされたお客が、買おうという気になり、買ったときは、詐欺罪が成立します。また、「さくら」となって客を装った男性が、その養毛剤が全くきかないことを知りながら、使ったら有効だった経験者のように偽って、「これはよくきくね」と言って使ったようにふるまった行為は、それによって、お客を本当によくきく養毛剤なのだと誤信させ、それでは自分も買おうという気になって買わせた場合には、そのさくらの行為は、店主の詐欺罪に協力してその効果を高める行為であって、やはり、詐欺罪に当たります。そして、店主の詐欺行為と「さくら」の詐欺行為とは、共同正犯となります。

ただ、問題は、その養毛剤が、本当に全くきかないものかどうかです。ご質問者にはきかなかったが、体質の違いなどから、他の人には効果があるのであれば、店主の行為も、さくらの行為も、必ずしも詐欺罪とはなりにくいでしょう。ただ、その場合には、使用者の体質による効力の違いを説明して売却することが必要であり、説明の仕方によってはやはり詐欺罪となる可能性もあり得ないではありません。

それ故、ご質問者は、念のため、その養毛剤の効果を専門家に確かめてもらった上、無効であることを知ってから、店主とさくらの男を告訴するのがよいと思います。

V — 40

会社の先輩から尋ねられたＯＬが、付き合っている彼がいることを告げなかったことの責任

Q ＯＬですが、会社で先輩から、「君、彼はいるの？」と聞かれました。親しい彼がいるのですが、話題にされたくないので、「いいえ」と答えますと、「では、俺と付き合ってくれないか」と言われました。私が、「それは困ります」と答えたのですが、翌日、先輩は、「仕事のことで話があるから、昼飯を一緒に食べよう」と言いました。仕方なく先輩に同行したのですが、仕事の話はなく、先輩はただ私を口説きました。そして、私が「食事代は割り勘にしましょう」と言ったのに、「俺が払う」と言って先輩が支払いました。帰社後、突然、付き合っている彼から電話がかかってきて、彼のいることが先輩にバレてしまいました。すると先輩は激高して、「よくも俺をだましたな。飯代を返せ」と怒鳴りました。私は食事代を返さなければなりませんか。私の行為は、罪になりますか。

A ご質問者の行為が犯罪になるかどうかですが、考えられるのは詐欺罪でしょう。詐欺罪については、刑法246条１項に、「人を欺いて財物を交付させた者は、10年以下の懲役に処する」と規定されています。その要件としては、犯人が被害者をだまして財物を交付させようとして、だます行為を行い、それによって、被害者がだまされて犯人に財物を交付する気持ちになり、財物を交付したことが必要です。

ところで、ご質問者の行為は、これらの要件に当てはまりませんので、ご質問者は詐欺罪にはなりません。

まず、ご質問者には、親しく付き合っている彼がいたのに、会社の先輩から「彼はいるの？」と尋ねられたのに、「いいえ」と答えたことは、会社の先輩をだましたことにはなりますが、先輩をだまして、付き合うつもりではなかったのですし、先輩から「付き合ってくれないか」と言われたのに、「それは困ります」と断わったのです。それ故、彼がいるのに、いないと言ってだましたとしても、それによって先輩と交際して財物を交付させようとする意思など全くなかったのですから、ご質問者に詐欺罪の条件としての被害者をだます行為は認められないのです。

なお、付け足しですが、財物を交付させる意思でなく被害者をだました場合も、詐欺罪とはなりません。例えば、いわゆる結婚詐欺、すなわち、相手をだまして結婚する行為は、詐欺罪にならないのです。結婚することは、財物を交付させることではないからです。もっとも、相手の財産を手に入れようとして、相手をだまして結婚するとともに相手の財産も手に入れた場合には、詐欺罪になりますが。

次に、先輩が「俺をだましたな。飯代を返せ」と怒鳴った点についても、ご質問者には、詐欺罪は成立しません。先輩が一方的にご質問者と交際しようと思い込んで、「昼飯を一緒に食べよう」とご質問者を誘ったことに、ご質問者が応じたのも、先輩が「仕事のことで話がある」と言ったことが原因であり、ご質問者としては断わり難い事情にあったのでしょう。そして、食事代についても、ご質問者が「割り勘にしましょう」と申し出たのに、先輩が「俺が払う」と言って自分で支払ったというのですから、ご質問者には、食事代をだまし取ろうという意思などはなかったのであり、詐欺罪が認められることは全くありません。

それ故、ご質問者は、法律的に先輩に食事代を支払う義務はありません。ただ、勝手な思い込みが誤っていたことが判明してさぞがっかりしている先輩への思いやりから、わずかの食事代は払ってやった方がよいかと思われます。

Ⅴ — 41

インターネットによる詐欺罪

Q インターネットの個人売買サイトで、欲しかったブランドの靴を見付け、値段も割合いに安かったので、メールで問い合わせたところ、「代金を振り込んでくだされば、すぐ商品を送ります」という返事が返ってきました。そこで、早速代金を振り込み、商品が届くのを待っていたのですが、一向に届く様子がありま

せん。問い合わせ先といって教えてもらった携帯電話は繋がりませんし、メールでは住所なども不明で、連絡を取る方法がありません。警察に訴えて相手を探してもらえるでしょうか。相手がわかったときは、振り込んだお金は戻ってくるでしょうか。

A ご質問者は、詐欺利得罪の被害にあわれたことになりましょう。詐欺利得罪は、人を欺いて財産上不法の利益を得る犯罪であり、刑は10年以下の懲役とされています（刑法246条２項）。犯罪成立要件としては、犯人が人を欺く行為を行って、だまされた人に財産的な処分行為をさせ、それによって、犯人が不法に財産上の利益を得たことが必要とされています。

ご質問者の場合、相手がインターネットの個人売買サイトで、ブランドの靴を安い値段で売るという広告を出していることが、人を欺く行為であり、ご質問者がその広告を見て本当にブランドの靴を安く買うことができると思われたのはだまされたことです。そして、ご質問者がメールで問い合わせたところ、相手が、「代金を振り込んでくだされば、すぐ商品を送ります」と返事をしたことは、ご質問者をさらに深く欺く行為であり、それによって、より一層だまされたご質問者が代金を振り込まれたことは、財産的処分行為をされたのであり、その結果、相手はそのお金を自由に引き出して使うことができるという財産的利益を不法に取得したわけですから、詐欺利得罪の要件を満たしており、犯罪は既遂となったのです。

インターネットを利用する取引きが普及して便利になった反面、このような悪質な犯罪が発生するのは困ったことです。ご質問者は、詐欺利得罪の被害者として、犯人である相手を警察などの捜査機関に告訴して逮捕し、処罰してもらうことです。犯人の住所などが不明でも、銀行の口座やインターネットの利用状況などから、警察が犯人を逮捕するのは必ずしも難しいことではないでしょう。

ただ、犯人が逮捕され、起訴されて有罪の判決が出ても、ご質問者が支払われた被害金額が全額返ってくるかどうかはわかりません。犯人がそのお金を使ってしまっており、ほかに特別の財産がないような場合には、犯人にはご質問者にそのお金を返還する義務はありますが、実際に返還を受けるのは大変困難だと思われます。

しかし、このような悪質な犯罪は、放置しておけば、次々と被害者が出るおそれがありますから、それを防ぐためにも、ご質問者は、早急に告訴をすべきでしょう。

V — 42

公園のベンチで映画のチケットを拾い、持主を探したが見付からなかったので、自分が映画を見たことの犯罪性〔遺失物横領罪〕

Q 公園のベンチで休んでいると、隣のベンチに座っていた男性が立ち去りました。しばらくして私も帰ろうとして立ち上りますと、隣りのベンチの上に、近くにある映画館のチケットが落ちていました。すぐに拾って立ち去った男性のあ

とを追いかけて映画館まで行ったのですが、男性は見付かりませんでした。そこで、せっかくのチケットなので無駄にしてもと思い、私がそのチケットで映画を見ました。私の行為は、罪となりますか。

A ご質問者の行為は、遺失物横領罪に当たります。

遺失物横領罪については、刑法254条に、「遺失物、漂流物その他占有を離れた他人の物を横領した者は、1年以上の懲役又は10万円以下の罰金若しくは科料に処する」と規定されています。

「占有を離れた他人の物」とは、占有していた人の意思によらずに、その占有を離れ、まだ誰の占有にも属していない物をいいます。例えば、電車の網棚に忘れられていた乗客の鞄とか、自転車泥棒が乗り捨てた自転車とか、アパートのベランダから風で道路上に飛ばされた洗濯物とか、誤って配達された郵便物などがそれに当たります。ご質問の映画のチケットも、ベンチに座っていた男性がうっかり落としていったものですから、遺失物となります。

次に、「横領する」とは、遺失物を不法に入手しようとする意思で、その占有を取得することです。ご質問者は、チケットを拾ったときに、その占有を取得したことになりますが、チケットを不法に入手しようとする意思ではなく、持主の男性に返そうとする意思だったのであり、その意思を遂げるために、映画館まで行かれたのですから、その占有は、もちろん、遺失物横領罪とはなりません。しかし、映画館まで行ったのに男性が見付からなかったので、自分がそのチケットで映画を見ようと考えた時には、遺失物を不法に入手しようとした意思が生じたといえますから、その時点で遺失物横領罪が成立することになります。

遺失物の処置については、遺失物法（平成18年法律73号）という法律があり、遺失物を拾った者は、速やかにそれを遺失した人に返還するか、又は、警察署長に提出しなければならないと規定されています（4条1項）。

遺失物にもいろいろありますが、余り値段の高くない遺失物だからといって、勝手に処分することは許されません。ご質問者も、持主の男性が見付からなかったときは、警察に届けることが必要だったのです。

V — 43

買った古本に1万円札が挟まれていた場合の処置〔遺失物法〕

Q 小学生の息子が、近くの古本屋でドラえもんの漫画本の古本を買ってきたのですが、中に栞《しおり》のようにたたんだ1万円札が入っていました。息子は、「あっ、もうけた」と喜んでいましたが、「それは、前の持主のお金だからもらってはいけないんだよ」と諭して取り上げました。このお金は、一体どうしたらよいのでしょうか。

A　買った古本の中にあったお金だから、もらってしまってよいとはいえません。そうすると遺失物横領罪となります。刑法254条に、「遺失物……その他占有を離れた他人の物を横領した者は、1年以下の懲役又は10万円以下の罰金若しくは科料に処する」と規定されています。漫画本に挟んだまま忘れて古本屋に売ってしまった前の持主のお金だと思われますが、それは占有を離れたその持主のお金なのでしょうから、返さないときはこの犯罪になるおそれがあります。息子さんを諭されたことは、もちろん、妥当であったのです。

ところで、このお金をどうしたらよいかということですが、遺失物法という法律があり（平成18年法律73号）、遺失物の「拾得者は、速やかに、拾得をした物件を遺失者に返還し、又は警察署長に提出しなければならない」と定めています（4条1項）。それ故、その漫画本を買った古本屋に尋ねれば、遺失者、すなわち、お金を挟んだまま忘れた人がわかるかもしれません。その場合には、その遺失者に返せばよいのです。

しかし、古本屋に聞いても遺失者が不明な場合には、警察署長に提出することが必要です。そして、警察署長は、お金の遺失者がわかれば、その遺失者に返還しますが（6条）、わからないときは、遺失物として警察署の掲示場に掲示して公告し、遺失者の申し出を求めることになります（7条）。公告は3か月間継続されなければなりませんが（7条4項）、公告がなされて3か月以内にその所有者が判明しないときは、その遺失物の所有権はこれを拾得した人、すなわち、ご質問者のものとなります（民法240条）。しかし、2か月以内にその遺失物を警察署長から受け取らないときは、その所有権を失います（遺失物法36条）。

なお、遺失物の返還を受けた遺失者は、遺失物の拾得者に、その遺失物の100分の5以上100分の20以下の報労金を支払わなければならないこととされています（遺失物法28条1項）。

V — 44
迷い込んできた猫をそのまま飼い続けてもよいか〔遺失物横領罪となるか〕

Q　1週間ほど前、可愛い三毛猫が迷い込んできました。赤いきれいなリボンを首に結んでいました。おなかが空いている様子なので、ごはんをあげるとおいしそうに食べました。どこかのお宅の猫ではないかと近所を尋ねて回りましたが、わかりませんでした。小学校から帰ってきた娘が、「可愛いわね。この猫うちで飼って！」とせがむので、つい十日余りごはんを食べさせているうちに、すっかり居付いてしまいました。このまま飼い続けても、法律的に差支えないのでしょうか。

A　他人の動物を飼い主に無断で飼うという行為は、刑法上、窃盗罪（235条）になるか、遺失物横領罪（254条）に当たるか問題の分かれるところです。

判例によりますと、その動物が飼い主のもとに帰る習性を失っていない場合には、窃盗罪となりますが、その習性をなくしているときは、遺失物横領罪に当たると解されています。

もっとも、その動物が飼い主のいない野良犬や捨て猫などであれば、飼っても何の罪にもなりません。

ご質問の猫は、赤いきれいなリボンを首に巻いていたそうですから、おそらく捨て猫ではないでしょう。しかし、飼い主の所へ帰る習性もなく、そのままお宅に居付いたのですから、ご質問者の行為は、遺失物横領罪には当たっても、窃盗罪にはならないと思います。そして、ご質問者は飼い主を探すのに一応の努力も払われていますので、仮に遺失物横領罪が成立するにしても、違法性の程度は極めて低いといえましょう。飼い主が見付かるまで、飼い続けても、差支えないかと思います。

ただ、その猫がシャム猫等のように高価なものである場合には、飼い主が捨てることはおそらくないでしょうから、直ちに遺失物として警察へ届けることが必要です。

Ⅴ—45

喫茶店で、注文しないケーキが運ばれてきたのに食べて代金を払わずに帰った場合の犯罪性〔遺失物横領罪〕

Q 喫茶店で紅茶を注文すると、間もなく店員さんが紅茶を運んでくれました。すると、また、別の店員さんがケーキを運んできました。サービスだと思ったのですが、それにしてはケーキは立派過ぎました。しかし、お腹が空いていたので食べてしまいました。お金を払えばいいやと思っていたのですが、帰るときには紅茶代しか請求されませんでした。ウインドウを見るとそのケーキには1,000円と書いてありました。紅茶代は500円だったのにケーキ代1,000円を払わずに出てきたのですが、法律上問題にはなりませんか。

A 紅茶しか注文しなかったのに、店員さんがケーキも運んでくれたのをサービスだと思って食べてしまった。お金を払えばいいやと思っていたというのですね。その行為については、刑法254条の遺失物等横領罪が成立するかどうかが問題となります。「遺失物、漂流物その他占有を離れた他人の物を横領した者は、1年以下の懲役又は10万円以下の罰金若しくは科料に処する」と定められています。占有離脱物横領罪とも呼ばれます。

「遺失物」とは、持主がうっかりして忘れていった物で、まだ誰の占有にも属していない物をいい、「漂流物」とは、同じように、持主が落とした物が水中にあった場合をいいます。川や海での落とし物などがこれに当たるでしょう。そして、「その他占有を離れた他人の物」には、誤って手渡された物（大判明43・12・2刑録16輯2129頁）、誤って配達された郵便物（大判大6・10・15刑録23輯1113頁）、風に飛ばされてきた隣の家の洗濯物などがこれに当たると解されています。

そうしますと、喫茶店の店員さんが、他のお客さんの注文したケーキを間違ってご質問者に出してしまった場合にも、そのケーキは占有を離れた他人の物ということになります。

そこで、この犯罪の行為である「横領」とは、横領罪の犯罪行為である横領に似ていますが、少し違うところもあります。横領罪の横領は、自分の占有している他人の物を勝手に自分の物にすることですが、この犯罪の横領は、それと同様な意味とともに、さらに、占有を離れた他人の物がまだ誰の占有にも属していない場合に、それを勝手に自分の物としてしまうこと、例えば、他人が公園に忘れていった物を拾って自分の物にしてしまうことなども含みます。

しかし、占有者から誤って占有を移された物を勝手に自分の物としてしまう場合には、横領罪の横領と同じ意味です。ご質問の場合も、喫茶店の店員さんが誤ってケーキをご質問者の席に運んだときは、それによってケーキはご質問者の占有に移ったわけですから、ご質問者がそれを食べてしまうことは、横領に当たり得るのです。

ただ、横領は、横領の故意によることが必要です。したがって、自分の席に運ばれたケーキであることを知りながら食べたとき、ひょっとすると誤って運ばれたのかもしれない、サービスにしては立派過ぎるなどと考えながら食べたときは、故意が認められますから、横領になります。しかし、サービスで出してくれたものと信じて食べたときは、過失はあっても、故意は認められませんから、この犯罪は成立しないのです。

なお、ご質問者の行為は、民法の不当利得にも当たります。民法703条は、「法律上の原因なく他人の財産又は労務によって利益を受け、そのために他人に損失を及ぼした者は、その利益の存する限度において、これを返還する義務を負う」と規定されています。したがって、そのケーキをサービスだと思って食べても、あとで喫茶店から代金の請求を受けたときは、支払わなければなりません。また、民法704条には、「悪意の受益者は、その受けた利益に利息を付して返還しなければならない。この場合において、なお損害があるときは、その賠償の責任を負う」と定められています。もし、他のお客の注文したケーキなのに、店員さんが間違って運んだのであると知りながら食べてしまったときは、この悪意の受益者としての賠償義務が認められることになりましょう。

V — 46

友人が万引きで入手した弁当を食べ、かつ、ビールがほしいと言って万引きしたビールをもらった責任〔窃盗罪、盗品譲り受け罪、窃盗教唆罪〕

Q 先日の昼過ぎに公園でA君にバッタリ会ったところ、「おい、お腹が空いているだろう。今、万引きしてきた弁当だ。あげるよ」と差し出されました。お腹が空いていたので、「有難う」と受け取り、A君と一緒にベンチに座って食べました。「おいしいね。しかし、ビールがほしいね」と言いますと、A君は、「よし、待っていろよ」と走り去りましたが、5分ぐらいするとビールを2本持って帰ってきて、「ほら、また、取ってきたぞ」と言って渡してくれました。後で考えて、ばかなことをしたと思うのですが、A君と僕はどんな罪になりますか。

A まず、A君が弁当を万引きした行為は、刑法235条の窃盗罪に当たります。「他人の財物を窃取した者は、窃盗の罪とし、10年以下の懲役又は50万円以下の罰金に処する」と規定されています。最近は、万引きをゲームのような感覚でとらえている若者などもいるようですが、万引きは、実は、大変な犯罪なのです。次に、ご質問者が、A君からその万引きした弁当をもらった行為は、刑法256条の盗品譲り受け罪となります。「盗品その他財産に対する罪に当たる行為によって領得された物を無償で譲り受けた者は、3年以下の懲役に処する」と定められています。これも、相当重い犯罪なのです。A君も、ご質問者も、本当にばかなことをしたというべきであり、強く反省してもらわなければなりません。

次に、ご質問者がA君に、「ビールがほしいね」と言ったところ、A君が、「よし、待っていろよ」と言って、ビールを2本万引きしてきたことについてですが、A君の行為は、同じく窃盗罪となりますし、ご質問者は、その教唆罪となりましょう。教唆犯は、刑法61条1項に、「人を教唆して犯罪を実行させた者には、正犯の刑を科する」と規定されています。「教唆する」とは、犯罪を犯すように他人をそそのかすこと、つまり、犯罪を勧めることをいいます。ご質問者が、A君が万引きをするのが好きなことを知りながら、「ビールがほしい」と言ったことは、「ビールを万引きしてきてくれ」と勧めたものと取れますし、実際に、その言葉に応じて、A君がビールを万引きする気持ちになり、「よし、待っていろよ」と言って、ビールを2本万引きしたのですから、ご質問者は、A君に窃盗罪を教唆したこととなり、A君の犯した窃盗罪と同じく、「10年以下の懲役又は50万円以下の罰金」の刑に処せられます。そして、ご質問者が、そのビールをA君からもらったことは、さらに盗品譲り受け罪に当たるのです。

なお、A君が万引きを繰り返して行ったこと、ご質問者が、盗品譲り受け行為を繰り返したこと、そして、ご質問者に窃盗罪の教唆犯が認められること、のように、犯罪者に複数の犯罪が行われ、それらをまとめて裁判されるときは、併合罪といって、一括して処罰されます。その場合には、懲役刑については、最も重い罪についての刑の長期に2分の1を加えて刑の長期とされます。つまり、窃盗罪では、10年の2分の1の5年を加え、「15年以下の懲役」の範囲内で処罰されるのです（刑法47条）。また、罰金については、各罪の罰金の合計以下で処罰されますので、A君が罰金刑に処せられるときは、「100万円以下の罰金」の範囲内で処罰されることになるのです（刑法48条2項）。また、ご質問者に対しては、窃盗譲り受け罪が重なっているとともに、窃盗教唆罪がありますので、併合罪として、やはり、「15年以下の懲役又は50万円以下の罰金」の範囲内の刑を受けることになりましょう（刑法47条）。

VI 刑事特別法 ✹ その他の犯罪と処罰

「マイ・ウェイ」のメロディーにのせて
大胆にフライング!!（第７回リサイタル・平成19年９月愛知県芸術劇場大ホール）

Ⅵ－1

夫婦間の暴力への対処〔配偶者からの暴力の防止及び被害者の保護に関する法律〕

Q 私の知人の女性から、結婚して３年になるのですが、夫がお酒に酔って帰宅するといつも暴力を振うので困っているとの相談を受けました。どうしたらよいでしょうか。

A 日本では、以前には、夫婦間の暴力などの問題には、他人が介入すべきではないとされ、警察などでも取り上げないのが一般でした。しかし、近年は、そのような暴力が増加して大きな社会問題となっています。そして、外国からの影響もあり、平成13年に、参議院の女性議員を中心としたプロジェクトチームの提案した議員立法として、「配偶者からの暴力の防止及び被害者の保護に関する法律」が制定されました（同年法律31号）。ドメスティックバイオレンス（domestic violence；DV）防止法などとも俗称されています。この法律は、その後、平成16年（法律64号）及び平成19年（法律113号）に若干の改正を受けました。

この法律で、「配偶者からの暴力」とは、配偶者によって加えられる不法な攻撃であって、生命又は身体に危害を及ぼすもの、又は、これに準ずる心身に有害な影響を及ぼす言動をいいます（１条参照）。そして、この法律は、配偶者からの暴力に対して、被害者を救済し、保護することを主要な目的とし、とくに女性の被害者が多いところから、女性を保護して男女平等の実現を図ろうとする意図なども含むものとされています（前文参照）。

この法律で取り上げられている主要な問題点としては、次のような諸事項があります。

１、国と地方公共団体は、配偶者からの暴力の防止とともに、被害者の自立支援を含め、その適切な保護を図る責務を負う（２条・２条の２参照）。

２、この法律で配偶者とされているのは、正式の婚姻関係にある者に限らず、事実上の婚姻をしている者及び離婚した者も含む（１条３項参照）。

３、都道府県は、配偶者暴力相談支援センターとしての機能をもつ機関として、婦人相談所などを設け、被害者からの相談に応じる婦人相談員などを置く。また、被害者の心身の健康回復のために必要な指導、緊急時における被害者の安全の確保、被害者の自立生活を促進するための援助などを行う（３条～５条）。

４、配偶者からの暴力を受けている者を発見した者は、配偶者暴力相談支援センターや警察官への通報に努めなければならない（６条１項）。

５、配偶者暴力相談支援センター、警察官、警察本部長、福祉事務所等は、それぞれ、被害者に対して必要な保護、措置を講じる（７条～９条）。

６、配偶者から身体的暴力などを受けた被害者が、さらに配偶者からの暴力によって生命又は身体に重大な危害を受けるおそれが大きいときは、地方裁判所に申し立てて、当該配偶者に対して、①6か月間、被害者へつきまとうことの禁止、又は、②2か月間、被害者と同居していた住居からの退去などの保護命令を出してもらうことができる（10条以下）。そして、この保護命令に違反した者は、1年以下の懲役又は100万円以下の罰金に処せられることとされている（29条）、などです。

配偶者による暴力は、全く困ったものです。この法律は、いろいろな配慮をしていますが、もちろん、万全とはいえないでしょう。さらなる改正や運用上の改善など、望ましいことも少なくないと思われます。しかし、最も重要な事柄は、暴力を振う配偶者の人間性なのであり、それをいかに矯正するか、また、これからそのような人たちを出さないようにするかです。これは、国民をあげて真剣に考えるべき国家的問題であるといえましょう。

Ⅵ—2
空き地にごみを捨てる行為の犯罪性〔軽犯罪法、廃棄物の処理及び清掃に関する法律、不法行為〕

Q この頃、住宅地帯の中で空き地になっている150㎡ぐらいある私の所有地にごみを捨てる人がいます。夜中にこっそり来るらしいので、誰かわからないのですが、古タイヤ、冷蔵庫、洗濯機などの大きなごみも大分たまって困っています。ひどい環境破壊で、周囲のお宅にもご迷惑ですが、このようなごみ捨ては、犯罪にはならないのでしょうか。

A ご質問のごみ捨ては、犯罪になります。まず、軽犯罪法1条27号に、「公共の利益に反してみだりにごみ、鳥獣の死体その他の汚物又は廃物を棄てた者」は、「拘留又は科料」に処すると規定されています。古タイヤ、壊れた冷蔵庫、洗濯機などは「廃物」ですし、家庭ごみなどは「汚物又は廃物」に当たります。そして、住宅地の中の空き地にごみを捨てれば、悪臭を発したり、有害なバクテリアを生じたりしますので、「公共の利益に反」することは明らかです。

次に、ごみ捨ては、「廃棄物の処理及び清掃に関する法律」（昭和45年法律137号）の16条に定められている廃棄物投棄罪にも当たります。「何人も、みだりに廃棄物を捨ててはならない」と規定され、違反者は「5年以下の懲役若しくは1,000万円以下の罰金に処し、又はこれを併科する」とされています（25条）。そして、「廃棄物」とは、「ごみ、粗大ごみ、燃え殻、汚泥、ふん尿、廃油、廃酸、廃アルカリ、動物の死体その他の汚物又は不要物であって、固形状又は液状のものをいう」（2条1項）と定義されていますので、空き地に捨てられたごみがこれに当たることは明らかです。この犯罪が軽犯罪法の罪よりもはるかに重い犯罪とされているのは、個人のごみ捨てだけでなく、例えば、岐阜の山林で起こされた業者の大規模なごみ捨て事件なども、すべて対象としているからですが、ご質問者の所有される空地へのごみ捨て行為についても、軽犯罪法違反の罪とともにこの廃棄物投棄罪も併せて成立しますので、犯人は、重い廃棄物投棄罪の刑でまとめて処罰されることとなります（刑法54条1項）。ご質問者は、警察や検察庁に告訴することです。

なお、空き地へのごみ捨て行為は、民法上、不法行為となりますから、ご質問者は、ごみを捨てた人が判明したときは、損害賠償の請求もできます（民法709条・719条）。

Ⅵ—3
フラダンス中の女性のスカートの中を盗撮した行為の法律的責任〔都道府県条例違反、不法行為〕

Q 入社3年目のOLです。憧れのハワイへの社員旅行から帰国し、ホテルで反省会が開催され、その二次会で、私はハワイで覚えたフラダンスを踊りました。ホテルの演芸会場で社員のほか、ホテルの従業員や宿泊客なども観客になり、数百名はおられたでしょう。私がフラダンスを踊っていますと、よく知らない他の課の男性社員が、私に無断で突然写真撮影を始め、近寄って来ていろいろな角度から撮り、スカートの中まで盗撮しました。私は悔しくてたまらなかったのですが、男性社員はかなり年長者でしたし、観客の前ですので、何も言えませんでした。後になって悔やしくてたまりません。男性社員の行為は犯罪にはなりませんか。私は、どうしたらよいでしょうか。

A 男性社員が、フラダンスを踊っているご質問者のスカートの中を盗撮したとすれば、法律上、いろいろな問題となりましょう。

まず、犯罪になるかということですが、軽犯罪法1条23号ののぞき見罪は、「人が通常衣服をつけないでいるような場所をひそかにのぞき見」ることが要件なので、反省会の二次会の会場でたくさんの人たちが見ている前でのフラダンス姿を撮ったのでは、この罪にはならないと思います。

しかし、各都道府県で、条例によって定めている犯罪には当たり得るでしょう。ここでは、東京都と愛知県の条例を説明いたします。

東京都の「公衆に著しく迷惑をかける暴力的不良行為等の防止に関する条例」（昭和37年条例103号）5条1項には、「何人も、人に対し、公共の場所又は公共の乗物において、人を著しくしゅう恥させ、又は人に不安を覚えさせるような卑わいな言動をしてはならない」とされ、また、8条2項には、この罪を犯した者が、「人の通常衣服で隠されている下着又は身体を撮影した者であるときは、1年以下の懲役又は100万円以下の罰金に処する」と規定されているのです。反省会二次会の会場には、社員だけでなく、ホテルの従業員や宿泊客などを交えた数百名が観客として参集していたとのことですので、そこは、条例のいう「公共の場所」に当たりましょう。また、そこで男性社員は、フラダンスを踊っているご質問者のスカートの中を盗撮したというのですから、まさしくこの犯罪となりましょう。

また、愛知県の「公衆に著しく迷惑をかける暴力的不良行為等の防止に関する条例」（昭和38年条例4号）には、「公共の場所又は公共の乗物において、故なく、人を著しくしゅう恥させ、又は人に不安を覚えさせるような方法で」「衣服等で覆われている人の身体又は下着をのぞき見し、又は撮影」した者を、「6月以下の懲役又は50万円以下の罰金に処する」と定めていますが（2条2項2号・9条1項）、男性社員の盗撮行為は、この犯罪にも当たるでしょう。

そのほかの各道府県でも、それぞれ、類似した条例が設けられていると思われますから、読者の方々は、ご住所地の道府県の条例について、男性社員の犯罪をお確かめください。

このように、男性社員の盗撮行為は、東京都、愛知県の各条例違反の犯罪となりますから、ご質問者は、問題の行為が東京都内又は愛知県内のホテルで行われたのであれば、所轄の警察か検察庁に告訴して、男性社員の処罰を求めるのがよいと思います。

次に、男性社員の盗撮行為は、ご質問者に無断で行われ、ご質問者の肖像権などのプライバシーを侵害したものであり、また、スカートの内を盗撮してご質問者の名誉も傷つけたものといえるでしょうから、その行為は、民法709条、710条の不法行為にもなります。したがって、ご質問者は、その男性社員に損害賠償、慰謝料を請求することができます。

なお、男性社員は、盗撮した写真を他人に見せたり、公表したりするおそれもないわけではありません。最高裁判所の判例も、「名誉毀損の被害者は、人格権としての名誉権に基づき、加害者に対し、現に行われている侵害行為を排除し、また将来生ずべき侵害を予防するため侵害行為の差止めを求めることができる」としています（最大判昭61・6・11民集40巻4号872頁）。撮影された写真などが男性社員の手元にある以上、その所有権は、著作権法（2条1項2号）によって撮影した男性社員にあるとみられますが、被害者であるご質問者は、人格権に基づく妨害排除請求権の行使として、その引渡しを請求することができると思います。

Ⅵ―4

のぞき見行為の犯罪性〔軽犯罪法、都道府県条例〕

Q ホテルのロビーで友人と待ち合わせていた時、2階の階段の上の張り出したロビーに超ミニスカートの若い女性が立っていました。見上げると下着がほとんど丸見えです。すると、丁度、やって来た友人が、私の目線の先を見て、「おい、君、のぞき見は犯罪だよ」と言いました。偶然2階に立っていた女性の下着が見えただけなのに、私の行為は犯罪になるのでしょうか。

A ご質問者の行為は、犯罪にはなりません。

まず、軽犯罪法1条23号には、のぞき見罪がありますが、その規定は、「正当な理由がなくて人の住居、浴場、更衣場、便所その他人が通常衣服をつけないでいるような場所をひそかにのぞき見た者」を「拘留又は科料に処する」と定めています。しかし、ご質問には、ただ偶然にロビーから上の2階の階段上に立っていたミニスカートの女性を見上げると、下着まで見えたというだけで、この犯罪に当たる事実は認められず、この犯罪にはなりません。

次に、全国の各都道府県の条例で定められている犯罪についてですが、東京都の「公衆に著しく迷惑をかける暴力的不良行為等の防止に関する条例」(昭和37年条例103号)は、5条1項に、「何人も、人に対し、公共の場所又は公共の乗物において、人を著しくしゅう恥させ、又は人に不安を覚えさせるような卑わいな言動をしてはならない」とされ、その違反者を「6月以下の懲役又は50万円以下の罰金に処する」と規定する(8条1項2号)とともに、この罪を犯した者が「人の通常衣服で隠されている下着又は身体を撮影した者であるときは、1年以下の懲役又は100万円以下の罰金に処する」(8条2項)と定めていますが、のぞき見行為自体を処罰する規定は見当りません。

これに対して、愛知県の「公衆に著しく迷惑をかける暴力的不良行為等の防止に関する条例」には、「何人も、人に対し、公共の場所又は公共の乗物において、故なく、人を著しくしゅう恥させ、又は人に不安を覚えさせるような方法で」、「衣服等で覆われている人の身体又は下着をのぞき見し、又は撮影すること」をしてはならないとされ、違反者には、「6月以下の懲役又は50万円以下の罰金に処する」と規定されています(2条2項2号・9条1項)。つまり、軽犯罪法よりも重いのぞき見罪があるのです。

しかし、ご質問者が超ミニスカートの女性の下着を見られた場所は、ホテルのロビーなので、場合によっては「公共の場所」といえるかもしれませんが、ご質問者は、偶然、2階のロビーを見上げたところ、立っていた女性の下着が見えたというだけで、別段、「衣類等で覆われた人の下着を」「のぞき見」たわけではなく、また、「人を著しくしゅう恥させ」たり「人に不安を覚えさせるような方法」などを用いているわけではありませんから、もちろんこの条例に違反する犯罪とはならないのです。

なお、他の道府県の条例は必ずしも明らかでありませんが、ご質問者の行為をのぞき見として処罰するものはないと思います。

ところで、超ミニスカートでホテルの2階のロビーに立っていた女性ですが、その事実だけで犯罪となるものではありませんが、社会的には、好ましくないとして非難されるべきでしょう。

Ⅵ—5

ストーカー行為の規制〔ストーカー行為等の規制等に関する法律〕

Q 付き合っていた彼が、デート中に、「金を100万円貸してくれ。実は、ギャンブルで損をして貸金業者から借りた金の取り立てが厳しいのだ」と言いました。私は、彼がこんな人だったのかと驚いて、「お金は貸せません。もう別れましょう」と言って帰ってしまいました。すると彼は、それから、朝、会社に出勤しようとする私、夕方、帰宅しようとする私を待ち伏せて、「これからも付き合ってくれ」としつこく言います。そのため、私はノイローゼになりそうで困っています。

どうしたらよいでしょうか。

A 彼は、ご質問者を待ち伏せしてしつこく交際を迫り、そのため、ご質問者がノイローゼになりそうな精神的な侵害を受けているわけですから、ご質問者は、裁判所に請求して、彼の接触を禁止する仮処分を出してもらうことができます。彼が社会常識を弁えた人間であれば、これで、ご質問者に近づかなくなると思います。

しかし、それでも彼があきらめず、ご質問者との交際をしつこく迫り、つきまとうようであるならば、警察に訴えることです。「ストーカー行為等の規制等に関する法律」(平成12年法律81号) という法律があります。この法律で、「ストーカー行為」とは、同じ人に対して、つきまとうなどして、身体の安全、住居の平穏、行動の自由などを害し、不安を覚えさせることをいいますが、恋愛感情や恋愛がかなわないことによるうらみの感情から、ある人に対して、つきまとったり、待ち伏せしたり、進路に立ちふさがったり、住居や勤務先で見張ったり、くりかえし電話をかけたりするなどの各種の行為が含まれます (2条)。

そして、この法律は、ストーカー行為の被害者を守るために、警察は被害者の求めに応じて、行為者に対してストーカー行為をしないように警告することができ (4条)、警告に従わないときは、ストーカー行為禁止命令を出すことができ (5条)、また、ストーカー行為防止の仮の命令を出すことができるとし (6条)、なお、被害者から求められたときは、ストーカー行為防止のために必要な援助をすることもできる (7条) と定めています。

その上、ストーカー行為者に対しては、被害者からの告訴があったときは、6月以下の懲役又は50万円以下の罰金に処し (13条)、また、警察の禁止命令に違反したストーカー行為者は、1年以下の懲役又は100万円以下の罰金に処し (14条)、その他の禁止命令違反者は、50万円以下の罰金に処する (15条) と規定しているのです。

それ故、ご質問者は、この法律によって保護を受けるために、警察に相談するのがよいでしょう。彼に対して警告してもらうことなどや防止のための援助を求めることもできます。さらに、彼の処罰を求めて告訴することもできるのです。

Ⅵ—6

性同一性障害者の入浴場〔軽犯罪法〕

Q 私は、性同一性障害者です。身体は男性ですが、心は女性です。いつも女装をし、お化粧をしています。トイレや銭湯も女性用に入ります。先日、ホテルの女性浴場から出て来た時、更衣室にいた女性従業員から、「お客様、ここは女性浴場ですよ」と言われました。私が女性浴場に入ることは犯罪になるのでしょうか。

A 性同一性障害者とは、生物学的には正常な性でありながら、人格的には別の性であると信じている人、つまり、身体的性別特徴であるセックスと心理的性別役割であるジェンダーが一致しない人をいいます。ご質問者のように、身体は男性でありながら、心は女性である人はこれに当たります。

ところで、身体は男性であるが、心は女性であるという性同一性障害者が、女性用のトイレや浴場に入ったら犯罪になるかというご質問ですが、これは、大変難しい問題です。

軽犯罪法１条32号には、「入ることを禁じた場所……に正当な理由がなくて入った者」を「拘留又は科料に処する」と規定されていますが、ご質問の女性用トイレや浴場が、この「入ることを禁じた場所」に当たるかどうかです。この規定は、その場所に入ることを禁止する正当な権原を保護しようとするのであり、その場所については、「立ち入り禁止」という権原者の意思が表示されていることを要すると解されます。

トイレや浴場などには、通常、入口に女性用かどうかが表示されていますから、生物学的に男性である人が、女性用トイレや浴場に入ることは、形式上はこの規定に違反するでしょう。ただ、ここに入っただけでは、権原者の権利は、実質的には侵害されることはないでしょう。そうしますと、軽犯罪法の慎重な解釈からは、ご質問者が女性用のトイレや浴場に入っただけでは、軽犯罪法に違反するとはいえないと思います。ただ、とくに見張番人などがいて、立ち入りを断わっているような場合に、無理にそこに入る行為は、犯罪となり得るでしょう。

なお、平成15年に制定された「性同一性障害者の性別の取扱いの特例に関する法律」（同年法律111号）によりますと、一定の要件を備えた人が、家庭裁判所に申し立てて、性別の取扱い変更の審判を受けたときは、性別が変わったものとみなされます（４条）。ご質問者も、この法律によって女性に変わられたらいかがですか。

Ⅵ－7
料亭での新年会の席で酩酊して暴れ回った者の法律上の責任〔酒に酔って公衆に迷惑をかける行為の防止等に関する法律など〕

Q 友人数名と料亭で新年会をやった際、あまり酒に強くなかったA君が、どうしたわけか、日本酒、ワイン、ウイスキーなどを飲みまくり、ひどく酔って仲間に組みついたり、殴りかかったり、お酒を浴びせたりして暴れ回り、お蔭で新年会はめちゃめちゃになって解散したのですが、A君は酔いつぶれて朝まで寝ており、料亭から苦情を言われました。全く予期しなかったことですが、A君のこんな行為は法律上許されるのでしょうか。

A 日本の社会では、お酒の上の行為は、寛容に扱われるという慣習がありましたが、お酒に酔っていたからといっても、他人に迷惑をかけたり、害を与えたりすることは、本来、許されるべきではありません。

昭和36年に、「酒に酔って公衆に迷惑をかける行為の防止等に関する法律」が制定されました。この法律は、国民に飲酒を強要するなどの悪習を除き、節度ある飲酒を求めつつ（2条)、酒に酔って正常な行為ができないおそれのある者の行為を抑制するとともに、救護を要する酩酊者を保護することなどを目的としています（1条)。そして、具体的には、道路、公園、駅、興行場、飲食店その他の公共の場所や汽車、電車その他の公共の乗物において、酩酊者が粗野又は乱暴な言動をしている場合に、本人に応急の救護を要する相当な事由があると認められるときは、警察官は、これを救護施設や警察署などに保護しなければならないとするとともに、酩酊者が公共の場所や乗物において、公衆に迷惑をかけるような著しく粗野又は乱暴な言動をしたときは、拘留又は科料に処するとし、また、そのような酩酊者の言動を発見したときは、警察官は、それを抑制しなければならないし、それに従わなかった者は、1万円以下の罰金に処する（4条・5条）と定めて、酩酊者の行為についての犯罪を認めているのです。

Aさんの行為は、料亭内で行われたものであり、公共の場所としての「飲食店」における行為ですから、この犯罪として、「拘留又は科料」に処せられ得ると思われます。

なお、他人に組みついたり、殴りかかったり、お酒を浴びせたりする行為は、刑法208条の暴行罪にも当たり得ますから、Aさんは、同条の定める「2年以下の懲役若しくは30万円以下の罰金又は拘留若しくは科料」の刑によって処罰される可能性もあります。

ただ、お酒に酔っての犯罪については、責任能力が問題となることがあります。刑法39条には「心神喪失者の行為は、罰しない（1項)。心神耗弱者の行為は、その刑を減軽する（2項)」と定められています。心神喪失者とは、精神の障害によって行為が正しいかどうかを判断する能力、又はその判断に従って行動する能力のない者をいい、心神耗弱《こうじゃく》者とは、それらの能力が著しく低い者をいいます。心神喪失者は、責任無能力者、心神耗弱者は、限定責任能力者と呼ばれます。Aさんがお酒を飲んだことによって、その精神の状態が心神喪失に当たるときは、処罰されません。心神耗弱に当たるときは、刑を減軽して処罰されます。しかし、お酒に酔っても、これらの状態に至らないときは、通常の処罰を受けるのです。

なお、「心神喪失等の状態で重大な他害行為を行った者の医療及び観察等に関する法律」という法律があります（平成15年法律110号)。心神喪失者等が、殺人その他の重大な犯罪を犯したときは、この法律で特定医療機関に入院させるなどの処置が講ぜられ得るのです（保安処分)。しかし、Aさんの犯罪については、この法律までは問題となりません。

VI—8
不当な表示によって顧客を誘引する商店の責任〔不当景品類及び不当表示防止法、詐欺罪〕

Q 近所の靴屋さんの店の前に、「今週いっぱい、閉店前のクリアランスセール、

全商品５割引き、お早くお求めください」との掲示があったので、入ってみると、たくさんのお客さんが靴を買いあさっていました。私も一足買いましたが、後日、他の店で似た靴と比べてみると、買った値段は５割引きという程安くはありませんでした。そして、その近所の靴屋さんは、「閉店前」と掲示していたのに、その後も数か月間ずっと店を続けています。あんなお客をだます掲示をすることは、法律上許されるのでしょうか。

A 閉店もしないのに「閉店前のクリアランスセール」とか、大して割引きもしていないのに「全商品５割引き」などという掲示を出してお客さんを呼び込み、儲けようとする商法は許されるものではありません。

「不当景品類及び不当表示防止法」という法律があります（昭和37年法律134号）。これは、独占禁止法（私的独占の禁止及び公正取引の確保に関する法律（昭和22年法律54号））の特例法として設けられたものであり、取引における公正な競争を守り、一般消費者の利益を保護することを目的として、取引について不当な景品をつけたり、不当な表示をすることを防止しようとするものです（同法１条）。とくに不当な表示とは、商品の品質が実際のものより著しく優良だとか、他の商店のものよりも優れているとか、商品の価格が他の商店よりも大変安いなど、一般の消費者に誤認させ、不当に顧客を誘引し、公正な競争を害するおそれがあると認められる表示をいいます（同法４条参照）。

閉店しないのに「閉店前のクリアランスセール」としたり、５割引きもしないのに「全商品５割引き」という掲示をすることは、明らかにお客さんをだまして店に呼び込み商品を買わせようとするのですから、この法律にいう「不当な表示」に当たりましょう。

そして、この法律は、不当な表示に対しては、公正取引委員会（独占禁止法27条以下。これは、独占禁止法の定める目的を達するために、設けられている内閣総理大臣所轄の委員会であって、委員長と４名の委員で組織されています）は、その表示を出した事業者、すなわち、商店などに対して、その表示を差し止める命令、また、将来にわたって出してはならないという排除命令を出すことができますし（６条）、都道府県知事も、その取りやめ、防止のために必要な指示をすることができると定めています（７条）。

それ故、ご質問者は、その靴屋さんの出したクリアランスセールなどの掲示がこの法律に違反すると考えられるときは、公正取引委員会又は都道府県庁のそれぞれの担当者に訴えて、然るべき処置を求められるのがよいでしょう。

なお、クリアラスセール、商品５割引きの掲示がお客さんをだまして不当な儲けをしようという靴屋さんの狙いであり、それにだまされたご質問者が高価な靴を買ってお金を払ったことは、刑法246条の詐欺罪に当たりますから、ご質問者は、靴屋さんを警察などに告訴して処罰を求めることもできると思います。

Ⅵ―9
13歳の息子がデパートで指輪を持ち逃げしようとした行為に対する法的処置〔少年法、児童福祉法〕

Q　38歳の主婦です。中学１年の息子（13歳）が、先日、デパートの貴金属売り場で、品定めをしていたお客様の隙をうかがって、300万円もする指輪を持ち逃げしようとして捕まりました。中学生で初めての犯行だったとはいえ、何分、盗品が余りにも高価だったため、デパートでは、放置できないとして息子を警察に引き渡しました。警察からの電話を受けて駆けつけて話を聞いてびっくりしました。息子は、悪い先輩から脅されてやったことで、二度とはしませんと涙を流して後悔しています。昨日、児童相談所から相談したいという連絡がありました。息子は、どんな処罰を受けるのでしょうか。

A　息子さんのやった行為は、刑法の窃盗未遂罪（235条・243条、刑は、10年以下の懲役又は50万円以下の罰金。未遂罪は、刑を減軽し得る。43条）に当たりますが、刑法には、「14歳に満たない者の行為は、罰しない」という規定があり（41条）、14歳未満の者は責任無能力者として処罰しないこととされています。それ故、13歳の息子さんの行為は、刑法上の犯罪とはならず、刑罰を科せられることはないのです。

しかし、息子さんは、少年法によって、「14歳に満たないで刑罰法令に触れる行為をした少年」として、家庭裁判所の審判に付せられることはあります（少年法３条１項２号）。ただ、14歳未満の少年については、都道府県知事又は児童相談所長から送付を受けた場合に限られます（同条２項）。

家庭裁判所は、審判をした事件について、少年に対して、次のいずれかの保護処分をするという決定をしなければなりません。すなわち、①保護観察所の保護観察、②児童自立支援施設又は児童養護施設への送付、③少年院への送致です。そして、決定の時に14歳未満の少年に対しては、③の処分が許されるのは、特にそれが必要と認められる場合に限られるとされています（少年法24条１項）。

息子さんとしては、初めての非行であり、それも先輩から脅されて行ったのであり、その後、強く後悔しているとしますと、警察から児童相談所に送られたとしても、さらに家庭裁判所に送致されることは、おそらくないのではないかと思われます。その場合、ご質問者としては、息子さんの将来を正しく成育させるために、進んで児童相談所に相談し、指導を受けられるのがよいでしょう（児童福祉法11条１項・12条２項参照）。そして、息子さんを伴って改めてデパートに謝罪するとともに、息子さんが２度と悪い仲間とつきあって非行を繰り返すことなどのないように、注意し続けることが肝要です。

Ⅶ 刑事訴訟法 ✲ 犯罪捜査等

「蝶々夫人」を歌ったスペイン・バルセロナ郊外のテアトロ・ソリヤ劇場のステージ
（平成17年10月アジアンフェスティバル）

Ⅶ―1

警察官の職務質問はどのように認められるか〔警察官職務執行法〕、黙秘権とは何か〔憲法38条1項、刑訴法198条2項・311条1項〕

Q 就職して2年目のサラリーマンです。友人A君の話ですが、A君が自宅近くの公園を散歩していた時、警察官から突然呼び止められ、「君は、あそこのスーパーで万引きしたろう」と聴かれました。びっくりして何も答えずにいると、通行人が2、3人立ち止まりました。すると、警察官が、「近くの交番まで来てくれ」と言ってA君の腕をつかみました。A君が仕方なく警察官と一緒に交番まで行きますと、改めて「万引きをやったんだネ」と問い詰められました。A君は、自分には黙秘権があるんだと思って黙っていると、「証拠はあるんだぞ」などと言われましたが、1時間ほどで、「帰ってよい」と言われて帰ってきました。A君は大分憤慨していました。警察官は、なぜこんな職務質問ができるのですか。A君は黙秘権があると思って何も答えなかったとのことですが、黙秘権はあるのでしょうか。

A 警察官職務執行法（昭和23年法律136号）2条1項に、「警察官は、異常な挙動その他周囲の事情から合理的に判断して何らかの犯罪を犯し、若しくは犯そうとしていると疑うに足りる相当な理由のある者又は既に行われた犯罪について、若しくは犯罪が行われようとしていることについて知っていると認められる者を停止させて質問することができる」と規定されています。職務質問といわれます。近くのスーパーマーケットで万引きがあり、防犯カメラに写っていた犯人の顔や姿格好がAさんによく似ていた場合に、スーパーからの告訴を受けた警察官が、公園で偶然に見かけたAさんが犯人ではないかと疑って職務質問をすることは許されることでしょう。

次に、警察官が「近くの交番まで来てくれ」と言ってAさんの腕をつかんだことですが、警察官職務執行法2条2項には、「その場で前項の質問をすることが本人に対して不利であり、又は交通の妨害になると認められる場合においては、質問するため、その者に附近の警察署、派出所又は駐在所に同行することを求めることができる」と定められています。任意同行といわれます。Aさんの場合、職務質問を始めたら、通行人が2、3人立ち止まったとのことですから、職務質問の内容を聞かれたらAさんに対して不利であると考えて、警察官が「近くの交番まで来てくれ」と求めたことは、この規定に従ったものとして妥当であったといえましょう。

しかし、警察官職務執行法2条3項には、「前2項に規定する者は、刑事訴訟に関する法律の規定によらない限り、身柄を拘束され、又はその意に反して警察署、派出所若しくは駐在所に連行され、若しくは答弁を強要されることはない」と規定されていますので、Aさんは、刑事訴訟法199条の定める逮捕状による逮捕や213条、214条による現行犯逮捕などに当たる場合のほか、警察官の求めに応じて交番に出頭することも、職務質問に答弁することも必要ではないのです。

そして、警察官職務執行法１条２項には、「この法律に規定する手段は、前項の目的のため必要な最小の限度において用いるべきものであって、いやしくもその濫用にわたるようなことがあってはならない」と定められています。それ故、「交番まで来てくれ」と言って警察官がＡさんの腕をつかんだことは、行き過ぎた行為であって適当でなかったというべきでしょう。

ところで、黙秘権は、憲法38条１項に、「何人も、自己に不利益な供述を強要されない」と定められているのであり、刑事事件においては、被疑者にも、被告人にも認められています（刑事訴訟法198条２項・311条１項）。先に述べた警察官職務執行法２条３項の警察官の職務質問を受けた人が「答弁を強要されることはない」と規定しているところも、同様であると思います。ただ、判例は、刑事事件において、被告人の氏名は、自己に不利益な事項ではないから、黙秘権はないと解しています（最大判昭32・２・20刑集11巻２号802頁）。

なお、Ａさんは、別段、義務はないのに、警察官の求めに応じて近くの交番まで行ったとのことですが、社会の一般人としては、健全な社会を維持するために、自分が犯罪の被疑者とされている場合に黙秘権を行使し得ることは当然として、そのようなおそれのない場合には、警察官の職務質問などにも応じてできるだけ警察の捜査にも協力することが望まれるのではないでしょうか。

Ⅶ－２
別件逮捕の許される範囲〔憲法33条・38条２項・３項、刑訴法199条・319条〕

Q　テレビのニュース解説係の人が、言っていました。「また、別件逮捕か、問題になりそうな事件では多いんだよね」と。別件逮捕には、どんな問題があるのでしょうか。

A　別件逮捕については、いろいろな問題点が指摘され、見解も分かれていますが、ここでは、一般に取り上げられているところを、代表的な見解に従って説明しましょう。

別件逮捕とは、Ａという重大な事件について、まだ逮捕するについての要件が整っていないのに、被疑者を取り調べる目的で、逮捕の要件の整っているＢという別の軽い事件について、被疑者を逮捕し、さらに、勾留して、その逮捕・勾留中に、Ａ事件の取調べをすることをいいます。それ故、厳密には、別件勾留も含まれるのです。

ある事件の被疑者として逮捕された者に対して、警察官や検察官が、その事件についてだけでなく、関連した別の事件（それを、余罪といいます）について取り調べることは、必ずしも違法ではありません。しかし、予定した本来の事件を取り調べるために、その事件とは別の軽い事件で被疑者を逮捕して、本来の事件を主として取り調べることは、違法であると解するのが一般です。

その理由としてあげられるのは、第１に、令状主義に反するということです。憲法33条及びその規定をうけた刑事訴訟法199条には、被疑者を逮捕するには、裁判官のあらかじめ発する逮捕状によらなければなし得ないと定められているのに、本来の事件については、要件が整っていないため、逮捕状が出されていないのに、別の事件で逮捕することは、逮捕状による逮捕に当たらないというのです。

第2に、別件逮捕の後、本来の事件について、さらに逮捕するのでは、元来、逮捕、勾留に予定されている被疑者に対する身体拘束期間を不当に延長させることとなって不都合であるとされています。

第3に、別件逮捕は、本来の事件について被疑者の自白を獲得することが狙いであるが、それは、自白の強要を禁止した憲法38条2項、3項及び刑事訴訟法319条の規定の趣意に反するというのです。

そして、これらの見解を踏まえつつ、明らかに違法とみられる別件逮捕については、裁判官は、逮捕状を発すべきではないし、勾留やその延長も認めるべきではないとされます。また、違法な別件逮捕によって得られた本来の事件についての被疑者の自白には、刑事訴訟法上証拠能力がなく、法廷に証拠として提出することは許されないとされるのです。

Ⅶ—3

誤認逮捕、誤認起訴に対する措置〔刑訴法247条・248条、国家賠償法1条1項〕

Q 先日、窃盗罪で捕まり、起訴された男性の裁判中に、真犯人とみられる別の男性が捕まったため、誤認逮捕だとわかったという事件がありました。その後、検察は2年6か月の求刑を無罪に改めて求刑し直し、近く無罪の判決が出るとされました。私は、てっきり真犯人が見付かった時点で起訴を取り下げて無罪放免になると思っていたのですが、検察側、弁護側とも無罪を望む裁判を続ける必要があるのでしょうか。また、1年余りの間不当な勾留を受けてきた被告の男性に対してどのような補償がされるのでしょうか。

A ご質問の事件では、犯人と誤認されて逮捕、起訴された男性が、有罪の求刑をされた後に、真犯人が発見されたため、釈放されましたが、その後、公判が再開され、検察官が謝罪して求刑を取り消し、近く無罪判決が出るとのことですね。

ところで、ご質問は、真犯人が見付かった時点で起訴を取り下げて無罪放免になると思ったのに、このように裁判を続ける必要があるかということですが、刑事訴訟法257条には、「公訴は、第1審の判決があるまでこれを取り消すことができる」と定められています。つまり、公訴を取り消すのは、専ら検察官の権限とされているのです。

これは、刑事訴訟法上、公訴を提起するのは検察官だけの権限であり（刑事訴訟法247条)、また、検察官は、犯罪が成立していると認められる場合でも、「犯人の性格、年齢及び境遇、犯罪の軽重及び情状並びに犯罪後の情況により訴追を必要としないときは、公訴を提起しないことができる」（刑事訴訟法248条）（いわゆる起訴便宜主義）のであって、公訴の取消しも、これらと一貫した制度であると解されるのです。

ところで、起訴した事件について審理を進めていくうちに、被告人が無罪だとわかった場合に、まだ審理が始まった直後の段階であれば、当然公訴は取り消されるべきでしょうが、この事件のように、既に判決が言い渡される直前の段階まで来てしまっているときは、あえて公訴を取り消さず、法廷で被告人の無罪であることを明らかにして訴訟を終結することが、より適当だとみることもできるわけです。この事件も、おそらく検察官のそのような判断によったものと思われます。そして、被告人であった男性は、無罪とわかった時点で釈放されているのですから、このような訴訟手続がとられても、別段、被告人に対する不当な人権の侵害などは認められないでしょう。

次に、被告人であった男性は、1年余りの間、不当な勾留を受けて、肉体的にも、精神的にも、大変な苦痛を被ったのですから、それについて、国及び都道府県に対して、賠償を請求することができると思います。国家賠償法1条1項には、「国又は公共団体の公権力の行使に当る公務員が、その職務を行うについて、故意又は過失によって違法に他人に損害を加えたときは、国又は公共団体が、これを賠償する責に任ずる」と定められています。

都道府県警の職員である警察官及び国家公務員である検察官の過失による違法な捜査、起訴によって、この男性には、1年余りに及ぶ不当な勾留による損害が与えられたわけですから、その過失の程度、違法性の程度、損害の程度などを考慮して賠償がなされるべきでしょう。

捜査は、大変難しい作業だと思いますが、慎重に行って、このような誤りのないようにしていただきたいですね。

Ⅶ—4

おとり捜査は許されるのか〔麻薬取締法58条〕

Q 友人たちとの社会問題勉強会で、麻薬犯罪に対する「おとり捜査」の話が出ました。最高裁の判例に、「おとり捜査」を認める条件を示したものがあるとのことですが、どんな判例ですか。「おとり捜査」は許されるのですか。

A おとり捜査とは、犯罪捜査官又は捜査協力者が、おとり(囮)となって他人に犯罪を犯すようにすすめ、その他人が犯罪に出たところを逮捕するという捜査の方法です。例えば、麻薬取締官が、麻薬中毒者をよそおって、麻薬の売人らしい人に近づき、麻薬を売ってくれないかと話しかけ、相手がそれに応じて麻薬を売ろうとしたところを逮捕するのです。

おとり捜査は、アメリカでは、以前から禁酒法違反、薬物法違反など、通常の捜査方法では成果をあげにくい犯罪の捜査に使われてきたのですが、日本でも、近年、麻薬犯罪の捜査などに用いられています。

しかし、おとり捜査は、国の捜査官が人を犯罪にさそい込むのですから、本来、許されるべきものでなく、とくに国民は公の権力から不当な干渉を受けない自由を有する旨を定めた憲法13条に違反するのではないかが問題とされています。

ところで、おとり捜査には、2つの型のものがあります。第1は、捜査官が犯罪意思を持っていない人に働きかけて犯罪意思を抱かせ、犯罪を行わせるという犯罪意思誘発型のもの、第2は、既に犯罪意思を持っていて、犯罪をやろうと考えている人に働きかけて犯罪を行わせるという犯罪機会提供型のものです。第1の型は、憲法の趣旨に反するから許されるべきでないが、第2の型は、許されてもよいのではないかという意見があります。

おとり捜査を認める法律はありませんが、実質上、おとり捜査も許されるような規定を設けた法律があります。例えば、麻薬及び向精神薬取締法（昭和28年法律14号）58条には「麻薬取締官及び麻薬取締員は、麻薬に関する犯罪の捜査にあたり、厚生労働大臣の許可を受けて、この法律の規定にかかわらず、何人からも麻薬を譲り受けることができる」と定められていますが、これは、厚生労働大臣の許可があれば、麻薬犯人からの麻薬買い入れをするおとり捜査も許されるとしたものと解釈することができましょう。

おとり捜査に関しては、これまでの判例は、積極的に反対していませんでした。犯罪意思誘発型のおとり捜査は適当でないとしたものもありましたが、全体的には、判例は、おとり捜査を認めてきたといえるのではないでしょうか。しかし、学説には、いろいろ批判的な見解がみられました。そして、平成16年7月12日に、最高裁判所が、「おとり捜査」についての新しい判例を出しました。おとり捜査は、次の3つの要件を満たすときは、捜査の方法として許されると明言したのです。その第1は、直接の被害者などのいない薬物犯罪などの捜査に関すること、第2は、通常の捜査方法では犯罪の摘発が困難であること、第3は、機会があれば犯罪を行う意思があると疑われる者が対象であること、です。第3の要件は、犯罪機会提供型のおとり捜査に限定して許可する趣旨です（刑集58巻5号333頁）。

犯罪の捜査は、被疑者らの人権に配慮して、慎重かつ適正に行われなければなりませんが、麻薬犯罪のように、危険性が極めて大きいのに、外見上は発見されにくく、通常の捜査方法では効果を期し難い犯罪については、一定の範囲でのおとり捜査もやむを得ないと思われます。しかし、それには、許される基準が必要であり、それを示したこの最高裁の判例には大きな意味がありましょう。

Ⅶ—5

保釈とはどんな制度か。詐欺罪の容疑で逮捕、起訴され、半年近く勾留されている被告人に対しても、保釈の請求はできるか〔刑訴法88条以下〕

Q 久しぶりに出会った中学校時代の女性友人が、沈んだ顔をしているので尋ねますと、夫が詐欺事件の容疑者で逮捕されて、起訴され、半年近くなるのだが、拘置所に入れられたままで出されない、夫は詐欺などを犯す人ではない、夫は警察でも検察庁でも自分の罪だとは認めていない、それなのに拘置所に入れられたまま、3歳の男の子がいるが会わせてやりたい、保釈という制度があると聞いたが、この制度は夫には使えないのだろうか、などと話され、質問されました。保釈とは

どういう制度ですか、この友人の夫は保釈できないのでしょうか。

A 保釈とは、勾留されている被告人に対して、一定額の保証金を納めさせて、出頭を求められた場合に正当の理由がないのに出頭しないときは、その保証金を没取するという脅しをかけながら、被告人を一時的に釈放する制度です。

保釈は、裁判所が職権で行うこともありますが（刑事訴訟法90条）、通常は、被告人、弁護人その他一定の請求権者の請求があった場合に、裁判所によって認められるものです。そして、刑事訴訟法には、裁判所は、保釈の請求があったときは、①被告人が、死刑、無期又は短期１年以上の懲役・禁錮に当たる重い犯罪を犯した場合、②以前に、死刑、無期又は長期10年を超える懲役・禁錮に当たる重い犯罪について有罪の宣言を受けたことがある場合、③常習として長期３年以上の懲役・禁固に当たる犯罪を侵した場合、④被告人が罪証を隠滅すると疑うに足りる相当な理由がある場合、⑤被告人が被害者などの身体、財産に害を加え、又は、これらの者を畏怖させる行為をすると疑うに足りる相当な理由がある場合、⑥被告人の氏名又は住居が不明な場合、のほかは、保釈を許さなければならないと規定されています（89条）。なお、保釈を許すかどうかの判断をするにあたっては、裁判所は、検察官の意見を聴かなければなりません（92条）。

保釈を許す場合には、保証金額を決めなければなりませんが、その金額は、犯罪の性質、情状、証拠の証明力、被告人の性格及び資産を考慮して、被告人の出頭を保証するに足りる相当な金額であることが必要であるとされています（93条１項）。実際には、数十万円の場合から、何億円にもなる場合もあります。

なお、保釈を許す場合には、保釈保証金のほかに、被告人の住居を制限し、その他適当と認める条件、例えば、旅行の禁止などを付することができます（93条３項）。

保釈を許す決定は、保証金が納付された後でなければ、執行することが許されません。なお、保証金の納付は、保釈請求者以外の者、例えば、親族などに、許すこともできますし、有価証券や保証書などで代えることも許されます（94条）。

保釈された被告人が、①召喚を受け正当な理由がなく出頭しないとき、②逃亡したとき、③証拠を隠滅したとき、④被害者などに害を加えたとき、⑤裁判所の定めた条件に反したときは、裁判所は、保釈を取り消すことができ、かつ、保証金の全部又は一部を没取することができます（96条）。「没取」は、「没収」と混同を避けるために、実務では、通常、「ボットリ」と読ませています。

保釈制度の概要は、以上のとおりです。ご質問者の女性友人の夫の場合、詐欺罪の容疑で逮捕されて、起訴され、半年近くの間勾留されているとのことですが、詐欺罪の法定刑は、10年以下の懲役であって（刑法246条）、先に述べた保釈禁止の場合（刑事訴訟法89条）には当たりませんから、裁判所に保釈の請求をされるのがよいでしょう。保釈請求権者には、先に述べたように、被告人、弁護人のほか、配偶者や一定範囲の親族も含まれますから（刑事訴訟法88条１項）、ご質問者の女性友人自身も請求することができるのです。

VIII 労働関係法 ✹ 労働についての諸問題

朝日大学法学部のゼミナールの学生たちと

Ⅷ－1
タクシー会社では、運転手に髪の色や型を規制することができるか〔労働契約など〕

Q タクシーの運転手をしています。長髪での茶髪に憧れていたのですが、3日間の連休の間に、ちょうど髪も大分長くなっていたので、茶髪に染め、張り切って出社しました。すると、顔を合わせた課長から、「何だその髪は。お客さんに嫌われるから、すぐに直してこい。そのままでは乗車させないぞ」と怒鳴られ、仕方なく髪を刈り上げ、黒く染め直しました。運転には髪の型など自由でよいと思うのですが、会社のこんな方針は法律上許されるのでしょうか。

A 会社に就職するときは、会社側と雇われる労働者側とで労働契約が結ばれますが、その契約によって、会社側は労働者に対して労働指揮権を持ち、労働者側はそれに応じて労務を提供しなければなりません。

ところで、労働契約には、事業の性質などによって、労働者に私生活上有している個人の自由を制約することが定められる場合があります。例えば、接客業では、お客さんに好印象を与えるために、労働者に制服を着用させたり、髪をきれいに整えるとか、無精ひげを生やさないことなどが要求される場合が多いでしょう。

しかし、元来、個人的には、服装や髪形などには制約はなく、各人の好みによって自由とされており、その法律的根拠は憲法13条の国民の幸福を追求する権利であると解されています。したがって、会社が労働者に対して、服装や髪形などについて特別な要求をするには、そのことが労働契約上明示されているか、職場における多年の伝統や習慣から、それが当然とされている状況にあることが必要だと思われます。

以前に、「ひげ裁判」と呼ばれた事件がありました。タクシーの運転手が口ひげを生やして乗務しようとしたところ、会社から口ひげをそらなければ乗務させないとの業務命令が出されたので、それを不服とした運転手が、そのような義務があるのかについての確認を求めて東京地裁に訴えたのです。裁判所は、口ひげを生やすことは、本来、個人の趣味として各人の自由であるが、労働契約上合理的な範囲で規制されることもあり得ると述べた上、この事件では、無精ひげや奇異なひげでなく、きちんと手入れをした口ひげであれば許されると判示したのでした（昭55・12・15判決）。

そこで、ご質問の長髪で茶髪の場合にはどうかということですが、最近の若者の間では、このような髪を好む者がいる反面、伝統的な日本社会の風習から嫌う人もおりましょう。タクシーの運転手としては、伝統的な髪形による方が無難でしょうが、当然そのような義務があるともいい難いと思われます。

そこで、問題は、ご質問者の会社の労働契約に、運転手の長髪・茶髪の禁止が明記されているか、また、多年にわたる会社の職場の伝統として運転手の長髪・茶髪は行われてこなかったかを確かめることです。これらによる制約がある場合には、もちろん、長髪・茶髪は許されにくいでしょう。しかし、これらの点があいまいである場合には、ご質問者がどうしても課長の命じた義務があるかどうかを確認されたいならば、裁判所に訴えて判断を求めることもできましょう。

Ⅷ—2
地球温暖化防止のために、会社の事務所の室温を冬期でも10度ぐらいにしかしない社長の責任〔労働安全衛生法など〕

Q 小さな会社で事務を担当している社員ですが、社長がケチで、「地球温暖化の防止に協力するために暖房費を節約する。冬も、室温は15度までにするから、寒いと感じる人は厚着をしなさい」と言います。外気が５度以下の日でも、事務所の室温は10度ぐらいにしかしてくれません。お蔭で能率が上がらないので困っています。こんなことには、法律的な問題はないのでしょうか。

A 労働安全衛生法という法律があります（昭和47年法律57号）。労働災害の防止のために総合的な計画的対策を推進することによって職場における労働者の安全と健康を確保するとともに、快適な職場環境の形成を促進することを目的としています。この法律の23条に、「労働者の危険又は健康障害を防止するための措置」の一環として、「事業者は、労働者を就業させる建設物その他の作業場について、通路、床面、階段等の保全並びに換気、採光、照明、保温、防湿、休養、避難及び清潔に必要な措置その他労働者の健康、風紀及び生命の保持のため必要な措置を講じなければならない」と規定されています。

そして、この規定を受けて、さらに細かい基準を定めたものとして、事務所衛生基準規則がありますが（昭和47年労働省令43号）、その５条３項には、「事業者は、空気調和設備を設けている場合は、室の気温が17度以上28度以下……になるように努めなければならない」と定められているのです。この気温は、夏期、冬期を通じたものでしょうが、夏期にも「28度以下」とするとともに、冬期にも「17度以上」に保たなければならないという基準が適当とされているわけです。

そうしますと、ご質問者の会社の社長さんが、冬期における事務室の室温を「15度まで」にすると言われていることは、この事務所衛生基準規則の規定に違反しているといわなければなりません。なお、労働安全衛生法の119条には、先にあげた23条の規定に違反した者は、「６月以下の懲役又は50万円以下の罰金に処する」と定めていますから、ご質問者の会社の社長さんの場合は、この罰則によって処罰されることになりましょう。

社長さんが、地球温暖化の防止に協力するために暖房費を節約しようとされることは、大変結構なことですが、その度が過ぎて、社員の健康を損ねることになっては困ります。社長さんは、これらの規定をご存知ないと思いますので、ご質問者は、それを説明をしてあげるべきでしょう。そして、それでも、社長さんが応じられないときには、警察などに訴えることもできるわけです。

Ⅷ—3

会社の緊急会議のリーダーは、インフルエンザにかかって休養中でも、会議に出席すべきか〔労働安全衛生法など〕

Q 会社の事業改革グループのリーダーをしています。正月休みの海外旅行から帰って体調がすぐれないので病院へ行きますと、インフルエンザにかかっているから安静にしているようにと言われ、会社を休んでいました。すると、突然、部長から電話があり、グループの緊急会議があるが、君がいないと話が進まないので、何とか出席してくれないかと言われました。私の体調のこともありますが、社員にインフルエンザを感染させては大変です。どうしたらよいでしょうか。

A 労働安全衛生法という法律があります（昭和47年法律57号）。労働災害を防止し、職場における労働者の安全と健康を確保し、快適な職場環境の形成を促進するなどの目的を有するものです。その68条に、「事業者は、伝染性の疾病その他の疾病で、厚生労働省令で定めるものにかかった労働者については、厚生労働省令で定めるところにより、その就業を禁止しなければならない」と規定されています。そして、厚生労働省令である労働安全衛生規則（昭和47年労働省令32号）には、「病毒伝ぱのおそれのある伝染性の疾病にかかった者」があげられていますし、また、感染症の予防及び感染症の患者に対する医療に関する法律（平成10年法律114号）では、感染症を分類して、それぞれについての処置が考慮されていますが、鳥インフルエンザは四類感染症に、その他のインフルエンザは五類感染症とされています（6条）。それ故、ご質問者のかかっているインフルエンザの具体的性格はわかりませんが、労働安全衛生法68条の「伝染性の疾病」に当たることは明らかでしょう。

ところで、労働安全衛生法119条には、同法68条の規定に違反した者は、「6月以下の懲役又は50万円以下の罰金に処する」と定められているのです。それ故、ご質問者の上司である会社の部長さんは、この法律をご存じでないのかもしれませんが、インフルエンザ患者であるご質問者を会社の会議に出席させたときは、この犯罪によって処罰されることになるのです。

また、ご質問者が部長さんの命令に従って会社の会議に出席したため、同席した社員たちにインフルエンザを感染させたときは、ご質問者は、刑法の傷害罪に当たりましょう（刑法204条）。刑は、15年以下の懲役又は50万円以下の罰金です。そのおそれのあることを承知しつつ、ご質問者の会議への出席を求めた部長さんについても、同様です。

会社の緊急会議にグループのリーダーであるご質問者が出席することは、会議の成果をあげるためにおそらく不可欠の意味を有するのでしょうが、この法律に従ってインフルエンザの蔓延を防ぐためには、ご質問者は会議には出席せず、電話で意見を述べられるなどの方法で協力されるよりほかないでしょう。また、どうしても直接会社の関係者と対話をする必要があるのであれば、病院に相談して、感染防止の安全対策をとってもらった場所で、予防服などを着用した状態の関係者と協議するなどの措置をとられることが必要であると思われます。

Ⅷ—4

会社の懇親会でのセクハラ行為〔男女雇用機会均等法〕

Q ＯＬです。会社の懇親会が盛り上がっていた時、ワイングラスを持った部長が突然近づいてきて、私に「オーッ君の胸は大きいネ」と言いながら、グラスを私の胸に強く押し付け、もう一方の手で私のお乳をつかみました。それを見て、周囲にいた人たちが一斉に「ワーッ」と言いながら拍手をしました。私はびっくりし、恥ずかしくなって逃げ出しました。いくら懇親会で酔っていたからでも、こんな行為は許せません。犯罪にならないのでしょうか。部長から慰謝料を取ることはできませんか。

A ご質問の部長の行為は、セクシャルハラスメント（略して、セクハラ）に当たりますし、ご質問者の周囲でそれに拍手をした人たちの行為も同様です。

男女雇用機会均等法（正確には、雇用の分野における男女の均等な機会及び待遇の確保等に関する法律（昭和47年法律113号））11条には、事業主は、職場で行われるセクハラ行為に対する労働者の対応によって、労働者が労働条件（例えば、給料の額）について不利益を受け、又は就業環境（気持ちよく働ける職場の環境）が害されることのないように、セクハラを受けた労働者からの相談に応じ、適切に対応するために必要な体制を整備し、その他雇用管理上必要な措置を講じなければならない旨が規定され、さらに、厚生労働大臣は、事業主が講ずべき措置についての指針を定めることを要すると定められています。

それ故、ご質問者は、職場でのセクハラ防止措置について会社で定められていることを確かめた上、それに沿って社長に対して、部長の行ったセクハラ行為、それを拍手で支持したような社員のセクハラ行為を訴えて、会社としての適切な措置をとってもらうのがよいでしょう。

ただ、男女雇用機会均等法は、セクハラを犯罪としてはいませんので、この法律によってセクハラ行為者の処罰を求めることはできません。そこで、刑法上の犯罪が認められるかどうかが問題となりますが、まず、部長がワイングラスをご質問者の胸に強く押し付け、また、お乳をつかんだ行為は、刑法208条の暴行罪に当たります。これは、人の身体に対して、有形力、すなわち、物理的な力を不法に行使することによって成立する犯罪です。刑は、２年以下の懲役もしくは30万円以下の罰金又は拘留もしくは科料です。また、もし、その行為によって、ご質問者に怪我をさせたときは、傷害罪（刑法204条）となります。刑は、15年以下の懲役又は50万円以下の罰金です。次に、ご質問者の周囲にいて、部長のセクハラ行為を拍手で勢いづけた人たちの行為は、暴行罪の幇助犯（同法62条）に当たりましょう。その刑については、「正犯の刑を減軽する」と定められています（同法63条）。それ故、ご質問者は、部長及び周囲で拍手した人たちを警察などに告訴して、処罰を求めることができましょう。

なお、慰謝料については、部長らの行為は、民法709条、710条の不法行為に当たりますから、ご質問者は、これらの人たちに対して損害賠償を求めることができます。不法行為は、他人の財産権を侵害した場合のほか、身体、自由もしくは名誉を侵害した場合にも認められますから、それらの侵害に対しても損害賠償の請求が可能なのです。

Ⅷ—5

社長の社員への嫌がらせ行為への対応策〔男女雇用機会均等法〕

Q ＯＬですが、会社の社長から第三者を介して求婚されました。しかし、私には両親も承知している婚約者がいますので、社長にお話して申入れをお断りしたのですが、怒った社長は、私が担当していた仕事を他のＯＬに回し、私には仕事がなくなりました。困って職業安定所に相談したのですが、それは、社長の感情の問題で、法律に触れるものではないから、どうすることもできませんと言われました。私は悔しさに駆られながら退職しました。社長に対して慰謝料の請求はできないでしょうか。

A 大変お気の毒なお話ですね。社長さんの求婚をお断りしたら、担当していた仕事を他の従業員に回して、結局、退職するよりほかないような状態に追い込まれたのは、余りにも理不尽な社長さんの態度といわざるを得ません。

社長さんの行為は、最近よく問題とされるセクハラにも当たると思われます。上司が女子従業員に性的な嫌がらせをしたあげく、退職に追い込んだ事件について、セクハラとして加害者の上司に不法行為（民法709条）として慰謝料の支払いを命じた判決は少なくありません。

相手からの求婚に応ずるか否かは、全く個人の自由です。ことにご質問者のように、ご両親も承知されている婚約者がおられるのですから、社長さんの求婚をお断りするのは当然のことです。それによって、社長さんにもショックはあったでしょうが、だからといって、ご質問者が担当していた仕事を他のＯＬに回し、ご質問者の仕事をなくしてしまうとは、やはり、セクハラの一種ですし、それによって、ご質問者が悔しさに駆られながら退職せざるを得ない状態に追い込まれたことは、社長さんの不法行為であるといえましょう。

男女雇用機会均等法（正確には、雇用の分野における男女の均等な機会及び待遇の確保等に関する法律（昭和47年法律113号））には、職場での性的な言動によって、労働者が労働条件に不利益を受けたり、その就業環境が害されることのないように、事業主が雇用管理上必要な措置を講ずべき旨が規定されています（11条）のに、社長さん自身が、この法律の趣旨に反する行為を行われたのは、極めて不都合なことといわなければなりません。

ご質問者は、社長さんを裁判所に訴えて慰謝料を請求することができますし、もし望まれるならば、会社に戻って元のお仕事を続けることを求めることも可能であると思われます。

Ⅷ—6

会社の採用内定通知の取消しへの対応策

Q 来春卒業予定の大学4年生です。4か月前にA会社の採用試験に合格し、採用内定の通知を受けて喜んでいたのですが、先月、「会社の経営事情により、採用内定を取り消します」という通知を受け、困っています。テレビでは、採用内定を取り消された人が、会社から100万円を渡されたというニュースがありましたが、僕も、A会社に100万円の支払いを請求することができるでしょうか。

A 会社の採用内定の法律的性格については、解約権を留保されている労働契約であり、その効力は入社時から生じるものと解する見解が一般的であり、判例もこの立場に立っています（最決昭54・7・20民集33巻5号582頁）。つまり、事情によって内定を取り消すことが許されますが、その取消事由は、社会観念上、合理的なものでなければならないとみられるのです。

ところで、バブル経済の崩壊後の不況によって新規学卒者に対する会社の採用内定の取消しが激増して大きな社会問題となったのに応じて、平成5年に労働事務次官の通達などによって、その対策が考慮されたのですが、その中には、会社は、採用内定を取り消さないように最大限の経営努力をすること、採用内定取消しには、会社に新規採用を不可能にするような予測不能な経済事情の変化の発生したことが必要であること、そして、やむを得ない事情によって採用内定を取り消すときは、あらかじめ公共職業安定所に通知して、その指導を尊重すること、内定を取り消された学生の就職先確保に最大限の努力を尽くし、学生からの補償の要求には誠意をもって対応することなど、種々の指示が行われています。

このような事情を踏まえて考えますと、ご質問者とA会社との間には、解約権の留保された、開始時期は、おそらく来年の4月1日とする労働契約が成立しているのであり、A会社の行った内定取消しが有効か否かは、取消し事由が社会的にみて合理性を有するかどうかにかかっているといえましょう。すなわち、近時の社会的・経済的事情から、新規社員を雇い入れることが困難であり、A会社として、あらゆる手段を尽くして最大限の努力を払ったがその事情に変わりがなかったことが必要だとみられます。

もしこのような事情がないのに、A会社が採用内定を取り消したことが明らかである場合には、ご質問者は、裁判所に訴えて、A会社の採用内定の取消しを無効であり、撤回するよう求めることができると思われます。

また、A会社の内定取消しに合理性があるとみられるときは、ご質問者は、それに従わざるを得ませんが、金額が100万円かどうかは別として、A会社に慰謝料を請求することができると思います。なお、公共職業安定所などに依頼して今後の就職の相談に乗ってもらうこともよいでしょう。

Ⅷ—7

就職試験の履歴書に「中退」を記載することの要否

Q 会社の就職試験のために履歴書を書いています。私は、「中退」をしているのですが、誰かが「中退は学歴にならないよ」と言っていたのを聞いたことがあります。「中退」は学歴になるのでしょうか。そして、私は「中退」を書かない方がよいのでしょうか。もし「中退」を書かなかった場合に、後で「中退」していたことがわかったら、学歴詐称となるのでしょうか。

A 就職応募者の学歴は、会社にとって、職場に適した労働力を備えている人かどうかを判定する重要な資料の一つであり、学歴を偽られたために十分な労働力を持たない労働者を採用したのでは、会社の死活問題ともなりかねません。そして、学歴を偽るような人は、会社との間に継続的な雇用契約を結ぶのに足りる信頼関係を保ち得るとはいえないでしょう。

それ故、会社では、従業員を募集、採用する場合には、応募者の学歴、職歴などをはっきり示すことを要求し、もし応募者がそれを偽ったときは、採用後に懲戒解雇する旨を就業規則に定めている例が多いのです。ただ、学歴の詐称があっても、それが、その労働者の労働力の評価に格別支障を来たさない程度のものであるときは、必ずしも懲戒解雇されるまでのことはないと思われます。

会社から懲戒解雇を言い渡された人が、その処分が適当かどうかについて裁判で争った例も少なくありませんが、例えば、大学卒であるのに、高校卒であると偽って採用された場合に、その労働者に対する会社の全人格的判断を誤らせ、企業秩序が乱れたから懲戒解雇は有効であると認めた裁判例（東京地判昭49・12・23労判217号47頁）があるとともに、必ずしも会社の具体的な企業秩序違反を生じさせたとはいえないから、解雇は無効だとした裁判例（長崎地決昭50・7・11判時795号106頁）もみられるなど、裁判所の判断も一律ではありません。しかし、労働者が真実の学歴を申告したときは、使用者は労働契約を締結しなかったであろうと認められ、かつ、一般にも、そのように判断するのが相当だといえる場合には、会社の懲戒解雇は妥当であると解するのが、裁判所の基本的な立場であるといえましょう。

さて、ご質問は、中退しているのに、それを履歴書に書かないことが学歴詐称に当たるかどうかについてですが、「中退」にも、いろいろな場合があり、一律ではありません。例えば、入学して１週間でやめても「中退」ですし、卒業の１か月前にやめても「中退」です。問題は、「中退」するまでに、その学校で学んだことが、応募者のその会社における労働力の判定の上に意味をもつかどうかにあると思われます。意味をもつ場合には、「中退」であっても、学歴として省略することは許されませんが、ほとんど意味のない「中退」ならば、あえて履歴書に記載しなくても、懲戒解雇の理由とはならないでしょう。ただ、履歴書に「中退」と記載しても、会社の採用上は必ずしも影響がないのが一般でしょうから、「中退」は「中退」と記載しておいて、後に紛糾の種を残さないようにするのがよいと思います。

Ⅷ—8

会社に中途採用されて試用期間中の女性が妊娠している事実を会社に知られ、本採用されないおそれがある場合の措置〔男女雇用機会均等法〕

Q ＯＬです。高校の後輩の女性から相談を受けて困っています。その女性は、昨年、ある会社に中途採用され、目下、試用期間中なのですが、妊娠していたことをしばらく秘密にしていたのに、最近知られてしまったところ、会社の上司から、「君は、本採用されないかもしれないよ。育児休暇など取られたら会社には不利益だからな」と言われて、ビックリし、どうしたらよいか悩んでいるというのです。何とか力づけてやりたいのですが、どうしたらよいのでしょうか。

A 試用期間中の事業主と労働者との間の労働契約には、一般の労働契約とは違って、解約権が留保されていると解されています。社会通念上、社員として不適格とみられる事由があるときは、本採用された後よりも、かなり広い範囲で解雇し得ると考えられるのです。しかし、労働契約の基本的要件が備わっている場合には、もちろん、本採用を拒否することはできません。

男女の雇用に関しては、日本国憲法（14条１項）の理念に則って、男女の均等性と女性労働者の妊娠中及び出産後の健康の確保を図ることを目指した「雇用の分野における男女の均等な機会及び待遇の確保等に関する法律」という法律があります（昭和47年法律113号）。一般には、簡略化して、「男女雇用機会均等法」と呼ばれています。

この法律には、事業主は、女性労働者が婚姻し、妊娠し、又は出産したことを退職理由とする定めをしてはならない（９条１項）とか、事業主は、その雇用する女性労働者が妊娠したこと、出産したこと、産前・産後の休業をしたことなどを理由として、解雇その他の不利益な取扱いをしてはならない（同条３項）などと規定されていますし、また、事業主が男女の雇用についての均等な機会及び待遇の確保に支障となっている事情を改善するのに、国は相談などの援助をすることができる（14条）とした規定もあります。なお、事業主の対処法を示した厚生労働省の告示（平成18年614号）もみられるのです。

これらの法令の趣旨からしますと、会社に中途採用されたご質問者の後輩の女性が試用期間中に、しばらく隠していた妊娠の事実を会社に知られても、それによって、本採用が取りやめられることはおそらくないでしょう。その女性に育児休暇などが与えられても、それによる不利益は、会社が国の援助を受けても、努力して回避すべきです。上司の発言は、余りにも、法令を知らな過ぎると思われます。

なお、性別を理由とする労使間の紛争の解決については、都道府県の労働局長が必要な協力をすべきこととされていますので（同法17条）、ご質問者は、後輩の女性に困った事情があるときは、都道府県の労働局に相談するようにすすめられるのがよいでしょう。

Ⅷ—9

会社の自由な退職と社員の引き抜きについての責任〔民法623条以下、労働契約法３条２項、民法709条〕

Q 食品販売会社の営業部長をしています。部下で営業課長であったＡ君とプライベートの問題でけんかになり、私の態度に憤慨したＡ君は、会社をやめてしまいましたが、間もなく商売敵の会社に就職し、それからしばらくすると、私の会社で彼の部下だった優秀な社員３人を狙い打ちにするように次々に引き抜き、彼の会社に就職させてしまいました。私の会社では、有能な社員を失うことになって困っています。Ａ君や引き抜かれた３人の社員に対して、会社は、損害賠償を請求することができるでしょうか。

A 会社に従業員として就職するについては、使用者である会社と労働者である従業員との間に雇用契約（民法623条以下）が成立していることが必要ですが、それについては、民法１条２項の示している「権利の行使及び義務の履行は、信義に従い誠実に行われなければならない」という信義則を踏まえつつ、また、労働契約法３条４項の定めているように、「労働者及び使用者は、労働契約を遵守するとともに、信義に従い誠実に、権利を行使し、及び義務を履行しなければならない」のです。

このことは、従業員の会社からの退職についても考慮されることが必要だと思います。従業員の退職に関しては、憲法22条１項の「職業選択の自由」の規定にもとづき、職業安定法２条の定めているように、「何人も、公共の福祉に反しない限り、職業を自由に選択することができる」のです。したがって、特別の雇用契約がない限り、従業員が自分の都合によって会社を退職することは、許されるのが一般であるといえましょう。

ところで、このような法律の趣旨に則して考えますと、Ａさんがご質問者とけんかのあったところから会社をやめるにいたったことも、その後、商売敵である会社に就職したことも、格別の事情がない限り、別段、差し支えはなかったと思われます。

しかし、Ａさんが、続いて、ご質問者の会社で自分の部下だった優秀な社員３人を、狙い打ちをするように、次々に引き抜いたことには問題があるといえましょう。もちろん、社員を引き抜く行為自体が当然違法であるわけではありません。例えば、引き抜かれる会社の事情を考慮して、その退職時期を無理のないように定めるとともに、事前に予告して、会社の利益を害さないように配慮して引き抜くのであれば差し支えないと思います。しかし、Ａさんには、おそらくご質問者とけんかをして会社をやめたことについてのご質問者への恨みがあり、そこから、優秀な社員を狙い打ちにして引き抜き、それによってご質問者の会社を困らせようとしたのであれば、そこには、社会的相当性に反する違法な行為として、民法709条の不法行為が認められ、ご質問者の会社は、Ａさんに対して、損害賠償を請求することができるといえましょう。

なお、引き抜かれた社員３名についても、彼らが退職時期などを考慮せず、Ａさんの誘いに応じて勝手に会社を退職したことが労働契約に従った誠実な義務の履行に反するとみられる場合には、やはり、不法行為として、会社は、それらの社員に対して損害賠償を請求し得ると思われます。

Ⅷ—10

警察の取調べを受けた社員が会社の営業部長から叱責されて解雇されたと誤解して退職届を出した場合の措置〔民法627条、労働基準法20条〕

Q　会社の営業部長をしています。部下のＡ君が電車の中で女子高生にワイセツ行為をしたとのことで警察の取調べを受けたという話を聞いたので、Ａ君を呼んで、「君は会社の恥さらしだ。やめてもいいんだよ」と言いますと、Ａ君は、翌日から出社せず、３日後に、退職届とともに解雇予告手当を請求してきました。解雇を認めて解雇予告手当を支払わなければならないのでしょうか。

A　ご質問者は、部下のＡさんの行った行為が、社員として恥ずかしいことだと叱る言葉の一端として、「会社をやめてもいいんだよ」と言われただけで、「やめろ」とか、「やめさせる」などと断定的に発言されたわけではありません。したがって、Ａさんの方が一方的に解雇されたと思い込んで解雇予告手当を請求してきたのだと思われます。

解雇とは、使用者が労働者との労働契約を将来に向かって一方的に解約することです。民法627条には、雇用期間の定めがないときは、２週間の予告期間を置けばいつでも解約することができるとされていますが、労働基準法20条には、労働者を保護しようとする見地から、使用者は労働者を解雇するには、少なくとも30日前にその予告をしなければならないと規定されています。突然解雇されて、労働者が、経済的に困らないように配慮して、少なくとも30日の猶予期間を置いてやろうというのです。したがって、民法の規定は、実際上、適用されることはなく、労働基準法によって解雇はなされるのです。ただし、天災事変などやむを得ない事由で、事業の継続が不可能になった場合や、労働者が犯罪を犯すなど重大な責めを負うことによって解雇する場合には、労働基準監督署長の認定を受けて、猶予期間なしに、解雇することができます。

なお、予告の日数も、30日分以上の平均賃金を支払えば直ちに解雇することができますし、１日についての平均賃金を支払えば、その日数を減らすこともできると定められています（労働基準法20条）。

Ａさんが、退職届とともに請求してきた解雇予告手当は、このような意味での即時解雇について、少なくとも30日分の平均賃金の支払いを求めたものと思われます。

しかし、ご質問者はAさんに解雇すると言われたわけではなく、解雇されたと誤解したのはAさんなのです。それ故、ご質問者は、その退職届を受け取ることも、解雇予告手当を支払うことも必要ではありません。むしろ、必要なのは、Aさんに連絡して解雇したわけではないと伝えることです。それによって、Aさんが会社に戻れば、別段、問題はなく、誤解による数日間の欠勤がとがめられるだけで済むと思われますが、Aさんがやはり退職を求めてきた場合には、解雇するとともに、解雇予告手当を支払う必要があるでしょう。

Ⅷ—11

残業手当〔労働基準法37条など〕

Q 私の勤めている会社では残業が多いのですが、残業をしても、通常の賃金に1割増しの手当しかくれません。他の会社で働いている友人に聞くと、残業の場合は、通常の賃金に2割5分増しの手当をもらっているということです。私も、会社にその程度の手当を要求することができないものでしょうか。

A 労働基準法には、時間外労働、休日労働、深夜労働には、2割5分以上5割以下の範囲内で政令で定める率以上の率で計算した割増賃金を支払わなければならないと規定されています（37条1項）。その趣旨は、時間外労働などによる激しい疲労に対して、特別の報酬を与える反面、割増賃金を払わせることによって時間外労働などをなるべくさせまいとする狙いもあると解されます。

ご質問者のいわれる残業がこれらの時間外労働などに当たるときは、ご質問者の会社はそれに対して2割5分以上5割以下の割増賃金を支払う義務があるのであり、1割増の手当しか払わないのは明らかに違法です。したがって、ご質問者は、会社に対して2割5分以上5割以下の範囲内で政令の定める以上の率で計算された割増賃金を請求することができますし、会社がこれに応じないならば、労働基準監督署に訴えることも可能です（同法104条）。

時間外労働とは、労働基準法の定める労働時間、すなわち、8時間を超える時間の労働をいいます（同法32条2項参照）。また、休日労働とは、週休日における労働であり（同法36条）、そして、深夜労働とは、午後10時から午前5時までの間の労働のことです（同法37条4項）。

なお、割増賃金の基礎となる賃金には、家族手当、通勤手当、住宅手当、子女教育手当、別居手当等は算入されません（同法37条5項、労働基準法施行規則21条）。

Ⅷ—12

原料高などによって工場が休業となった場合の従業員の給料などへの影響〔労働基準法26条、民法536条2項〕

Q パン工場で、アンパンの製造を担当している職人ですが、最近、パンの原料

である小麦の値段が高くなった上に、原油高が重なって製パンが大変難しくなってきました。会社の幹部たちが、こんな状態では、しばらく工場を休まなければならないと話し合っています。しかし、工場が休みになったら、われわれ従業員はどうなるのでしょうか。無給にされるのか、解雇されたりするのか、非常に不安です。

A　労働基準法の26条には、「使用者の責に帰すべき事由による休業の場合においては、使用者は、休業期間中当該労働者に、その平均賃金の100分の60以上の手当を支払わなければならない」という規定があります。また、平均賃金については、12条１項に、「この法律で平均賃金とは、これを算定すべき事由の発生した日以前３箇月間にその労働者に対し支払われた賃金の総額を、その期間の総日数で除した金額をいう」と定められています。つまり、使用者の責めに帰すべき事由で休業したときは、使用者は、その休業開始の日から３か月前までの賃金を基礎として計算した賃金の６割以上を休業手当として労働者に支払わなければならないのです。

なお、民法536条２項には、「債権者の責めに帰すべき事由によって債務を履行することができなくなったときは、債務者は、反対給付を受ける権利を失わない」と規定されています。この規定は、使用者の責めに帰すべき事由による休業の場合の労働者にも当てはまります。使用者が債権者であり、労働者が債務者なのです。しかし、この規定にも、労働基準法26条の規定にも、「責に帰すべき事由によって」という言葉が使われていますが、それぞれの意味は違うとされています。すなわち、民法では、「債権者の故意・過失又は信義則上これと同視すべき事由」と解されているのに対して、労動基準法では、より広く、「使用者の経営上の障害も、天災事変など不可抗力によらない場合には含まれる」と理解されているのです。したがって、作業用の原材料の不足や配給機構の不調による資材の入手難などによる場合も、使用者の責めに帰すべき事由に当たることになります。ご質問の原料としての小麦の不足や原油の高騰による工場の休業も、使用者の責めに帰すべき事由によるものと解されるでしょう。つまり、労働基準法は、民法よりも広く、労働者を保護しようとしているのであり、ご質問者は、工場が休業になっても、平均賃金の６割の休業手当を受けることはできるわけです。

なお、労働基準法120条には、使用者が休業手当を支払わなかったときは、30万円以下の罰金に処すると規定され、また、114条には、休業手当を支払われなかった労働者が、２年以内に裁判所に訴えたときは、裁判所は、定められた手当金とともに、同一額の付加金の支払いを使用者に命ずることができると定められています。このように、労働者は、保護されているのです。

Ⅷ―13

会社からの退職金〔労働基準法89条３号の２〕

Q　私は今の会社で10年間働いているのですが、最近、上司とうまくいかなくなって、退社したらどうかと考えています。ところが、昨年、友人の社員が会社の都合で退社させられたのですが、退社後１年近くになるのにまだ退職金をもらっていないとのことです。また、２年前に先輩の社員が、同業の他の会社に転社したときも、会社から難癖をつけられて退職金は支払われなかったそうです。こんな例からしますと、私が退社しても、退職金を払ってもらえないのではないかとの不安に悩んでいます。どうしたらよいでしょうか。

A　会社を退職するとき、当然、退職金をもらえると考えている人が少なくないようですが、これは誤解です。国家公務員に対しては、「国家公務員退職手当法」という法律があり（昭和28年法律182号）、一定の条件の下に、退職手当を保障しているのですが、会社員については、このような法律はありません。

会社員への退職金は、わが国では、江戸時代の暖簾《のれん》分け制度に発したとも説明されていますが、それは、使用者から労働者に対して、任意的かつ恩恵的に支払われるのが一般であり、労働者側から使用者に対して、権利として要求し得るものではありませんでした。そして、今日も、このような建て前が原則的であるといってよいものと思われるのです。

しかし、退職金の支払いを労働協約や就業規則で定める企業が、次第に多くなってきています。そして、労働基準法は、常時10人以上の労働者を使用する使用者は、「退職手当の定めをする場合においては、適用される労働者の範囲、退職手当の決定、計算及び支払の方法並びに退職手当の支払の時期に関する事項」について、就業規則を作成し、行政官庁に届け出なければならないと規定しています（89条３号の２）。つまり、会社は、当然、退職手当を支払う義務はないのですが、常時10人以上の労働者を使用する会社において、退職手当を就業規則に規定する場合には、上に引用した諸点を明示しなければならないとしているのです。それ故、就業規則にこのような規定を有する会社では、社員は、それに応じて退職金を会社に請求する権利が認められるのです。

それ故、ご質問者が、退社した場合に会社から退職金を受け取ることができるかどうかについては、まず、会社の就業規則に退職金支払いについての規定があるかどうかを確かめられることです。そして、退職金支払いの規定がある場合には、ご質問者が退職される際に、就業規則の定める退職金支払いの要件が具備されるかどうかを検討することです。もしその要件が具備されていると解されるときは、ご質問者は、退職金を受け取ることができるわけです。

しかし、就業規則に規定がなくても、会社の慣行として退職金の支払いがなされていることもあります。その場合には、ご質問者の退社するにあたっての条件が、その慣行上の要件に合致するときは、退職金を受けられる可能性があるわけですから、そのような先例についても調べてみてください。

なお、同業種に転社した先輩社員が退職金の支払いを受けられなかった由ですが、自社の業務上の秘密を擁護するという見地から、同業種への転社の際には退職金を支払わない旨を就業規則に明示している例も少なくないようです。

いずれにしても、ご質問者は、会社の実情をよく調べて対処してください。

Ⅷ — 14

7年勤めた小会社をやめる時の退職金〔就業規則など〕

Q 7年勤めた会社を、思うところがあってやめることにしたのですが、退職金を全くもらえそうもないのです。小さな会社だから、大した額はもらえないだろうとは思っていたのですが、社長に交渉しても、「退職金を払うなんて就業規則のどこにも書いてない」と言います。そんなことは、入社の時には言われなかったし、日本の会社では退職金を払うのは一般的な慣習ではないですか。どうしたら退職金をもらえるでしょうか。

A 今日、大きな会社では、通常、労働協約、就業規則などに、退職者には退職金を支給することや、退職金の額を定める基準などが記載されています。そして、退職金の法律的な性格については、古くからあった「のれん分け」と同様に、会社への功労に対する報償金だとみる考えや、賃金の後払いだとする考えなどがあり、今日では、後払いの賃金だという考えが有力ですが、一面、功労報償金としての性格も残されているとみられます。例えば、リストラでやめるときは、高額の退職金を支払うとか、懲戒解雇の場合には退職金は出さないなどとされることには、報償金的な意味がうかがわれるのです。

ところで、このような退職金制度が就業規則などに定められている場合には、退職者は、その規定に従って会社に退職金を請求し得ることはいうまでもありません。

しかし、ご質問者の場合には、社長が「退職金を払うなんて就業規則のどこにも書いてない」と言われているように、退職金の定めは全くないわけですね。そして、実際にも、会社がこれまでの退職者に退職金を支払った前例がないとか、ごく稀に、とくに会社に大きな貢献をした社員だけに支払ったに過ぎないという場合には、ご質問者は、残念ながら、退職金の支給を受けるのは困難でしょう。

退職金は賃金の後払いだという考え方からすれば、これはおかしいともいうべきでしょうが、今日の社会には、まだこのような会社も見られるのです。

ただ、就業規則には定めがなくても、会社によっては、慣行としての退職金の制度が認められる場合もあります。それは、過去の退職社員の多くの人が、その賃金や勤続年数などを考慮した、それなりの退職金をもらっている事実があり、そのことが社員の間に知れ渡っているような場合です。

ご質問者は、就業規則の定めはなくても、会社にこのような慣行としての退職金制度があるかどうかを、経理関係者や従前の退職者などに尋ねて調べてみるべきです。

そして、もしそのような慣行としての退職金制度が認められるときは、その制度による退職金の支給を会社に請求することです。

会社が応じないときは、所轄の労働基準監督署に相談してみられること、そして、さらに、裁判所に、退職金支給の民事訴訟を提起することが考えられましょう。

Ⅷ—15

有給休暇の買上げを会社に求めることは許されるか〔労働基準法39条・115条〕

Q 会社勤務5年のOLです。私の会社では作業が非常に忙しく、有給休暇など取りにくいような雰囲気です。いっそのこと有給休暇は買上げにしてもらえたら有り難いと思います。会社に買上げを求めることはできないのでしょうか。

A 年次有給休暇制度は、労働者の健康で文化的な生活に役立てるために、労働者に対して、休日のほかに毎年一定日数の休暇を有給で与えるものであり、ヨーロッパではかなり早くから見られましたが（1936年にＩＬＯ条約がある）、わが国でも、それを参考にして、第二次大戦後に採用され、労働基準法39条に規定されました。この規定は、その後、労働者に有利な方向に改正されましたが、現在の規定によりますと、使用者は、雇い入れた日から数えて６か月間継続して勤務し、全労働日の８割以上出勤した労働者に対して10日の有給休暇を与えなければならない（39条１項）、また、１年６か月以上継続して勤務した労働者に対しては、雇い入れた日から数えて６か月を超えて継続勤務した日から継続勤務年数１年ごとに、１年では１日、２年では２日、３年では４日、４年では６日、５年では８日、６年以上は10日を加えた有給休暇を与えなければならない（同条２項）旨が、定められています。

この制度が設けられた趣旨からみて、有給休暇の買上げ、すなわち、使用者から労働者に対して、割増金などの手当を支給するから、有給休暇を請求せず、労働に従事してほしいと求めることも、また、労働者から使用者に対して、有給休暇を請求しないから、その分の手当を支給してほしいと求めることも、制度の本質に反するものとして許されないと解されます。なお、労働基準法119条には、この39条の規定に違反した者は、６か月以下の懲役又は30万円以下の罰金に処すると定められています。

ただ、有給休暇の買上げでも、労働基準法39条に違反しないとみられる場合もあります。

その第１は、使用者が労働基準法39条の定めている日数を超える有給休暇を定めている場合です。この場合には、その超える部分の有給休暇については、買上げが許されるでしょう。

第２は、時効でなくなる有給休暇についてです。労働基準法115条には、この法律の規定による賃金などの請求権は、２年間行われないときは時効によって消滅する、と定められていますが、有給休暇も、その発生の日から２年間取られなかった場合には時効消滅するわけです。その時効消滅の際に買上げを求めることは許されると解されます。

なお、第３に、労働者が退職するにあた

って、退職願を出した後、残日数を有給休暇に当てることを希望し、使用者にその買上げを求めることも許されると思われます。

しかし、これらの例外的場合は別として、有給休暇の買上げは、先に述べたように、労働者の身体の安全のために休養させるという制度の本旨に反するものであって許されないのです。ご質問の場合、会社の作業が忙しくても、それによって、社員である労働者が健康を損なっては困るわけですから、むしろ、作業と調和させての有給休暇をどのように実施するかについて、積極的に考慮すべきでしょう。

Ⅷ—16

会社の有給休暇〔労働基準法39条〕

Q 私の会社では、上司が厳しくて、有給休暇を取りにくく、困っています。先日、友人の結婚式に呼ばれ、久しぶりに郷里へ帰るので、7日間の有給休暇を申し出たのですが、上司から、会社は忙しいのだからと3日間にさせられました。こんなことは、許されるのでしょうか。

A 労働基準法39条には、年次有給休暇についての規定があります。使用者は、労働者に、通常の休暇とは別に、有給で、毎年、一定の日数の休暇を与えなければなりません。その日数は、労働者が雇われた日から６か月継続勤務し、全労働日の８割以上出勤したときは、10日（１項)。以後、継続勤務１年で１日、２年で２日、３年で４日、４年で６日、５年で８日、６年以上は10日が加算されます（２項)。なお、業務災害で休業した期間や法律に基づいて行われた育児休業、介護休業、産前産後の休業期間などは出勤したものとみなされます（８項)。

年次有給休暇は、労働者の心身の健康の管理や福祉厚生の保障などを考慮して設けられた制度であり、法律上、労働者の権利として認められたものであって、使用者が恩恵的に労働者に与えるものではありません。それ故、労働者が所定の日数の範囲内で、具体的な日を指定すれば、使用者は、その日を年次有給休暇の日として認めなければならないのです。ただ、使用者にも、使用者としての都合があります。労働基準法は、それを考慮して、使用者は、労働者から「請求された時季に有給休暇を与えることが事業の正常な運営を妨げる場合においては、他の時季にこれを与えることができる」と規定しています（５項)。「事業の正常な運営を妨げる場合」とは、例えば、年度末で会社の業務が集中している時とか、既に多数の社員の休暇希望が集中している時などがあげられましょう。このような場合には、使用者は、労働者の有給休暇の申し出を断わることができますが、その場合には、それに代わる他の時季に有給休暇を与えなければなりません。

それ故、ご質問者は、上司の方が厳しいからといって、労働基準法の認める範囲において、会社に有給休暇を求めることに格別遠慮する必要はないのです。

なお、労働基準法119条１項には、労働

基準法39条に違反した者は、６月以下の懲役又は30万円以下の罰金に処すると規定されています。したがって、会社の上司が社員の有給休暇の申し出を、ことさら不都合に拒否したような場合には、この犯罪に当たることもあり得ることも知っておく必要がありましょう。

Ⅷ－17

会社の秘密を同窓会で漏らしたことの責任〔労働基準法89条９号〕

Q 私の勤めている会社では、社員が社長派と専務派に分かれていて、よくいがみ合います。私はどちらの派でもありませんが、専務派から嫌われています。先日、大学の同窓会の宴会で、酔って会社での不満を旧友たちに話したのですが、そのことを伝え聞いた専務派の課長から呼びつけられて、「君は会社の秘密を外でバラしたそうだな。懲戒処分にするぞ」と怒鳴られました。同窓会でのあんな私語で懲戒処分になぞできるのでしょうか。

A 使用者と労働者とは、本来、法律上、平等の立場にあるのに、何故、使用者である会社は労働者である社員に対して懲戒処分を課することができるのか、という問題がありますが、就職するにあたって会社と労働契約を結ぶことによって、社員となった労働者は、会社の定める企業秩序に従う義務を負うことになり、その一環として懲戒処分に服さなければならないと解されるのです。そして、会社は社員に対する労働条件を定めた就業規則を作成して、行政官庁に届けておかなければなりませんが、その就業規則には、労働時間や賃金などの事項とともに制裁の種類及び程度も規定することができるとされています（労働基準法89条９号）。

それ故、会社が社員に対して懲戒処分を課するには、それを定めた就業規則がなければなりません。ご質問者は、同窓会のお酒の席での発言が会社の定めている就業規則に該当するかどうかを確認されることが必要です。もしそのような行為に対する就業規則の規定がないときは、もちろん、課長は、ご質問者に懲戒処分を課することはできません。

制裁規定がある場合には、おそらく、社員が会社外でしゃべったことなどが会社の営業にとって不利益を与えるときは制裁を課すると定められているものと思われます。しかし、そのような規定がある場合でも、ご質問者のように、同窓会の酒席での旧友たちに対する発言などはその規定には当たりにくいのではないでしょうか。例えば、会社の社員が、多数の無差別な社外の聴衆が集まっている席上で、大声で、会社の営業上の不利益を招く事柄を述べたような場合は、その規定に該当するでしょうが、ご質問者の場合は、同窓会という限られた参加者の酒席で、かねてから親しくしてきている少数の旧友だちに対して、会社での不満を話したのですから、それが会社の営業上不利益を招く事態とはいいにくいのが一般ではないでしょうか。こうして、制裁規定に該当する事態があったかどうかについては、厳正に判断することが必要なのですが、ご質問者の行為は、おそらくその規定に当たらないと思われるのです。

ただ、少数の旧友たちとの酒席であっても、会社に不利益な事実をぶちまけるなどは好ましいことではなく、ご質問者が課長から叱られたのはやむを得ないでしょうが、事情を詳しく説明してお詫びすることによって懲戒処分を受けるのは免れることができるでしょう。また、万一、公正とはいい難い判断によって懲戒処分を受けた場合には、その不当性を主張して、裁判所に救済を求めることも可能だと思います。

Ⅷ—18

会社の就業規則に違反して喫茶店でアルバイトをしたことの責任

Q ＯＬです。自宅近くの喫茶店によく行くのですが、先月末に立ち寄った時、店長から、「うちの店員が急病で入院しちゃったの。人手がなくて困っているんだけど、あなた夕方あいている時間だけでいいから手伝ってくれない？」と頼まれました。最近、会社では残業など全くなく、夕方はいつも６時頃までには帰宅できるので、ＯＫしました。半月余り毎晩６時から９時まで勤めたのですが、気が付くと、会社の就業規則に、「許可なくして他社での労働を禁止する。違反者には制裁を課する」と規定されているのでした。私の喫茶店でのアルバイトが会社にバレたら、私は会社をクビにされるのでしょうか。心配になりました。

A 労働基準法には、常時10人以上の労働者を使用する使用者は、労働の時間、賃金、退職その他労働者の会社での労働に関する諸事項についての就業規則を作成して、行政官庁に届け出なければならないと規定されています（89条）。その就業規則を作るにあたっては、その事業場に労働者の過半数で組織する労働組合があるときは、その労働組合の意見を聞き、ないときは労働者の過半数を代表する者の意見を聞いて、それを記して届け出なければならないとされ（90条）、行政官庁は、法令又は労働協約に抵触する就業規則の変更を命ずることができると定められています（92条）。それ故、就業規則は、労働者の立場をも十分に考慮した合理的な内容のものとされていると思われます。

就業規則で、従業員が会社の許可を受けずに、他の会社でアルバイトをすることを禁止すると定めている例は少なくないと思います。その趣旨は、従業員が自社での労働を、差し障りなく行うことができるように、勤務時間が終わった後はゆっくり休養して、次の労働に備えることを考慮しているといえましょう。それ故、他の会社でのアルバイトに制裁が課せられるのは、そのアルバイトによって、従業員が疲労して、会社での次の労働ができなくなるような場合であるか、そのアルバイトによって会社の企業秩序が乱される場合に限られるべきだと解されています（名古屋地判昭47・4・28）。

ところで、ご質問者は、近所の喫茶店で、半月余りの間、毎晩６時から９時までアルバイトをされたとしても、その後、十分に休息をとられれば、翌日、朝からの会社での仕事に悪影響が出るとは考えられませんし、喫茶店でのアルバイトが会社の企業秩序を乱すとはいえないでしょうから、それが会社に発覚しても、それほど重い制裁を受けることはないと思われます。解雇されるようなことは全くないでしょう。しかし、そのアルバイトをしていることは、就業規則に違反しているのですから、事情を話して会社の了解を得るか、そうでなければ速やかにやめられるのがよいと思われます。

Ⅷ—19

会社への賃金請求

Q 私の20歳の息子は、会社からバイト料２か月分18万円をもらえず困っています。何度か電話したり、請求に出掛けても、「今社長が不在なので払えない」などと言って、先延ばしされています。息子のバイト仲間が労働関係の役所に聞いたら、「保証書を書いてもらっておきなさい」と言われたとのこと、どこに何をお願いしたらよいのでしょうか。

A ご質問者の息子さんは、２か月分18万円のバイト料を会社から支払ってもらえず、請求しても会社は言い逃れをして支払いを先延ばしにしているとのこと、おそらく会社の経営状態が不良で、賃金を支払うお金がないのだと思われます。

賃金は、労働者にとって、生活を支える貴重なものです。労働基準法は、「労働の対償として使用者が労働者に支払うすべてのもの」を賃金といい（11条）、「賃金は、通貨で、直接労働者に、その全額を」「毎月１回以上、一定の期日を定めて支払わなければならない」とし（24条１項・２項）、違反者は30万円以下の罰金に処すると定めています（120条１号）。バイト料も、もちろん、賃金に当たりますから、会社が息子さんにバイト料を支払わずにいることは、この規定に違反するのです。

ただ、実際問題としては、会社の経営状態が悪化して賃金の支払いが困難であり、遅延する場合がありますが、それについては、事業主が賃金の支払いが遅延することのないように適切な措置をとったのに、その効果があがらなかったのであれば、事業主を処罰しない旨が定められているのです（121条）。ご質問者の息子さんのバイト先の会社の実情はわかりませんが、もし賃金支払いの遅延が会社側の怠慢によるときは、処罰されますが、適切な努力をしたのにどうにもならなかったのであれば罰せられないわけです。

次に、息子さんのバイト仲間が労働関係の役所に尋ねたら、「保証書を書いてもらっておきなさい」と言われたとのことですが、おそらく会社側に対して、「今は賃金の支払いを遅延せざるをえない事情にあるが、支払い可能の状態になったらすぐに支払います」という趣旨の証明書を作ってもらいなさいという趣旨ではないかと思われます。そのような証明書は、法律的には、それなりの意味が認められますが、すぐに賃金が受けられるものではありません。

なお、会社がバイト料を支払わないことは、民法上、債務不履行に当たりますから（民法415条参照）、息子さんは、会社に対して民事訴訟を提起して支払いを求めることができますが、勝訴しても、会社にお金がないのであれば、すぐにお金を受け取ることは困難だと思います。

また、場合によっては、会社が営業不振から破産するということもあり得ないではないでしょうが、その場合には、息子さんのバイト料は先取特権として（民法308条）、破産債権に優先して支払いを受けることができると思われます（破産法98条）。ただ、それには、かなり時間がかかるでしょう。

いずれにしても、息子さんがバイト料を受け取るには、会社側の経営状態が問題となるわけです。改善を期待するほかないと思います。

Ⅷ―20

会社の都合による自宅待機中の賃金〔民法536条２項、労働基準法26条〕

Q 建築労働者として建築会社の工事現場で働いているのですが、会社の発注ミスで建築資材が間に合わず、しばらく自宅待機をするようにと言われました。ところが、３週間たっても呼び出しが掛かりません。自宅待機中の賃金はどうなるのでしょうか。

A 民法536条２項には、「債権者の責めに帰すべき事由によって債務を履行することができなくなったときは、債務者は、反対給付を受ける権利を失わない」と規定されています。建築会社は債権者、労働者は債務者として労働契約を締結しているのですが、会社の発注ミスというその責めに帰すべき事由によって、建築資材が間に合わず、工事現場の作業という債務の履行ができなくなった場合には、債務者である労働者は、反対給付としての賃金を受ける権利を失わない、ということであり、ご質問者は、自宅待機中でも会社から賃金を支払ってもらうことができるのです。

また、労働基準法26条には、「使用者の責に帰すべき事由による休業の場合においては、使用者は、休業期間中当該労働者に、その平均賃金の100分の60以上の手当を支払わなければならない」と規定されています。この手当を休業手当と呼んでいます。そして、「使用者の責に帰すべき事由」とは、民法536条２項の場合よりも広く、使用者の帰責事由といえない経営上の障害も、天災事変などの不可抗力に該当しない限り、含まれると解されています。つまり、不可抗力以外の事由による休業の場合には、労働者の最低生活を保障する趣旨から、使用者である会社は休業手当を支払わなければならないとされているのです。ただ、その手当の額は、労働者の平均賃金の100分の60以上ということで、少なくとも平均賃金の６割は保障されるのです。なお、使用者がこの規定に違反したときは、30万円以下の罰金に処するという罰則があります（120条１号）。

こうして、ご質問者の自宅待機中の賃金については、民法と労働基準法との２つの法律によって競合的に保障されています

(最判昭62・7・17民集41巻5号1283頁参照)。もし会社が支払わない場合には、裁判所に訴えて請求することができます。

Ⅷ－21
世界的不況下で、経営の苦しい会社の社員に対するボーナス支給義務〔労働基準法15条1項・11条〕

Q 私の勤めている会社では、世界的不況の影響で作業量は激減、派遣社員を急速に減らすとともに正社員のリストラも勧誘しています。こんな状況では、今年のボーナスは出ないのではないかと社員仲間で心配しています。私は今年のボーナスで熱帯魚を買おうと計画しているので、もしボーナスが出ないと非常に困ります。会社にボーナスの支給を強く請求することはできないのでしょうか。

A 労働基準法15条1項には、「使用者は、労働契約の締結に際し、労働者に対して賃金、労働時間その他の労働条件を明示しなければならない」と規定され、また、11条には、「この法律で賃金とは、賃金、給料、手当、賞与その他名称の如何を問わず、労働の対償として使用者が労働者に支払うすべてのものをいう」と定められています。つまり、労働契約においては、労働者が使用者に対して一定の労働を提供することを、そして、使用者が、それに応じて賃金を労働者に支払うことを約束することが、その核心とされているのであり、賃金は労働の対価として支給されるものである以上、名称のいかんを問わないとされる趣旨でしょう。

ところで、ボーナスも、一般に、賞与とみられていますが、日本の社会では、既に賃金として扱われていると考えられます。つまり、ボーナスは、おおむね、年2回、決まった時期に支払われますが、それを会社から受け取った労働者は、例えば、住宅ローンの返済の重要部分に当てるとか、計画していた特別の買い物の代金とするなど、生涯の生活設計を立ててそれをまかなう費用とするなどの例が多く、一般の賃金、給料などとは別の年間所得と考えられています。

一般の賃金、給料については、労働契約、労働協約、就業規則などによって予めその支給条件が明らかに定められていますので、使用者には、それにもとづく支払義務があり、労働者にはそれを請求し、受領する権利が認められますが、賞与に関しては、労働協約、就業規則に定められている場合でも、その内容は極めて簡単であり、支給額については予め定められている例はほとんどありません。ただ、労働協約によって賞与が支給される多くの場合には、労働組合と会社との協議にもとづいて支給の基準が決定されるのが一般ですから、それにより、個々の労働者は労働協約にもとづく賞与を受け得ることになり、使用者は、これに対して、支払義務を負うことになるのです。

それ故、ご質問者の会社が世界的不況に巻き込まれて経営が苦しくなっていても、社員に対してのボーナス支給義務は否定されませんので、ご質問者など社員は、応分の額のボーナスを受けることができると思います。ただ、会社の経営が全くの危機状態にあり、人件費を減らさなければ存続し得ないと誰が見ても疑われないような、高度の必要性にもとづいた合理的な内容のものである場合には、労働者が同意しなくても、不利益変更が認められるというのが判例の立場です（最判平４・７・13労判630号６頁）。それ故、もし不安がおありならば、労働組合の担当者に頼んで会社の実情を詳しく調べてもらうのがよいでしょう。

Ⅷ―22

バス通勤を自転車通勤に変えた場合、通勤手当を返却しなければならないか〔労働基準法37条、所得税法９条１項５号〕

Q 私は、これまで、自宅から会社まで約６キロをバスで通勤し、会社から通勤手当を支給されてきました。ところが、３か月前から運動をすることが大事だと考えて自転車で通勤しているのですが、先日、会社の上司に見付かって、「君、自転車通勤をしているなら、通勤手当は要らないな」と言われました。３か月前からの通勤手当を返却しなければならないのでしょうか。なお、これからも、時々バスで通勤することもあると思うので、できれば通勤手当は今後も支給を受けたいのですが、それは許されないのでしょうか。

A 通勤手当は、労働者の通勤距離又は通勤のために実際に必要な費用によって算定され、支給される手当です。労働基準法上、賃金の一種ですが、一般の賃金とは違った性格を持っています。まず、使用者は、労働者に時間外労働又は休日労働をさせたときは、通常の労働に対する賃金の25％以上50％以下の率で計算した割増金を支払わなければならないのですが（労働基準法37条１項）、その計算の基礎となる通常の労働賃金額には、家族手当などとともに通勤手当は含まれないこととされています（同条５項）。また、所得税法には、給与所得のある通勤者について、その給与所得に対してはもちろん、所得税が課せられますが、給与に加えられている通勤手当には所得税を課さないと規定されています（所得税法９条１項５号）。

このように通勤手当は、一般の賃金とはかなり違った性格を有するのですが、それは、通勤手当が労働者が通勤するのに不可欠な経費であって、いわば労働者の最低限度の生活費に充てられるものと考えられているからだといえましょう。したがって、会社への通勤に必要なバス代を通勤手当として支給されている場合に、バスに乗らずに、つまり、バス代を使わずに歩いて通勤することや、自転車やオートバイで通勤することがあっても、バスによる通勤と実質的に余り違いがないとみられる限り、受け取った通勤手当を返す必要はないと思われます。そして、人には、時に、体調をくずしたとか、突然、急ぎの仕事が生じたなどのために、バス通勤をしなければならないという事態を生じることもあり得るのです。

それ故、ご質問者は、健康のために、３か月自転車通勤をした間の通勤手当を会社に返却する必要はありませんし、今後の通勤事情なども併せ考えて、通勤手当を支給され続けることも可能であると思われます。

もし上司から今後は支給はやめるといわれたときは、通勤手当のこのような性質を説明して納得していただくことです。

Ⅷ—23
現場監督が建築依頼者の感謝パーティーで転んで負傷した場合には、労災を受けられるか〔労働者災害補償保険法〕

Q 建築会社の現場監督です。3か月かかった工事が無事終了したので、依頼者が感謝のパーティーを開いてくださいました。すすめられるままについお酒を飲み過ぎて、料亭の廊下で転び、骨折してしまいました。パーティーでの怪我ですが、労災を受けることはできるでしょうか。

A 労働基準法の75条1項には、「労働者が業務上負傷し、又は疾病にかかった場合においては、使用者は、その費用で必要な療養を行い、又は必要な療養の費用を負担しなければならない」と規定されています。この趣旨を受けて設けられた労働者災害補償保険の制度は、業務上の事由又は通勤による労働者の負傷、疾病、障害、死亡等に対して、労働者及びその遺族に必要な保険給付を行って、それらの人たちの保護をはかることを目的としています（労働者災害補償保険法1条参照）。すなわち、業務災害に対する使用者の療養補償は、実際上、この保険制度によって行われるのです。

ところで、業務災害として、「労働者の業務上の負傷、疾病、障害、死亡等」があげられていますが、その「業務上」の意味については、①業務遂行性と②業務起因性が必要だと解されています。「業務遂行性」とは、その負傷などが、「労働者が事業主の支配ないし管理の下にある中で」生じたものであることを要するという意味であり、また、「業務起因性」とは、労働者の負傷などが、その業務から生じたこと、すなわち、業務との間に因果関係のあることが必要であるとされているのです。

さて、ご質問者の建築会社の現場監督としての仕事は、事業主である会社社長の事務所内で、直接社長の指揮、監督の下で行われるものでないにしても、会社の現実的な支配の及んでいる建築作業現場で作業員たちを指揮・監督することは、事業主である社長の命令によってなされているのですから、「業務遂行性」が認められることは明らかです。

では、問題の工事依頼者が開いてくれた感謝のパーティーはどうかということですが、これも依頼者と事業主とをつなぐ業務の一環として行われたものですから、それに出席することも、広くみて、やはり、「業務遂行性」の範囲内にあるといえましょう。そして、ご質問者が、料亭の廊下で転んで骨折したことは、このパーティーでの飲酒の結果なのですから、「業務起因性」が認められると解されます。

こうして、ご質問者の骨折は、労働者災害補償保険法の「業務上の負傷」であるといえるのであり、療養補償の給付を受けることができましょう（同法13条）。なお、疑問があるときは、労働基準監督署にご相談になるのがよいと思います。

Ⅷ — 24

労働者の通勤による負傷に対する労災保険での治療費の支払い〔労働者災害補償保険法〕

Q　サラリーマンですが、自宅から会社まで約１キロの道を運動を兼ねて歩いて通勤しています。先日の夕方、会社からの帰り道でのどが渇いたので、道路脇のスーパーの前にあった自販機で缶ジュースを買おうとしていると、通りがかった自転車に後ろからひどくぶつけられ、腰に全治２週間の怪我をしてしまいました。治療費を労災で払ってもらえないでしょうか。

A　「労災」とは、「労働者災害補償保険」の略語であって、「労災保険」ともいいます。労働基準法の75条１項には、「労働者が業務上負傷し、又は疾病にかかった場合においては、使用者は、その費用で必要な療養を行い、又は必要な療養の費用を負担しなければならない」と規定されていますが、これを受けて、「労働者災害補償保険法」（昭和22年法律50号）が制定されており、「業務上の事由又は通勤による労働者の負傷、疾病、障害、死亡等に対して、迅速かつ公正な保護をするため、必要な保険給付を行」うことなどを目的としています（同法１条）。

そして、この法律における「通勤」とは、労働者が就業にあたって、住居と就業の場所との間を合理的な経路及び方法によって往復移動することをいいますので（７条２項）、移動の際に、ふだん通る道を全く離れてしまったり、移動を中止してしまった場合などは、通勤には当たらないとみられます。ただ、ふだん通行する道を離れた場合でも、労働者が「日常生活上必要な行為であって厚生労働省令で定めるものをやむを得ない事由により行うための最小限度のものである場合」には、それも通勤に含めてよいとされているのです（７条３項ただし書）。具体的には、どんな行為がそれに当たるかといいますと、例えば、①日用品を購入するために付近のマーケットに立ち寄ったとか、②職業能力を高める教育訓練を受けるために夜間学校に行ったとか、③診察や治療を受けるために病院に立ち寄った場合などは、それらも通勤に含まれるというのです（労災保険法施行規則８条）。

それ故、ご質問者が、自宅と会社との間を歩いて通われる行為は、もちろん、この法律にいう「通勤」にほかなりませんし、その途中で、のどが渇いたので、道路脇のスーパーの前にあった自販機で、缶ジュースを買う行為も、「通勤」に含まれます。そして、その時、自転車で、後ろからぶつけられて怪我をしたのですから、通勤中の労働者の負傷であって、労働者災害補償保険の給付を受けることができます。

保険給付の内容には、いろいろありますが、ご質問者の場合には、療養補償の給付であり、①診察費、②薬剤費、③治療費、④自宅療養費、⑤入院費、⑥移送費が定められています（22条２項・13条）。実際に要した費用を保険の係員に請求されるとよいでしょう。

なお、自転車をぶつけた人に対しても、不法行為による損害賠償を請求することができましょう（民法709条）。

Ⅷ－25

若い男が駅の階段から通行人を突き落として重傷を負わせて逃亡し、不明の場合、重傷者の治療費の負担は誰がするか〔労働者災害補償保険法〕

Q　夫は、自宅近くの駅から市の中心地にある会社まで地下鉄で通勤しています。先日、会社からの帰途、会社近くの地下鉄の駅の階段を降りていたところ、後ろから駆け降りて来た若い男に突き飛ばされて転倒し、階段を転げ落ちて右腕と右足を骨折し、全治３か月の重傷を負いました。ところが、ぶつかった若い男は、そのまま階段を走り降りて、丁度ホームに入って来た電車に乗車して逃げ去ってしまい、誰だかわかりません。警察に依頼して探してもらっているのですが、まだ見付かりません。この人が見付からない限り、夫の入院費などは自己負担しなければならないのでしょうか。

A　大変けしからぬお話ですね。ご質問者のご主人に突き当たった若い男は、多分非常に急いでいたのでしょうが、階段を降りているご主人を突き飛ばしながら、ご主人の安否を確かめもせず、転倒して重傷を負われたご主人を助けようともせずに、ホームに到着した電車に乗り込んで逃げてしまうとは、とても人間の行為とは思われません。

この男の行為は、刑法の傷害罪（204条、刑は、15年以下の懲役又は50万円以下の罰金）に当たりましょう。ただ、万一その男が精神面などで非常に困苦した立場にあり、どうしても地下鉄に急いで乗って目的地へ行かなければならないという状況下で、地下鉄の駅の階段を走り下っていた間にうっかりしてご主人に触れ、転倒させてしまったという極めて稀な事態における事故であった場合には、過失傷害罪（209条、刑は、30万円以下の罰金又は科料）又は重過失傷害罪（211条１項後段、刑は、５年以下の懲役若しくは禁錮又は100万円以下の罰金）となることもありましょう。

また、この男の行為は、民法709条の不法行為となり、ご主人の権利、利益を侵害して生じさせた損害を賠償しなければなりません。入院費なども当然支払わなければならないでしょう。

ただ、この男が逃げてしまってどこの誰ともわからない以上、具体的な損害賠償を請求することは不可能です。警察が早く見付けてくれることを期待します。

しかし、ご主人の負傷は、労働者災害補償保険法の「通勤災害」に当たりますので、労災保険の給付を受けることができると思われます。

労働者災害補償保険法（昭和22年法律50号）は、労働者が、業務上の事由又は通勤により負傷し、疾病となり、死亡するなどした場合に必要な保険給付を行い、併せて負傷した労働者の社会復帰の促進をはかることなどを目的としています（１条）。そして、通勤災害の場合の「通勤」とは、労働者が就業にあたり、住居と就業の場所との間を合理的な経路、方法によって往復することをいう（７条２項）とされていますから、ご質問者のご主人の場合は、まさしく通勤の経路である駅の階段で遭われた災害であって、通勤災害（7条1項2号参照）に当たることには問題がないでしょう。

通勤災害に関する保険給付には、療養給付、休業給付、障害給付などがあります（21条)。「療養給付」は、負傷した人の治療費、入院費などを支払うものであり（22条)、「休業給付」とは、療養のため賃金を受けられない場合に支払われるものであり（22条の2)、また、「障害給付」は、療養後、身体障害が残った場合に支払われるものです（22条の3)。いずれも、労働者からの請求により、会社から支払われることになります。

詳しい手続などについては、会社の係の方にお尋ねになるのがよいでしょう。

IX その他の諸法

「千の風になって」を歌う（第７回リサイタル・平成19年９月愛知県芸術劇場大ホール）

1. 憲　　法

Ⅸ－1

喫茶店でケーキを女性にだけ2割引きで売るのは憲法違反ではないか〔日本国憲法14条1項〕

Q サッカーの試合が終わって親しい友人と二人で喫茶店に行きました。おいしそうなショートケーキがあったので注文したのですが、見ると値段の掲示の傍に、「女性の方には2割引き」と書いてあるではないですか。法律好きの友人は怒って、「男女平等を定めた憲法に違反するのではないか。文句を言ってやろうか」と言いましたが、「やめておけよ」と止めました。しかし、後で考えてみると、やはりおかしい感じがします。こんな喫茶店のやり方は違法ではないのでしょうか。

A ご質問のように、日本国憲法には、男女の平等を定めた規定があります。すなわち、14条1項には、「すべて国民は、法の下に平等であって、人種、信条、性別、社会的身分又は門地により、政治的、経済的又は社会的関係において、差別されない」と定められていますし、また、24条には、婚姻は、夫婦が基本的に同等の権利を有することを基本としなければならず、婚姻に関する法律は、両性の実質的平等に立脚して制定されなければならない、とされていますし、さらに、44条には、両議院の議員及びその選挙人の資格については、性別による差別をしてはならない、との規定もあります。

これは、明治時代に制定された旧憲法の下で、女性が種々の法制度上、男性よりも不利益に扱われていたのと全く異なる日本国憲法の立場です。例えば、旧憲法では、選挙権は男性のみに認められ、女性にはありませんでしたし、民法上、妻は無能力者とされていたのでした。

これに対して、日本国憲法下では、憲法以外の法律でも、男女の平等を明言しているものが少なくありません。例えば、民法2条には、「この法律は、個人の尊厳と両性の本質的平等を旨として、解釈しなければならない」と規定され、家事審判法1条には、「この法律は、個人の尊厳と両性の本質的平等を基本として、家庭の平和と健全な親族共同生活の維持を図ることを目的とする」と定められ、また、労働基準法4条には、「使用者は、労働者が女性であることを理由として、賃金について、男性と差別的取扱いをしてはならない」と規定されているなどです。

しかし、あらゆる事態について、男女を完全に同等に取り扱うことは困難です。例えば、労働基準法64条の2以下には、妊産婦に対して坑内労働その他肉体的に危険な業務に就かせることが禁ぜられ、また、出産の前後一定期間には女性を就業させてはならないとされ、さらに、生後満1年に達しない生児を育てる女性には育児時間を与えなければならないとされるなど、男性とは違った労働条件が定められています。そして、このような男女の差別は、本来、合理性を有するのであって、憲法の示す原則に反するものとはいえないのです。

つまり、男女は、社会生活上、本来、平等に扱われなければならないが、体質の相違等の合理的な理由から、不平等な取扱いをすることに合理性が認められる場合もあるのです。例えば、地下鉄で、混雑する通勤時間に婦人専用車を設けている都市がありますが、それは、満員の車両間での過ごし方について、体力不足の女性を保護するとともに、女性に対する性的犯罪を防止しようとする意味をもつといえましょう。そして、このような措置を男女の平等に反するという声はないと思います。

そうしますと、多少の余裕をもった考えをしますと、喫茶店で、女性のお客さんが少ないのを、少しでも増やしたいという営業上の気持から、女性に対してはケーキの代金を２割引きにするという程度の行為は、必ずしも憲法違反とまではいえないのではないでしょうか。

2. 公務員法

Ⅸ—2

公務員の懲戒処分〔国家公務員法82条１項、地方公務員法29条１項〕

Q 公務員が不祥事を起こしたときに懲戒免職などの処分が行われますが、懲戒処分の中に、「戒告」、「訓戒」、「訓告」などもあると聞きました。上司から叱られるだけのもののような印象を受けるのですが、実際には、どんなものなのでしょうか。

A 公務員による不祥事がよく問題になりますが、国家公務員法（昭和22年法律120号）の82条１項に、国家公務員たる職員が、①国家公務員法、国家公務員倫理法（平成11年法律119号）又はこれらの法律に基づく命令に違反した場合、②職務上の義務に違反し、又は職務を怠った場合、③国民全体の奉仕者たるにふさわしくない非行のあった場合には、これに対して、懲戒処分として、免職、停職、減給又は戒告の処分をすることができると規定されています。

また、地方公務員法（昭和25年法律261号）29条１項にも、地方公務員に対するものとして、同様な規定が設けられています。

それ故、公務員に対する懲戒処分としては、免職、停職、減給、戒告の４種類のものがあるわけです。その中で、一番重い懲戒処分である「免職」とは、公務員としての職をやめさせることであり、それに次ぐ「停職」とは、公務員としての身分は保有させながら、１日以上１年以下の期間（人事院規則（12−０）２条）、その職に従事させないことです。その期間中は、給料は支給しないのが原則です（国公法83条）。それから、「減給」とは、俸給の支給額を国家公務員については、１年以下の期間、俸給月額の５分の１以下に相当する額を給与から減らすことです（人事院規則（12－０）３条）。例えば、俸給の10分の１を３か月間減らすというように行われます。地方公務員については、法律に特別の定めがある場合を除くのほか、条例で定めなければならないとされています（地公法29条４項）。

ところで、ご質問の「戒告」とは、公務員本人の責任を確認してその将来を戒めるものであり、一番軽い懲戒処分です。ご質問に述べられているように、「叱り置く」ということでしょう。

なお、ご質問の「訓告」「訓戒」は、「厳重注意」などともいわれますが、懲戒処分には当たらない軽い注意処分です。つまり、公務員に義務違反行為はあったが、その程度が懲戒処分としての「戒告」にも相当しない程度であると認められるときに、違反者の責任を確かめ、将来を戒める処分であるといえましょう。上司からの指導措置であり、法律的根拠はなく、法的効果もないのです。つまり、懲戒処分を受けた場合には、その公務員の将来的な進級や昇給などについて影響がみられることがあるのですが、「訓告」「訓戒」には、そこまでの効果は認められないわけです。

なお、懲戒処分を受けた公務員は、人事院に対してのみ行政不服審査法（昭和37年法律160号）による不服申立てをすることができます（国公法90条、地公法49条の２）。公務員に対する懲戒処分は、公正に行われることが求められているのです（国公法74条１項、地公法27条１項）。

Ⅸ—3

公務員（市役所職員）の守秘義務〔地方公務員法34条１項〕

Q 38歳の主婦です。近くに住んでいる市役所の職員が口が軽いのか、私が印鑑証明を取りにきたとか、何かの取引に使っているらしいなどとペラペラしゃべっていると近所の人から聞きました。こんな個人のプライバシーを他人に話すことは許せません。市役所に苦情の電話をしたのですが、「本人に聞いたが、そんなことは言っていない」と取り上げてくれません。どうしたらよいのでしょうか。

A ご質問の市役所の職員は、地方公務員ですが、地方公務員法34条１項には、「職員は、職務上知り得た秘密を漏らしてはならない。その職を退いた後も、また、同様とする」と規定されており、その違反者に対しては、「１年以下の懲役又は３万円以下の罰金に処する」と定められ（60条２号）、また、「懲戒処分として戒告、減給、停職又は免職の処分をすることができる」とされています（29条１項）。

このように、地方公務員が職務上知り得た秘密を漏示することが禁止されている理由としては、秘密の漏示によって行政権の行使としての地方公共団体の公正な活動に支障が来たされるのを防止するとともに、関係した個人のプライバシーを保護しようとすることがあげられましょう。

ご質問の印鑑証明を取る行為は、通常、

その証明を必要とする一定の重要な法律行為がなされることを予想させるところから、個人として、あまり他人に知られたくないプライバシーであり、したがって、職務上その事実を知った市の職員から、「誰さんが印鑑証明書を取りにきたよ」などと他人にしゃべることは、秘密を漏らしたことになるでしょう。そして、「何かの取引に使っているらしい」などと付け加えることは、さらに強く秘密を漏らすことであると思われます。

ところで、地方公務員の秘密漏示行為に対しては、先に述べたように、地方公務員法の定める制裁として、刑罰と懲戒処分がありますが、ご質問者はどちらの制裁も求めることができましょう。その職員の処罰を求めるには、犯罪捜査機関である警察官又は検察官に告訴することです。また、懲戒処分を求めるには、懲戒権を有する市長などに対して懲戒処分を申し立てることが必要です。

ご質問者は、市役所にその職員に対しての苦情の電話をかけたが、本人はそんなことは言っていないと取り上げられなかったそうですが、告訴も懲戒の申立ても、その職員に対する制裁を求める行為なのですから、慎重に、かつ、できるだけしっかりした証拠をあげて行うべきでしょう。

もし市の職員が職務上知り得た秘密をペラペラしゃべって漏らしているのをご質問者自身が聞かれたのであれば、その事実を自ら証言すること、他人から聞いたのであれば、その人に証人になって証言していただくことなどが必要でしょう。告訴状や懲戒申立書を提出する場合にも、そのような証人の証言によって事実を証明し得ることを書き添えることが望ましいと思います。

3.　国家賠償法

Ⅸ—4

犯人と誤認して逮捕し、飛びかかって負傷させた警察官に損害賠償を請求し得るか〔国家賠償法1条1項〕

Q 友人のA君から相談を受けて困っています。A君が公園を歩いていると、背広服の男から、「Bさんだね」と声をかけられたので、「違います」と答えますと、「私は警察官だ。君に傷害致死罪で逮捕状が出ているよ」と言われたので、びっくりして逃げ出しますと、その男が追いかけてきて、後から飛びかかったので、A君は転んで手足にすり傷ができました。その男は、A君に手錠をかけて警察署に連行し、厳しい取調べをしたのですが、A君はほとんど黙否を続け、数時間後に、別の警察官からBを逮捕したとの連絡があったため、A君は釈放されたとのことです。A君は、誤認逮捕と転んで手足にすり傷を負ったことについて、その警察官に損害賠償を請求したいというのですが、できるでしょうか。

A 国家賠償法（昭和22年法律125号）には、「国又は公共団体の公権力の行使に当る公務員が、その職務を行うについて、故意又は過失によって違法に他人に損害を加えたときは、国又は公共団体が、これを賠償する責に任ずる」と規定されています（1条1項)。ご質問の警察官は地方公務員であり、犯人の逮捕という公権力の行使にあたってＡさんを誤認逮捕し、また、手足に傷を負わせたのですから、その行為が「故意又は過失によって違法に」行われたのであれば、Ａさんは、この規定によって、その警察官の所属する都道府県に対して損害賠償を請求することができます。しかし、警察官個人に対しては、損害賠償を請求することはできません。これは、最高裁の判例も認めるところです（最判昭30・4・19民集9巻5号934頁、最判昭53・10・20民集32巻7号1367頁)。ただ、警察官に故意又は重大な過失があったときは、国又は公共団体は、その警察官に対して求償権を有するとされています（国家賠償法1条2項)。

ところで、その警察官のＡさんに対する行為には、故意があったとはいえませんから、過失があったかどうかが問題となります。そして、Ｂに傷害致死の被疑者として逮捕状が出ていたことは、Ｂの犯行について十分疑われる事情のあったことがうかがわれます。また、Ｂの逮捕に向かっていたその警察官は、写真などの資料でＢの顔つきや身長、住所などは知っていたとみられます。その警察官が、ＡさんをＢと誤認したことには、ＡさんがＢと顔つきや身長などが似ていたとか、Ｂの住居がその公園の近くであったなどの事情があったと考えられます。もしそうとすれば、ＡさんをＢと誤認しても、その警察官には過失があったとまではいえないでしょう。事前にＤＮＡを確認して犯人を逮捕することなどはできるものではないからです。また、警察官がＡさんを追いかけて後から飛びかかったことも、逮捕のためにやむを得なかったとみられるときは、過失があったとはいい難いと思います。それ故、具体的には断定し得ない面もありますが、一般には、その警察官に過失があったとまでは考え難く、したがって、Ａさんは都道府県に対して損害賠償を求めることも困難ではないでしょうか。

Ａさんとしては、犯人だと疑われても、犯罪をやっていない以上、逃げ出したりせずに、警察官に自分がＢでないことをよく説明すべきでしたし、警察に連行された後も、黙否を続けたりせず、はっきりと自分の犯行でないことを主張することが必要だったと思います。刑事訴訟法は、疑わしいだけでは処罰できないという建て前をとっていますので、恐れずに正当な行為についての主張をするべきです。

4.　民生委員法

Ⅸ－5

民生委員の不適任者の解任〔民生委員法11条1項〕

Q　私の住んでいる町の地区の民生委員Aさんのことで困っています。Aさんは、普通には推薦できめられる民生委員に、立候補してなった方ですが、積極的に民生委員として活動してくださるならよいのですが、「民生委員だ」と言って勝手に人の家へ上がり込んで飲み食いしたり、知り得た情報を井戸端会議で漏らしたりして、地区の住人からの不平や苦情をよく耳にします。こんなAさんは、全く地区のためになっているとは思われません。早く辞めていただきたいのですが、厚生労働大臣から委任を受けた名誉な仕事なので、簡単には辞めさせることはできないとも聞きます。どうしたらよいのでしょうか。

A　民生委員に関しては、民生委員法があります（昭和23年法律198号）。この法律の1条には、「民生委員は、社会奉仕の精神をもつて、常に住民の立場に立つて相談に応じ、及び必要な援助を行い、もつて社会福祉の増進に努めるものとする」とその任務一般について定めているとともに、2条には、「民生委員は、常に、人格識見の向上と、その職務を行う上に必要な知識及び技術の修得に努めなければならない」と人格識見の陶冶の必要が示されています。

民生委員は、都道府県知事の推薦によって厚生労働大臣が委嘱するのですが（5条1項)、都道府県知事の推薦は、市町村の民生委員推薦会の推薦した者について、都道府県の地方社会福祉審議会の意見を聴いて行われるのです（5条2項)。そして、民生委員推薦会が民生委員を推挙するにあたっては、当該市町村議会の議員の選挙権を有する者のうち、人格識見高く、広く社会の実情に通じ、かつ、社会福祉の増進に熱意のある者であって児童福祉法の児童委員としても、適当である者について、行わなければならないとされています（6条1項)。

このようにして選ばれ、委嘱された民生委員は、人格も立派で、社会のために活動してくださる人であるべきですが、現実的には、民生委員にふさわしくない人もないではありません。民生委員法には、次のいずれかに該当する場合には、厚生労働大臣は、都道府県知事の具申に基づいて、民生委員を解嘱することができるとされています（11条1項)。すなわち、①職務の遂行に支障があり、又はこれに堪えない場合、②職務を怠り、又は職務上の義務に違反した場合、③民生委員たるにふさわしくない非行のあった場合、がそれです。

さて、ご質問のAさんですが、このよう

な民生委員法の規定からしますと、とても民生委員に適したお人柄ではありませんね。Ａさんが民生委員として知り得た情報を井戸端会議で漏らしたことが、職務遂行にあたって知り得た人の秘密を漏らしたのであれば、明らかに「職務上の義務違反」ですし、また、勝手に人の家へ上がり込んで飲み食いすることは、「民生委員たるにふさわしくない非行」に当たるといえましょう。このような人柄のＡさんが、民生委員であることは、地域の住民にとって大変迷惑なことですね。

それ故、ご質問者は、このようなＡさんの民生委員として不適切な行状を、できるだけ正確にかつ詳細に指摘して、都道府県知事に対して、Ａさんを民生委員から解嘱することを厚生労働大臣に具申されるように申請されるのがよいでしょう。

そして、Ａさんに対する不平や苦情がよく耳に入ってくるとのことですが、ご質問者と同様に、Ａさんの民生委員解嘱を希望する地域住民の方々がおられるときは、それらの方々の賛成、協力を求められ、共同して知事に申請することがより効果的であると思われます。

5．統 計 法

Ⅸ－6

国勢調査の秘密漏泄〔統計法58条〕

Q 久しぶりの国勢調査で、私の住んでいる団地では、調査員が毎日のようにあっちこっちの住宅で調査をしています。調査の内容には、個人のプライバシーに関するものもあるようですが、調査員がそれを漏らした場合には、どのように処罰されるのでしょうか。

A 国勢調査に関しては、統計法（平成19年法律53号）という法律に定められています。この法律では、公的統計が国民にとって合理的な意思決定を行うための基盤となる重要な情報であるところから、その統計の作成及び提供の基本となる事項を定めて国民生活の健全な発展・向上に寄与することが目的とされているのです（１条参照）。

そして、公的統計は、国勢調査に限らず、地方公共団体等で広く行われますが、その基幹となる統計の作成のために行われるのが国勢調査なのです。総務大臣は、本邦に居住している者として政令で定める者について、人及び世帯に関する全数調査を行い、これに基づく統計、すなわち、国勢統計を作成しなければならず、それについての全数調査、すなわち、国勢調査を10年ごとに行って国勢統計を作成し、また、その国勢調査を行った年から５年目に当たる年には、簡易な方法での国勢調査を行い、国勢統計を作成することを要するのです（５条）。

そして、行政機関の長は、国勢調査によって国勢統計を作成したときは、政令で定める事項について、インターネットの利用等の適切な方法によって公表しなければなりませんが（8条）、その統計の作成業務に従事する者又は従事していた者が、統計をその公表期日以前に他に漏らし、又は盗用したときは、1年以下の懲役又は100万円以下の罰金に処せられるのです（58条）。

6．法律用語の意味等

Ⅸ—7

「署名」の法律的意味〔遺言書、為替手形、地方自治法、公職選挙法〕

Q　「署名」は、法律的にどんな意味があるのでしょうか。よく街頭で署名運動があり、署名に協力してくださいと呼びかけられたりするのですが、署名が集められるとどのような効果があるのですか。

A　署名には、法律上、非常に重要な意味をもつ場合もありますが、全く意味のないこともあります。

署名とは、自分の名前を自分が書くことですが、誰にも書き癖があるので、その署名は誰のものか、筆跡の鑑定によってわかります。したがって、文書に署名のあるときは、その文書は誰が書いたものかを証明することができるのです。

それ故、とくに法律上誰が作ったものかが重要な意味をもつ文書については、署名が必要であるとされています。例えば、民法968条以下には、遺言書には、原則として、遺言者が署名し、かつ、押印することを要する旨が規定されています。署名と押印が必要なのです。

外国でも、文書の作成上、署名が重視されていますが、押印の習慣は見られないのが一般です。しかし、日本では、日常生活上は、署名よりも、むしろ、押印の方が重んぜられることが多いといえましょう。法律にも、例えば、手形法には、為替手形の要件として、「手形ヲ振出ス者（振出人）ノ署名」をあげておきながら（1条）、同時に、「本法ニ於テ署名トアルハ記名捺印ヲ含ム」と規定されているのです（82条）。記名とは、ゴム印を押すなどの方法で、氏名を記すことをいいます。

なお、法律に格別の規定のない場合には、署名も、また、記名・押印がなくても、誰が作成したかが明らかな文書であれば、その効力が認められないではありません。

次に、署名運動は、一般に、特定の主張や意見について多数の人々の賛成を求める運動であり、民衆の考えをまとめてある運動や意向を援助するという社会的効果は、それなりに認められるでしょうが、法律的には、残念ながら格別の効果はないのが一般です。

しかし、法律が規定している署名運動は、

法律的効果をもちます。地方自治法は、地域住民の直接的な参政を認めようとする観点から、「直接請求」についての規定を設けており（第２編第５章）、普通地方公共団体、すなわち、都道府県や市町村の議員及び長の選挙権者は、総数の50分の１以上の者の連署をもって、その代表者から、普通地方公共団体の長に対して、条例の制定又は改廃の請求をすることができ（74条１項）、また、普通地方公共団体の監査委員に対し、普通地方公共団体の事務の執行に関して、監査の請求をすることができるとする（75条１項）とともに、選挙権者の総数の３分の１以上の者の連署をもって、当該普通地方公共団体の議会の解散を請求することができ（76条１項）、当該選挙区に属する普通地方公共団体の議会の議員の解職を請求することができ（80条１項）、普通地方公共団体の長の解職を請求することができ（81条１項）、また、副知事もしくは副市町村長、選挙管理委員もしくは監査委員、公安委員会の委員の解職を請求することができる（86条１項）と定めています。そして、このような請求があったときは、責任者は、それに対する対応として請求要旨の公表、必要な審議その他の措置をとらなければならず、その結果として、所定の要件が満たされれば、請求が実現されるのです。

なお、公職選挙法には、選挙にあたって、被選挙人を当選させ又は落選させるための署名運動を禁止する規定があります（138条の２、違反者は、１年以下の禁錮又は30万円以下の罰金に処せられます。239条１項４号）。

このように、集団的署名に重要な法律効果を認めている法律もあるのです。

Ⅸ — 8

借用書の欄外に「捨て印」を押すことの法的意味

Q 先日銀行からお金を借りたのですが、その時、銀行員から、「借用書の欄外に捨て印を押してください」と言われて、署名の下に押印したこととは別に、何も書かれていない文書の欄外にも押印しました。この印には、法律上どんな意味があるのでしょうか。

A 「捨て印」とは、証書などの文書に、訂正されることを予期してあらかじめ欄外に押しておく印のことをいいます（『広辞苑』（６版）1508頁）。

証書などの文書には、あらかじめ記載されていた事項についての記述を変更したり、新しい事項を書き加えたりする必要を生じることも少なくありません。その場合には、文書中の一部分を修正し、削除して書き替え、また、新事項を追加することなどが行われることになりますが、文書の有効性を確保するためには、それぞれについて、文書作成者による訂正印が押捺されなければなりません。

しかし、ご質問者が作成して銀行に渡している金銭借用証書などは、内容の記述を修正する必要が生じたときは、ご質問者は、そのつど銀行に出かけて、担当の銀行員から示された借用証書に修正を加えた上、各事項ごとに訂正印を押さなければならないわけです。これは、忙しい仕事を持っている人たちには、大変わずらわしいことでしょう。

ところで、借用証書の欄外に捨て印を押しておきますと、借用証書に訂正の必要が生じた場合には、銀行と金銭借用者との間で、電話や文書などで連絡をとり、合意が得られたときは、証書を預っている銀行がその合意のとおりに借用証書の内容に変更を加えても、捨て印があることによっていちいち訂正印を押さなくてもよいことになるのです。

捨て印には、このように証書を修正する上での便宜がありますので、銀行も、そのことを考慮して、ご質問者に借用証書に捨て印を押すことを求めたものといえましょう。

それでは、ご質問者は、そのような銀行の求めに対して、「捨て印は押しません。借用証書を訂正する必要が生じたときは、そのつどおうかがいして訂正印を押させていただきます」と言って求めに応じないことができるでしょうか。法的には、もちろん可能です。銀行側は、ご質問者が訂正のつど出頭することの煩わしさを避け、お客様の便宜を図ろうとしたものとみられるからです。

なお、信頼できない相手方との間で作成する文書には、捨て印は押さないように心がけるべきです。その文書をどのように変更して使われるかわからず、場合によって、多大な損害を受けることもあり得るからです。

Ⅸ—9

「収入印紙」の法律的意味〔印紙をもつてする歳入金納付に関する法律など〕

Q　収入印紙というのは、何のためにあるのですか。先日、市役所へ用事で行ったとき、係員から、書類を示されて、「収入印紙をあの窓口で買って、ここに貼ってください」と言われました。その窓口で必要な経費をお金で取ればいいのにと思ったのですが、何で収入印紙を買って書類に貼らなければならないのですか。

A　ご質問者は、市役所の窓口で収入印紙を購入されたので、ご存じでしょうが、収入印紙は、ちょうど、郵便切手ぐらいの大きさで、一定の金額が印刷されており、日本政府の発行ということが示されています。

そして、「印紙をもつてする歳入金納付に関する法律」（昭和23年法律142号）があって、各省各庁の長の定める国に納付する手数料、罰金、科料、過料、刑事追徴金、訴訟費用、非訟事件の費用、少年法31条1項の規定により徴収する費用、法定の租税その他の歳入金を納入するときは、収入印紙を用いなければならない、と規定されています。

また、同法３条に、収入印紙は、政府が発行して郵便局、郵便切手販売所、印紙売りさばき所で売り渡されることが定められています。

租税についての具体的な例をあげましょう。印紙税法という法律がありますが（昭和42年法律23号）、この法律は、印紙税という名前の税金を納めなければならない場合や、その納め方などについて定めています。例えば、不動産を売買するなど、不動産を譲渡するにあたっては、売り主と買い主との間で売買契約書を作りますが、その際、譲渡の金額に応じて、一定の印紙税を納めることが必要とされているのです（8条）。すなわち、10万円以下の場合には、200円、100万円を超え500万円以下の場合には、2,000円、1億円を超え5億円以下の場合には、10万円などです（附則別表第1、課税物件表）。それ故、売買契約書の作成者は、定められた金額の収入印紙を購入して、それを契約書に貼り付け、収入印紙と文書とに跨って押印するなどして、その収入印紙を消すことが必要とされるのです（8条2項）。なお、この法律には、偽りその他不正の行為により印紙税を免れ、又は免れようとした者などは、1年以下の懲役もしくは20万円以下の罰金に処し、又はこれを併科する（22条1項1号）とか、課税文書の作成者が当該課税文書の作成の時までに相当印紙のはり付けをしなかったときは、3万円以下の罰金又は科料に処する（25条1号）などの罰則も設けられています。

そのほか、収入印紙を用いて国に納税することを定めた法律にも、登記をする者等に課せられる登録免許税を定めた「登録免許税法」（昭和42年法律35号）（同法22条参照）などがありますし、また、裁判にあたっての訴訟費用については、「民事訴訟費用等に関する法律」（昭和46年法律40号）（同法8条参照）があります。

なお、収入印紙の安全を保護するための法律として、「印紙犯罪処罰法」（明治42年法律39号）と「印紙等模造取締法」（昭和22年法律189号）が設けられています。印紙犯罪処罰法には、収入印紙の偽造、変造、消印除去を5年以下の懲役に処する（1条）、偽・変造の印紙の使用、交付、輸入、移入を5年以下の懲役に処する（2条）、一度使った収入印紙の再使用を50円以下の罰金又は科料に処する（3条）などの規定があり、また、印紙等模造取締法は、「政府の発行する印紙に紛らわしい外観を有する物」等の製造、輸入、販売、頒布、使用を1年以下の懲役又は5万円以下の罰金に処する、旨が規定されています（1条1項・2条）。以上のように、多方面にわたって国にお金を納める方法として活用されている収入印紙の安全性には十分な配慮が必要であり、それについても、国民としては、よくわきまえておかなければならないのです。

Ⅸ－10

通貨の強制通用力〔日本銀行法、通貨の単位及び貨幣の発行等に関する法律〕

Q 先日、近くのコンビニへお金の振込みに行ったところ、店長から「硬貨が多過ぎるから受け取れない」と拒否されました。1万8,246円を振り込むために、1万7,000円の紙幣と100円玉8枚、50円を2枚、10円を31枚、5円を3枚、1円を21枚用意していたのですが、店長は、「硬貨が20枚以上なら受け取りを拒否してよいのがマニュアルなのだ」と主張し、取り上げてくれません。びっくりすると同時にがっかりしました。繰り返して受け取りを求めたのですが、「マニュアルど

おりにする」と言うばかりで、全く応じてくれませんでした。本当にそんな法律があるのでしょうか。教えてください。

A ご質問は、通貨の強制通用力に関するものですね。強制通用力とは、通貨について、法律によって最終的な支払い手段として認められている効力のことをいいます。

現在のわが国では、支払い手段としての通貨には、日本銀行の発行する日本銀行券と、政府の発行する貨幣、つまり、硬貨があります。

そして、日本銀行法（平成９年法律89号）46条には、「日本銀行は、銀行券を発行する（１項)。前項の規定により日本銀行が発行する銀行券（以下「日本銀行券」という。）は、法貨として無制限に通用する（２項)」と規定されています。「法貨」とは、法律上の強制通用力を与えられている通貨のことをいいます。それ故、日本銀行券で支払う場合には、どんな種類の銀行券をどれだけ用いても、相手方はそれを受け取らなければならないのです。

一方、貨幣については、「通貨の単位及び貨幣の発行等に関する法律」（昭和62年法律42号）７条に、「貨幣は、額面価格の20倍までを限り、法貨として通用する」と規定されています。それ故、スーパーの店長が、「硬貨が20枚以上ならば受け取りを拒否してよい、というのがマニュアルなのだ」と主張したとのことですが、そうとすれば、そのマニュアルは、この規定を誤解しています。この規定は、貨幣はその価格の20倍までは法貨としての通用が認められるとしているのです。

ところで、ご質問者は、１万8,246円の支払いのために、１万7,000円分を日本銀行券で用意し、残りを貨幣で支払おうとされたようですが、日本銀行券の分は、もちろん、すべてについて強制通用力がありますので、問題はありません。貨幣については、100円玉が８枚、50円玉が２枚、５円玉が３枚の分は、いずれも、額面価格の20倍以内ですから差し支えないのですが、10円玉を31枚、１円玉を21枚とされた分は、それぞれ、額面価格の20倍を超えていますので、コンビニの店長から受け取りを拒否されても仕方がないわけです。

この制度は、取引の実際上の便宜を考慮して作られたものです。例えば、１万円の債権を支払うのに、１円玉貨幣を１万円持参されたのでは、受け取る側では、それを数えるのが大変だからです。

ただ、ご質問者の場合には、オーバーしたのは、10円玉が11枚、１円玉が１枚だけだったのですから、数えるのにそれ程の苦労もないことと思われます。コンビニの店長が法律の規定の意味を正しく理解しており、かつ、少し大らかな気持をお持ちでしたら、ご質問の振込みに応じていただくこともできたかもしれません。

7. 交通関係法令

Ⅸ — 11

酔った乗客がタクシー内で大声で歌ったり、抱き合ってキスをしたりした場合に、運転手にはその乗客を下車させる権利があるか

Q 高校卒業後10年目の同窓会の二次会が終わってすっかり酔ってしまった私は、旧クラスメートのA子さんと家の方向が同じなので、一緒にタクシーに乗りました。A子さんは、大声で歌を歌い出し、キャーキャー騒いで身体をゆすりながら、私に抱きついてきました。私も思わずA子さんとキスをしますと、運転手さんが「お客さん、いい加減にしてくださいよ。ここはタクシーなのだから」と言いました。A子さんが、「何を言っているのよ。私たちはお客様よ」と言い返しますと、運転手さんはタクシーを停めて、「降りてください」と言い、降ろされてしまいました。お蔭で酔いも醒めてしまいましたが、運転手さんにお客を降ろす権利はあるのですか。

A タクシーの中で大声で歌を歌ったり、騒いだり、また、キスをしたりしても、それだけでは犯罪とはならないと思います。

「酒に酔つて公衆に迷惑をかける行為の防止等に関する法律」（昭和36年法律103号）４条１項には、「酩酊者が、公共の場所又は乗物において、公衆に迷惑をかけるような著しく粗野又は乱暴な言動をしたときは、拘留又は科料に処する」という規定がありますが、ここでいう「乗物」は、電車やバスなど、公共的な乗物であり、タクシーは含まれません。それ故、タクシーの中で酒に酔って騒いだり、キスをしたりしても、この犯罪とはならないのです。

しかし、タクシーの中は、社会の一般の人たちの普通の生活場所の一部であるといえましょう。バーやカラオケショップやラブホテルなどとは違います。したがって、お客として乗車したのだから、タクシー内を借り切っているので、いくら騒いだりしても勝手だ、などというわけにはいきません。お客さんには、社会常識から見て許される行為の限度内で過ごすことが必要です。そして、運転手さんは、タクシーを運転するとともにそのタクシーの管理も担当しているのですから、お客さんが社会の常識をはずれた異常な騒音を出したり、抱き合ってキスをしたり、一般人の生活の場における行為として堪えられないような行動をとったときは、お客さんに降りてもらうことは、運転手さんの権利だといえましょう。お客さんは下車するより仕方がないですね。

Ⅸ — 12

駅から友人宅まで別のタクシーで往復したが、行きの料金が帰りの料金の2倍かかった場合、行きの運転手から料金の半分を返済してもらえないか

Q　正月休みに、郷里に帰っていた友人と会うために、その実家を訪問しました。交通不便な山の中だと聞いていたので、ＪＲの駅からタクシーで行ったのですが、１時間程走り、料金１万２千円を取られました。ところが、帰りに友人が呼んでくれた別のタクシーで駅まで走ったのですが、距離もかなり近く、時間も30分ぐらいで、料金は６千円でした。どうしてこんなに違うのか驚きましたが、行きの運転手からタクシー代の半分を返してもらえないでしょうか。

A　ＪＲの駅から友人の実家までタクシーで往復したところ、行きのタクシー代金が帰りの代金の２倍かかったのはおかしいので、行きの運転手から代金の半分を返してもらえないか、ということですね。

タクシーに乗車するときは、法律上、乗客と運転手との間に乗車契約が結ばれるわけです。その契約の内容は、場合によって異なり、例えば、観光地で、名所、旧跡を一巡する、というようなものもありますが、一般には、乗客を目的地まで、安全かつ迅速に運ぶことです。そして、運転手は、できるだけ短い経路を通って目的地に到達することが必要とされるのであり、ことさら回り道をして高い料金を請求することは、契約の趣旨に反するものとして、許されないのです。したがって、乗客も、運転手からそのような不当な料金の請求を受けても、支払う義務はありません。

ただ、例外として、交通の安全などのために、目的地へ行く道と目的地から帰る道が別々の道路を指定されているような場合には、行く道が回り道で長距離となっていても仕方のないことです。

それ故、ご質問者は、ＪＲの駅から友人の実家までの往復について、どうして行きのタクシー代金が帰りのタクシー代金の２倍もかかったのかの理由を確かめることが必要です。そして納得のいく理由がない場合には、行きの運転手に対して、不当な料金の返還を求めることができましょう。

運転手が応じないときは、タクシー会社や地方にあるタクシー協会に相談してみるのがよいでしょう。それでも、返還を求めることが困難な場合には、裁判所に訴えることも可能だと思われます。

Ⅸ — 13

頼まれて他人を自動車に乗せて走行中、事故でその他人を負傷させた場合の法律問題〔自動車損害賠償保障法〕

Q　自動車を運転して自宅に向かっていた時、前方の道端で手を振っている人がいました。Ａさんと呼んでおきます。停車しますと、Ａさんは、「駅まで行きたいのですが、タクシーが来ないので乗せてくれませんか」と言います。駅は私

の家とは別の方向ですが、気の毒に思ってAさんを乗せて駅へ向かいました。すると、Aさんは、「遅れると困るので急いでください」と言います。やむなくスピードを上げますと、つい運転を誤って自動車を道端の電柱に衝突させ、ショックで転倒したAさんに重傷を負わせてしまいました。入院したAさんから治療費を請求されていますが、私は支払わなければなりませんか。なお、私は破損した自動車の修理費をAさんに請求できますか。

A 自動車損害賠償保障法（昭和30年法律97号）３条には、「自己のために自動車を運行の用に供する者は、その運行によつて他人の生命又は身体を害したときは、これによつて生じた損害を賠償する責に任ずる」と規定されています。この場合の「他人」には、自動車の外にいた通行人などに限らず、自動車に乗っていた人も含まれます。そして、その人が乗車するについては、自動車の運行者が積極的に乗車させた場合に限らず、その人から頼まれてやむなく乗車させた場合や、勝手に乗車するのを止めずに放置した場合も含まれると解されています。

ご質問の場合には、Ａさんから「駅まで乗せてくれませんか」と言われて、別段何の義務もなく、断わってもかまわなかったのに、Ａさんを気の毒に思って、走っていた自宅へとは別の方向にあった駅へ向かうために乗車させてやったのですから、ご質問者にとっては、全く迷惑なことだったわけでしょうが、とにかくＡさんを自分の自動車に乗せてしまったのですから、Ａさんはこの「他人」に当たるのです。この法律は、とくに被害者の保護を目指しているところから、やむを得ないのです。

それでは、Ａさんが重傷を負ったことについて、Ａさんの側にも過失などの原因があった場合には、ご質問者の支払う損害賠償には影響しないのでしょうか。交通事故損害賠償については、過失相殺が問題とされることが少なくありませんが、この場合にも過失相殺は考慮されます。ご質問者は、運転を誤って自動車を道端の電柱に衝突させてしまったことから、Ａさんに重傷を負わせたのですが、それは、Ａさんから「遅れると困るので急いでください」と言われて、やむなくスピードを上げたために起こったのですから、原因は、Ａさんの発言にあるのです。それは、相当大きな事故の原因だというべきでしょう。そうしますと、Ａさんは、重傷を負ったことについて、自分自身にも責任があるのであり、したがって、ご質問者のＡさんに支払うべき賠償額はかなり減額され、場合によっては、賠償義務を免除されることもあると思われます。Ａさんとの間で話し合いがつかないときは、裁判所に訴えて決めてもらうのがよいでしょう。

なお、自動車の破損の原因についてＡさんの過失が認められるときは、Ａさんに、自動車の損害について民法709条の不法行為があったといえますので、ご質問者はＡさんに損害賠償として修理費を請求することができます。

Ⅸ—14

自転車で歩道上を走行中、通行人をはねて重傷を負わせた者の責任
〔道路交通法63条の４など〕

Q　主婦です。80歳の義母は元気で、毎日のように散歩していました。10日程前に家の近くの歩道上を歩いていたとき、後からかなりのスピードで歩道の真中を走ってきたAさんの自転車にはねられて転倒し、骨折して入院しました。お医者様の判断では、高齢でもあるし、かなりひどい骨折なので半年くらい入院しなければならないだろうとのことです。Aさんは自転車で義母をはねたあと、振り向きもしないで走り去ったそうです。幸い近所の人が事故を目撃し、救急車を呼んでくれ、Aさんがはねたことも教えてくれました。私の家では、半年もの入院費を支払うのは容易ではありません。Aさんに会って損害賠償を請求したのですが、「お婆さんが歩道の真中を歩いていたので、よけられなかった。責任はむしろお婆さんにあるのですよ」と言い張り、賠償に応じてくれません。どうしたらよいでしょうか。

A　ご質問者のお義母さんは、大変お気の毒な災難に会われましたね。そして、Ａさんという人は、随分非常識な人だと思います。

まず、Ａさんの行為は、道路交通法上の２つの犯罪に当たります。

第１に、道路交通法63条の４には、普通自転車は、とくに禁止されていない場合には、歩道を通行することができるが、その場合には、その歩道の中央から車道よりの部分を徐行しなければならず、また、歩行者の通行を妨げるときは、一時停止しなければならないと規定されています。そして、この規定に違反した者は、２万円以下の罰金又は科料に処するとされているのです(121条１項５号)。歩道は、元来、人が歩くための道です。自転車に対しては、外国では自転車道を設けている国もありますが、日本ではほとんど見られません。狭い道路にとくに自転車道を作るのも難しいことです。そこで、やむなく、便宜上、歩道を自転車で走ることを許したわけですが、歩道はあくまで人間が優先であり、自転車は、人間の通行を妨げないように車道寄りを徐行し、必要があれば停止して人間の通行の安全を図らなければならないのです。Ａさんのように、かなりのスピードで歩道の真中を走ることは、それ自体が道路交通法上の犯罪なのです。

また、第２に、道路交通法72条には、車両等の交通によって人を死傷させるような事故を生じたときは、直ちに運転を中止して、負傷者を救護し、かつ、事故を警察官に報告しなければならない旨が規定されています。Ａさんのように、ご質問者のお義母様をはねて負傷させながら、振り向きもしないで走り去った行為はこの規定に違反します。そして、負傷者を救護しなかったことについては、１年以下の懲役又は10万円以下の罰金に、また、警察官に報告しなかったことについては、３月以下の懲役又は５万円以下の罰金に処せられるのです(117条の５第１号・119条１項10号)。

そのほか、Ａさんには、おそらく故意ま

ではなかったでしょうが、お義母さんを負傷させたことについては、刑法の過失傷害罪（209条）又は業務上過失傷害罪もしくは重過失傷害罪（211条１項）が成立するでしょう。過失傷害罪は30万円以下の罰金又は科料、業務上過失傷害罪・重過失傷害罪は、５年以下の懲役もしくは禁錮又は100万円以下の罰金に処せられることとなります。それ故、ご質問者は、Ａさんを警察か検察庁に告訴して、これらの処罰を求めることができるのです。

なお、Ａさんがご質問者のお義母さんをはねて重傷を負わせた行為は、民法709条の「故意又は過失によって他人の権利を侵害した」ものであり、不法行為となりますので、Ａさんは、お義母さんに対して損害賠償の義務があります。

したがって、ご質問者は、Ａさんに対して改めて事情を説明して賠償金の支払いを請求されるのがよいでしょう。それでもＡさんが応じなければ、裁判所に訴えることです。その場合、Ａさんの事故について、ご質問者の近所の方が目撃されていたわけですから、不法行為の立証などに非常に有利であると思われます。

Ⅸ－15

交通事故の賠償について示談の成立後、さらに賠償請求をされた場合の対処策

Q 先日、自動車を運転中、うっかりして先行自動車に追突事故を起こし、運転していたＡさんに軽いむち打ち症の傷害を与えてしまいました。すぐに警察を呼び、保険会社の係員にも立ち合ってもらって、Ａさんの治療費と自動車の修理代を私が支払うということで示談が成立しました。ところが、２週間ほど後に、Ａさんが、「スナックを経営しているが、むち打ち症のために店が開けない。開けていても、怪我をしている自分の様子を見ると、お客が寄り付かない。事故のせいで店の収益がほとんどなくなったので、怪我が治って営業ができるようになるまでの収入の代わりに、100万円を追加して支払ってほしい」と要求してきました。私は、こんなお金まで払わなければならないのでしょうか。保険会社には相談をした方がよいでしょうか。その場合、いったん解決した事故について改めて相談を受けてくれるでしょうか。

A 交通事故について、当事者間に示談が成立しますと、各当事者は、そこで決められた条件に従って争いをやめ、示談書にも、「当事者間の紛争は、これで一切解決したものとし、ここに定めた条項以外に、当事者間には何らの債権、債務も存在しないことを確認する」という意味でのいわゆる清算条項が付けられるのが一般です。

しかし、このように示談が成立しても、その後になって、示談の時には予想し得なかった後遺症などを生じた場合には、改めてそれについての賠償請求が許されるとされています。

ご質問の場合には、Ａさんからの100万円の追加請求が、このような示談の際には

予想し得なかった後遺症などに当たるかどうかが問題です。そして、Aさんのむち打ち症が重くても、それによってスナックの営業に損害を生じたといえない場合には、このような追加金の請求は認められません。

保険会社に相談した方がよいかとのことですが、いったん示談が成立したのであっても、その内容が不適当であって、改めて損害の賠償について修正する必要を生じた場合には、もちろん、保険会社に相談して適当な対応をしてもらうべきでしょう。

つまり、ご質問者が、Aさんに対して新たな賠償金を支払わなければならないのは、それについては、示談契約には含まれておらず、示談の時には予測し得なかったAさんの後遺症に基づく損害に対する賠償であることが必要であり、また、100万円という金額が妥当であるかどうかは、その損害の程度によるのであり、かつ、ご質問者が自分の運転していた自動車をAさんの自動車に追突させたことと、Aさんにその後遺症を生じさせた結果との間に因果関係の認められることが要件なのです。

それ故、ご質問者は、これらの諸点について十分確かめられた上、Aさんと話し合うべきです。もし話し合いがうまくいかないときは、Aさんは裁判所へ訴えてくるかもしれませんが、その場合にも、これらの点について、適確な主張をして対応することが必要です。

Ⅸ—16

対向車の暴走による衝突を危うく避けたのに、対向車が電柱に衝突し、運転者が車内に倒れたのを見たが、救助せずに立ち去ったことの法的責任

Q 片道一車線の狭い道路を自動車で走っていると、突然前方から来た自動車が、私の自動車の進路である車線に入り込んできました。びっくりしてあわてて右にハンドルを切り、対抗車線に逃れ、車体をこすられましたが、何とか衝突は免れました。しかし、激しい音がしたので、停車させて降りてみますと、相手の自動車は道端の電柱に激突して車体をひどく損壊させた上、運転者も、車内に倒れていました。気の毒になりましたが、悪いのはこの運転者で、私は被害者ですし、急いでいたので、そのまま走り去りました。その後のニュースで、この運転者が死亡したことを知りました。私は罪になりますか。

A 道路交通法72条には、交通事故があったときは、その事故に係る車両の運転者その他の乗務員は、直ちに車両の運転を停止して、負傷者を救護し、道路における危険を防止するなど、必要な措置を講じなければならない、また、運転者などは、警察官が現場にいるときは、その警察官に、いないときは直ちに最寄りの警察署の警察官にその交通事故の概要を報告しなければならない、そして、報告を受けた警察官は、必要と認めたときは、運転者などに、警察官が現場に到着するまで現場を去ってはならないと命ずることができる、などと規定されています。

そして、運転者などが、負傷者の救護をしなかったなどの場合には、５年以下の懲役又は50万円以下の罰金に（117条）、警察官に報告しなかった場合には、３月以下の

懲役又は５万円以下の罰金に（119条１項10号）、また、警察官が現場に着くまで現場にとどまることを命令したのに違反して退去した場合には、５万円以下の罰金に（120条１項11号の２）、それぞれ、処すると定められているのです。

ご質問者は、対向車の運転者が狭い道路で突然、自車の進路の前に進んできたため、あわててハンドルを右に切り、車体をこすったものの、辛うじて衝突を免れたのであって、悪いのは一方的に相手方であり、その違法運転の結果、対向車は電柱に衝突し、運転者は怪我をしたのですから、ご自分には責任はなく、急いでいたのだから、やむなく現場を立ち去ったのであって、道路交通法のこれらの規定には違反しないとお考えかもしれません。

しかし、これらの規定の趣旨は、交通事故が発生したときは、事故に係わった運転者などが直ちに負傷者を助けるとともに、その後の道路交通の安全を確保するための危険防止措置を講ずることを目指しているのであって、被害者だからといって、これらの義務を免除されるとは解されません。そして、最高裁の判例も、警察官への報告義務について、「自動車相互間で交通事故を生じた場合には、それぞれの自動車運転者が報告義務を負うのであり、一方の運転者が報告したからといって、他方の運転者の義務がなくなるものではない」と述べています（最判昭48・12・21刑集27巻11号1461頁）。

それ故、ご質問者の行為は、負傷者の救護義務とともに事故の報告義務にも違反しており、犯罪となることは避けられないと思います。ただ、対向車の運転者が死亡したことについての殺人罪の責任までは問われないでしょう。

Ⅸ－17

小型エンジンを積んだキックボードの走法〔道路交通法17条１項など〕

Q 町を歩いていると、少し前に流行したキックボードの後輪に小型のエンジンを積んだものに乗った若者が、歩道を走ってきたのを見てびっくりしました。あれは、原付自転車とは違うのでしょうか。歩道を走ってもよいのでしょうか。

A 道路交通法は、原動機付自転車と自転車などの軽車両とでは、道路交通の方法を区別しています。例えば、歩道と車道とが分けられている道路では、原動機付自転車は必ず車道を通行しなければなりませんが（17条１項）、自転車は、一定の範囲では、歩道を通行することもできるとされています（63条の４第１項）。しかし、自転車が歩道を通行するときは、歩道の中央から車道寄りの部分を徐行しなければならず、歩行者の通行を妨げる場合には、一時停止しなければなりません（63条の４第２項）。そして、この通行方法に違反した者は、２万円以下の罰金又は科料に処すると定められています（121条１項５号）。歩道上を、通行人のことなど考えず相当なスピードで走っている自転車を見かけることがありますが、この規定に違反しているので、走行者は十分注意していただきたいと思います。

さて、ご質問は、キックボードの後輪に小型のエンジンを積んだようなものに若者が乗って歩道上を走ってきたとのことですが、この小型エンジンを積んだキックボードは原動機付自転車とみられますから、歩道上を走ることは許されません。違反者は、３月以下の懲役又は５万円以下の罰金に処せられます（119条１項２の２号）。乗っていた若者は、おそらく法律を知らずに歩道上を走っていたのかと思いますが、原動機付自転車である以上、必ず車道を通行しなければならないのです。よく注意してください。

また、エンジン付きのキックボードは、原動機付自転車とみられる以上、道路運送車両法の定める構造及び装置を有しなければ運行の用に供してはならないとされています（同法44条）。そして、そのような整備不良車両を運行することは禁止されており（道路交通法62条）、違反者は３月以下の懲役又は５万円以下の罰金に処せられるのです（同法119条１項５号）。その若者のキックボードがどのような構造だったかわかりませんが、その無謀運転の状況からしますと、整備不良だったかもしれませんね。

そのほか、原動機付自転車の運転には、運転の免許を取ることも必要です。無免許で運転するときは、無免許運転罪（同法64条・84条１項、刑は１年以下の懲役又は30万円以下の罰金（117条の４第２号））になります。

エンジン付きのキックボードは、危険な乗り物なのですから、これに乗る人は十分に注意して、事故などを起こさないように配慮していただきたいと思います。

なお、エンジンのないキックボードは、玩具の類とみられますから、通行人の安全な通行を妨げない限り、歩道を走ることも許されましょう。

Ⅸ―18

飲酒運転についての法的責任〔道路交通法65条１項など〕

Q　レストランで、偶然、旧友のＡ君と出会いました。「久しぶりだね。一杯やろうか」と誘ったところ、Ａ君は、「今日は運転してるから」と断わりました。「車を置いてタクシーで帰ったらどうだ」と言いますと、Ａ君も喜んで一緒にビールを飲みました。しばらくして、僕が用事を思い出したので、「今日はこれまでだ。また会おう。これはタクシー代だよ」とお金を渡して別れたのですが、Ａ君は、それから、自動車を運転して走っていたところ、警察官に飲酒運転でつかまったとのことです。Ａ君は、どんな罰を受けるのでしょうか。また、Ａ君にお酒をすすめた僕も、責任を問われますか。

A　道路交通法には、「何人も、酒気を帯びて車両等を運転してはならない」と定められています（65条１項）。この規定に違反して運転した者については、酩酊の程度によって処罰が区分されています。「酒に酔った状態、すなわち、アルコールの影響によって正常の運転ができないおそれがある状態」であった場合は、５

年以下の懲役又は100万円以下の罰金に処せられます（117条の２）。酒酔い運転と呼ばれます。また、「身体に政令で定める程度—すなわち、血液１ミリリットルにつき、0.3ミリグラム、又は呼気１リットルにつき、0.15ミリグラム—以上にアルコールを保有する状態」であった場合は、３年以下の懲役又は50万円以下の罰金に処せられるのです（117条の２の２、道路交通法施行令44条の３）。こちらは、酒気帯び運転と呼ばれています。なお、警察官は、運転者のアルコールの程度を調査するために、呼気の検査をすることができ（67条）、検査を拒み、又は妨げた者は、３月以下の懲役又は50万円以下の罰金に処せられます（118条の２）。

それ故、Ａさんには、警察の検査で判明した酩酊の程度によって、それに応じた処罰がなされましょう。

次に、ご質問者の行為に関しては、道路交通法の「何人も、酒気を帯びて車両等を運転することとなるおそれがある者に対し、酒類を提供し、又は飲酒をすすめてはならない」という規定が問題とされます（65条３項）。この規定の違反者に対する罰則としては、酒類の提供を受けた者が、酒酔い運転をしたときは、酒類の提供者は、３年以下の懲役又は50万円以下の罰金、酒類の提供を受けた者が酒気帯び運転をしたときは、酒類の提供者は、２年以下の懲役又は30万円以下の罰金に処する、と定められています（117条の２の２・117条の３の２）。

ご質問者は、Ａさんに飲酒をすすめはしましたが、酒類を提供したとはいえませんし、帰りには、車を置いてタクシーで帰りなさいと言い、タクシー代までＡさんに渡しているのですから、飲酒運転はしないように、積極的に、そして、真剣に、Ａさんを説得していたのです。そして、Ａさんも、それを一応了承した上で、一緒にビールを飲んだというのですから、ご質問者には、法律上の責任はないと思われます。

Ⅸ—19

“ジベタリアン”の犯罪性〔道路交通法、威力業務妨害罪、軽犯罪法〕

Q 休日などの繁華街には、若者がたくさんいますが、なかには、最近はやりの“ジベタリアン”といわれる、道路に座り込んでいる若者もよく見られます。別に何をするでもなく、ただ座っているだけの子供も多く、何だか不思議にも思われるのですが、自転車の通行の邪魔になって仕方がありません。また、店の前に座り込まれると、お客が店に入りにくくなり、営業妨害にもなるのではないでしょうか。こんな若者たちの“ジベタリアン”は、犯罪にはなりませんか。

A 繁華街などの路上に勝手に座り込んでいる“ジベタリアン”には困ったものですね。それが通行の邪魔となったり、営業の妨害となったりしているとすれば、社会生活上、放置し難いことです。

犯罪にならないかというご質問ですが、まず、道路交通法76条４項２号に、何人も、次の行為をしてはならない、として、「道路において、交通の妨害となるような方法で寝そべり、すわり、しゃがみ、又は立ちどまっていること」があげられており、違反者は、「５万円以下の罰金に処する」と定められています（120条１項９号）。それ故、繁華街などの路上に座り込んでいる“ジベタリアン”は、この犯罪に当たり得るのです。

次に、店の前に座り込んで、お客さんたちが店に入ったり出たりするのを妨げることについては、単に２、３人が座り込んでいて通行するのに少々邪魔になる程度であれば、今説明した道路交通法上の犯罪となるだけでしょうが、何人もの“ジベタリアン”が店の前に重なり合って座り込んでいるために、客の出入が妨げられるので、客や店員が「どいてくれ」と言っても応じないような場合には、その集団的な“ジベタリアン”の行為は、刑法234条の威力業務妨害罪に当たることもありましょう。この犯罪は、「威力を用いて人の業務を妨害した者」に対して、「３年以下の懲役又は50万円以下の罰金」に処すると定められています。

なお、威力業務妨害までには至らなくても、少数の“ジベタリアン”でも、軽犯罪法１条28号の「他人の進路に立ちふさがつて、若しくはその身辺に群がつて立ち退こうとせず、又は不安若しくは困惑を覚えさせるような仕方で他人につきまとつた者」に当たるときは、「拘留又は科料」に処せられます。

こうして、繁華街などの路上に座り込んでいる“ジベタリアン”の行為は、法律上、決して許されているわけではありません。少なくとも交通の妨害となる形で道路上に座り込んでいるだけでも、道路交通法に違反するわけですから、迷惑を被っている人たちは、注意してもきかない“ジベタリアン”に対しては、警察に連絡して逮捕してもらうこともできるのです。

最近、このような“ジベタリアン”が出現したのは、子供たちのモラルの低下がその主要な原因ではないでしょうか。社会生活上、他人に迷惑をかけないことは、人間として最も基本的な在り方であることをしっかりと教え込むべきであり、“ジベタリアン”の出現には、親たちも深く反省する必要があると思われます。

８.　住宅関係法令

Ⅸ—20

子供のある人には貸さないというアパートで、重傷を負って入院した娘の幼児を預かった場合、アパートを出るべきか〔民法90条、借地借家法30条〕

Q　夫婦で２年前からアパートを借りて住んでいますが、借りるとき、大家さんから、子供さんのある方にはお貸しできませんよ、と厳しく言われました。ところが、娘が１週間前に交通事故にあって重傷を負い、入院しました。そして、娘の夫が１歳半の男児を３か月程預かってほしいと言って連れてきました。仕方な

く預かったのですが、私たちはアパートを出なければならないのでしょうか。

A 子供のいる家族には貸さないというアパートも確かにありましょう。子供は泣き声がうるさいから嫌だとか、子供は建物に傷をつけたりすることがあるから、アパートに住んでほしくない、などという大家さんもいると思われます。

ただ、問題は、子供のいる家族にはアパートを貸さないという賃貸借上の特約が、公序良俗に違反しているかということです。民法90条には、「公の秩序又は善良の風俗に反する事項を目的とする法律行為は、無効とする」という規定がありますので、大家さんの示す理由が社会の一般通念から許されないような場合には、大家さんが強く主張されても、それに従う必要はないといえましょう。

また、有効な特約であっても、それに違反した場合には、直ちにアパートを出なければならないとは限りません。借地借家法（平成３年法律90号）30条には、建物の賃貸借契約の更新等に関する規定についての特約で、賃借人に不利なものは無効とすると規定されています。これは、状況に応じて建物の借主の立場を保護する趣旨でしょう。

ところで、子供のいる家族とは、一般に、家族の間で生まれた子供のことであり、ご質問者のお孫さんは、親族には違いありませんが、生活は別にしていたのであって、娘さんの交通事故による緊急な入院のために３か月程預かるということですから、事情は全く異なります。このような緊急事態における限られた間のお孫さんの預かりは、子供のいる家族には貸さないという特約の趣旨とは違う場合なのですから、大家さんと交渉してみてください。そして、民法90条や借地借家法30条などの意味をよく説明することによって、大家さんの了解を得ることが可能であると思います。

Ⅸ — 21

お子さんお断りの賃貸マンションに住んでいて子供を出産した場合の退去義務〔借地借家法28条・30条〕

Q 賃貸マンションに住む28歳の主婦です。このマンションは、お子さんお断りの条件付きで借りたのですが、実は、私は先日男の子を出産してしまいました。こっそり育てようと思っていたのですが、管理人さんに知られてしまい、退去してくださいと言われました。私も、子供を産んだら出て行けばよいと思っていたのですが、いざ子供が産まれると、このマンションに愛着もあるし、いいマンションもすぐには見つかりそうにないし、困っています。やはり条件付契約をしたのだから、私は出ていかなければならないのでしょうか。

A 賃貸マンションの貸主には、子供のいる家族にはマンションを貸したくないという人がよく見かけられます。その理由は、子供がいるときは、大人だけの家族の場合と比べて、建物や建具が汚されたり、傷つけられたりすることが多いということにあるようです。

ご質問者は、お子さんのない状態でその

マンションを借り、賃貸借契約書に子供が産まれたときはマンションを立ち退くという条項があったのですが、先日お子さんが産まれると、それを知った管理人から、その契約に従ってマンションからの立ち退きを求められたとのこと、ご質問者は、契約時には、子供が産まれれば立ち退けばよいと気軽に考えていたが、いざ子供が産まれてみると、急には立ち退きたくないとのこと、そのような気持の変化も、マンションの借主には時に見かけられるところといえましょう。

借地借家法の28条には、建物の賃貸人による建物の解約の申入れは、正当な事由があると認められる場合でなければすることができない、と規定され、また、30条には、「この節の規定に反する特約で建物の賃借人に不利なものは、無効とする」と定められています。これは、マンションの借り主にとっては、大変有利な規定です。

ところで、夫婦がマンションを借りて、そこで生活している間に子供が産まれるということは、極めて自然な出来事ですから、マンションの貸し主が借り主夫婦に子供が産まれたから賃貸借の解約を申し入れることは、とても正当の事由とはいえないと思われます。そして、それは、借り主の生活権や居住権を著しく侵害することになりましょう。したがって、子供が産まれたらマンションを立ち退くという賃貸借契約書に書かれていた条項は、借地借家法の30条によって無効とされるものにほかなりません。

それ故、ご質問者は、管理人から退居を求められても、これに応じて退居しなければならない義務はなく、引き続きそのマンションに居住し続けることができるのです。

しかし、子供が乱暴者に育って、マンションの建物や建具を汚したり、傷つけたりするのを親が放置しているような場合には、マンションの貸し主には、賃貸借契約の解約を申し入れる正当な事由が認められるでしょう。それ故、子供さんはそのような乱暴者に育てられないことが必要です。

Ⅸ—22

単身で住んでいるアパートに、家主の了解なしに彼女を同居させることができるか〔建物賃貸借契約〕

Q　できれば将来結婚したいと思って付き合っていた彼女が、突然、私のアパートにやってきて、「父親とけんかをして家を飛び出してきちゃったの。今から、ここに同居させてくれない？」と言いました。アパートの家主さんに断らずに同居させても問題はないでしょうか。

A　建物の賃貸借に関する法律である借地借家法には、ご質問についての特別の規定はありません。それ故、問題は、ご質問者が今住んでいるアパートを借りたときに、家主さんと結んだ建物賃貸借契約の内容によって決定されます。賃貸借契約書をご覧ください。もし契約条項の中に、「居住者は男性単身者に限る」というような規定がある場合には、彼女との同居は許されません。家主さんがとくに男性専用のアパートにしたいとか、男子学生だけを住まわせたいと考えている場合には、こ

のような条件でアパートを賃貸することになりましょう。

しかし、通常の建物賃貸借契約では、居住者について別段の制限を設けていないのが一般であり、その場合には、ご質問者は、彼女の希望どおり、そのアパートに彼女を同居させても問題はないと思われます。

建物の賃貸借については、貸借人がきちんと家賃を払い、建物を傷つけたりすることなく、平穏に居住している限り、家主さんにとっては、別段困ることはないはずです。そして、実際にも、初めは単身で借りた人が、やがて結婚し、夫婦同居することになっても、子供が産まれて家族が数人になっても、あるいは、別居していた親などを引き取って同居することになっても、その建物に住み続ける例もないではないでしょう。

なお、もしご質問者が不安を抱いているならば、直接、家主さんに連絡して了解を求められたらよいと思います。その場合、建物賃貸借契約書に男性単身者にしか貸さないという特別の規定のない限り、家主さんが彼女を同居させることに異論を述べられることはないと思います。ご質問者は、家主さんの承諾を得て、安心して彼女と同居されるのがよいでしょう。

Ⅸ — 23

住宅として借りたマンションで習字教室を開くことの法的意味〔職場への転用に当たるか〕

Q マンションで親戚の子供に習字を教えていたところ、その子の友だちが、「僕にも教えて」と次々に集まり、現在は、12人の子供たちに週2回ずつ教えています。ところが、このことを知ったマンションの貸し主が、「習字教室は職場ではないか。住宅として貸した契約に違反する。マンションを出てほしい」と言ってきました。私はこれに応じなければならないのでしょうか。

A 貸し主がご質問者にマンションを出てほしいと言われるのは、そのマンションの賃貸借契約の解除を求められているわけですが、それには、正当な解除事由の認められることが必要です。

貸し主がそのマンションを住宅として使用することを条件としてご質問者に貸与されたのに、ご質問者がそれを子供たちの習字教室としても使用されていることは、職場としての転用に当たるかどうかが問題となります。

マンションを住宅として使用する場合と職場として使用する場合とでは、通常、使用の形態が非常に異なり、職場では、多くの人々が集まり、騒音を発するなどして、周囲の住民たちにも迷惑を与えることもないではありません。例えば、商店や囲碁、将棋、マージャンなどの娯楽施設や、ピアノ教室、ダンス教室などでは、そのような状況が見られましょう。そして、建物の傷み方も、住宅の場合よりもかなり大きいといえるでしょう。なお、職場を経営する人々は、それによって相当な収入が得られるのが一般です。これらの事情を考慮すると、住宅として貸与する場合よりも、職場としての使用を認めて貸与する場合の方が、通常、家賃も高くされるといえるでしょう。

ところで、ご質問者がマンションを子供たちの習字教室として使用していることも、一種の職場としているとみることができると思います。しかし、12人の子供たちが、週に２回出入するにしても、そして、そこで習字を学ぶといっても、格別騒音を発して近所に迷惑をかけたり、建物を傷つけたりすることはないでしょうし、また、ご質問者がその子供たちからとられる授業料も、かなり少額であると思われます。つまり、先にあげた商店や娯楽施設や、ピアノ・ダンスの教室などとは全く異なり、基本的に住宅の性質は変わっていないといえるのであり、賃貸借契約を解除させなければならない程の意味はないと思われます。

それ故、ご質問者は、このような事情をマンションの貸し主によく説明して相談されれば、多少家賃を増額されることはあっても、賃貸借契約の解除までにはいたらずにすませることができるのではないでしょうか。

Ⅸ―24

ペットを飼うことが禁止されているマンションで預かった猫を飼っていた借主の責任〔家屋の賃貸借契約〕

Q　マンションを借りたとき、大家さんから「このマンションではペットを飼うことは禁止されています」と言われました。私たちは、もちろん、ペットなど飼わずにいたのですが、３か月前に親しい友人から、「半年間外国へ出張するので、その間、飼い猫を預かってくれ」と頼まれ、仕方なく、こっそりその猫を飼っていたのですが、大家さんに見付かってしまいました。「すぐマンションを出てくれ」と言われましたが、マンションを出なければならないのでしょうか。

A　世の中には、ペットの大好きな人もいますが、嫌いな人もいます。ペット嫌いの人は、同じマンションの住人がペットを飼うことを大変迷惑に感じるでしょう。とくにペットの鳴き声や臭いなどは嫌われます。また、ペットは壁や床などを傷つけたりすることもありますので、マンションの持主からもペットの飼育が拒まれることがあります。そこで、マンションによっては、賃貸借契約上、マンション内でペットの飼育を禁止することがあるのです。ご質問者の借りているマンションもこれに当たるでしょう。

ところで、このようなマンションでは、借り主が自分のペットを飼うのでも、他人から預かったペットをマンション内に置いておくのでも、また、その期間が短くても、禁止の契約に違反することには変わりがありません。したがって、ご質問者が、友人の依頼で猫を３か月預かっただけでも、大家さんの言われるとおり、マンションを出ていかなくてはならないと思います。

そして、マンションによっては、ペットを飼っても構わないとしているものもありますので、そのようなマンションに移られるのがよいでしょう。

しかし、そのマンションに何とか住み続けたい場合には、友人の猫を動物病院などに預かってもらった上、大家さんにお詫びして引き続いての貸借をお願いしてみることです。ただ、それでも、大家さんが承知してくれないならば、出ていかざるを得ないでしょう。

Ⅸ—25
飼っているうずらを処分しなければアパートを立ち退くようにとの家主の言葉に応ずる義務はあるか〔家畜伝染病予防法〕

Q　鳥が好きな私は、アパートのベランダで10羽のうずらを飼っています。ところが、鳥の嫌いな大家さんから、鳥インフルエンザが流行しているとの噂を聞いたとのことで、「お宅のうずらは危険だから処分してほしい。処分するのが嫌だったらアパートを出てもらいます」と言われました。私のところでは、うずらは他の鳥などと触れ合ったりしていませんので、安全だと思うのですが、家主さんの言葉に応じなければ、アパートを出なければならないのでしょうか。

A　家畜の伝染病を予防し、またそのまん延を防止するために、家畜伝染病予防法という法律があります（昭和26年法律166号）。いろいろな規定がありますので、ご質問のうずらなどに対する場合を中心として、要点を説明します。

まず、この法律の規定を実現するために、農林水産大臣は、農林水産省令でさらに細かい指針を定め、その指針に基づいて、都道府県知事及び市町村長が具体的な措置を講ずることを要するとされています（3条の2）。

そして、家畜の診断をした獣医師が伝染病の疑いがあることを発見したときは、その場所を管轄する都道府県知事に届けなければなりません。届け出を受けた都道府県知事は、その家畜の所在する場所の市町村長及び農林水産大臣に知らせなければならないとされています（4条）。

次に、都道府県知事は、伝染病の発生の状況を把握するために、家畜の所有者に対して、家畜防疫員の検査を受けることを命ずることができるのです（5条）。家畜防疫員は、都道府県の職員である獣医師であって、都道府県知事によって任命された者です（53条3項）。そして、家畜防疫員は、伝染病予防のために必要があれば、家畜について注射、薬浴、投薬をすることができます（6条）。

また、家畜が伝染病にかかっていることがわかったときは、その家畜の所有者は、直ちにその家畜を隔離しなければなりません（14条1項）。そして、都道府県知事は、家畜伝染病のまん延を防ぐために必要があるときは、家畜の所有者に、期限を定めて、その家畜を殺すことを命ずることができますし（17条）、伝染病で死亡した家畜の死体の所有者は、家畜防疫員の指示によってその死体を焼却しなければならないとされています（21条）。なお、これらの命令や指示に応じない者に対しては、3年以下の懲役又は100万円以下の罰金（殺さなかった場合）（63条）、又は1年以下の懲役又は50万円以下の罰金（焼却しなかった場合）の刑に処せられると規定されています（64条）。

こうして、もし、ご質問者が飼育しているうずらが、家畜伝染病にかかっている場合、又はそのおそれのある場合には、ご質問者は、それに対する対応を都道府県知事又はその指示の下に家畜防疫員の命じるところに従うことが必要なのです。

しかし、アパートの家主さんには、その指示、命令をする権限はありませんし、家主さんの要求に応じなかった場合にも、アパートの賃貸借契約を解除されることはありません。家主さんがそれを要求しても、裁判によって拒否することができます。

Ⅸ―26

アパートの大家が物価高や近くのアパートの家賃と比較して家賃を引き上げることは許されるか〔借地借家法32条１項〕

Q　アパートに５年余り住んでいるのですが、半年前に大家さんから、「近頃、物価が高くなったので、家賃を２割上げさせてください」と言われ、仕方なく従ってきたのですが、先月、また、大家さんから、「近くにできたアパートの家賃を聞いたところ、うちよりも大分高いので、うちでも来月から家賃を３割上げさせていただきます」と言われました。半年の間に５割も値上げをするのはおかしいと思いますが、この値上げには応じなければなりませんか。

A　借地借家法32条１項には、建物の借賃が土地・建物への租税などの負担の増減や土地・建物の価格の上昇・低下などの経済事情の変動によって、又は近くにある同種の建物の借賃と比較し不相当となったときは、契約の条件にかかわらず、当事者は、将来に向かって建物の借賃の増減を請求することができる。ただし、一定の期間、借賃を増減しない特約がある場合には、その定めに従う、と規定されています。

建物の賃貸借は長期間続くことが多いので、その間の経済事情の変化などから、家賃が安くなり過ぎたり、高くなり過ぎたりすることもあります。その場合に、何年間は、家賃の額は変更しないという特約を設けているときを除いて、経済状態に応じた家賃の引上げ、又は、引下げを請求することができるのであり、家主の側からの引上げも、借り主の側からの引下げも、それぞれが考えられるのです。

ところで、大家さんから、半年前に、物価が高くなったので、家賃を２割引き上げると請求されたことは、本当に家賃が物価と比べて低過ぎる事情にあったのであれば、その請求は、この規定に基づいて適当であったといえましょう。そして、半年後に近くのアパートの家賃と比べて家賃が低過ぎるから３割引き上げるということも、本当に近くにある他のアパートの家賃と比べて、半年前に２割引き上げても、なお低過ぎるのであれば、今度の大家さんの引上げ請求も、この規定によって許されることになると思います。

しかし、それが大家さんの勝手な請求であり、他のアパートの家賃と比べて大差がないのであれば、不都合なことです。他のアパートの家賃を確かめて、大家さんの値上げをやめてもらうか、値上げをするにしても、額を下げてもらうことも可能でしょう。そして、大家さんが応じなければ、裁判所に調停を求めることです。そして、調停がまとまらないときは、裁判を起こしてください。なお、その間、もし大家さんが家賃を受け取らなければ、裁判が終わるまで、妥当と思う金額を法務局に供託しておけば、家賃を支払ったものとみなされます（民法494条）。しかし、裁判で確定された家賃額がその供託したお金の額を超えたときは、その不足額に年１割の利息を支払うことが必要となります（借地借家法32条２項）。

Ⅸ—27

マンションの家賃〔借地借家法32条１項〕

Q 私が昨年から住んでいるマンションの隣りの部屋に新しく入居したAさんが挨拶に来たので、話し合っているうちに、「このマンションは賃料が割安で助かりますね」と言われるので、聞いてみると、月の家賃が10万円とのこと、私の部屋の家賃は月12万円なので、びっくりしました。おかしいと思って家主さんに尋ねますと、「事情が違うから」と言われました。私の部屋の家賃も、月10万円に下げてもらえないのでしょうか。

A マンションの家賃は、家主と借り主との契約によって決められますが、大体、借りる時に家主の示した金額を借り主が承諾するのが一般でしょう。しかし、その後の諸事情の変化に応じて家賃の相当額も変化するのであり、家主からの請求によって値上げされることも、また、借り主の要望によって値下げされることもあり得ます。

借地借家法32条１項本文には、「建物の借賃が、土地若しくは建物に対する租税その他の負担の増減により、土地若しくは建物の価格の上昇若しくは低下その他の経済事情の変動により、又は近傍同種の建物の借賃に比較して不相当となったときは、契約の条件にかかわらず、当事者は、将来に向かって建物の借賃の額の増減を請求することができる」と規定されています。

ご質問者のマンションの借賃とAさんの隣りの部屋の借賃が、借りた時期が１年しか違わないのに、２万円も違っていることの理由がわかりませんが、格別の経済事情の変化などがみられないとすれば、例えば、近隣に新設されたマンションの借賃が安いので、家主さんがそれと比べてそれまでの12万円を10万円に引き下げたようなこともありましょう。この場合には、ご質問者は、家主さんに請求して借賃を下げてもらうことができるかと思います。

ただ、マンションを借りたときに、例えば、２年間の継続貸借を約束し、その間は月額12万円で借りると決めていた場合には、その２年間は借賃の減額を請求することはできません。借地借家法32条１項但し書には、「ただし、一定の期間建物の借賃を増額しない旨の特約がある場合には、その定めに従う」と規定されています。

なお、マンションのご質問者の部屋と隣りのAさんの部屋が同じ広さであっても、中の設備などが違っているので、借賃に２万円の違いがある場合なども、借賃の減額を求めることは困難であると思われます。

いずれにしても、ご質問者は、大家さんが「事情が違う」と言われたことの意味を確かめた上、借賃の減額を請求してみられるのがよいでしょう。

そして、減額してもよいと思われるのに、大家さんが減額に応じられない場合には、裁判所に調停を求め、調停がまとまらないときは、さらに裁判を起こすことが可能です。この点については、民事調停法（昭和26年法律222号）24条の２に調停前置主義が定められています。つまり、家賃額の増減の請求などをするには、裁判所に訴えを提起する前に、まず調停の申立てをしなければならないとされているのです。

Ⅸ—28

定期借地権〔借地借家法23条〕

Q 田舎から都会に出てきて10年、レストランの料理職人をしています。そろそろ独立したいのですが、この町が大好きなので、是非ここに店を出したいのです。しかし、土地を買うお金がないので、借地して自分の好みの建物を建てようと考えています。友人から定期借地権という制度があるけれど、それで土地を借りたらどうかとすすめられました。定期借地権とはどういうものですか。

A 借地権については、従来、大正10年に作られた借地法（同年法律49号）によって規定されていたのですが、それによりますと、借地についての契約期間が満了した場合に、地主が借地を返してもらうには、例えば、自分がその土地を使用するなどの正当な事由があることが必要であり、それがないときは借地を返してもらえず、再契約をしなければならないことが多かったり、借地上に借り主が建てた建物がある場合には、借り主から地主に対して、建物買取請求権が行使されるのが一般であり、それに対して、地主は相当高額な代金を支払わなければならないなど、地主にとって不利益な事態も少なくなかったのでした。

ところで、平成３年に新しい借地借家法が制定され（同年法律90号）、従来の借地法は廃止されました。そして、この新しい法律では、普通の借地権については、従来と同様ですが、地主の利益を考えて、新たに３種類の定期借地権の制度が設けられたのです。一般定期借地権（22条）、建物譲渡特約付借地権（24条）、事業用定期借地権（23条）がそれです。

ご質問の定期借地権は、その中の一般定期借地権のことであり、次のような内容のものです。

まず、借地権の存続期間は、50年以上の長期間のものとされることが必要です。そして、借地権についての契約は更新されることがなく、建物を再築しても借地期間が延長されることがなく、建物買取請求権も認められない、などの諸事項を契約にあたって特約することができます（22条）。それ故、これらの特約がある以上、当初定めた契約期間が満了したときは、借地権は消滅するので、借地人は、土地の上に建物があっても、それを全部取り壊し、土地を更地にして地主に返還しなければならないのです。

なお、この契約は、書面に記載されることが必要であり、普通の契約書でもよいのですが、なるべく公正証書によることが望ましいし、不測の損害などを避けるために、登記をしておくのがよいと思われます。

そして、借地の利用には制限はないので、ホテル、マンション、オフィスビル、倉庫などのいずれでもよく、もちろん、レストランでも差し支えありません。

ご質問者は、レストランの経営に適したお好みの建物を建てるのに必要な土地を借用したいといわれますが、この一般定期借地権を得られるならば、50年以上の長期間にわたって、格別の制約を受けることもなく、その土地で活動できるわけですから、ご都合がよいでしょう。どうぞよい借地をお探しください。

Ⅸ — 29

住居近くに建設中のマンションで日照権が侵害されるおそれのある場合の対処法〔建築基準法、都道府県条例〕

Q 会社の出張命令で、１年間、ウィーンに滞在し、久しぶりに帰国したのですが、自宅の南隣りの空き地で建築工事が進められており、８階建てのマンションが建つとのことです。この辺りは閑静な住宅地で、これまでマンションのような高層建築物はなかったのですが、このまま工事が進みますと、私の家は、冬至の頃には、ほとんど日照がなくなってしまいそうです。何とかすることはできないのでしょうか。

A 人々が健康で快適な生活をするには、太陽の恵みを受けられることが必要です。そこで、最近は、日照権という権利が認められています。土地や建物の居住者又は所有者が、そこで享受してきた日照を他の建築物等によって阻害されない権利とされますが、その内容については、まだ不明確な部分があります。しかし、都市における建物の高層化が進むのにつれて、問題とされることが多くなりました。建築基準法（昭和25年法律201号）は、昭和51年の改正により、日影による中高層の建築物の高さの制限を定めました（56条の２）。そして、地方公共団体においては、その地方の気候、風土、土地利用の状況等を考慮して、条例で日影の制限を設けることとされました。

それ故、ご質問者は、まず、その居住地の都道府県や市町村の条例で、この日照権に関して中高層建築物の高さの制限についてどのように定められているかを調べるとともに、条例を定めた県や市の機関である県庁や市役所の担当係員に、問題のマンション会社の建築申立てが条例に違反してはいないかどうかを尋ねられるのがよいでしょう。もし条例に違反した建築計画と認められたときは、計画修正の行政命令を発してもらうことができると思います。また、マンション会社が条例違反の建築計画を強行しようとするときは、裁判所に訴えて建築差止めの判決を求めることも可能でしょう。

次に、マンション会社の建築計画が形式的には条例に違反していなくても、実質上、住民の日照権を侵害しているとみられる場合があります。これについては、建築の素人ではなかなかわかりにくいので、専門の建築士などの協力を得ることが必要だと思います。

日照権の侵害に関しては、受忍限度ということが問題とされます。高層建築を建てられたために日照が妨げられ、快適な生活に支障が来たされることになっても、それが社会における一般人の生活として我慢しなければならないと考えられる限界のことです。それは、具体的な社会に応じて、必ずしも一様ではありません。住宅地帯、商店街、工場地帯などで、それぞれ、違いがあります。ご質問者の場合には、静かな住宅地帯なのですから、そこでの一般的な生活を基準として判断されます。そして、日照権の侵害が受忍限度内であれば、我慢しなければなりません。しかし、受忍限度を超えているとみられるときは、その程度に応じてマンション会社に対して日照権の侵害について慰謝料を請求することができると思われます。また、受忍限度をはるかに超えているときは、その建築計画の差止めを求めることができましょう。

なお、マンション会社との交渉や裁判所への訴え、県庁や市役所との交渉なども、ご質問者が一人で行うのではなく、地域の住民の皆さんと話し合い、協力して団体として活動されることが有効だと思います。

9.　騒音防止関係法令

Ⅸ—30

アパート居住者の発する騒音に対して経営者のとるべき処置〔受忍限度、軽犯罪法〕

Q　私は学生アパートを経営している者ですが、その一室に居住中の大学生が朝から晩までステレオを大きな音でかけっ放しの上、友だちをつれてきて深夜まで麻雀の音をさせています。あまりうるさいので、他の部屋の学生が次々と出ていってしまい、困っています。再三、注意したのですが、全然きき入れてくれません。どうしたらよいでしょうか。

A　騒音については、我慢の限度をどこに置くかが問題です。誰でもテレビや音楽などを楽しみたいものですが、他人に迷惑をかけない音量できくことが必要です。騒音について我慢すべき限度を「受忍限度」といいますが、それは、騒音の程度、必要性（仕事、勉強、娯楽の区別）、時刻、場所、近隣の人々の事情等の諸条件を考慮して決められます。受忍限度を超えた騒音によって肉体的、精神的苦痛を被った被害者は、加害者に対して損害賠償を請求することができます。

しかし、要はお金ではなく、生活を妨害する騒音そのものをやめさせることが問題です。防音装置を設けるなども考えられますが、通常のアパートでは、なかなか効果的な設備をすることは困難でしょう。結局、騒音を発生させる人に自粛を求めるしかないと思います。

ご質問者は、大家さんとして、他の居住者と共同して、その大学生と交渉するのも一法ですが、直接の交渉で効果がないならば、県庁や市役所の公害課へ相談してみられるのもよいでしょう。

どうしてもききいれられないならば、その学生との賃貸借契約を解除してアパートから出ていってもらうしかありません。契約解除の通知は、内容証明郵便でなさるのがよいと思います。もし出ていかなければ、裁判にかけることになります。

なお、騒音は、軽犯罪法に触れることもありますから（１条14号)、事情によっては警察に訴えることもできます。

Ⅸ－31

騒音の防止法〔騒音規制法、都道府県条例〕

Q 私の家の近くに布を織る工場があるのですが、その工場から出る騒音で家族が悩まされています。毎日、深夜の12時まで機械を動かしているので、寝ることができず、ノイローゼ気味で、介護の必要な母にとってはとくに難事です。市役所に相談したところ、夜の10時には機械を止めるようにとの指示を出してくれました。ところが、工場側は一向にこの指示に従わず、「儲けが減るからだめだ」と主張しています。裁判に訴えるほかないと思いますが、どうしたらよいでしょうか。

A 工場の騒音は、公害の一種です。「騒音規制法」という法律があります（昭和43年法律98号)。工場、事業場における騒音、自動車騒音について必要な規制を行い、生活環境の保全、国民の健康の保護を目指す見地から（１条参照)、都道府県知事の指定する地域内の特定工場が、定められた基準に反する騒音を出す場合などに、市町村長が抑制の勧告をし、従わないときは処罰する（１年以下の懲役又は10万円以下の罰金)、などの規定を設けています（４条以下・12条２項・29条など参照)。

また、特定工場以外の工場についても、各地方公共団体の条例によって、騒音の取締りが行われています。代表的な条例として、東京都の条例をみましょう。「都民の健康と安全を確保する環境に関する条例」（平成12年条例215号）によって、環境保全の見地から種々の取締りがはかられていますが、騒音についての規制も定められています。東京都以外の地に居住されている方には、その場所に適用される道府県条例に、類似した規定があると思いますから、ご点検ください。

まず、都条例68条１項には、工場又は指定作業物を設置している者は、そこから、規制基準を超える騒音を、規制基準を定めていないものについては、人の健康又は生活環境に障害を及ぼすおそれのない程度を超える騒音を発生させてはならないという規定があります。そして、100条には、知事は、工場又は指定作業場から発生する騒音が68条１項に規定する規制基準を超え、かつ、当該工場又は指定作業場の周辺の生活環境に支障を及ぼしていると認められるときは、当該工場又は指定作業場を設置している者に対して、生活環境に及ぼす支障を解消するために必要な限度において、騒音の防止方法を改善することを勧告することができる、とされ、また、102条には、その勧告を受けた者が、勧告に従わないときは、知事は改善を命ずることができるとされるとともに、158条には、その命令に違反した者は、１年以下の懲役又は50万円以下の罰金に処する、と定められているのです。

ところで、ご質問者が市役所に相談したところ、工場に対して午後10時以後には機械を止めるようにとの指示を出してくださったとのこと、そして、ご質問者の居住されている場所が東京都でなくても、その地域における道府県の条例にも、上記の東京都の条例に類似した規定が設けられているはずですから、それを確かめられた上、それに対する対処法を改めて市役所などの担当者に相談され、適当な措置をとっていただくのがよいと思います。

なお、このような行政機関による騒音の取締りとは別に、民事裁判によって騒音の差止めを求めることも可能であると思われます。すなわち、各都道府県において行政機関の定める許される騒音の基準がありますが、それを参考としつつ、その基準を超えて、市民としての社会生活上の受忍限度、つまり、我慢しなければならない限界を超えた騒音には、それを発することを差し止める裁判所の仮処分命令を言い渡してもらうことです。つまり、ご質問者は、問題の工場の発する騒音が都道府県の定める基準を超えているときは、それを差し止める仮処分命令を発してくれることを求めて裁判を起こすこともできるといえましょう。

Ⅸ—32

夜間、隣人のカラオケ練習による騒音への対応策〔騒音規制法、軽犯罪法〕

Q　隣りの家の息子のカラオケに悩まされています。隣りの息子は学生ですが、毎晩のように２階のベランダでカラオケの練習を行い、午前１時頃までになることも少なくありません。そのためよく眠れず、わが家の老人たちは、睡眠障害で体調を害しています。何度も苦情を申し入れたのですが、息子は、「すみません、気をつけます」と言うだけで、２、３日たつと、また始めるのです。どうしたらよいでしょうか。

A　騒音は、人々の安定した生活を害する困った問題です。騒音規制法（昭和43年法律98号）という法律があり、特定の工場、事業場、建設作業場などでの騒音の規制をはかっていますが、飲食店、営業店などでの深夜の騒音については、地方公共団体の条例で必要な措置をとることを定めるようにとの規定も設けられています（28条）。

ご質問者は、隣りの家の息子に、深夜のカラオケ練習をやめるようにと申し入れても、応じないのであれば、まず、市区町村の騒音問題担当係に申し立てて、係員からその地の条例に従った然るべき処置をとっていただくことができましょう。また、簡易裁判所に隣人の青年との調停を申し立てることも可能だと思います。裁判官の前で青年とよく話し合い、納得させて騒音を発する所為をやめてもらうのです。

そして、市区町村役場の係員の処置や簡易裁判所の調停に対しても隣家の息子が応じないときは、地方裁判所に訴訟を起こさざるを得ませんが、それについては、騒音の差止めの申立てとともに、もし青年の発した騒音によってご質問者の側に生じた被害が明らかな場合には、それに対する損害賠償請求の申立てをすることもできると思います。ただ、これらの申立てをするには、隣家の息子の発している騒音が被害者側にとって受忍限度、すなわち社会の一般人として生活上我慢すべき限界を超えていると認められることが必要です。それについては、騒音の大きさ、騒音の発せられる場所・時間などが判断の重要な基準とされましょう。ご質問の場合、おそらく住宅地帯で夜間の静かであるべき時間に、隣家の息子が大声でカラオケの練習をするというのですから、一般人の生活上の受忍限度を超えていることは明らかだと思います。そして、ご質問者のお宅でお年寄りの方がその騒音のために睡眠障害を起こされていることについても、損害賠償の請求が可能でしょう。

なお、軽犯罪法には、「公務員の制止をきかずに、人声、楽器、ラジオなどの音を異常に大きく出して静穏を害し近隣に迷惑をかけた者」を拘留又は科料に処するという規定があります（1条14号）。もし隣家の息子が市町村の係員の注意を受けたのに、カラオケ練習を続けたときは、この規定に違反しますので、ご質問者は、その息子を告発して処罰を求めることもできるのです。

10.　悪臭防止法

Ⅸ — 33

隣家のごみ焼き煙の悪臭への対処策〔廃棄物の処理及び清掃に関する法律、悪臭防止法〕

Q　隣りの家では、いつも庭でごみを燃やしています。風向きで、煙が私の家に吹きつけることが多く、その臭いが臭くてたまりません。隣家では、猫好きで、猫を10匹ぐらい飼っているので、その糞尿も処理しているのかと思います。息苦しく、吐きそうになったり、頭痛を起こしたりします。何度苦情を言っても、聞いてくれません。どうしたらよいでしょうか。

A　このような隣人の行為は、法律上許されるものではなく、やめさせるために然るべき処置をとることができると思います。

問題となる法律としては、まず、「廃棄物の処理及び清掃に関する法律」（昭和45年法律137号）があげられます。この法律は、廃棄物、すなわち、ごみなどの排出を抑制し、処理を適切にして、生活環境、公衆衛生を守ることを目的とするものですが（1条参照）、その16条の2には、何人も、法令の定める管理・処理の基準に違反して廃棄物を焼却してはならないとする趣旨の規定があり、その違反者には、「5年以下の懲役若しくは1,000万円以下の罰金に処し、又はこれを併科する」とされています（25条）。隣人が猫の糞尿などを庭で燃やして処理している行為は、この犯罪に当たると思われますから、ご質問者は、隣人を警察等に告訴して処罰を求めることにより、その行為をやめさせることができましょう。

次に、隣人の行為は、「悪臭防止法」（昭和46年法律91号）にも違反すると思われます。この法律も、主に工場などの事業場から生じる悪臭を規制して、生活環境・国民の健康保護を目的とするものですが（1条参照）、その15条には、何人も、住居が集合している地域において、燃焼に伴って悪臭の生じる物を野外で多量に焼却してはならないとした規定があります。この規定には、罰則は定められていませんが、国や地方公共団体は、このような悪質な行為の防止のために努力すべきことを示唆しています（17条）。それ故、ご質問者は、市役所などの担当係員に相談して、隣人の行為を取り締まってもらうことができると思われます。

また、隣人の燃やしたごみのために、ご質問者が健康を害された場合には、隣人の行為は、民法709条、710条の不法行為となりますので、ご質問者は隣人に損害賠償を請求し得るとともに、その行為の差止めを求めることもできるといえましょう。隣人が交渉に応じないときは、裁判所に訴えるべきです。

なお、傷害を生じたときは、隣人を傷害罪（刑法204条）として、告訴することも可能です。

このように、隣人のごみ焼き行為をやめさせるには、法律上いろいろな方法がありますので、ご質問者は、よく考えられて対処してください。

11.　ストーカー規制法

Ⅸ — 34

ストーカー行為への対処〔ストーカー行為等の規制等に関する法律〕

Q　24歳のＯＬです。しばらく前に、ある男性から交際を求められたのですが、気が進まずお断りしました。すると、しばらくたってから、その男性にしつこく付きまとわれて困っています。初めは、私の家へ電話やＦＡＸを繰り返し掛けてきて、嫌なことを言ったりしていたのですが、その後、通勤途中の私を待ちかまえていて、突然話しかけてきたりします。そして、先日、勝手に撮影した私の写真を彼のインターネットの個人的なホームページに載せて、いろいろ感想めいたことを記載し、そのことをＦＡＸで連絡してきました。私は、彼を強く批判したいので

すが、一人暮らしでアパートの部屋も彼に知られているので、無気味で何も言えません。警察に知らせようとも考えますが、まだ実際的な危害などを加えられてはいないので、取り合ってもらえないのではないかと思われます。「ストーカー対策法」という法律があると聞いたような気もするのですが、どうなのでしょうか。相談する人もなく、不安な日々を過ごしています。対策を教えてください。

A ご質問者は、ある男性からしつこく付きまとわれて不安な日々を過ごしておられるとのこと、大変お気の毒です。「ストーカー対策法」は、正確には、「ストーカー行為等の規制等に関する法律」といいます。平成12年に制定され（同年法律81号）、施行されました（同年11月24日）。ストーカー行為は、ご質問者が悩まされているように、現在でも絶えませんが、平成12年の頃には急速に増加して大きな社会問題となり、それに対処するために、この法律が作られ、ストーカー行為の行政的な禁止命令や、犯罪としての罰則とともに、被害者からの申告に応じた警察の支援などが規定されているのです。

この法律におけるストーカー行為の意味については、２条に示されていますが、要は、特定の人に対する恋愛感情などから、その人に付きまとい、待ち伏せたり、面会を要求する行為を反復するなどして、被害者に不安を覚えさせ、生活の安全を脅かすようなことをいうのですが、ご質問者に対して、その男性が電話やＦＡＸを繰り返して掛けて嫌なことを言うのはストーカー行為に当たり得ますし、通勤途中のご質問者を待ちかまえていて突然話しかけてくることもストーカー行為となり得ると思われます。また、ご質問者の写真を勝手に撮影し、それをご質問者に無断で自分のインターネットのホームページに載せ、いろいろ感想めいたことを記載することは、それによって、ご質問者の名誉が害されるときは、ストーカー行為となります。そして、そのことをご質問者にＦＡＸで連絡してきたことも、ご質問者に不安を抱かせる場合には、ストーカー行為に当たるでしょう（２条参照）。

この法律は、ストーカー行為の禁止を定めた上（３条）、警察本部長等は、被害者からストーカー行為についての警告を求められたときは、さらに反復してその行為をしてはならない旨の警告をなし得るとし（４条）、都道府県公安委員会は、警告を受けた者が、それに従わず、さらに反復してストーカー行為をするおそれがあると認めるときは、その禁止命令を発することができるとしています（５条）。そして、この禁止命令に違反してストーカー行為をした者は、１年以下の懲役又は100万円以下の罰金に処せられます（14条１項。なお、２項及び15条参照）。また、警察本部長等は、ストーカー行為の被害者から、ストーカー行為者に対して、さらに反復行為をしてはならない旨の警告を求められた場合に、ストーカー行為の反復されるおそれがあるとともに、被害者の身体の安全等が害されることを防止するために緊急の必要があるときは、ストーカー行為者に、さらに反復行為をしてはならないとの仮の命令を行うことができるとされています（６条）。

そして、この法律は、ストーカー行為をした者は、６月以下の懲役又は50万円以下の罰金に処すると規定しています（13条1項）。ただ、この犯罪は、被害者からの告訴がなければ公訴を提訴することができません（同条2項）。

そのほか、警察本部長等は、ストーカー行為の被害者から、その被害を自ら防止するための援助を受けたい旨の申出があり、それを相当と認めるときは、防止の方法を教示したり、さらに関係機関と連携して必要な援助を行う旨を定めています（7条）。そして、国及び地方公共団体等も、ストーカー行為の防止に努めることが必要であるとされているのです（8条）。

この法律の主な内容は以上のとおりですから、ご質問者は、この法律を有効に活用するように、できるだけ早く、警察に相談し、その男性のストーカー行為をやめるように警告を発してもらうとともに、自己防衛の方法について教示を受け、かつ、被害の予防に協力をお願いすることが望ましいと思います。

ストーカー行為は、繰り返されているうちに次第にエスカレートして、殺人や傷害などの凶悪な犯罪を引き起こすこともないではありません。できるだけ早期の対応が必要なのです。

なお、実際上、そこまでは問題としにくいかもしれませんが、上に述べたように、この法律では、その男性のストーカー行為は、13条1項の犯罪となることもあるのですから、事情によっては、ご質問者は、被害者として、その男性を警察などに告訴し、その処罰を求めることも考えられましょう。

12.　青少年育成関係法令

Ⅸ－35

高校生の深夜外出を取り締まる法律はないか〔都道府県の青少年育成条例〕

Q　うちの息子は、16歳で高校1年生ですが、バカな先輩たちから誘われて、週末などにはよく夜10時頃から外出し、朝の6時頃帰宅します。施設の狭い個室で、数人が集まってカラオケなどを歌っているらしいのです。「よくないことだから、やめなさい」と言っても、「面白いからやらせて」と言って、応じません。どうしたらよいでしょうか。

A　各都道府県には、青少年の健全な育成を目指した条例がありますが、その中に、青少年の深夜外出を制限する規定が設けられています。

「東京都青少年の健全な育成に関する条例」（昭和39年条例181号）では、15条の4と16条の規定がそれに当たります。

まず、15条の4は、「深夜外出の制限」を定めており、第1項には、「保護者は、通勤又は通学その他正当な理由がある場合を除き、深夜（午後11時から翌日午前4時までの時間をいう。以下同じ。）に青少年を外出させないように努めなければならない」と規定しています。「保護者」とは、「親権を行う者、後見人その他の者で青少年を現に保護監督するもの」であり（4条の2）、「青少年」とは、「18歳未満の者」をいいます（2条1号）。青少年の深夜の外出は、いろいろな意味で、青少年の健全な育成の妨げとなるおそれがありますので、この条例が、保護者にこのような義務を課したのは当然のことというべきでしょう。次に、第2項は、「何人も、保護者の委託を受け、又は同意を得た場合その他正当な理由がある場合を除き、深夜に青少年を連れ出し、同伴し、又はとどめてはならない」と規定し、違反者は、「30万円以下の罰金に処する」とされています（26条5号）。なお、第3項には、深夜外出している青少年に対する一般人の保護義務を認め、第4項には、深夜営業を営む事業主や従業者に、その時間帯に営業施設や敷地内にいる青少年に帰宅を促すことを義務づけているのです。

また、16条には、「深夜における興行場等への立入りの制限等」が定められていますが、第1項は、「次に掲げる施設を経営する者及びその代理人、使用人その他の従業者は、深夜においては、当該施設に青少年を立ち入らせてはならない」とし、その第3号には、「個室を設けて当該個室において客に専用装置による伴奏音楽に合わせて歌唱を行わせる施設」があげられており、違反者は「30万円以下の罰金に処する」としています（26条6号）。

なお、この条例の30条には、「この条例に違反した者が青少年であるときは、この条例の罰則は、当該青少年の違反行為については、これを適用しない」と規定されています。

次に、「愛知県青少年保護育成条例」（昭和36年条例13号）も、細部においては、例えば、「深夜」の意味について、「午後11時から翌日の日出時までの時間をいう」とする（17条1項）など、東京都条例と異なったところもありますが、基本的には、ほとんど同様ですので、詳しい引用を略させてください。他の道府県の条例も、ほぼ同様であるといえましょう。

そこで、上掲の東京都条例によりますと、ご質問者の息子さんが深夜出かけられる場所は、16条1項3号の個室歌唱施設ではないかと思われます。そうしますと、その施設経営者、その代理人、使用人その他の従業者が、深夜、その個室に息子さんたちを立ち入らせる行為は、26条6号に当たる犯罪となるのです。ご質問者は、それらの人たちを警察や検察庁に訴えてその処罰を求めることもできますし、処罰しなくても、それらの人たちを促して息子さんの受け入れをやめさせることができましょう。なお、息子さんの仲間の中に19歳以上の人が交じっているときは、その人には15条の4第2項、26条5号の犯罪が成立し、30条の適用もありませんから、処罰を求めることも可能なのです。

こうして、ご質問者は、息子さんにこのような条例の規定の意味をよく説明し、深夜外出の好ましくないことを理解させ、反省を促されるのがよいでしょう。

Ⅸ—36

15歳の男子中学生が25歳の女性教師と結婚を目指して交際することは許されるか〔都道府県青少年育成条例、民法731条〕

Q　15歳の中学生です。昨年から教えていただいている25歳の女の音楽の先生が大好きになってしまいました。打ち明けたら交際していただけるでしょうか。できれば結婚したいくらいの気持です。法律では許されるのでしょうか。

A　本来、15歳の男子と25歳の女性とが親しくなって交際をすること自体は、年齢の違いなどに関係なく自由に行われてよいことと思われます。しかし、教師と生徒という関係からいろいろな問題を生じることがありましょう。

まず、同じ学校で、現職の教師と在学中の一人の生徒が、二人だけの親密な交際をすることは、今日の社会観念上非難を免れないでしょう。教師は、教育にあたるすべての生徒に対して、公正、平等に接しなければならないことが当然のモラルとされており、一人の生徒だけと親しくすることは許されません。したがって、ご質問者がその音楽の先生と特別の交際をしていることが、学校側に知られたときは、おそらくその先生は転勤又は退職の処分を受けることになると思われます。

次に、もしご質問者がその先生と親しく交際して性的交渉などを持った場合には、その先生は、各都道府県の条例で定められている青少年（18歳未満の者をいいます）の健全な育成を図る条例に違反する犯罪者とされかねないでしょう。例えば、「東京都青少年の健全な育成に関する条例」（昭和39年条例181号）18条の６には「何人も、青少年とみだらな性交又は性交類似行為を行ってはならない」と定められ、24条の３には、「第18条の６の規定に違反した者は、２年以下の懲役又は100万円以下の罰金に処する」と規定されています。また、愛知県青少年保護育成条例（昭和36年条例13号）の14条１項にも、「何人も、青少年に対して、いん行又はわいせつ行為をしてはならない」と規定され、その違反者には、東京都条例と同じく、「２年以下の懲役又は100万円以下の罰金に処する」と定められているのです。他の道府県にも、おそらく同様の条例がありましょう。そして、その音楽の先生が、これらの条例に違反する犯罪者とされたときは、それだけで、その職を追われることになりましょう。

このように、音楽の先生は、ただ25歳の女性というのではなく、ご質問者に対して教師という特別の立場にあることをよく理解しなければなりません。その先生にご質問者の気持を打ち明けることは差し支えないでしょうが、それに対して、先生がどのような応答をされるかには、先生の気持についての十分な理解が必要なのです。そして、先生が特別の交際を辞退されても、それはやむをえないことです。また、交際してくださると言われても、ご質問者は、あくまで生徒として先生との清らかな関係を続けることが必要です。

なお、結婚については、民法731条に、「男は、18歳に、女は、16歳にならなければ、婚姻をすることができない」と規定されています。ご質問者の15歳では、まだ結婚はできません。婚姻については、以前には、家のために親が決めるなどということも行われましたが、現在は、男女の自由かつ平等な合意のもとに生涯を共にしようとする法的な結合だとみられています。婚姻の適齢は、男女それぞれがそのような人生の予測に堪えられる成熟した年齢に達したことと考えられます。ご質問者が音楽の先生と結婚したいと望まれ、先生もそれに賛成されたとしても、適齢までには、まだ少なくとも３年の期間がありますので、その間、真剣な交際を続けられ、少なくとも高校を卒業した頃くらいの時期に結婚されたらよいでしょう。

13.　児童保護関係法令

Ⅸ — 37

児童ポルノのCD−Rをインターネット・オークションに出品、販売した犯罪

Q ある日本画家がインターネット上のオークションに、児童のわいせつな画像の入ったCD−Rを出品し、会社員らに１枚1,000円で販売したことで逮捕されたというニュースを聞きました。これは、どんな犯罪になるのですか。

A ご質問の日本画家の行為は、まず、「児童買春、児童ポルノに係る行為等の処罰及び児童の保護等に関する法律」（平成11年法律52号）に違反すると思います。この法律は、児童に対する性的な搾取、虐待が児童の権利を著しく侵害することを重視して、児童買春、児童ポルノに関する行為を処罰し、児童を保護することを目的とするもので、平成11年11月から施行されています。「児童」とは、18歳未満の者を指します（２条１項）。

この法律の対象としては、児童ポルノのほかに児童買春もありますが、ここでは、ご質問の児童ポルノに限って説明します。

「児童ポルノ」とは、写真、コンピューターで処理される記録などであって、児童を相手方とする、又は児童による性交、性交類似行為などについて、児童の姿や形を目で見ることができるように描き、写したものをいいます（２条３項）。そして、児童ポルノについての種々の犯罪が規定されていますが、ご質問の事件で問題とされるのは、７条４項、５項に定められている犯罪です。すなわち、「児童ポルノを不特定若しくは多数の者に提供し、又は公然と陳列した者」、「電気通信回線を通じて（……児童の性交等の姿態を……）視覚により認識することができる方法により描写した情報を記録した電磁的記録その他の記録を不特定又は多数の者に提供した者」（４項）、「不特定又は多数の者に提供する目的で、児童ポルノを製造し、所持し、運搬し、本邦に輸入し、又は本邦から輸出した者」、また、（上記の目的で同項の電磁的記録を）

「保管した者」に対して、「５年以下の懲役若しくは500万円以下の罰金に処し、又はこれを併科する」と定められています。

「提供」するとは、児童ポルノを相手方の利用し得る状態に置くことをいいます。お金を取らずに配ることも、お金を取って売ることも、営業として貸すことも、みな、提供に当たると解されます。そして、ご質問の日本画家の行為は、インターネット上のオークション（競売）にわいせつな児童ポルノの入ったＣＤ－Ｒを出品して販売したというのですから、児童ポルノを不特定もしくは多数の者にお金を取って売ったのであり、提供したことになります。また、日本画家は、その提供の目的で、ＣＤ－Ｒを製造し、所持し、保管していたのでしょうから、それらの行為も、この法律で処罰される犯罪となると思います。

なお、刑法175条には、わいせつな図画などを販売し、公然と陳列し、販売の目的で所持した者を２年以下の懲役又は250万円以下の罰金もしくは科料に処する、とした規定がありますが、ご質問の日本画家の行為は、この犯罪にも該当するでしょう。

児童には、成長していく将来があるのです。人間の尊厳性を考えるとき、児童の人権を著しく侵害する児童ポルノの提供などは、決してやらないでほしいことですね。

Ⅸ－38

児童虐待の防止策〔児童虐待の防止等に関する法律〕

Q　児童虐待事件をよく耳にします。母親が幼稚園児を殴って怪我をさせたり、両親が中学生の息子に食事も与えずに暴行を加え続けて餓死寸前の状態にしたり、こんな事件の防止策はないのでしょうか。

A　全く困ったことです。社会も変わり、人間も変わってしまったことが大きな原因でしょうが、放置しておくことは許されません。国民の一人一人が事件の重大性を認識し、改善に努めるべきです。

児童の虐待の防止を目指す法律として、平成12年に制定された「児童虐待の防止等に関する法律」があります（同年法律82号）。児童虐待が、児童の人権を侵害し、その心身の成長、人格の形成に影響を与え、わが国の将来の世代の育成にも懸念を及ぼすことから、児童虐待の禁止、予防、早期発見など、国及び地方公共団体の責務、虐待を受けた児童の保護及び自立の支援の措置などについて規定し、児童虐待防止策を促進することなどを目的とするとされています（１条）。

この法律で、「児童」とは、18歳未満の者をいい、「児童虐待」とは、児童の身体に外傷を生じさせるような暴行を加えること、児童にわいせつな行為をし、又はさせること、児童の心身の正常な発達を妨げるような著しい減食又は長時間にわたる放置をすることなどをいうものとされています（２条）。

そして、具体的な規定を詳述することはできませんが、国、地方公共団体の責務とともに、福祉事務所、児童相談所など及びそれらの施設の職員や、学校の教職員、病院の医師、保健師などに対して、児童虐待の防止のためにとるべき措置が定められるとともに、児童虐待を行った保護者への必要な指導、措置（11条、12条など）、虐待を受けた児童に対する措置（児童福祉法28条、33条など参照）について規定されているのです。

しかし、これらの規定が万全なものであるとは、いい難いでしょう。児童虐待の責任は、何といっても、虐待者である親にあります。親権者などの親は、未成年の子を監護、養育する権利、義務を有するのであり（民法820条）、必要な範囲で子を懲戒する権利も認められています（民法822条）。子に対して必要なしつけを行うことは当然の義務ですが、限度を越えて虐待に至ることは、人間として許されるべきことではありません。児童虐待は、親自身が人間として十分に成長していないことを示すものです。児童虐待の防止のためには、国をあげて親自身に反省を求め、健全な人間性の養成に努めてもらうことが最も重要な課題であると思います。

14.　動物愛護法

Ⅸ—39

隣の庭に放し飼いにされている鶏の鳴き声で睡眠を妨げられることへの対処法〔動物の愛護及び管理に関する法律、不法行為〕

Q　私の家の隣人は鳥好きでいろいろな鳥を飼っているようですが、とくに庭に放し飼いにしている鶏が100羽ぐらいいて、垣根を隔てた先で朝早くから大きな声で鳴き騒ぐ声の騒音で睡眠を妨げられて困っています。隣人にどう交渉したらよいのでしょうか。

A　動物の愛護及び管理に関する法律（昭和48年法律105号）という法律があります。動物の愛護と適正な飼養などを図って制定されているのですが、その7条に動物の所有者又は占有者の責務について、「動物の所有者又は占有者は、命あるものである動物の所有者又は占有者としての責任を十分に自覚して、その動物をその種類、習性等に応じて適正に飼養し、又は保管することにより、動物の健康及び安全を保持するように努めるとともに、動物が人の生命、身体若しくは財産に害を加え、又は人に迷惑を及ぼすことのないように努めなければならない」と規定されています。つまり、動物を飼育するには、その動物を可愛がって種々の措置をとるとともに、他人に迷惑をかけないようにすることが必要なのです。

ご質問者の隣人は、鳥を可愛がって飼育されているのですが、その飼育によって隣家に住んでおられるご質問者に大変な迷惑をかけていることに全く気付かずにいるのか、気付いても、それを意に介さずにいることになりましょう。しかし、そのような生活態度は、社会観念上、許されるものではありません。そして、この法律は、都道府県知事は、多数の動物の飼養又は保管に起因して周辺の生活環境が損なわれ、環境省令で定める事態が生じていると認めるときは、その事態を生じさせている者に対し、その事態を除去するために必要な措置をとることを勧告することができ、それに応じない者には、勧告した措置をとることを命ずることができるとするとともに、その勧告・命令に関して、市町村長に必要な協力を求めることができると規定しています(25条)。それ故、ご質問者は、都道府県庁又は市役所、町村役場の担当者にお願いして、隣家の鶏の飼養に関する措置について必要な勧告・命令を発していただくのがよいと思われます。

次に、隣家で庭に放し飼いにされている鶏が鳴き騒ぐ声の騒音が社会観念上、一般の生活上の受忍限度を超えている場合には、それは、ご質問者にとって居住の静穏を侵害するものとして民法709条、710条の定める不法行為に該当するといえましょう。709条には、「故意又は過失によって他人の権利又は法律上保護される利益を侵害した者は、これによって生じた損害を賠償する責任を負う」と規定され、また、710条には、「他人の身体、自由若しくは名誉を侵害した場合又は他人の財産権を侵害した場合のいずれであるかを問わず、前条の規定により損害賠償の責任を負う者は、財産以外の損害に対しても、その賠償をしなければならない」と定められています。

したがって、隣人は、ご質問者に対して、その侵害の程度に応じて損害賠償の責任を負うことになります。鶏の鳴く騒音によって、睡眠がとれないということ、それが、社会の一般人の睡眠に当てている早朝から続いていること、また、その睡眠不足によって、ご質問者が身体的な侵害を受けたことなど、具体的な損害の程度に相当した賠償額が論ぜられるべきです。

それから、そのように垣根を隔てただけの庭に100羽ぐらいの多数の鶏を放し飼いにしていることも問題です。隣人に対して、ご質問者は、鶏を飼うことは自由ですが、社会生活上の受忍限度内の騒音を発するような飼育法をとることを要求することもできます。

このような法律的な権利の存在を承知して、ご質問者は、隣人と話し合いをされるのがよいでしょう。隣人ですから、なるべく平穏な話し合いができることが望ましいので、事情によっては、第三者として、弁護士などに話し合いを依頼されるのもよいと思います。

Ⅸ—40

飼っていた亀を公園の池に捨てた行為の責任〔動物の愛護及び管理に関する法律〕

Q　小さい時から飼ってきた亀がいつの間にか大きくなり、水槽の中で自由に動き回れなくなっていたのを見て、何だか世話をするのが嫌になり、餌を与えずに放置しました。１週間程たって様子を見ると、大分弱っているようなので、かわいそうになり、近くの公園の池に捨てました。私の行為は、何か法律に触れるでしょうか。

A 「動物の愛護及び管理に関する法律」という法律があります。以前から、昭和48年に制定された「動物の保護及び管理に関する法律」がありましたが（同年法律105号）、動物虐待事件が相次いで起こったことから、平成11年に大幅な改正が加えられ、法律の名称もこのように改められたのです（同年法律221号）。この新しい法律では、①動物の生命を尊重すること、②人と動物との共生を図ること、③動物の人に対する侵害を防止することを目的として種々の規定が設けられています。

ご質問の点については、愛護動物の保護に関する規定が問題となります。「愛護動物」とは、人が可愛がって飼育する動物をいいますが、その種類としては、牛、馬、豚、めん羊、やぎ、犬、ねこなどのほか、人が占有している爬虫類も含まれます（44条4項）。亀は、爬虫類ですから、人が飼っているものは、愛護動物に当たります。そして、「愛護動物をみだりに殺し、又は傷つけた者は、1年以下の懲役又は100万円以下の罰金に処する」（同条1項）、「愛護動物に対し、みだりに給餌又は給水をやめることにより衰弱させる等の虐待を行った者は、50万円以下の罰金に処する」（同条2項）、「愛護動物を遺棄した者は、50万円以下の罰金に処する」（同条3項）、と規定されています。

そこで、ご質問者が、亀に餌を1週間も与えずにおいて、亀を大分弱らせたことは、虐待罪に、また、亀を公園の池に捨てたことは、遺棄罪に当たるでしょう。亀にとっては、窮屈な水槽の中で、1週間も、餌を与えられずにいるよりも、公園の池に放たれた方が遥かに幸せでしょうが、ご質問者にとっては、それは、愛護動物を遺棄したことにほかならないのです。そして、法定刑は、虐待罪も、遺棄罪も、50万円以下の罰金ですから、ご質問者に対する刑罰は、両罪の刑を併せた100万円以下の罰金として、処罰されることとなります（刑法48条2項）。

Ⅸ — 41

種の保存法〔絶滅のおそれのある野生動植物の種の保存に関する法律、動物の愛護及び管理に関する法律〕

Q 動物プロダクションで、無許可で飼われていた虎が、飼育係を噛み殺したという事件で、動物プロダクションの社長が、「種の保存法」違反の疑いで逮捕されたというニュースを聞きました。「種の保存法」とは、初めて聞く名前の法律ですが、どんな法律なのですか。そして、社長はどんな罪になるのでしょうか。

A 東京都町田市の動物プロダクションで、飼育係がベンガル虎に噛まれて死亡した事件がありましたが（平成12年2月）、警視庁は、この事件について、プロダクションの社長と、この虎をプロダクションに売った千葉市の動物販売会社の社長らを種の保存法違反として逮捕したとのことですね。

種の保存法とは、余り知られていない法律ですが、正確には、「絶滅のおそれのある野生動植物の種の保存に関する法律」という名称で、平成4年法律75号として制定されたものです。
この法律の目的は、絶滅のおそれのある野生の動植物の種の保存を図ることによって、良好な自然環境を守り、国民の健康で文化的な生活の確保に寄与しようとすることにあります（1条参照）。そして、その見地から、希少な野生の動植物の個体は、環境大臣の許可なしに譲渡し、譲り受けてはならないとされ（12条）、違反者は、1年以下の懲役又は100万円以下の罰金に処すると定められています（58条1号）。動物販売会社の社長と動物プロダクションの社長との間のベンガル虎の売買は、環境大臣（当時は、環境庁長官）の許可を得ずに行われましたので、この規定に違反する犯罪となるのです。
なお、この法律には、法人の代表者などが、その法人などのために58条の違反行為をしたときは、行為者を罰するほか、その法人に対しても罰金刑を科するという両罰規定の定めもありますので（65条）、それぞれの会社も、処罰され得るのです。
次に、動物プロダクションの社長は、これ以外の罪には問われないかという問題もあります。マスコミなどの報道では、はっきりしていませんが、社長は、このベンガル虎を飼育するにあたって、東京都知事の許可を受けていなかったのではないかと思われます。もしそうとしますと、社長は、「動物の愛護及び管理に関する法律」（昭和48年法律105号）26条の規定に違反し、45条によって、6月以下の懲役又は50万円以下の罰金に処せられます。なお、この事件の当時には、東京都動物の保護及び管理に関する条例（昭和54年条例81号）25条の違反につき、50条で、1年以下の懲役又は30万円以下の罰金に処する、と定められていたのですが、この条例は、平成18年条例4号によって、「東京都動物の愛護及び管理に関する条例」と改められ、旧条例25条の罪も削られ、動物の愛護及び管理に関する法律26条による都知事の許可を要するとする規定のみになっています（条例17条参照）。
また、危険なベンガル虎を飼育するには、飼育係員が安全に飼育の作業を行い得るように、施設を整えておくことが不可欠です。東京都の条例では、虎の飼育には、直径13ミリ以上の鉄筋を120ミリ以下の間隔で配置した鉄おりに入れておかなければならないという具体的な基準が定められていますが、このような基準には、当然それを充たした設備が必要です。この事件の場合、果たしてどんな状況の下でベンガル虎が飼育されていたのかわかりませんが、もし不備があった場合には、プロダクションの社長は、施設の管理者として、死亡した飼育係に対して、刑法211条の業務上過失致死罪の罪責を問われることとなりましょう。刑は、5年以下の懲役もしくは禁錮又は100万円以下の罰金です。
虎のような危険な希少動物の飼育には、動物に対する愛護とともに、飼育係員の安全にも十分な配慮をしていただきたいですね。

15. 商　　法

Ⅸ — 42

ホテルで客が高価品と告げずにフロントに預けた物が紛失した場合のホテルの責任〔商法595条の特則〕

Q 40歳の主婦です。先日ある一流ホテルでの知人の結婚披露宴に招待された折、たまたまマンション購入の手付金として用意した現金30万円を入れたままのハンドバッグをクロークに預けました。披露宴の終了後ハンドバッグを受け取り、不動産屋さんに立ち寄って手付金を渡そうとしたところ、バッグの中にありません。びっくりしてすぐにホテルに引き返し、係員に問いただしましたが、現金だとはっきりさせてお預かりしたのでない以上、私どもでは責任は負えませんとの返事です。一流ホテルと信用したのに、こんなことでよいものでしょうか。

A 商法の規定によりますと、貨幣、有価証券その他の高価品については、客がその種類及び価格を明告してこれをホテルなどの場屋の主人に預けたのでない場合には、ホテルなどの場屋の主人は、その物品が失くなったり、壊れたりしたことによって生じた損害を賠償する責任を負わない旨が定められています（595条）。これは、お金などの高価な品物の保管については、特別な注意が必要ですから、それを預けるお客の側にホテル側にその旨を明らかに告知する義務を課したものです。

したがって、ご質問者が、ハンドバッグの中には現金30万円が入っていますとはっきり告げた上で係員に預けたのでない限り、ホテル側には、その30万円がなくなったことについての損害賠償義務はないわけです。

もっとも、一流ホテルではとても考えられないことですが、従業員がその30万円を盗んだとか、ハンドバッグの保管がずさんだったため、他の客が30万円を抜き取るのを防止し得なかったなどの場合には、ホテル側には、民法上の不法行為による損害賠償責任が認められる余地がないではありません。ただ、実際上、その立証は困難なことが多いでしょう。

それ故、ホテルにお金などの高価品を預ける際には、はっきりと金額を言い、それについての預かり証を受け取っておかれることが望ましいのです。

16.　古物営業法

IX—43

インターネットで古着などを売っても法律上問題にはならないか〔古物営業法〕

Q　私の友人の女性がインターネットにホームページを開いて、ネットオークションで古いCDなどを売っていたのですが、最近は、自分の古い下着なども売っているようです。こんなものを売買しても、法律上問題にはならないのでしょうか。

A　インターネットのオークションで、その女性が売っているものは、古物営業法（昭和24年法律108号）の「古物」に当たります（2条1項参照）。この法律は、盗品などが売買されるのを防止し、また、盗品などが速やかに発見されることを図って古物の営業を取り締まろうとするものです（1条参照）。

この法律で「古物」とは、「一度使用された物品」などをいいますので（2条1項参照）、古いCDも古着なども古物ですし、また、「古物営業」とは、古物を売買したり、交換したりすることですから（2条2項3号参照）、インターネットのオークションで古物を売買することも、古物営業となります。そして、この法律では、古物営業を営もうとする者は、営業所や営業者の住所・居所のある都道府県の公安委員会の許可を受けなければならないとされ（3条1項・5条1項6号）、許可を受けずに古物営業をした者は、3年以下の懲役又は100万円以下の罰金に処すると定めているのです（31条1号）。

それ故、友人の女性が、この許可を受けていたかどうかが問題ですが、もし法律を知らずにインターネットでの売買をしていたのであればすぐにやめて、改めて許可を受けることが必要です。ご質問者は、その女性と話し合ってください。

17.　特定商取引法

IX—44

エステサロンで肥満解消の美肌行為を受け続けて3か月になるが、全く効果がない場合、契約を解除し得るか〔特定商取引に関する法律41条以下〕

Q　太り過ぎで困ってダイエットをしていたのですが、うまく痩せられませんで

した。そんな時に、街角で配られていたエステサロンのちらしに、「肥満でお困りの方、必ずスマートになります」と書かれていたので、早速申し込んだのですが、6か月コースで30万円取られました。しかし、3か月間ずっと通っているのですが、一向に痩せられません。もうやめて30万円返してもらうことはできないでしょうか。

A 「特定商取引に関する法律」(昭和51年法律57号)によりますと、エステサロンが、お客さんとその身体を美しくするために、一定の長期間にわたって肌を美しくする行為を行い、お客さんから多額のお金を受け取るという契約を「特定継続的役務提供契約」といい、お客さんを保護するために、エステサロンのような役務提供事業者は、実際よりも優れた能力があるような誇大広告をしてはならない、お客さんと契約を結ぶにあたって事実に反することを告げてはならない、契約の内容についてはっきり記した書面を渡さなければならない、などと規定しています。そして、エステサロンと美肌行為を受ける契約をしたお客さんは、契約の時から8日以内ならば、いつでも契約を解除して払ったお金を返してもらう、クーリング・オフをすることができるとされているのです(41条以下・48条)。

ところで、ご質問の場合のように、契約の時から3か月もたってしまったときは、クーリング・オフはできませんが、将来に向かって契約を解除することは可能でしょう。ただ、それまでの間にエステサロンから提供された美肌行為に対する代金は支払わなければならないので、30万円を全額返してもらうことはできないでしょう。6か月契約の半分ですから、15万円ぐらいは支払わなければならないと思います。

しかし、そのエステサロンの美肌行為が、肥満した身体をスマートに痩せさせる効果など全くないのに、お客さんをだまして高い料金を取ったものであることが判明した場合には、それは詐欺行為となりますので、事情が違います。民法96条1項には、「詐欺……による意思表示は、取り消すことができる」と規定されています。また、消費者契約法(平成12年法律61号)4条2項にも、消費者は、事業者が消費者契約の締結を勧誘する際に重要な事項について事実と違ったことを告げ、そのとおりだと誤認して契約を結んだときは、それを取り消すことができる旨が定められているのです。それ故、ご質問者は、これらの規定によって、エステサロンとの契約を解除し、支払ったお金は全額返済を請求することができるといえましょう(民法703条)。ただ、このような処置をとるには、エステサロンの美肌行為が肥満した身体を痩せさせる効果のないことを確かめ、それを証拠づけなければならないので、その事実が他の方面から社会的に明らかにされた場合は別として、ご質問者が医学者などの協力を得て調査するなどの必要性もありましょう。

なお、詐欺行為は、刑法上の犯罪ともなりますので(刑法246条、詐欺罪)、ご質問者は、エステサロンを警察などに告訴して処罰を求めることもできます。

Ⅸ—45
訪問販売で買った指輪を返したいが、どうすればよいか（クーリング・オフ）〔特定商取引に関する法律〕

Q 玄関に入ってきたセールスマンが、宝石のことを面白く話すので、釣り込まれて聞いていると、「では、現物を見てください」と宝石の指輪を次々と並べ立てて説得するので、とうとうルビーの指輪を買ってしまいました。しかし、後で、買うのではなかったと後悔しています。返すことはできないでしょうか。

A 訪問販売で買ったルビーの指輪を返したいが、どうしたらよいか、というご質問ですね。「特定商取引に関する法律」という法律があります（昭和51年法律57号）。訪問販売などの特定商取引が公正に行われ、購入者が不当に損害を受けるのを防止することなどを目的とするものです（1条参照）。

訪問販売とは、この法律では、販売業者などが所定の営業所等以外の場所で売買契約を締結する等をいうとされていますが（2条参照）、ここでは、代表的な例として、ご質問の場合のように、セールスマンがお客さんのお宅へ出掛けて商品を売買することを取り上げましょう。

訪問販売では、セールスマンからすすめられて、お客さんはもともと買う意思のなかった商品をつい買ってしまうことがありがちです。そこで、この法律は、一定の要件が備わったときは、お客さんは商品の売買を取り消すことができる旨を定めているのです。「クーリング・オフ」と呼ばれます。一般の売買では、このようなことは認められていませんが、訪問販売では、すすめられて仕方なく商品を買う気になったお客さんに対して、その後、改めてその商品が本当に必要なのかについて考え直してみるチャンスを与えようとする見地から、商品を買った時から８日以内ならば、お客さんは、クーリング・オフを求めることができるとされるのです（９条）。クーリング・オフをすることのできる商品は、政令で定められているものでなければなりませんが、ご質問の指輪はこれに当たります。

また、この法律には、訪問販売をするときは、販売業者は、販売する商品の価格や、販売業者自身の住所・氏名、必要があればクーリング・オフが可能であることなどを書いた文書をお客さんに渡さなければならないと書かれています（５条）。

ところで、お客さんがクーリング・オフを求めるときは、書面によって請求することが必要です（９条１項）。クーリング・オフの効力は、その書面が発信された時に生じます（同条２項）。書面は、トラブルを避けるために、内容証明郵便によるのがよいでしょう。

それ故、ご質問者は、これらの要件が満たされる場合に、セールスマンに対してクーリング・オフを請求し、したがって、ルビーの指輪は、セールスマンに返却し、支払った代金は返済してもらうことができるのです。

しかし、商品の性質によっては、お客さんが一部使用すれば商品価値を失い、クーリング・オフをなし得ないものもあります。

化粧品とか、石鹸や歯ブラシなどがそれに当たります。

また、訪問販売をしたセールスマンが、先に述べた文書をお客さんに渡さなかったときは、８日以内という時間の制限は生じず、いつまでもクーリング・オフが可能のようにもみられますが、実際には、そのような法律の定める基本要件をも守らないセールスマンを相手としては、クーリング・オフの手続を進めることも難しいかもしれません。それ故、訪問販売を受ける場合には、クーリング・オフをするかどうかにかかわらず、そのセールスマンが法律を守る人かどうかを十分確かめておくことが必要だと思います。

Ⅸ—46

訪問販売における契約の申込みの撤回（クーリング・オフ）〔特定商取引に関する法律〕

Q 20歳のＯＬです。先日、繁華街の路上で、30歳くらいの背広姿の男性から、「英会話カセットテープのキャンペーン中なので、アンケートに答えてくださいませんか」と声をかけられたので、「いずれ、海外旅行に行ってみたい」などと話しましたところ、「当社のカセットテープは、非常に実用的で、短期間ですばらしく上達します。一度、実物を聴いてみてください。」と、言葉巧みに誘導され、約200メートル離れた営業所に連れ込まれました。そして、実物を見せられた上、１時間ほど説明されたあげく、「カセットテープ10本、テキスト２冊、説明書２冊で、24万円ですが、４万円ずつ、６か月で支払っていただければよい」と言われ、断り切れずに申込書に署名、押印してしまいました。家へ帰ってから、24万円の買い物はどういっても高過ぎると思うのですが、解約することはできませんか。

A 最近、道路上の歩行者に呼びかけて、商品の購入契約をさせる販売方法がよく見受けられますが、そのような形での契約は、「特定商取引に関する法律」(昭和51年法律57号）にいう「訪問販売」に当たりますので（２条１項１号参照)、契約の申込みはクーリング・オフによって解約することができます。すなわち、契約後８日以内に、申込みの撤回書を販売店に送って、その売買契約を解除することができ、その申込みの撤回に関する損害賠償や違約金を支払う義務はないのです（９条１項)。

ところで、ご質問者の場合は、契約を締結されたのは販売者の営業所内だったとのことですが、営業所内では、申込者が商品を購入する意思で出向いて自由に選択した上契約した場合には、訪問販売とされません。しかし、ご質問者のように路上で呼び止められ、商品の販売の目的を隠して連れ込まれて説得された上、やむなく契約した場合には、購入者の意思の形成が一般の訪問販売と変わりませんから、訪問販売として取り扱われます（２条１項２号参照)。

それ故、ご質問者は、直ちにカセットテープ等の販売会社に対して申込撤回書を送付することによって、契約を解除することができます。

18.　遺失物法

Ⅸ—47

遺失物拾得者の対処義務〔遺失物法〕

Q　先日、友人と２人で公園を散歩していた時に、ベンチの上に財布が落ちているのを見付けました。誰かが忘れていったのだと思って、中を見ると１万円札が２枚入っていました。一緒にいた友人と１枚ずつ分けて、食事代に使ってしまいました。手に入るはずではなかったお金なので、つい気が緩んで、友人とお酒を飲んだり、食事を楽しんだりしたのでした。

しかし、その後で、何だか悪いことをしたのではないかという気持になり、次第に後悔の気持が高まってきました。今からでも警察に届けようかと思い、お金を分けた友人に相談したところ、友人は、「もう使ってしまったのだから、いいんじゃないか。黙っていればわからないよ」と言って応じてくれません。

拾ったお金を勝手に使ってしまうと、どんな犯罪になるのでしょうか。私は落とした人に返したいのですが、いくら話しても、友人の態度は変わりません。どうしたらよいのでしょうか。

A　他人が落とした物、忘れていった物を拾って自分の物にしてしまう行為は、刑法254条の遺失物横領罪となります。刑は、１年以下の懲役又は10万円以下の罰金もしくは科料とされています。

他人が落とした物、忘れていった物は、法律上「遺失物」と呼ばれますが、遺失物に関しては、「遺失物法」という法律があります（平成18年法律73号）。この法律には、遺失物の拾得者、すなわち、遺失物を見付けてその占有を始めた人は、速やかに、拾得した物件を遺失者、すなわち、その物件を占有していた人かその所有者に返還しなければならず、又は警察署長に提出することが必要であると規定されています（４条１項・２条２項—４項)。そして、提出を受けた警察署長は、その物件を遺失者に返還し、遺失者が不明なときは、公告して遺失者を探すことを要するとされているのです（６条・７条)。

それから、遺失者がわかって返還を受けるときには、遺失者は、「当該物件の価格の100分の５以上100分の20以下に相当する額の報労金を拾得者に支払わなければならない」とされています（28条１項)。ただ、拾得した物件を横領したことによって処罰された者や、拾得をした日から１週間以内にその物件を警察署長に届け出なかった者などには報労金を受け取る権利はありません（34条)。

ご質問者が公園で拾った２万円を友人と１万円ずつ分けて取得し、食事代に使ってしまった行為は、遺失物横領罪に当たります。ただ、お金は、一般に、拾った1万円札そのものに必ずしも特別な意味があるわけではなく、1万円としての金銭的価値が重要なのですから、ご質問者が別の1万円札を出して遺失者に返却すれば、遺失物横領罪での処罰は免れることができると思われます。しかし、返却しない友人は犯罪とされます。それ故、ご質問者は、是非とも、事情をよく説明して友人を説得し、別の1万円札を用意してもらい、併せて2万円を拾った財布に入れて、すぐに警察署長に届け出てください。

それによって、もし遺失者が判明し、返還された場合は、警察署長に提出したのが、拾ってから1週間以内であったときは、ご質問者と友人は、それぞれ、500円から2,000円までの報労金をもらうことができるわけです。

なお、遺失者がその物件についてのすべての権利を放棄したときには、拾得者がその所有権を取得するとされており（32条）、また、民法240条には、遺失物法の定めるところに従って公告をした後3か月以内にその所有者が判明しないときは、これを拾得した者がその所有権を取得すると定められています。ただ、これらの規定による所有権取得の日から2か月以内にその物件を警察署長から引き取らないときは、その所有権を失うとされていることにご注意ください（36条）。

それ故、場合によっては、ご質問者と友人が、それぞれ、1万円ずつを受け取ることができることもあり得るのです。

19. 特 許 法

Ⅸ―48

考案した独特のレシピについて特許の出願をすべきか〔特許法〕

Q 伝統のあるフランス料理店で料理人をしています。料理の研究が好きで、暇があるといろいろ工夫をしてみるのですが、最近、フルーツを使った独特のレシピを考案して、仲間たちに試食してもらうと大変好評でした。せっかくの工夫なので特許を取りたいと仲間に話すと、それを聞いた店主が、店の秘伝にしたいから、特許の出願はしないでくれと言いました。私は、どうしたらよいでしょうか。

A 特許法（昭和34年法律121号）は、「発明の保護及び利用を図ることにより、発明を奨励し、もって産業の発達に寄与することを目的」としており（1条）、「発明」とは、「自然法則を利用した技術的思想の創作のうち高度のものをいう」と定義しています（2条）。料理についてのレシピ（recipe、調理法）も、自然界の法則を利用した新しい技術的思想の創作であって、産業の発達に役立ち得るのですから、その高度のものは、発明として特許を受けることができましょう。既に特許

を受けたレシピもいろいろあります。

それ故、ご質問者も、そのフルーツを使った独特のレシピが発明に当たると考えられるときは、発明者として、特許庁長官に特許の出願をすることができます（36条）。

特許庁では、複数の審査官による審査が行われ（136条１項）、特許出願について拒絶の理由を発見しないときは、特許をすべき旨の査定がなされます（51条）。特許権は、設定の登録によって発生し（66条１項）、その存続期間は、特許出願の日から20年です（67条１項）。

ところで、特許法には職務発明という制度が設けられています。職務発明とは、企業の従業者がその発明をしたことが、使用者の業務下における従業者の現在又は過去の職務に属する行為として行われたものをいい、発明者が受けた特許権について、使用者は通常実施権を有し、発明をした従業者には、相当の対価を支払うことが定められているのです（35条）。これについては、その発明に関して使用者が研究費や研究施設を提供し、完成を促進させたことなどを考慮したものとされています。

さて、ご質問の発明の場合、ご質問者は、店主の意思などと無関係に研究を進められたのであっても、店の料理器具や燃料などを使って行われたのであれば、この職務発明とみられる可能性もありましょう。そして、店主が、店の秘伝にして特許は取らないと言っているのは、特許の出願をすると、特許庁によって１年６か月後にはその特許出願が公開されることになり（64条）、発明の内容が世間に知られてしまうなどの不都合があり得ます。これに対して、単に店の秘伝として使っている場合には、その発明の秘密は不正競争防止法（平成５年法律47号）上の営業秘密として保護されるのであり（10条・21条）、その方がかえって好都合だと考えられたからかもしれません。

ご質問者は、店主とよく話し合って、どうすべきかを決めるのがよいでしょう。

20. 戸　籍　法

Ⅸ― *49*

名前の変更方法〔戸籍法〕

Q　30歳のＯＬです。最近、交通事故で負傷したり、銀行でお金をおろして帰る途中、すりにあって取られたり、嫌なことが続いています。高校の同窓会で旧友で占い師をしているＡ君に会ったので、最近の出来事を話したら、「君は結婚して姓が変わったので運が悪くなったのだ。名前を変えるか、離婚して元の姓に戻れば良くなるよ」と言われました。離婚するわけにはいかないので、名前を変えたいのですが、どうすればよいのでしょうか。

A　戸籍法の107条の２に、「正当な事由によって名を変更しようとする者は、家庭裁判所の許可を得て、その旨を届け出なければならない」と定められています。つまり、名前を変えたい人は、正当な事由がある場合に、居住地の家庭裁判所に、名の変更の許可を申し立て、許可があったときは、その許可の審判書の謄本とともに、市区町村の役所・役場の戸籍係に届け出ることによって、名前の変更ができるのです。

人の名前は、その人が社会の一員として生きていくにあたって、極めて重要な意味を有するのであり、その人がいろいろな権利を認められ、また、義務を課せられるについて、その名前が拠り所とされます。したがって、その名前を安易に変更することができるのでは、健全な社会生活を維持する上に大変な支障を生じるおそれがあります。それ故、正当な事由がある場合に限り、家庭裁判所の許可を得られるのであって、勝手に名前を変更することはできないのです。

では、「正当な事由」として、家庭裁判所の許可が得られるのは、どのような場合でしょうか。従来、認められている主な例として、次のような場合があります。

第１は、営業上の目的から襲名する必要がある場合です。先祖の代から営業上用いられて社会的に信用を得ていた名前を襲名しないと不利益を招くとみられる場合です。

第２は、近隣に、同姓同名の人がいて、社会生活上、甚だしく支障のある場合です。例えば、郵便物の誤配達をはじめ、電話の掛け違いなど日常生活上いろいろ迷惑を受けることがありますので、変更が許されます。

第３は、神官や僧侶となり、又は、それらをやめた場合です。わが国では、神官や僧侶には特別の名前をつける伝統があるので、それに応じるものです。

第４は、珍奇な名、難解・難読な名、異性や外国人と紛らわしく、社会生活上支障が認められる名の場合です。実際に取り上げられた例としては、「満四郎兵衛」「七五三太郎」などの名が珍奇な名前であるとして、また、男の「桃千代」「和子」「万寿」などという名が女の名とまぎらわしいことで、逆に、女の「京二」「忠」「勇」などという名が男の名とまぎらわしいことで、それぞれ、変更が認められています。

第５は、通称として永年使用されてきており、戸籍上の名よりも、その通称の方が社会的に一般化しているとき、その通称に名を変更することを求める場合です。永年とは、大体10年以上ぐらいとみられるようです。俳優の「野末陳平」さんが参議院議員となり、本名の「和彦」よりも、一般化した「陳平」への改名が認められた例などがあります。

以上のように、家庭裁判所が「正当な事由」として改名を許可する場合は、あまり多くはありません。本人自身が、その名前を嫌っているというだけでは改名は許可されないのが一般です。犯罪を犯した者が、親族に迷惑をかけたくないからと改名を求めたが、拒否された例もあります（大阪高決昭37・２・15家裁月報14巻６号122頁）。ご質問者が運が良くなると占い師さんに選んでもらった名前への変更を求められても、許されないと思われます。

ご質問者は、名前によって運が悪くなるなどと考えずに、元気に生活されることです。どうしても不安ならば、その名を通称として用いてみてはいかがでしょうか。

21.　性同一性障害者性別特例法

Ⅸ—50

性同一性障害者の戸籍上の性別変更の裁判は、どんな法律によるのか〔性同一性障害者の性別の取扱いの特例に関する法律〕

Q　性同一性障害者が、裁判で、戸籍上の性別を変えることができると聞きましたが、それは、どんな法律によるのですか。

A　性同一性障害とは、生物学的には、性別がはっきりしているのに、心理的には、自分はそれとは別の性別だと確信している状態をいいます。つまり、個人の身体的な性的特徴であるセックス（sex）と、社会的心理的性別役割であるジェンダー（gender）が一致していないことです（Gender Identity Disorder, GID）。わが国では、以前には、ほとんど関心がもたれていませんでしたが、近年、注目されるようになりました。

平成10年から、性同一性障害の治療として、希望者に性転換手術を行うことが公式に認められ、その後は、性同一性障害者への社会的対応も変わってきました。例えば、平成14年６月に、東京地裁が、性同一性障害の男性社員が女装して出勤したことを理由として会社から解雇された事件について、その解雇を不当とする判決を出しました。また、平成15年には、性同一性障害の女性競艇選手が、男性選手として登録し直して再出発したことや、東京都世田谷区議会議員選挙で、性同一性障害の候補者が当選したことなどがニュースとなりました。

しかし、性同一性障害者が性転換手術を受けても、戸籍上の性別は変更されませんでしたので、就職や結婚などの必要性から、戸籍上の性別の変更を求める意見が強くなり、それを受けて平成15年７月に、議員立法としての「性同一性障害者の性別の取扱いの特例に関する法律」が成立し（同年法律111号）、翌年（平16・７・16）施行されました。

この法律で性同一性障害者とは、その診断を的確に行うのに必要な知識・経験のある２人以上の医師の一般的な医学的知見に基づく診断が一致していることを要します（２条）。

性同一性障害者の性別の取扱いの変更を求める審判は、性同一性障害者であって、①20歳以上であること、②現に婚姻をしていないこと、③現に未成年の子がいないこと、④生殖腺がないか又は生殖腺の機能を永続的に欠く状態にあること、⑤その身体について他の性別に係る身体の性器に係る部分に近似する外観を備えていること、のいずれにも該当する者が、家庭裁判所に審判を請求することによって行われます（３条１項）。

そして、性別の取扱いの変更の審判を受

けた者は、民法その他の法律の適用については、別段の定めのある場合を除いて、他の性別に変わったものとみなされます（4条1項）。しかし、法律に別段の定めがある場合を除いて、性別の取扱いの変更の審判前に生じた身分関係、権利義務には影響を及ぼさないとされています（同条2項）。

22. 著作権法

Ⅸ — 51

テレビの放送を会社の会議で社員たちに見せる目的で録画する行為は著作権法違反か〔著作権法30条1項〕

Q 私の会社では、営業部の担当係員が、会社の営業上参考になりそうなテレビの番組をその都度録画しておき、毎月の営業会議の席で、30人ぐらいの社員たちの前でそのテレビ録画を見せて議論をします。これは、以前からずっとやっていたことですが、最近入社した社員が、大学で学んだ著作権法では、こういう行為は禁止されているのではないでしょうかと疑問を出しました。私たちはびっくりしましたが、本当に著作権法に違反するのでしょうか。

A 著作権法30条1項には、著作権の目的となっている著作物は、個人的に又は家庭内その他これに準ずる限られた範囲内において使用することを目的とするときは、次に掲げる場合を除き、その使用する者が複製することができるとして、「公衆の使用に供することを目的として設置されている自動複製機器（……）を用いて複製する場合」（1号）などについては、その複製を禁止しています。そして、9条1号には、「日本国民である放送事業者の放送」は、この法律による保護を受ける、と定められています。

それ故、放送の録画が、自宅で自分や家族だけが一緒に見るつもりでなされた場合には、私的使用のためのものとして許されますが、公衆に見せる目的の録画は、禁止されているのです。そして、舞台装置設計図事件の東京地裁判決は、企業その他の団体において、内部的に業務上利用するために著作物を複製する行為は、その目的が個人的な使用にあるとはいえないから、私的使用には該当しない、と判示しています（東京地判昭52・7・22無体例集9巻2号534頁）。

なお、119条1項には、30条1項に定める私的使用の目的をもって自ら著作物の複製を行った者を著作権侵害者として、「10年以下の懲役若しくは1,000万円以下の罰金に処し、又はこれを併科する」と規定されているのです。

こうして、ご質問の会社の営業担当係員のテレビ録画行為は、著作権法に違反し、かつ、犯罪となるのです。会社として、至急処置されることが必要です。

Ⅸ—52
新年会での国文学者の講演、歌手の歌唱の録音・配布・贈与と著作権〔著作権法30条１項・38条１項など〕

Q　市の有志主催の新年会での国文学者Ａ氏の講演と歌手のＢ子さんの歌唱をテープに録音したのですが、Ａ氏の講演をコピーして、会に出席できなかった人たちに配布し、また、Ｂ子さんの歌唱のコピーを友人の経営するカラオケ店へ贈りたいと思っています。問題はないでしょうか。

A　ご質問については、著作権法（昭和45年法律48号）が問題となります。まず、Ａ氏の講演に関しては、21条に、「著作者は、その著作物を複製する権利を専有する」と定められていますが、また、30条１項には、著作権の目的となっている著作物は、「個人的に又は家庭内その他これに準ずる限られた範囲内において使用することを目的とするとき」は、とくに公衆の使用に供することなどを目的として複製するような場合を除いて、「その使用する者が複製することができる」という規定があります。したがって、ご質問者自身がその講演のテープを残しておいて、家族や親しい友人などに聞かせるために、録音することは許されるのです。

しかし、ご質問のように「会に出席できなかった人たちに配布」する目的でコピーすることは別です。「会に出席できなかった人」というのが、親しい友人たち数名というような場合ならば、家庭内で使用する目的の場合に準ずるものとして許されるかもしれませんが、一般の人たちに、それも数多くの人たちへの配布を考えられている場合には、コピーをする前に講演者Ａ氏の許諾を得ておくことが必要です。許諾を得ずにコピーした講演の録音を再生させるときは、口述権の侵害となります。24条には、「著作者は、その言語の著作物を公に口述する権利を専有する」と規定されています。口述権の侵害については、Ａ氏からの請求があれば、著作権侵害について停止又は予防に応じなければなりませんし（112条）、損害賠償の請求にも従い、支払いをしなければならないのです（114条）。また、悪質な違反者には罰則の定めもあります（119条１項に、著作権法違反者に、「10年以下の懲役若しくは1,000万円以下の罰金に処し、又はこれを併科する」と規定されています）。

しかし、実際上考えられなければならないことは、講演の場所での聴講者の録音などは、ほとんど無許可で行われていることが多いのではないでしょうか。著作権法の規定が知られていないことが原因でしょうが、講演者も、講演会の主催者なども全く無関心な場合もありましょう。しかし、著作権法の規定に注目するとともに、主催者なども、もし講演を録音しておいて今後その効果を活用させたいと考えるならば、予め講演者に交渉して録音を許可してもらうか、それが困難な場合には、録音の制限について聴講者に説明しておくことなどが必要だと思います。

次に、Ｂ子さんの歌唱に関しては、22条に、「著作者は、その著作物を、公衆に直接見せ又は聞かせることを目的として上演し、又は演奏する権利を専有する」と規定されています。ただ、38条１項に、営利を目的としない上演等については、著作権者の許諾がなくても自由に行うことができると定められています。要件は、営利を目的としないこと、聴衆や観客から料金を取らないこと、公表された著作物を上演することと、実演家に報酬が支払われないことです。

ご質問者がコピーを贈られるカラオケ店で、このような要件を守ってそのコピーを使用されるのであれば、ご質問者に問題はないでしょう。しかし、それに反するときは、A氏に対して述べたような民事的・刑事的な問題を生じることもあり得るのです。

Ⅸ — 53

ペンションの案内パンフレットに作家の実名入りの宿泊の思い出記事をそのままコピーして利用し得るか〔著作権法10条・117条・119条・63条〕

Q　５年前に夫婦で脱サラをして、山間の林の湖畔にペンションを経営してきました。先日宿泊されたお客様から、「この記事を見てやって来たよ」と雑誌をいただきました。読んでみますと、某作家の実名入りの随筆で、私どものペンションに宿泊された思い出が２頁にわたって記されており、「ご主人夫婦の家族的な親しみのこもった接待に日頃の疲れも吹き飛んだ」などとほめられています。すっかりうれしくなって、妻と相談して、この記事をそのままコピーしてパンフレット風に作り、宣伝のために旅行案内所に置いてもらおうと計画したところ、法学生の甥から、著作権法に違反するのではないかと言われ、驚いています。こういうパンフレットなどを作ってはいけないのでしょうか。

A　著作権法によりますと、著作権の例示として、「小説、脚本、論文、講演その他の言語の著作物」があげられ（10条１項１号）、また、「事実の伝達にすぎない雑報及び時事の報道は、前項第１号に掲げる著作物に該当しない」と定められています（同条２項）。「事実の伝達にすぎない雑報及び時事の報道」とは、執筆者の主観や背景の説明などをまじえない純粋に客観的な事実をそのまま読者に伝える簡単な記事、例えば、人事往来とか、公務員の任免、退職、人の死亡などの報知記事を指します。

ご質問者のペンションを紹介した雑誌の記事は、文筆家の署名入りで、その感想や評価などを多分に盛り込んだものですから、単なる「事実の伝達にすぎない雑報及び時事の報道」にとどまるものではなく、「小説、脚本、講演」ではありませんが、「その他の言語の著作物」に当たると解されます。

したがって、ご質問者が、ご自身のペンションを紹介された雑誌の記事をその著作者に無断でコピーし、宣伝のためのパンフレットを作って頒布することは、著作権の侵害となり、著作者からの差止めを求められることもあり、犯罪として処罰されることもあるのです（119条）。

それ故、ご質問者は、その雑誌記事の作家にそれを利用することについて許諾を得（63条）た上でなければ利用できません。

23.　国際関係法

Ⅸ — 54

外国人の日本への帰化〔国籍法４条以下〕

Q　日本に永年滞在して活躍しているスポーツの選手が、日本に帰化したという話をよく聞くのですが、帰化するには、どんな手続が必要なのですか。

A　帰化とは、日本国民でない者が、自分の志望で日本の国籍を取得することをいいます。帰化の要件については、国籍法（昭和25年法律147号）に規定があります。

帰化するには、法務大臣の許可を得なければなりません（４条２項）。

法務大臣の許可を得るには、一定の条件が必要ですが、その条件から、帰化には３種類のものが認められています。

第１は、「普通帰化」と呼ばれる一般的な帰化であり、帰化を志望する人が、次の６つの条件を備える外国人であることが必要です（５条１項）。

①引き続き５年以上日本に住所を有すること。

②20歳以上で本国法によって行為能力を有すること。

③素行が善良であること。

④自己又は生計を一にする配偶者その他の親族の資産又は技能によって生計を営むことができること。

⑤国籍を有せず、又は日本の国籍の取得によってその国籍を失うべきこと。

⑥日本国憲法施行の日以後において、日本国憲法又はその下に成立した政府を暴力で破壊することを企て、もしくは主張し、又はこれを企て、もしくは主張する政党その他の団体を結成し、もしくはこれに加入したことがないこと。

そして、これらの条件が具備されている場合にも、当然に帰化が認められるわけではなく、法務大臣の許可を得ることが必要です（４条・５条）。

次に、第２として、帰化の条件が緩和されている、「簡易帰化」と呼ばれるものがあります。いくつかの場合が認められていますが、例えば、「日本国民の配偶者たる外国人で引き続き３年以上日本に住所又は居所を有し、かつ、現に日本に住所を有するものについては、法務大臣は、その者が上記の①及び②の条件を備えないときでも、帰化を許可することができる」とされています（７条前段、なお、６条・８条参照）。

そのほか、第３に、「大帰化」と呼ばれる帰化があります。「日本に特別の功労のある外国人については、法務大臣は、第５条第１項の規定にかかわらず、国会の承認を得て、その帰化を許可することができる」（９条）とされているものです。

なお、法務大臣は、帰化を許可したときは、官報にその旨を告示しなければなりません。そして、その告示の日から帰化は効力を生じるのです（10条）。

Ⅸ — 55
日本人女性がアメリカ人男性と結婚するにはどうしたらよいか〔法の適用に関する通則法、国籍法〕

Q 外資系の会社で働いているＯＬですが、アメリカ人の男性社員と親しくなり、求婚されました。彼と結婚するには、どんな手続が必要ですか。結婚すると私はアメリカ人になるのでしょうか。

A 「法の適用に関する通則法」という法律があります（平成18年法律78号）。以前には、明治31年に制定された「法例」という法律があったのですが、平成18年に全面的に改正され、名称もこのように改められたのです。この法律の24条１項には、日本人と外国人との結婚に関して、「婚姻の成立は、各当事者につき、その本国法による」と規定されています。したがって、ご質問者がアメリカ人の男性と婚姻しようとする場合、婚姻成立の要件は、ご質問者については、日本の法律により、相手のアメリカ人男性については、アメリカ法の定めるところによることになるのです。

日本の法律である民法は婚姻適齢として、男は18歳、女は16歳以上であること（731条）、重婚は許されないこと（732条）、女は、前婚の解消又は取消しの日から６か月を経過した後でなければ、再婚をすることができないこと（733条）、未成年の子の婚姻には父母の同意が必要であること（737条）などの要件を定めていますので、これらの要件が満たされなければなりません。もちろん、ＯＬであるご質問者には、これらの要件は備えられておりましょう。

一方、相手の男性には、アメリカ法上の婚姻の要件が具備されていることが必要ですから、それを確かめてもらうことです。そして、そのことについては、アメリカの大使館や領事館からの証明書を受け取っておかなければならないでしょう。

次に、婚姻の方式について、法の適用に関する通則法24条２項には、「婚姻の方式は、婚姻挙行地の法による」と定められています。それ故、日本で婚姻を行おうとするときは、日本の民法739条及び戸籍法74条の規定によって、婚姻届を市町村の役所又は役場に提出することが必要です。夫であるアメリカ人も、婚姻の要件が満たされていることの証明書を添えて、その所在地の市町村の役所又は役場に届け出なければなりません。そして、それが受理されたときに、婚姻は成立するのです。また、アメリカで婚姻を行うときは、アメリカ法の定めるところによらなければなりませんが、婚姻が成立したときは、ご質問者は、アメリカの公の機関から、そのことの証明書を作ってもらい、アメリカにある日本の大使館や領事館に提出することが必要です。

それから、国籍のことですが、日本の法律では、結婚しても国籍は変更しないという建て前がとられていますから、ご質問者がアメリカ人の男性と日本で婚姻しても、ご質問者は日本人のままであり、相手の男性もアメリカ人のままです。そして、もしご質問者がアメリカ人になりたいならば、アメリカの大使館・領事館に申し立てて国籍を変更してもらうことです。また、アメリカで婚姻をしてアメリカ国籍を得られたときは、ご質問者は、日本とアメリカの二重国籍になりますが、その場合には、２年以内に国籍の選択をしなければならず（国籍法14条）、アメリカ国籍を選択したときは、日本の国籍を失うことになります（同法13条）。なお、アメリカ人の男性が日本で婚姻し、ご質問者と同じく日本国籍を得たいと考えているときは、法務大臣の許可を得て、日本に帰化することが必要です（同法４条―10条）。

Ⅸ―56
亡命と難民はどう違うか〔逃亡犯罪人引渡法、出入国管理及び難民認定法〕

Q　キューバの野球選手５名がアメリカへの亡命を図っていかだで出国したところ、行方不明になっていたが、漁船に助けられてバハマに上陸したというニュースを見ました。亡命とは、一体どういうことですか。いのちを亡くすというのはとても大変なことだと思いますが、難民とはどう違うのですか。

A　「亡命」とは、ご質問のように「いのちを亡くす」ことではなく、亡命の「命」とは、国籍又は戸籍の意味であり、「亡」とは、逃げることを意味します。つまり、自国から、その国籍や戸籍を放棄して他国へ逃亡することが亡命なのです。

「難民」も、同様に、戦争や天災などで自国で生活を続けることが困難になり、他国へ逃げ出した人、つまり、避難民をいいます。それ故、亡命者も、難民も、実質上、とくに違いはなく、同様な意味だといってもよいでしょう。

他国から自国へ入り込んで来た亡命者をどのように取り扱うかは、元来、その国の自由でした。ただ、政治的な理由で自国にいることができず、他国へ脱出した人を、その本国から引き渡すように求められたとき、これに応じれば、その人は本国で重罪人として重く処罰されることとなりますから、思想、信条の自由を保護するために、政治犯人は引き渡さないとするのが、以前から国際法上の原則とされてきました。日本でも、逃亡犯罪人引渡法（昭和28年法律68号）２条１号に、政治犯人は、本国から引き渡しを求められても、引き渡してはならない旨が規定されています。

難民は、比較的近年、内戦などを契機として世界の各地域に多発し、大きな国際問題となりましたが（例えば、ベトナム難民、キューバ難民など）、その保護のために、国連が中心となって、1951年に「難民の地位に関する条約」が作られ、また、1967年に、「難民の地位に関する議定書」が定められました。日本でも、昭和56年、57年に、これらの条約、議定書を受け入れ、それに基づいて、「出入国管理及び難民認定法」（昭和26年法律319号）を改正し、難民の認定や措置を行っています（７章の２など）。

これらの条約及び法律によりますと、難民とは、人種、宗教、政治的な意見などを理由として、本国へ戻ると迫害を受けるおそれのある者などですが、日本では、法務大臣から難民の認定を受けた者であり、その基本的人権が保障されるとともに、職業や福祉などについても、便益が供与されることとなっています。

Ⅸ — 57

海外旅行目的地の空港で、航空機に預けた荷物を降ろし忘れた航空会社の賠償責任〔搭乗契約〕

Q 友人の結婚式に招かれてサンフランシスコへ行ったのですが、空港に着いて待っていても、預けたトランクが出てきません。航空会社の係員に調べてもらうと、降ろし忘れてニューヨークへ行ってしまったらしいとのこと。できるだけ早く戻してくれるように求めたのですが、戻ったのは３日後の日本へ帰国する前日でした。お蔭で式場での着替えの礼服もなく、友人への贈り物もできず、全くひどい目にあいました。航空会社には、どんな賠償の請求ができますか。

A 海外旅行では、このようなトラブルは必ずしも少なくないようですね。とくに混雑した空港や旅行者の多いシーズンなどには、航空会社の担当員も多忙なため、うっかり荷物を予定の空港で飛行機から降ろし忘れて、積んだまま、先まで飛んで行ってしまうこともありがちだということですね。その場合には、乗客としては、現地の航空会社の係員に対して、荷物を至急戻すように請求する手続をするより仕方がありません。

ところで、荷物については、行方不明になって戻らないこともないではありませんが、戻ってきても、それまで何日かかったか、それによって、どんな迷惑を受けたかが、問題です。ご質問の場合には、結婚式に出席しても礼服も着られず、また、友人への贈り物も渡せなかったので、旅行の目的を十分に遂げられなかったという大きな損害があったわけです。

そして、このような損害を生じさせた責任は、本来、すべて航空会社にあるのであり、航空会社はそのすべての賠償をしなければなりません。しかし、航空会社によっては、賠償の限度を定めていることがあるようです。例えば、賠償額は、荷物が戻らなかった日数により、１日、最大限10ドルまでとしているとか、24時間以内に戻ったときは賠償金は支払わないとしている、などです。そして、乗客が航空会社とこのような賠償基準について搭乗契約をしているときは、実際には、それ以上の損害があっても、契約限度内の賠償しか求められないこととなります。

海外旅行でのこのような事故が避けられないとすれば、旅行の際には、特別な必要品であるご質問の場合の礼服とか友人への贈り物などは、手荷物として機内に持ち込んでおかれた方がよかったと思います。

事項索引

ち

つ

て

と

な

に

は

ひ

ふ

あとがき

ある秋の日の朝、事務所に突然かかってきた一本の電話。少しオーバーかもしれませんが、17年前のその電話こそ、私の新たな人生への「招待券」だったのかもしれません。それは、在名ラジオ局のプロデューサーからの、帯番組レギュラー出演への突然の依頼でした。法律相談コーナーの相談員として、また趣味であり生き甲斐でもある私の歌をナマで導入部に使いたいとのこと。私のソプラノリサイタルにご来場くださり、新しい番組の１コーナーに「歌う弁護士の法律相談」の構想が浮かんだそうです。

当初は半信半疑、驚きの中で始めさせていただいた週１回の番組も、いつしか740回を超えました。その間にリスナーの皆さんからいただいた多くの相談、歌のリクエスト、励ましのお手紙、そして番組パーソナリティーとの掛け合い――すべてが私の宝となり、そこから学ばせていただくことも数限りなくありました。

しかし、番組から痛感したのは、皆さんと法律との大きな距離でした。法律は決して遠く特別なものではありません。皆さんのためにある身近なものなのです。社会の中で、誰もが暮らしやすく明るい毎日を送るため、その秩序を保つルールともいえる法をもっと身近に考え、「皆さん一人ひとりが自分らしい尊厳を持った人生を送っていただきたい」――このことが、番組を通して皆さんにお伝えしたいことでもありました。

そんな私に、これまた突然２枚目の「招待券」がやってきました。それが、この本の執筆、公刊でした。私の思いがぎっしり詰まった本が出版されて、今、まさに万感の思いです。この本を手にされた皆さんが、むずかしい法律の本と考えず、「自分らしい人生を送るためのパートナー」と思っていただけたら幸せです。

＊

思いのほか多くの方々にご購読いただいたおかげで、今回第２刷を発行することになりました。感謝しています。

〔プロフィール〕

大塚《おおつか》　鍹子《いくこ》

弁護士（大塚鍹子法律事務所所長）
朝日大学大学院法学研究科教授
学校法人朝日大学評議員
愛知県社会福祉協議会理事
財団法人あいち女性総合センター監事
人権擁護委員
名古屋家庭裁判所参与員
愛知県がんセンター遺伝子解析倫理審査委員会委員
瀬戸少年院篤志面接員
岐阜県紛争調整委員会委員
岐阜県国民健康保険審査会会長
岐阜県後期高齢者医療審査会会長

元愛知県弁護士会副会長

◆主な音楽活動

♪Singing Lawyer 大塚鍹子リサイタル

第１回　1987. ８. 28　電気文化会館ザ・コンサートホール
第２回　1990. ４. ６　名古屋市芸術創造センター
第３回　1993. ４. 16　愛知県芸術劇場大ホール
第４回　1996. ９. 12　ウィルあいち大ホール
第５回　1998. ９. ４　愛知県芸術劇場大ホール
第６回　2003. ９. ６　愛知県芸術劇場大ホール
第７回　2007. ９. 14　愛知県芸術劇場大ホール
第８回　2010. ８. 21　愛知県芸術劇場大ホール
第９回　2013. ２. 24　東文化小劇場（日本テレビ出演のため）

♪ＣＤ／ＤＶＤ

ＣＤ．１st アルバム／名残を惜しんで　(1994. ９)
ＣＤ．２nd アルバム／明日みる夢　(1998. 11)
ＣＤ．３rd アルバム／明日みる夢Ⅱ　(2004. ８)
ＣＤ．４th アルバム／見果てぬ夢　(2005. 10)
ＤＶＤ．Singing Lawyer 大塚鍹子グランドリサイタル
(2007. ９. 14収録)
ＤＶＤ．「日常生活なんでも法律相談」出版記念コンサート
(2010. ８. 21収録)

ソプラノ弁護士・大塚錥子の
日常生活なんでも法律相談

2010年8月21日　初版第1刷発行
2011年4月25日　初版第2刷発行
2013年9月30日　初版第3刷発行

●著　者　大　塚　錥　子

●発行者　逸　見　慎　一

●発行所　株式会社　青　林　書　院
113－0033　東京都文京区本郷6－4－7
電話　03(3815)5897　振替　00110－9－16920

●印刷・製本　藤原印刷株式会社

落丁・乱丁はお取り替え致します。

ISBN978－4－417－01516－1